U0581136

中国创新之路

China's Path to Innovation

[英]傅晓岚（Xiaolan Fu）⊙著

李纪珍 ⊙译

清華大學出版社

北 京

版权登记号:图字 01-2016-8828

版权所有。未经出版人事先书面许可,对本出版物的任何部分不得以任何方式或途径复制或传播,包括但不限于复印、录制、录音,或通过任何数据库、信息或可检索的系统。
本授权中文简体字翻译版由剑桥大学出版社和清华大学出版社有限公司合作出版。此版本经授权仅限在中华人民共和国境内(不包括中国香港、澳门特别行政区和中国台湾地区)销售。
版权ⓒ 2017 由剑桥大学出版社与清华大学出版社有限公司所有。

本书封面贴有清华大学出版社防伪标签,无标签者不得销售。
版权所有,侵权必究。侵权举报电话:010-62782989   13701121933

图书在版编目(CIP)数据

中国创新之路/(英)傅晓岚著;李纪珍译.—北京:清华大学出版社,2017
(清华创新经典丛书)
书名原文:China's Path to Innovation
ISBN 978-7-302-46025-1

Ⅰ.①中…   Ⅱ.①傅…②李…   Ⅲ.①技术革新-研究-中国   Ⅳ.①F124.3

中国版本图书馆 CIP 数据核字(2016)第 320307 号

责任编辑:高晓蔚
封面设计:汉风唐韵
责任校对:宋玉莲
责任印制:王静怡

出版发行:清华大学出版社
　　　网　　址:http://www.tup.com.cn, http://www.wqbook.com
　　　地　　址:北京清华大学学研大厦 A 座　　　　　　　　邮　　编:100084
　　　社 总 机:010-62770175　　　　　　　　　　　　　　邮　　购:010-62786544
　　　投稿与读者服务:010-62776969, c-service@tup.tsinghua.edu.cn
　　　质量反馈:010-62772015, zhiliang@tup.tsinghua.edu.cn
印 装 者:三河市金元印装有限公司
经　　销:全国新华书店
开　　本:185mm×245mm　　印　张:24.25　　插　页:1　　字　　数:314 千字
版　　次:2017 年 3 月第 1 版　　　　　　　　　　　　　印　　次:2017 年 3 月第 1 次印刷
印　　数:1～3000
定　　价:58.00 元

产品编号:065229-01

　　傅教授的这本著作整合了企业层面、产业层面和国家政策层面的研究成果,第一次系统全面地从开放创新的视角诊断了中国的创新活动。她的这本大师级著作指明了"中国特色的开放创新"之路。

——亨利·切萨布鲁夫(Henry Chesbrough)

加州大学伯克利分校哈斯商学院教授

开放式创新理论提出者

　　傅教授潜心研究多年,力图找到从中国组装到中国发明,再到利用全球资本和熟练劳动力在复杂开放环境下中国发明创造并商业化的线索。本书是这些问题的权威研究,值得精读。

——芭芭拉·哈里斯-怀特(Barbara Harriss-White)

牛津大学国际发展研究荣休教授

英国社会科学院院士

《中印经济和社会发展道路》共同主编

　　中国的非凡增长只能依靠持续性的技术创新。本书破译了中国过去如何取得卓越的成就,探讨了中国未来如何获得持续、动态的增长。本书还对其他国家如何学习中国的成功提出了建议。本书对于任何想了解中国经济发展的人来说都是必读之物。

——林毅夫（Justin Yifu Lin）

北京大学教授

世界银行前首席经济学家

这本令人入胜的著作是由全球领先的中国研究学者所撰写的，总结了中国在探索发展全球主要创新经济体过程中所面临的各种挑战，信息量很大。本书填补了重要的知识空白，改变了我们的传统认知，对于公司管理人员和政府官员都有重要的参考价值。

——拉斐尔·卡普林斯基（Raphael Kaplinsky）

英国开放大学国际发展教授

最终，我们看到了一本对中国创新能力提升的战略研究的最可信著作。傅晓岚教授的"开放创新系统"模型理应得到其他发展中国家的关注，因为这一视角适合于它们。

——胡永泰（Wing Woo）

加州大学戴维斯分校教授

马来西亚谢富年东南亚研究所所长

当前,创新已成为经济社会发展的主要驱动力,创新能力成为国家竞争力的核心要素,各国纷纷把实现创新驱动发展作为战略选择,并将其列为国家发展战略。中国自 2006 年提出自主创新的伟大战略,由此掀起了科技创新的发展热潮。中共十八大进一步明确提出"科技创新是提高社会生产力和综合国力的战略支撑,必须摆在国家发展全局的核心位置"。习近平总书记在 2014 年"两院"院士大会上继续强调,要坚持走中国特色的自主创新道路,加快实施创新驱动发展战略。作为创新的理论工作者,应积极贡献对创新的理论洞察与政策建议。

在国际上,创新研究起源于美籍奥地利经济学家熊彼特,之后逐步为各国经济、管理和政策研究者所重视。北美和欧洲国家拥有一批杰出的创新理论研究者,形成了极为丰硕的学术成果,为创新驱动发展作出了显著的贡献。美国以麻省理工学院斯隆管理学院、哈佛大学商学院和斯坦福大学商学院以及工学院为代表,在创新管理学、创新经济学研究方面处于国际领先地位。欧洲以英国苏塞克斯(Sussex)大学科技政策研究所(SPRU)等为代表,在创新经济学理论和创新政策研究等方面处于领先地位。在亚洲,韩国学者率先在技术学习和技术追赶方面取得了研究优势,日本学者则在知识创新、精益创新等方面颇有建树。近年来,印度学者在创新方面的研究同样令人瞩目,他们先后提出了原生态创新、朴素式创新、反向创新等一些新的创新理念,在创新研究方面独树一帜。

中国于 20 世纪 80 年代中期即开始启动创新研究。清华大学、浙江大学是其中的先行者,以傅家骥、吴贵生等教授为学科带头人的清华大学研究团队和以许庆瑞院士为学科带头人的浙江大学研究团队取得了一批研究成果,并对国家决策产生了重要影响,特别是在引进消化吸收再创新、组合创新、全面创新、协同创新等研究方面取得了令人瞩目的进展,中国的创新研究及实践与国外先进国家的差距日益缩小,令人鼓舞。

清华大学一直高度重视技术创新的研究。从1988年开始,承担了国家自然科学基金委员会"八五"重大课题"中国技术创新研究"等一系列研究,创造性地提出了"基于中国国情的技术创新理论"。2004年,清华大学技术创新研究中心获教育部批准为人文社会科学重点研究基地。10多年来,无论是在科学研究和人才培养,还是在学术交流、咨询服务以及体制改革等方面都取得了国内外有影响的成果,确立了清华大学在国内外技术创新领域的领先地位。

正值国家积极推动创新驱动发展的大好时机,清华大学技术创新研究中心经中心学术委员会会议讨论制定了"积极探索创新驱动发展指引下中国特色的自主创新理论与方法,引领中国创新学科发展,培养高层次创新研究人才,进一步提高国际知名度,向国际一流迈进"的"十三五"战略目标,力争使清华大学技术创新研究中心成为国家在创新方面的重要智库,以及世界级的创新研究组织。

为实现这一战略目标,我们特组织了本套"清华创新经典丛书",目的是持续译介国外最新的创新理论专著,汇聚清华学者乃至全国创新理论工作者的最新成果,以实现中国学者对中国创新发展和人类创新进步的真诚奉献。

教育部长江学者特聘教授

清华大学技术创新研究中心主任

2015年2月于清华园

林毅夫

中国经济高速腾飞,创造了平均年增长率9.8%的人类历史没有过的增长期,并成功实现了从计划经济到市场经济的转型。伴随着国家整体创新能力的提升,中国正在逐步从制造业"世界工厂"向"创新型经济体"迈进。作为新兴经济体的代表,中国在短时间内实现了快速的经济追赶,GDP总量已跃升至世界第二,缔造了所谓的"中国经济神话"。一直以来,学界、业界都在努力寻找"中国经济神话"背后的原因。尽管各种解释存在分歧,毫无疑问的是,创新,特别是技术创新在中国经济赶超的过程中扮演着举足轻重的作用,甚至可以说中国改革开放后的非同寻常的经济增长只能依靠持续性的技术创新。创新,既包括创造新要素,也包括对现有要素的重组,以创造经济价值或社会价值;它是经济增长的根本动力,也是社会进步的推动因素。认识和理解中国过去30多年的创新发展之路,并借此探寻中国未来的创新之路,是非常必要的。

《中国创新之路》一书,是著名华人学者、牛津大学终身教授傅晓岚女士及其合作者积累多年的关于"中国创新"这一话题的重要研究成果集合。本书从多个理论视角出发,对中国国家创新系统内实体(国家、政府、企业、大学、个人)及中国国家创新系统外相关实体(如外资企业、海外高校等)进行考察,利用翔实可靠的数据、典型丰富的案例和科学严谨的分析方法,为我们描绘出一幅生动全面的中国创新发展路径蓝图,对国家、区域和企业层面的开放系统进行了严谨的研究。与主流西方经济学理论大量强调市场的作用不同,在中国创新发展的过程中,"制度因素"同样至关重要。在促进中国向"创新型经济体"的转型中,国家和政府通过积极制定和颁布一系列创新支持性政策、法规,并大力提供创新支持性(有形或无形的)基础设施,尽管仍存在需改进之处,但依然较有效地为我国企业、大学和个体的创新构建了较为良好的支持性制度环境。

党的"十八大"提出实施创新驱动发展战略,标志着我国经济发展的整体思路较大程度地向"创新发展"进行转变。而在 2016 年,中共中央和国务院印发了《国家创新驱动发展战略纲要》,也意味着创新驱动发展战略落向实处。中华民族自古以来便是勤奋好学、富有创造力的民族,在合适的制度环境配合下,中国必能沿着充满前景的创新之路不断前进,实现中华民族的伟大复兴!

2016 年 10 月于北大朗润园

傅晓岚教授是一位与我相识多年的杰出华人学者。作为牛津大学社会科学领域首位来自中国大陆的终身教授、牛津大学技术发展中心创始主任,她潜心学术研究,致力于探索发展中国家科学技术创新能力的提升,取得了极为丰硕的学术成果;作为联合国十人小组中全球学界唯一代表,她肩负知识分子的使命感和情怀,心系社会发展与技术进步,做出了独特卓越的实践贡献。过去的十余年中,我非常有幸与傅教授有过许多合作,共同发表了多篇学术论文,合作完成了一些研究项目,一直被她求真务实的本色、笃学不倦的精神所深深打动。

《中国创新之路》是傅晓岚教授近些年研究成果的集大成之作,书中既有对中国经济发展与技术升级的历史经验的总结,又有对现状和前路的思索。2014年,在本书英文版初稿尚未付梓剑桥大学出版社之前,我就与傅教授商议,决定翻译为中文版,以期将她最新的研究成果尽快呈现给正处于创新驱动发展的中国。遗憾的是,由于剑桥大学出版社的人员变更,本书没能快速面世。幸而,在当今大众创业、万众创新的时代背景下,"互联网+"、大数据等新技术、新形态产生了厚积薄发的强劲态势,政府也为创业者提供了更精准、更有力的政策支持,本书的研究内容亦恰逢其时,对中国创新模式富有指导意义。

本书的顺利出版还要感谢清华大学技术创新研究中心主任陈劲教授的千金然诺,以及清华大学全球产业4.5研究院的朱恒源副院长对于本书从始至终的关切与支持,还要感谢清华大学出版社的高晓蔚编辑,是她的不懈努力,使得本书最终得以面世。

　　在本书的翻译过程中，要感谢我曾经或正在指导(合作研究)的博士生李雅文、杨若鑫、刘成城、汪欢吉、熊鸿儒、孙忠娟等人对译文的字斟句酌，耐心推敲。特别是李雅文、杨若鑫和刘成城博士生对全文的再次修正，增强了译文的可读性。其中，李雅文于2016年3月作为国家留学基金委支持的联合培养博士生，前往牛津大学交换学习，在傅教授的指导下开展了国际开放创新领域的合作研究，对本书的内容亦深有体会。此外，已经从清华大学经管学院博士毕业的熊鸿儒和孙忠娟都曾经在牛津学习、工作过，现都在各自的领域从事技术创新相关的研究工作。

　　正如傅教授所言，"作为学术研究应该引领政策决议，而不是解释政策"。本书这些高质量、开创性的研究成果正是这句话的真实写照。为此，我诚恳地向读者们推荐既饱含知识、更富有智慧的本书，它值得我们从头至尾细细品读。特别是对那些希冀了解西方主流学术界如何看待中国创新之路发展的读者，本书更有价值。作为"大时代"的亲历者，愿我们不忘初心，勇于开拓，共同迎接充满创新活力的未来。

　　再拜读者诸位。

2016 年 9 月于清华大学

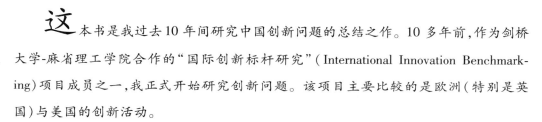

前言

这本书是我过去 10 年间研究中国创新问题的总结之作。10 多年前,作为剑桥大学-麻省理工学院合作的"国际创新标杆研究"(International Innovation Benchmarking)项目成员之一,我正式开始研究创新问题。该项目主要比较的是欧洲(特别是英国)与美国的创新活动。

创新是政策制定者、企业管理者以及学术界学者共同关注的、决定一个国家竞争力的核心问题。自 1978 年伊始,30 多年的中国改革开放,在不同时期的经济发展,分别由体制改革、投资、出口和外商直接投资所驱动。但直到 21 世纪初,创新在中国仍只是一个概念,没有真正成为国家发展战略的核心,更没有成为中国经济增长的主要驱动因素,甚至对"创新在中国经济增长中的地位"这一问题都极少讨论。在目睹了工业化国家为争夺创新领导地位的竞争,以及这些国家制定的创新和技能的优先发展政策之后,我开始对包括中国在内的发展中国家创新能力提升文献进行研究。我坚信,创新对于中国是非常重要的,不仅仅在学术研究上,同时也是实际经济活动中政策制定者和企业管理者所关注的话题。事实上,无须等待太久,中国政府已经于 2006 年开始改变发展战略,将"自主创新"作为国家发展战略的重中之重。

我对中国产业竞争力、投资和对外贸易等领域有着浓厚的兴趣,并已在这些领域展开了大量的研究工作。对于中国创新,我关心的第一个研究问题就是中国如何获取创新知识和技术,及其相关的创新扩散是如何进行的。随后,我开始逐步研究发展中国家的创新条件和过程,以及处于不同发展阶段的国家所走过的不同路径之间的关系、各种路径的优缺点和有效性。此外,我在产业界的工作经历,以及我之前对发达国家和其他一些发展中国家的创新研究,都有助于我从国际比较的视角审视中国的创新之路。以上内容构成了本书的基本结构和研究范式。

《中国创新之路》这本书是我过去 10 年所发表的部分学术期刊论文的节选,也包括了近期我对处于转型期的中国在从模仿到创新过程中所面临挑战的一些最新研究成果。总体来说,这是一本历经 10 年研究和思考而写成的严谨学术之作。针对"中国创新之路"这一主题,我对所有已发表论文和未发表新论文进行了系统而全面的整理,并在精心组织的基础上对某些数据进行了更新。我们知道,学术期刊的论文都经过了严格的同行评审过程(这也使我获益良多),因此,我可以基于众多同行评审的建议,反复修改、深入研究、识别并总结适合发展中国家的科技发展战略、重要影响因素、运作机制和实际案例,以便更全面深入地分析中国创新之路。尽管每章都是相对独立的,但我希望本书最终可以实现"1 + 1 > 2"的整体效果。

在这里,我要特别向众多给予我无私帮助的组织和机构致以衷心的感谢。自 2005年以来,我对中国创新的研究一直受到英国经济和社会研究理事会(ESRC)、英国工程和自然科学研究理事会(EPSRC)、英国科学院、凯恩克劳斯经济研究基金会(Cairncross Foundation)、中华人民共和国国家外国专家局的支持。我感谢这些机构信任我,并对我的研究提供资金支持。

我特别感激以下期刊的版权持有人,允许我将这些期刊中的论文全部或部分修订后编辑到本书,这些论文以及对应的期刊如下:

Xiaolan Fu, Carlo Pietrobelli and Luc Soete, "The role of foreign technology and indigenous innovation in emerging economies: technological change and catch – up(新兴经济体中的国外技术作用和自主创新:技术变革和追赶)", *World Development*, 39(2011).(对应本书的引言)

Xiaolan Fu, "Foreign Direct Investment, Absorptive Capacity and Regional Innovation Capabilities in China(外商直接投资、吸收能力和中国的区域创新能力)", *Oxford Deve-*

lopment Studies，36（2008）.（对应本书的第 3 章）

Xiaolan Fu，"Processing-trade，FDI and Exports of Indigenous Firms：Firm-level Evidence from High-technology Industries in China（加工贸易、外商直接投资和本土企业的出口：中国高技术产业的企业层面研究）"，*Oxford Bulletin of Economics and Statistics*，73（2011）.（对应本书的第 4 章）

Xiaolan Fu and Yundan Gong，"Indigenous and Foreign Innovation Efforts and Drivers of Technological Upgrading（自主与外来创新努力以及技术升级的驱动因素）"，*World Development*，39（2011）.（对应本书的第 5 章）

Xiaolan Fu and Hongru Xiong，"Open Innovation in China：Policies and Practices（开放式创新在中国：政策与实践）"，*Journal of Science & Technology Policy in China*，2（2011）.（对应本书的第 6 章）

Xiaolan Fu，Hongru Xiong and Jizhen Li，"Open Innovation as a Response to Constraints and Risks：Evidence from China（开放式创新作为企业应对制约因素和风险的措施：来自中国的实证研究）"，Asian Economic Papers，13（2014）.（对应本书的第 7 章）

Xiaolan Fu，Jizhen Li and Martin Johnson，"Internal and External Sources of Tacit Knowledge：Evidence from the Optical Fibre and Cable Industry in China（隐性知识的内部和外部来源：来自中国光纤光缆行业的实证研究）"，*Journal of Chinese Economics and Business Studies*，9（2011）.（对应本书的第 9 章）

Xiaolan Fu and Jing Zhang，"Technology Transfer，Indigenous Innovation and Leapfrogging in Green Technology：Solar－PV Panel Industries in China and India（绿色技术的转移，自主创新和跨越式发展：中国和印度的太阳能光伏电池板产业）"，*Journal of Chinese Economics and Business Studies*，9（2011）.（对应本书的第 10 章）

Xiaolan Fu and Qing Gong Yang，"Exploring the Cross－country Gap in Patenting：A Stochastic Frontier Approach（探索专利的跨国差距：基于随机边界法的分析）"，*Research Policy*，38（2009）.（对应本书第 13 章的部分）

Xiaolan Fu and Rongping Mu,"Enhancing China's Innovation Performance：The Policy Choice(提升中国创新绩效的政策选择)"，*China & World Economy*，22（2014）.（对应本书第 14 章的部分）

本书的第 8 章基于与李纪珍合作发表在牛津大学技术管理发展中心的一篇工作论文①。第 11 章是在与孙忠娟合作的最新一篇未发表论文基础上修改而成的。很感谢我的合作者们允许将我们共同研究的成果纳入本书。其实，在过去的几年里，本书的许多章节已经在许多大学的研讨会和一些国际会议上做过多次宣讲，感谢这些会议和讲座的组织者和参会者所提供的众多专家反馈意见。

在众多同事和朋友之中，我特别感谢那些为本书的写作提出了建设性意见和有益建议的人，他们是：吕克·泽特（Luc Soete）、亨利·切萨布鲁夫（Henry Chesbrough）、艾伦·休斯（Alan Hughes）、阿德里安·伍德（Adrian Wood）、吴敬琏、林毅夫、芭芭拉·哈里斯-怀特（Barbara Harriss-White）、埃德蒙·瓦尔皮·菲茨杰拉德（Edmund Valpy FitzGerald）、胡永泰（Wing Thye Woo）、安妮·米洛（Anne Miroux）、卡洛·派措贝里（Carlo Pietrobelli）、胡鞍钢、穆荣平、宣二牛、拉吉尼斯·纳鲁拉（Rajneesh Narula）、皮艾尔·莫翰（Pierre Mohnen）、拉斐尔·卡普林斯基（Raphael Kaplinsky）、马莫·穆切（Mammo Muchie）、方新、吕薇、张建岗（Jiangang Victor Zhang）、马明杰、高建、黄宝金（Poh Kam Wong）、吴贵生、陈劲、李纪珍、V. N. 巴拉舒伯拉曼雅姆（V. N. Balasubramanyam）、林至人（Cyril Lin）、约翰·奈特（John Knight）、安迪·可希（Andy Cosh）、迈克尔·基特森（Michael Kitson）、卡尔·达尔曼（Carl Dahlman）、大卫·卡普兰（David Kaplan）、荷西·卡茨（Jose Katz）、弗朗西丝·斯图尔特（Frances Stewart）、史蒂夫·雷纳（Steve Rayner）、克里斯汀·格林哈尔（Christine Greenhalgh）、余永定、琳达·岳（Linda Yueh）、姚洋、张静（Jing Zhang）、龚云丹（Yundan Gong）、熊鸿儒、杨庆功（Qinggong

———

①　译者注：2016 年,该文正式发表,具体见 Xiaolan Fu and Jizhen Li. Collaboration with Foreign Universities for Innovation：Evidence from Chinese Manufacturing Firms. Vol. 70,Nos. 2/3,pp. 193-217.

Yang)、马克·温特莱斯卡(Marc Ventresca)、迭戈·桑切斯-安戈河(Diego Sanchez-An-cocher)、谭益力(Eric Thun)、郝斌、张春燕和刘夏明。

我还要感谢侯俊(Jun Hou)、马丁·约翰森(Martin Johnson)、彼特·鲁克(Peter Luke)和王紫芙(Zifu Wang)几位优秀研究助理的支持。同时,感谢剑桥大学出版社的劳拉·帕里什(Laura Parish)和克莱尔·普尔(Claire Poole)两位编辑对本书的出版必不可少的支持。

我感谢牛津大学国际发展系对本书最后写作阶段提供资金支持;感谢剑桥大学商学研究中心在我研究创新早期阶段提供的支持。我还要感谢牛津大学技术管理发展中心的同事和学生对于本书启发性的讨论和帮助。牛津大学的格林坦普顿学院也为本书的写作提供了鼓励与支持。

最后,我很难用言语来表达我对家人的感激。我的丈夫韶辉和儿子宇杰给予了我无私的爱和支持。没有他们的理解、支持和帮助,就不会有这本书的问世。

目 录

绪　　论

第一部分　国际知识转移与技术起飞

第二部分 自主创新能力的发展和技术赶超

第三部分 成为全球创新领跑者

第1章

引　言

在过去的 30 年里,中国的经济与产业迅猛发展,经历了华丽的巨变,成功完成了从以农业为主导的经济向"世界制造工厂"的转变,从小型的低端资源和劳动密集型产品出口国转变为工业制成品的主要出口国。中国的工业总产值从 1980 年的 910 亿美元上升到 2013 年的 3.728 万亿美元[①],而工业产品在出口总额中所占的比例也从 1980 年的 50% 上升到 2012 年的 95% 以上(中国国家统计局,2013)。

不断提高的产业竞争力不仅表现在出口规模上,出口商品的结构升级同样令世界震惊。中国进出口总额从 1980 年的 380 亿美元增加到 2012 年的 4.265 万亿美元,而中国的出口商品占世界出口总额的比例则从 1980 年的 0.9% 上升到 2012 年的 11%。更引人注目的是制造业产品的出口,从 1980 年的 90 亿美元飙升至 2012 年的 19 480 亿美元,其中高技术产品占到了 38%,占全世界高技术产品出口总量的 16.5%(联合国贸易和发展会议,2014)。因此单就贸易量而言,中国已成为世界上最大的经济体。尽管近年来全球范围内的金融危机严重影响了世界工业经济的发展,中国经济依然保

---

① 译者注:美国中央情报局《世界概况》数据显示,2012 年中国工业总产值为 3.7 万亿美元,但这一国际统计的数据与中国国内统计数据有差异。

持了较快增长的势头。

然而,由于对国外技术转移和模仿的严重依赖,以及在核心技术上自主创新和创造力的匮乏,中国经济的增长模式也受到了广泛批评。随着中国因非熟练劳动供给不足而导致的贸易顺差缩水,以及资源和环境的制约对可持续增长的影响越发明显,中国不得不更多依靠科技密集型的发展路线走出"刘易斯拐点"。如何实现从依赖模仿到自主创新的转变,是中国现在面临的最大挑战之一。对于要避免中等收入陷阱并维持长期经济增长的中国而言,这一转型的成功至关重要(吴敬琏,2013)。

所以,考虑到中国过去的 30 年间在工业化和现代化上取得的卓越成就,以及可持续发展和未来的结构化变革所面临的挑战,现在正是探讨以下问题的最好时机:

中国过去的创新之路是什么,未来又将走向何方? 中国是如何快速实现经济发展和技术升级的? 在 21 世纪,中国如何大幅度提高其自主创新能力,实现从模仿到创新的转变,从而成为一个创新型国家? 作为全球主要经济体之一,中国如何实现"压缩性发展"(compressed development),跨越基于模仿的传统工业化的后发道路,并不断升级价值链? 中国如何在低碳工业革命中处于领先地位,并重新拥有像李约瑟(1954)所做的开创性工作中提到的全球领先的创新实力(world's leading innovation power)? 中国的创新模式存在吗? 其他国家可以从中国的经验中学到什么? 上述这些重要问题,不但引起了学术研究者的极大兴趣,也是政策制定者与产业实践者关注的话题。

作为经济发展依旧快速、稳定的世界第二大经济体,中国的任何重要变化都将对全球商业和经济产生重大的影响。此外,已有越来越多的其他新兴经济体视中国为发展的典范。无论是发达国家还是新兴经济体的决策者,都在密切关注着中国已取得的成功和即将面临的挑战。因此,本书将会对发达国家和其他发展中国家有着重要的决策和实务启示。

1.1　创新及其来源

创新是创造性破坏的过程,它是一种"不断内生变革经济结构、不断破坏旧的并创造新的产业变革过程"(Schumpeter,1942:83)。创新被广泛认为是推动长期经济发展的主要驱动力,以及发展中国家实现工业化、赶超发达国家的一个关键因素(Romer,1990)。本书所指的创新不仅仅是指新的创新(novel innovations),还包括基于现有思想和技术的传播扩散而产生的创新。它不仅包括技术创新,也包括非技术的创新,如新的管理实践和新的制度结构。换句话说,创新是对新的产品、新的生产工艺、新的组织管理方法、新的市场营销方式和新的商业模式的引进或应用。一个完整的创新链(innovation chain)既包括新知识的创造,也包括新知识的商业化。

创新是由一系列不同的主体相互协调一致的结果,它可以是偶然发生的,也可以是产业结构、市场结构、本地和全球人口、人的感知、情绪和意图或已有的科学知识等发生变化而导致的结果(Drucker,1985)。在企业微观层面上,创新可能来源于企业内部的努力,如研发活动或其他有组织的创新实践;也可能来源于企业外部,如从其他组织或该技术使用者处获取的有用技术和知识(von Hippel,1988),也就是被称为发生在终端用户的创新,即用户创新。目前,伴随着创新范式从封闭到开放的转变,企业也许会开放自己的创新过程,并通过结合企业内部及外部的创新资源和想法,依靠内部与外部两种通向市场的路径进行创新(Chesbrough,2003)。在宏观层面上,创新可以由企业、大学和研究机构等多个国内的主体共同努力产生(或偶然获得),也可通过获取多来源的国外创新得到。

创新可以通过各种不同的转移机制在国家间、地区间和企业间扩散。这些扩散和传播的方式包括:(1)许可;(2)国际贸易中的货物流动,特别是商品进口;(3)外商直接投资或对外直接投资(FDI 与 OFDI)而引起的资本流动;(4)通过移民、旅游、国外留学生和国外工作而产生的人员流动；(5)国际合作研究；(6)借助媒体和互联网的非实体知识(disembodied knowledge)传播；(7)加入全球价值链,并受益于供应链运作中的国外技术转移。部分知识是知识所有者有意转移给接受者的,这可能激发出一个学习的过程,而很大部分知识溢出并非有意为之。近年来,创新的模式变得越来越开放,对外部知识和资源的利用也变得更加容易。可以说,国际性的知识扩散对处于不同创新阶段的企业都是有价值的。企业创新需要日益多样化的技术,而企业如何成功地将外部知识整合到创新过程中变得越来越重要。成功的整合可以进一步提高创新绩效。企业加速外部知识利用的主要原因如下：技术的融合、获取外部研发投入交易成本的减少,以及产品生命周期的缩短(Narula,2003)。

国际技术转移、自主创新和产业政策在发展中国家的工业化战略及赶超发达国家过程中的作用,已成为创新研究领域中一个非常重要也存在很多争议的话题。其中一个争议是,技术变革的来源是自主性的还是依靠国外的创新帮助,抑或是来自两者的结合。一方面,创新的投入很高,有风险,并存在路径依赖。因此,对于发展中国家来说,直接引进发达国家开发并成功应用的技术比较有效。理论上,如果创新很容易扩散及应用,那么一个技术落后的国家便可以迅速追赶,甚至通过对先进技术的获取与快速应用来赶超技术先进的国家(Soete,1985；Grossman 和 Helpman,1991,1994；Romer,1994；Eaton 和 Kortum,1995)。

另一方面,也有观点认为,技术扩散与技术应用需要一定的成本和条件,它们依赖于大量且准确定向的技术努力(well-directed technological efforts)(Lall,2001,2005)和吸收能力(Cohen 和 Levinthal,1989)。由于技术进步往往具有特殊需求或有特定方向,工业化国家的发达技术在发展中国家的经济和社会条件下可能并不适用,这也造成了是依靠自主技术还是外来技术来进行产业升级的争论(Atkinson 和 Stiglitz,1969；Basu 和 Weil,1998；Acemoglu,2002；Fu 和 Gong,2010)。此外,我们不能简单地认为跨国公司的利益与东道国的社会利益一致(Lall 和 Urata,2003)。对于自主或国外创新来源的影响,现有的实证研究各执一词。大量研究都未能提供令人信服的证据,以证明外商直接投资显著提升面向当地企业的技术转移和溢出效应（Gorg 和 Strobl，2001）。

伴随广泛、持续的关于技术转移和自主创新作用的争论，国家和产业政策在工业化和经济发展过程中的作用也备受关注。有些学者认为，产业政策对于新兴工业化经济体如日本、韩国和新加坡的成功是至关重要的（Amsden，2001；Change，2003；Pack 和 Saggi，2006）；而另一些学者持强烈的反对意见，他们认为自由竞争是市场和资源的有效配置，以及企业生产效率的提升的核心，亚洲"四小虎"，如马来西亚、泰国和菲律宾等都是成功的典范（Kruger，1974；Baghwati，1984；世界银行，1996，2005）。

有些学者认为，结构改革的第三条道路表明，要素禀赋和持续技术创新驱动对经济的持久发展有着深远影响。因此，产业政策应鼓励符合国家比较优势的行业发展，在此过程中，私有部门和市场应该扮演重要的角色（林毅夫，2011）。市场力量和私有企业可能在这个过程中起到重要的引领作用，但是政府远远不止发挥保障合约执行、确认知识产权和维持宏观经济稳定性的作用，政府需要扮演的是一个战略性、协调性的角色（Rodrik，2004）。由于创新本质上是一种公共产品，其显著的正外部性会影响知识和想法的产生；同时，创新过程中伴随着较大的不确定性和市场失灵的问题。因此，关于国家和政策作用的争论与本书所分析的国家创新能力和绩效问题密切相关。

1.2　文　献　综　述

中国在创新和技术升级方面的经验，也是经济学和政治学领域的利益相关者所感兴趣的话题。这方面的学术文献大致可分为几类。第一类是研究中国的创新和技术能力相对于全球其他地区的提升问题，如 MacDonald 等（2008）、Barlow（2013）、Someren 和 Someren-wang（2013）等研究。这些研究认为，美国、欧盟和中国已经走到了一个十字路口，中国崛起到底是威胁还是机会，取决于政府部门、公有及私营机构能否重新思考他们的创新政策和商业发展道路(Someren 和 Someren-Wang,2013)。他们还认为,研发和教育领域的"生存法则"(rules for survival)都朝着有利于中国的方向发展,如研究投入、科学家训练、论文发表和专利授予等(MacDonald 等,2008)。

第二类有关中国创新能力的文献涉及国家创新体系,或中国某种类型创新的一个或几个主体因素的影响。例如大学与产业联系、国有企业的整合作用、高端人才的作用、中国的颠覆式创新和低成本创新等(Zeng 和 Williamson,2007;Feng,2009;Simon 和 Cao,2009;Tan,2011)。

第三类文献主要涉及产业案例研究,其中大部分集中于高技术产业、信息通信行业(ICT)和绿色技术行业(Lu,2000;Jakobson,2007;Wang,2012;Liu 等,2012)。

以上这些研究为中国创新和技术能力的升级提供了有益的见解。然而,这些研究都是基于特定行业、特定类型的创新,或是讨论一种创新的特定驱动因素,并没有从整体上、从国家层面思考什么是中国的国家战略和创新之路。现有研究对于中国的整体创新策略、驱动因素和创新绩效缺乏全面、系统的分析,只有少部分学术文献对此有所涉及(Varum 等,2007;OECD,2008)。其中,Varum 等(2007)对中国在 1978—2004 年创新政策的转型和科技体制的改革进行了全面的描述。OECD(2008)对于中国的国家创新体系进行了全面而系统的回顾,对于每一个重要主体(如政府、企业和大学)的特点和表现,以及政策和治理方面的作用都进行了细致的分析。这些研究均基于国家创新体系建立分析框架,对中国国家创新体系重要主体的地位和表现及相关政策进行了有价值的总结。然而,中国如何实现目前的成就,中国怎样实现新的目标,中国又将如何成为一个创新型经济体,这一系列问题仍在研究中。我们对于中国创新之路的演进、其对中国的创新能力和技术升级的影响,以及不同发展阶段的战略、过程和动因的演变的认识依然有限。

1.3　本书目的和结构

本书的目的在于通过系统、全面且严谨的研究,来探讨中国过去和未来创新型国家之路的建设。本书在我十多年来的研究成果基础上,通过进一步的整理,以更好地了解、分析和评估中国创新之路的发展过程。本书的研究将应用现代经济学的科学分析和实证方法,并通过规范的案例研究深入分析代表性行业的领先公司。这些研究多数是以问卷调查或企业、行业、区域或国家层面的面板数据为基础的。当然,我们还需要应用经济学和管理学的理论,包括发展经济学和演化理论、制度分析与政治经济学理论和系统的方法来解释中国成为创新型国家的动机、资源、障碍、政策效果评价、公司策略和其他驱动因素,以及在这一过程中国家、市场、私营部门和非市场非国有的机构(the non-market non-state institutions),如大学和公共研究机构,所扮演的角色。

除分析中国过去 30 年间的发展经验外,本书还探讨了一些中国近年来在创新方面的努力。例如,中国跨国公司的国际化、以技术获取和技术升级为目的的对外直接投资、国际创新合作、多层级的激励机制改革、绿色技术的发展等等。此外,本书的研究还将中国置于全球背景下,以国际比较的视角对中国与其他新兴经济体(如印度)和先进国家(如英国)进行了对比分析。本书还批判性地回顾了中国的创新经验,并对未来的发展方向进行了深入的讨论,同时分析了来自中国的可借鉴经验。

本书分为 3 个部分,主要探讨创新来源的经济学和管理学理论解释,研究创新体系框架和创新能力的建设,而核心是分析不同发展阶段的创新驱动因素。第一部分回顾了中国改革开放初期国际知识转移对技术起飞的作用;第二部分分析了自主创新能力对处于赶超阶段的中国产业发展的作用;第三部分重点介绍了中国当前跨越(leapfrog)一些国家成为全球创新领导者的努力,并评估了激励结构、制度安排、非常规知识来源(unconventional knowledge sourcing)以及共创措施(co-creation measures)在此过程中的作用。在正式展开这些分析之前,第二章先简述了中国过去三十年间在创新方面的努力和表现。

第一部分包括 4 章。第 3 章使用中国各省市地区的面板数据,研究了外商直接投资(FDI)对区域创新能力发展的影响。本章发现,外商直接投资对整体区域创新能力有着显著的积极影响,外商直接投资强度(FDI intensity)与被投资区域创新效率正向相关。然而,这种正面效应的强度取决于吸收能力的强弱,以及此区域现存的创新互补资产(innovation-complementary assets)。区域范围创新和技术能力的增长进一步为中国沿海地区的区域经济增长做出了贡献,然而对内陆地区的影响较小。我们的结论是,外商直接投资流入的类型和质量以及区域的吸收能力和互补性资产,对于 FDI 作为驱动因素的以知识为基础的发展至关重要。最后,我们在外商直接投资方面提出了部分政策建议。

第 4 章基于 2000—2007 年中国企业层面的生产数据和产品层面的贸易数据,探讨了以加工贸易为主的外商直接投资对本土企业出口竞争力的影响。研究结果表明,外商直接投资带来了显著的信息溢出效应,为本土企业加工贸易的出口业绩做出了积极的贡献。然而,技术溢出对本土企业国际竞争力的影响是有限的,甚至对本土企业的出口倾向有抑制作用。自主创新、规模经济和生产力的提升是改善本土高技术产业的企业出口表现的主要驱动力。

第 5 章探讨了本土和外来创新努力(indigenous and foreign innovation efforts)对发展中国家技术升级的作用,同时也考虑到技术变革的行业特点和具体情况。基于中国企业 2001—2005 年的面板数据,本章将生产力的提升分解为技术变革和效率提升,并探讨了本土和外来创新努力带来的影响。本土企业引领了低中技术产业的技术前沿发展,而外商投资企业则在高科技领域有着明显的领先优势。本土企业产业层面的合作自主研发活动(collective indigenous R&D activities)是本土企业技术升级并不断接近技术前沿的主要驱动力。外商投资似乎有助于提升静态产业能力,但外商投资企业的研发活动,在研究数据的样本期间(即 2001—2005 年)对本土企业的技术变化有着显著的负面影响。

第二部分包括 5 章,主要分析了中国赶超阶段的自主创新能力提升。第 6 章尝试使用历史档案和案例研究的方法,回顾中国宏观和微观层面的开放式创新政策演变和实践。本章发现,从 20 世纪 80 年代中期的中国科技改革开始,中国企业已经在实践中应用了多种开放式创新模式。中国政府推出了包括内向型和外向型开放式创新(inbound and outbound open innovation)的创新政策,以及建立开放式创新网络的政策,旨在鼓励中国企业学习并采纳各种开放式创新的模式和范式,随着研发国际化和生产全球化的日益深入,开放式创新模式在中国更加流行。最后,本章讨论了后发企业应用开放式创新模式与提升自主创新能力所面临的挑战及影响。

第 7 章主要探讨中国企业应如何利用开放式创新来应对其面临的制约因素和创新风险。基于 1 400 家制造业公司的企业层面问卷数据,本章研究发现,与制度、资金和知识/技能相关的风险和制约因素,都与企业开放式创新的深度和广度显著相关。然而,这些关系在不同所有制类型的企业中有明显差异。外商投资企业似乎是最敏感的,他们倾向于采取行动以扩大和加深他们创新的开放性。民营企业对于市场/制度相关及金融/风险相关的制约因素较为敏感,而对于知识/技能有关的制约因素在创新上的开放程度敏感性不高。国有企业似乎对于开放式创新的这些制约因素最不敏感。企业规模和行业的具体特点也对企业应对各种制约因素有一定的调节作用。这些发现得到了针对中国半导体行业深入案例研究的支持。

第 8 章使用来自中国企业层面的问卷数据,探讨了大学在新兴经济体产业创新中的作用。同时,本章将英国模式作为基准与中国模式进行了比较。本章认为,中国高校在推动前沿技术的扩散方面起到了显著的作用,并在中国国内或某公司内的新技术成果的推广应用上成效突出。相较于传统的观点,即企业与大学的合作将带来更大的新创新(novel innovation)(比如来自英国的证据支持),中国国内高校对于全球范围内突破性创新的贡献是有限的。与国外大学,特别是那些新兴工业化经济体和新兴南方国家的创新合作,对于中国公司的突破性创新有较大的帮助。

第 9 章对中国光纤光缆行业内获取隐性知识各种方法的相对重要性进行了分析。本章的贡献在于,通过对企业层面数据的分析来定义、理解和使用发展中国家的隐性知识,并填补了技术学习研究中现存文献的空白。本章研究表明,在产业界,隐性知识比编码知识对企业创新更重要,同时内部研发活动和国内研发同行也是技术学习的重要知识来源。此外,大学不仅是创建学习型组织的重要依托,还是隐性和显性知识的有效来源。但是,设备进口和技术授权许可并不是获得国外隐性技术的有效学习渠道。

近年来,中国和印度已经在太阳能光伏产业取得了巨大的技术进步。第 10 章通过案例研究,分析比较了中国和印度太阳能光伏产业的技术进步历程,并讨论了国家创新体系在技术引进、改造和发展中的支持作用。这两个国家都应用了混合与连续的技术转移和自主创新机制(mixing and sequencing different technology transfer and indigenous innovation mechanisms),同时这两个国家的经验也表明,一个运作良好的国家环境创新体系(national environmental innovation system)对于支持和推动技术的引进、改造和发展非常重要。本章提供了发展中国家追赶发达国家的新兴绿色产业和实现有国际竞争力的跨越式绿色经济发展的替代途径。

第三部分包括 4 章,主要介绍了中国如何通过努力超越其他国家而成为全球创新领导者。第 11 章分析了华为和中兴通讯这两家中国信息通信领域跨国公司的成功经验和国际化进程,即如何成功地进行逆向学习,并合理地进行能力顺序发展(sequential capabilities development),以及如何从发达国家的子公司"逆向知识转移"到中国总部以及其他海外分支机构的故事。这一章的研究结果揭示了逆向学习和能力提升的 3 个过程,即向客户学习、合作中学习和学习集团公司其他子公司的经历。可以说,本章的研究结果对于发展中国家跨国公司的组织学习具有启发性的意义。

第 12 章讨论了国际创新合作对中国的突破性创新进程的作用。突破性创新主要表现为：从现行的范式出发进行颠覆性创造，并表现出新的洞见。因此，突破性创新需要同时延伸知识的深度和广度。本章探讨了 2006—2008 年间 819 家中国企业国际和国内合作创新的模式。本章发现，海外合作伙伴为中国公司的新创新（novel innovation）带来了显著的积极影响，而使中国企业受益的海外合作伙伴的种类范围很广，包括海外客户、供应商、大学、私有研究机构和同行业公司。同时本章发现，中国公司与国外客户的合作对于创新的益处最大，与国外大学的合作也能够带来卓有成效的新创新。这与第 8 章的研究结果是一致的。

第 13 章以世界前沿国家的专利活动作为基准，探讨了创新来源的跨国差异（将专利申请作为代理变量）。本章首先对 1990—2002 年间 21 个经济合作与发展组织（OECD）国家专利活动的面板数据进行了随机前沿分析；其中，每个国家专利绩效均被分解为基本专利能力（basic patenting capacity）和专利效率两个因素。在基本专利能力方面，欧洲与世界领先国家之间的差距仍然相当大，并且在抽样期间尚未显示出追赶的迹象。在专利效率方面，日本、德国和意大利近几年提升较大，并处于相对优势地位。一个经济体的专利效率与其制度因素显著相关。中国和其他新兴经济体正在步入 2005—2011 年前述 OECD 国家的类似进程（基于面板数据）；中国和世界前沿国家的专利绩效差距主要是由于创新生产的低效率所致。

第 14 章探讨了中国转型为创新型经济体的政策选择。本章对创新能力、激励机制和制度框架进行了检验，研究发现，中国应继续加大对研发和教育的投入，同时应该在宏观、中观和微观 3 个层面加强激励机制。这种强化措施应包含一系列的改革：放开竞争，引导资源向创新部门流动；采取适宜的人力资源管理政策，如考核和薪酬制度；建立有效的研究经费管理和研究效率评价体系，以鼓励研究人员、管理人员和员工增强创造力。本章最后还对产业政策在 21 世纪的发展空间进行了相关讨论。

　　第 15 章总结了本书研究的主要结果,讨论了本研究对其他国家的影响,并确定了进一步研究的问题。基于本书对中国创新之路提出的综合分析,本章提出了开放国家创新体系(open national innovation system,ONIS)的概念,并对开放国家创新体系模型进行了研究;本章总结了混合与连续发展模型的特定阶段特点,评述了可以为其他发展中国家带来的启示。本章认为,ONIS 模式是一个由国家、私营部门和跨国公司等多个主体驱动的模型,并且这些主体在经济体系不同部门和创新体系的不同环节发挥作用;ONIS 模式将取代中国普遍呈现的"政府主导创新模式"(state-led model of innovation)或纯粹的市场主导(pure market-driven model)创新模式。

第 2 章

综述：改革开放以来中国的创新

2.1 引　言

在当前的中国,科学技术投资日益高速增长,同时中国科学技术本身的快速发展也已引起国际社会的广泛关注。中国为创新而投入到研发活动及人力资本上的花费是前所未有的,而产业结构的升级和知识密集型贸易的涌现,使中国从劳动密集型的经济增长模式快速转变为基于知识的经济增长模式。

中国在第十二个五年计划中明确提出,创新是推动中国发展布局更加均衡的关键因素。2006 年开始的"国家创新战略"绘制了未来 15 年科学技术发展的蓝图[1],并提出 2020 年的研发支出占 GDP 的比例应从 2005 年前后的 1.2% 增加到 2.5% 以上,略高于当前经济合作与发展组织(OECD)国家的平均水平。自 2005 年以来,中国政府在科学技术的投入以每年近 20% 的速度增长;其中,2011 年政府的科技投入已经超过了

---

[1] 译者注:具体见中国国务院于 2006 年 2 月 9 日发布的《国家中长期科学和技术发展规划纲要(2006—2020 年)》。本书 2.1 节也提到了该纲要。

778.2 亿美元,并且承诺还将继续加大对科学技术的投资,以建立高效的"创新型经济"(innovation-oriented economy)体系。因此,在建立世界级创新体系的基础过程中,中国已走在全球其他大多数发展中国家之前。

本章旨在详细描述中国国家层面的创新状况,以及中国如何快速且持续地向创新驱动型的经济体转变历程。本章首先基于全国性的总体统计数据,对中国在提升创新能力上的进展进行全面评估;继而对于不同行业和所有制结构的创新行为给出了简要的概括和分析;然后通过将全国性的数据分解成区域性的数据,关注不同区域创新的差异;最后对上述内容进行了简要总结。

2.2　创新投入:研发活动和研发人员

从 20 世纪 80 年代开始,中国通过颁布一系列的政策方针(诸如 1982 年的"国家科技攻关计划",1986 年的"国家高科技发展研究计划"以及 1988 年的"火炬计划"),着手对科研体制进行改革。1990 年后,改革的重心逐步转移到创新上来。2006 年年初,中国召开了全国科学技术大会,并发布了《国家中长期科学和技术发展规划纲要(2006—2020 年)》。该纲要的突出特点是将创新视为一项新的国家战略,并树立了 2020 年跻身创新型国家的目标。此后,创新逐渐被公认为推动中国从长期依赖出口导向和低成本制造的增长模式,向以知识为基础的可持续发展的经济增长模式转变的驱动因素。传统的集中于依靠出口和大量固定资产投资的经济发展模式,必将被由创新驱动的高质量的知识密集型经济增长模式所取代。

财政及人力资源的投入,尤其是对研发的投入,将直接促进科学技术的发展。在本节开始,我们将介绍财政投入和研究人员数量的基本情况,随后将说明衡量创新产出的指标。

2.2.1　研发投资及其组成

研发[1]支出可作为一个国家创新投入程度的关键指标。中国的研发支出从 1995 年的 349 亿元人民币,以惊人而稳定的速度增加到 2012 年的 102 980 亿元人民币,几乎增加了 30 倍。在研发投入每年接近 20% 的净增长速度下,中国已经成为全球研发投资第三大的国家,仅次于美国和日本,排在欧盟所有国家之前。图 2-1 显示了从 1995 年到 2012 年中国的研发支出及其占国内生产总值(GDP)的比例,可以看出这两项指标均有了大幅的增加。中国经济中研发支出强度,以研发支出占国民生产总值的比例来衡量,从 1995 年仅占国内生产总值 0.57% 的研发支出蹿升到 2005 年的 1.32%,2012 年甚至达到了 1.98%,其增长速度之快令人惊叹。

在 OECD 国家中,美国、日本和德国是研发的主力军,这些国家在研发上的支出普遍维持在占国内生产总值 2.5% ~ 3.5% 的水平。增速最快的是韩国,年均增长率大约有 10%,如图 2-2 所示。尽管中国增速显著,但其研发强度与其他 OECD 国家相比仍然处于较低水平。有记录显示,中国在 2012 年研发投入占国内生产总值的比例最高为 1.98%,远落后于 OECD 的平均水平 2.39%。国家科技发展规划纲要曾提出一个雄心勃勃的目标,即研发投入在 2010 年要达到 GDP 的 2%,2020 年达到 2.5% 以上。但在 2010 年并没有达到预期的目标(2010 年为 1.76%,如图 2-1 所示),而考虑到国内生产总值的快速增长,2020 年研发投入的强度实现 2.5% 的目标也将是一个严峻的挑战。因为这意味着中国的研发经费支出需要从 2012 年开始每年至少增加 25%。

---

[1]　研发包括了在一个系统的基础之上,为了增加知识的资本存量(包括个人、文化及社会层面上的知识)和使用这些知识去创造新的应用而做的创造性工作。

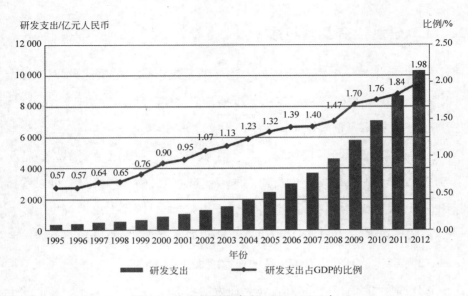

图 2-1　中国的研发支出，1995—2012 年

来源：中国统计年鉴（1996—2013）

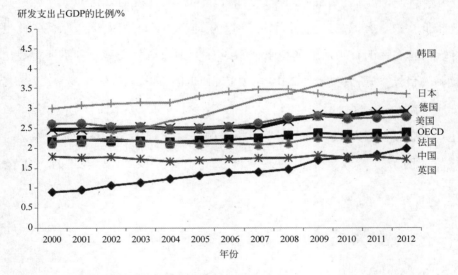

图 2-2　中国与其他经济体的研发支出占 GDP 的比例，1995—2012 年

来源：中国统计年鉴（1996—2013）

经济合作与发展组织（OECD）将研发行为分为以下 3 种：基础研究、应用研究和试验开发①。按这 3 种研发活动类型对研发支出进行细分，可以发现中国创新体系诸多重要的结构特征。中国研发体系结构的一个显著特点是，基础研究在研发中的比例相当低，而试验发展则占据了较高的份额，如图 2-3 所示。近年来这种模式得到加强，中国在试验发展上的投入增长迅猛，其占研发总支出的比例从 1998 年的 72% 飙升至 2006 年的 84%；与试验发展的更多投入相反，应用研究方面的开支大幅下滑并降至 2012 年的 4.8%；而在基础研究上的花费则一直保持在约 5% 的稳定水平。研发活动的组成结构表明，过去几十年间，中国研发支出的大幅度增加是由在试验发展上的大规模投入所致。

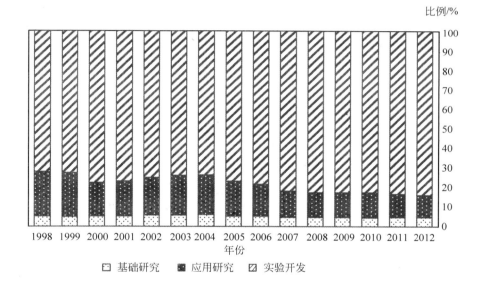

图 2-3　不同的研发活动类型：基础研究、应用型研究和实验性研究

来源：中国统计年鉴（1999—2013）

---

① 　基础研究是指实验或理论工作主要是为了获得一个基于现象与观测事实基础的新知识，并没有任何特定的实践应用或计划用途。应用研究最初也是为了获取新的知识，但是，它的直接目的是一个特定的实用目的或目标；试验发展则是一个系统工程，从研究和/或者实际经验获得的知识，针对新的材料、产品和设备的生成，去建立新的工艺、系统和服务，或大幅改善那些已有的材料、产品和设备或已经建立的工艺、系统和服务。更多信息请见 http://www.oecd-ilibrary.org/sites/factbook-2013-en/08/01/01/index.html? itemId =/content/chapter/factbook-2013-60-en。

从各种渠道获取强有力的资金支持,是维持研发支出快速增长必不可少的推动力。研发支出可根据其资金来源分为政府资金、企业资金、国外资金和其他资金4个部分①。如图2-4所示,在2003年和2011年数据的比较中,研发经费支出的增长主要由企业承担。这表明在一定程度上,商业企业在创新的复杂性和创新体系的结构变化中起到的作用已越来越大。企业和政府(或者说公共机构)是中国研发总投入两个最大的资金来源。自2004年以来,两者的投入总和占到了研发支出的90%以上,特别是企业投入在2011年占到了74%左右。相比之下,国外资金在中国的研发投入仍然非常有限。

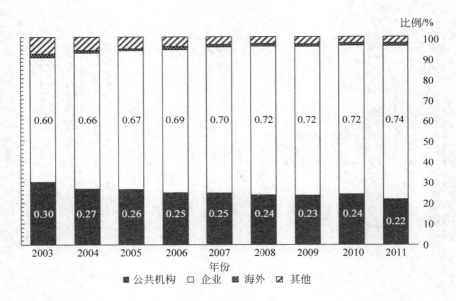

图2-4 不同的研发资金来源

来源:中国统计年鉴(2004—2012)

---

① 其他资金可能包括自筹资金,特别是独立研究机构和高等教育机构部门,以及之前年度所遗留下来的政府资金。

2.2.2　研发人员

人力资源和资本投入同样重要,它们都是创新储备的重要组成部分。研发人员包括直接参与研究和开发活动的所有工作人员,以及提供研发服务的人员,如研发经理、行政人员和文职工作人员(OECD,2002)等。知识型经济的成功转型,需要大量研发人员开展大规模的研发活动。自 2006 年以来,中国研发人员的数量居世界第二,仅次于美国。如图 2-5(a)所示,以全职工作人员等值数(full-time equivalents,FTE)来计算,中国研发人员的数量从 1995 年以来稳步增加。但如果按照研发人员的行为类型进行细分,我们发现研究人员数量的显著增加,则是为了应对迅猛增长的试验发展活动,从事基础研究和应用研究的科研人员数量提升幅度较小。

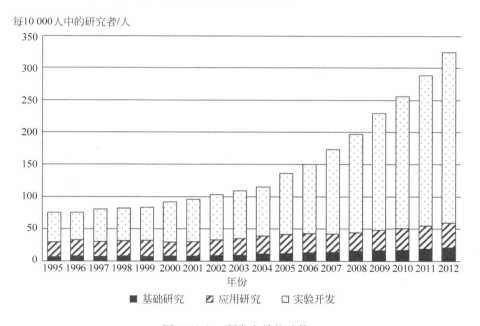

图 2-5(a)　研发人员的总数

来源:中国统计年鉴(1996—2013)

再将研发人员按其所属单位进行进一步的细分。2009 年,企业拥有的研发人员所占比例最大,而研究机构中研发人员比例与企业基本持平,分别是 46% 和 40%(如

图2-5(b)所示)。中国研发人员所属单位的分布与其从事的研发活动的类型相一致。例如,大学只有6%的研发人员,与基础研究活动花费占研发支出的比例相似;大多数的研发人员为企业工作,而研发的主要活动也是试验发展。

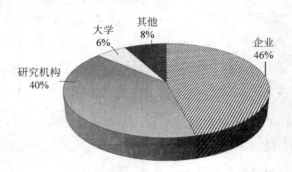

图2-5(b)　不同实体的研发人员组成,2009年

来源:中国统计年鉴(2010)

　　大量的研发人员是中国走向创新型经济之路最重要的优势之一。而中国之所以能够在研发人员方面与其他先进国家进行绝对数量上的竞争,核心原因之一是中国庞大的人口基数。但从国际比较上来看,如何提高创新质量对中国而言仍然是一个挑战。尽管在绝对数量上,中国的研发人员比大多数OECD国家更多,但以每1 000人中研发人员的比例来衡量却处于一个较低的水平,且增长缓慢(如图2-6所示)。

　　除了依靠内部的研发活动,中国一直试图通过各种渠道获得先进的技术。将外国的技术引进并努力与国内相关技术互补,已被普遍认为对中国的技术升级有实质性的驱动作用。其中最为直接的方法之一就是通过全球市场交易来获得国外的技术,如购买使用许可、专利和版权。图2-7(a)显示了从2000年到2012年购买国外技术的支出趋势。自2001年中国加入世界贸易组织(WTO)后,中国引进国外技术的规模以每年30%的速度增长,在2008年达到最高峰,为466.9亿人民币。2008年金融危机过后,虽然为引进国外技术花费的资金每年都有一定的波动,但总量却一直高于393.9亿元人民币。

　　在2012年引进的各种类型的国外技术中,对技术许可的引进(37%)和国外技术咨询(32%)占了大部分的比例,如图2-7(b)所示。2012年,中国花费了约15%的预算用

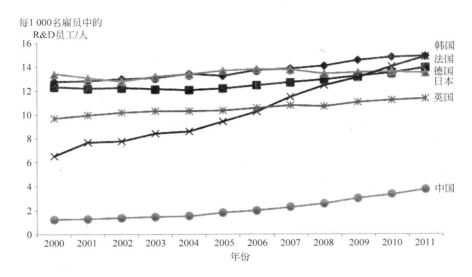

图 2-6 中国与其他 OECD 经济体的研发人员对比

来源：OECD 数据库 http://stats.oecd.org

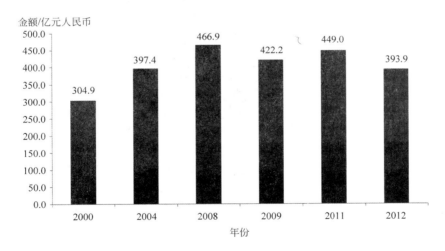

图 2-7(a) 中国获取国外技术的花费,2000—2012 年

来源：中国统计年鉴(2001—2013)

于引进专利技术许可和转让,其余 16%是引进计算机软件(6%)、商标许可(1%)和其他技术(9%)。值得注意的是,对于技术的引进还显示出明显的区域差异。图 2-7(c)

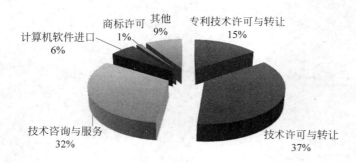

图 2-7（b）　中国引进的国外技术类型，2012 年

来源：中国统计年鉴（2001—2013）

对中国不同地区引进技术的支出份额进行了细分。2012 年，东部经济发达地区在这项指标中占到了 68%，西部和部分中部地区占 23%，而剩余的中部和东北部地区仅占 7%。

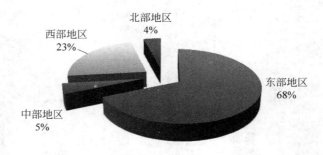

图 2-7（c）　中国不同地区引进技术的支出份额

来源：中国统计年鉴（2013）

2.3　创新产出：专利和期刊论文发表

2.3.1　专利

除了关注创新投入的增加趋势之外，我们还需要注意相应的创新产出表现，这对

于创新质量的评估是有利的。专利申请的总数是用来衡量创新总体产出水平的常用指标之一。从 1995—2005 年间，向中国国家知识产权局（SIPO）递交的专利申请数量增长了近 6 倍，而在此时间段中授予专利的数量增长相对较少，约为 5 倍。（如图 2-8(a)所示）而国外的专利申请尽管在绝对数量上较少，但在同等时间内，其申请和授予的数量却分别以超过 6 倍和 10 倍的速度高速增长，（如图 2-8(b)所示）这正是研发投入持续不断的提升以及知识产权的保护意识不断提高的结果。在 2006 年实施国家创新战略之后，中国专利申请的数量迅速增加。2012 年全年，中国专利和商标局共收到了 191.2 万份专利申请，专利授权数则达到了 116.3 万项，分别是 2005 年数量的 5 倍和 7 倍。

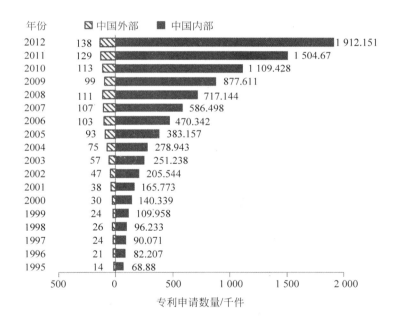

图 2-8(a)　申请专利的数量比,1995—2011 年

来源：中国统计年鉴(1996—2013)

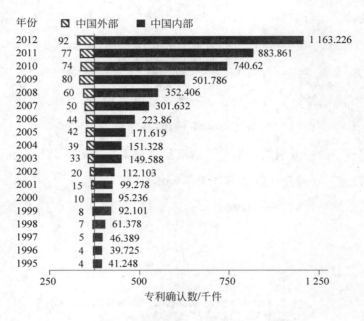

图2-8(b)   授予专利的数量比,1995—2012 年

来源：中国统计年鉴(1996—2013)

　　三方专利①的数量被公认为可以较好地衡量创新的价值。如图 2-9 所示,在美国、欧盟和日本三所专利机构中,中国获得的三方专利数量一直在增加。2011 年,中国获得授予的三方专利数量为 909 项,在新兴的"金砖四国"(巴西、俄罗斯、印度和中国)中居第一位,是印度获批数量的 5 倍②,而巴西、南非和俄罗斯都明显落后。然而,中国获得三方专利的总数仍不到美国和日本的 1/10(如图 2-10 所示)。美国和日本在获得三方专利的数量上位居前列,其次是德国、法国、韩国和英国。因此,中国三方专利指标目前还处于较低的水平,和其他 OECD 国家间的差距依然巨大。

----

　　①　三方专利是指由同一个申请人或发明者,对同一项发明在欧洲专利局、美国专利商标局和日本专利局寻求保护的专利。

　　②　数据来源：http：//www. wipo. int/ipstats/en/statistics/patents/

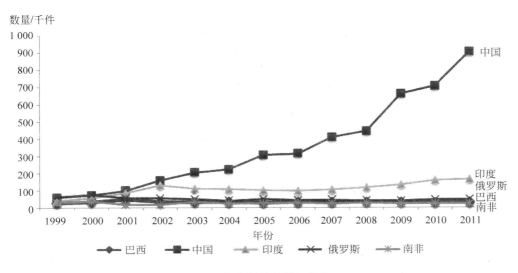

图 2-9　中国获得的三方专利数量增长趋势, 2002—2011 年

来源：OECD 专利数据库 http：//stats. oecd. org

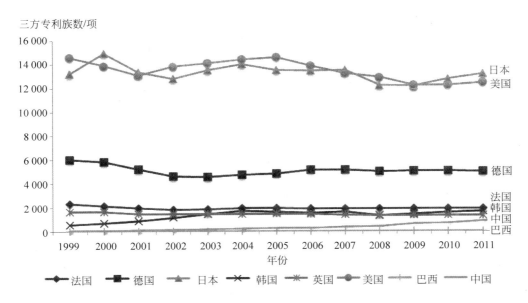

图 2-10　中国与其他 OECD 经济体的三方专利族数, 1999—2011 年

来源：OECD 科技数据库 http：//stats. oecd. org

2.3.2　期刊论文

高等教育界不仅可以直接参与各种创新活动,还可以通过完成其教育使命来确保供应未来的创新人才资源以促进国家创新发展。衡量创新产出的指标之一,是高等教育界在世界范围内发表科技论文的数量。除了国内发表论文的数量大量增加,中国科研人员在国际同行评审期刊上发表的论文,以及中国科研人员与国外学者合作发表的文章数量也显著增长。如图 2-11 所示,从 2005 年起,中国大学教授和研究生发表在国际期刊上的文章数量逐年增加,在 2010 年达到了 320 354 篇,是 2005 年的 2 倍。

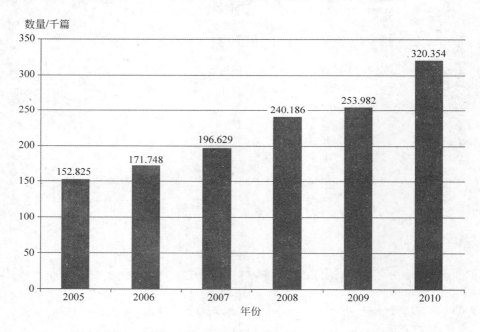

图 2-11　中国大学教授和研究生发表在国际期刊上的文章数量

来源: 中国统计年鉴(2006—2011)

2.3.3　创新质量: 引用

然而,能否仅靠发表论文的数量来代表创新的产出,并衡量中国创新人员的创新效率高低,却引发了一场持续的争论。不过,引用率是可以用来评价创新效率的高低和论文对科学发展影响程度的,也可作为科学研究的显性衡量指标。亚当斯等人 2009 年的研究显示,中国的国际科学引文索引总数排名从第 14 位上升到第 2 位(Adams 等,2009),图 2-12 表明了从 2000 年到 2010 年间世界主要国家累积的论文发表的数量和引用频率。在本书部分成果完成期间,中国发表论文的数量位居世界第 4 位,仅次于美国、日本和德国。这是在意料之中并且与其他研究结果一致的(Simon 和 Cao, 2009;Royal Society,2011)。但相对于其他 OECD 国家,中国发表论文的被引频次排名普遍较低。中国拥有研发上的巨额投资及大量的研发人员,但是较低的生产研发水平清楚地表明,创新质量的发展仍然任重而道远。进一步提升创新的质量而不是单纯地增加数量,应该是中国未来进一步努力的方向。

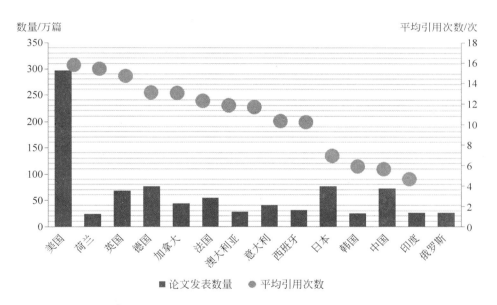

图 2-12　2000—2010 年间累积的论文发表的数量和引用频率

来源:中国统计年鉴(2011)

2.4   整体创新绩效的国际比较

使用其他综合指标(比如由欧盟委员会提出的创新记分牌)来评价中国的国家创新能力,则得到了与之前研究相一致的结果。虽然中国在"金砖四国"中得分最高,但却只有美国、韩国和日本的 1/3(如图 2-13 所示),如何提升创新能力对中国来说仍然是一个巨大的挑战。

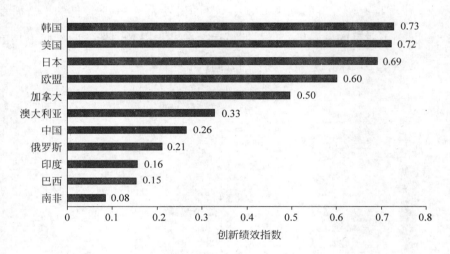

图 2-13   创新绩效:国际比较,2012 年

来源:EC innovation scoreboard(2013)

2.5   产 业 分 布

在不同产业中,企业创造和利用知识的水平是不同的。为了评估技术在经济增长中发挥的根本性作用,必须要在明确产业异质性的前提下,对创新活动和绩效进行评价。工业界的研发经费支出为产业技术力量的对比提供了重要信息。图 2-14 显示了

技术密集型行业,如计算机、通信和其他电子设备制造业,投入了最多的研发经费;然而在非技术密集型产业中,研发支出的水平仍然很低。[①] 将中国的研发投资组合按照行业来细分,可以发现中国高技术产业快速兴起,并对应科技投入的大幅提高。

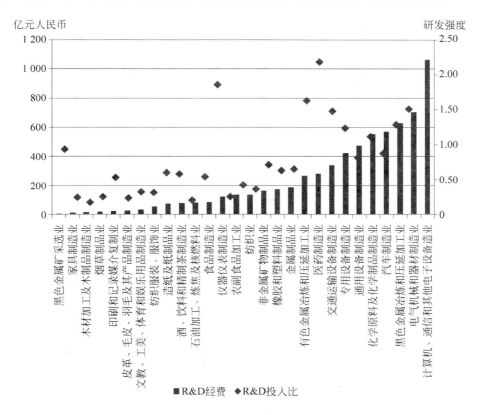

图 2-14　规模以上制造业的企业研发经费投入强度,2012 年

来源:中国统计年鉴(2013)

　　图 2-15 将研发人员按照部门进行细分。饼状图突出了制造业的主导地位,制造业吸纳的研发人员最多。其次,教育部门的研发人员占总研发人员数量的比例与技术服

[①]　OECD 根据技术密集的程度不同对行业进行分类,制造业可分为以下 4 类:高技术、中高技术和低技术。该分类参考了以下指标,如研发支出占增加值的比例以及研发支出占生产产值的比例,用来反映"技术的生产者"和"技术的采用者"的不同程度。详细的分类列表在附录中给出。

务部门相同(17%),再次是医疗保健及社会福利(5%)和采矿业(4%)。

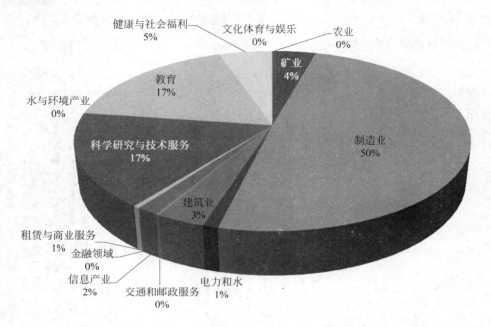

图 2-15　跨行业的研发人员,2009 年

来源:中国统计年鉴(2010)

　　对比不同产业间的创新产出,可以发现高技术产业的专利申请数量显著增加。通过对总体水平的计算,2010 年高新技术产业的专利申请份额占到了 75%,而低技术产业仅为 25%。① 其中,电子设备和电气机械等行业的专利占到了申请中国国家知识产权局专利总量的 38.9%(如图 2-16 所示);其次为中高技术行业,如交通运输设备、专用设备制造业;中低技术产业的专利申请总数只占有很少的份额。

　　如图 2-17 所示,不同产业的新产品销售量和新产品出口量同样如此。2012 年,由于高技术产业巨大的研发支出,新产品的销售量和出口量显著提高,特别是诸如生产电子设备、电气机械及化工原料行业。中低技术产业的新产品销售量和出口量占比都较低。

------

　　①　关于技术密集度(Technology Intensity)的定义依据源自 OECD 的分类标准,更多信息请参见 http://www. oecd. org/sti/ind/48350231. pdf。

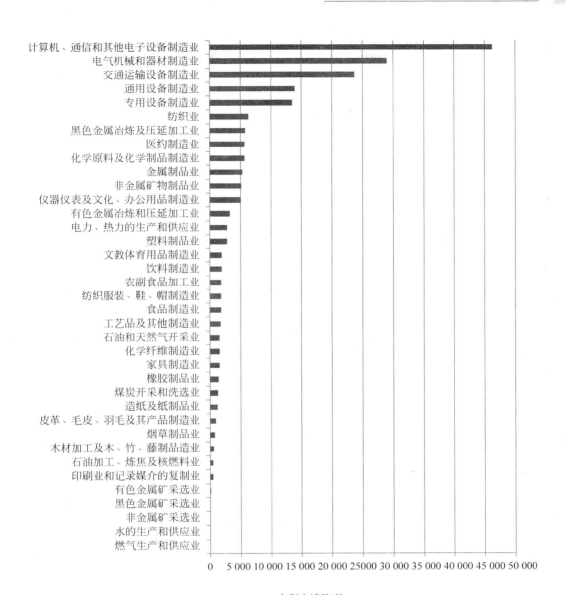

计算机、通信和其他电子设备制造业
电气机械和器材制造业
交通运输设备制造业
通用设备制造业
专用设备制造业
纺织业
黑色金属冶炼及压延加工业
医药制造业
化学原料及化学制品制造业
金属制品业
非金属矿物制品业
仪器仪表及文化、办公用品制造业
有色金属冶炼和压延加工业
电力、热力的生产和供应业
塑料制品业
文教体育用品制造业
饮料制造业
农副食品加工业
纺织服装、鞋、帽制造业
食品制造业
工艺品及其他制造业
石油和天然气开采业
化学纤维制造业
家具制造业
橡胶制品业
煤炭开采和洗选业
造纸及纸制品业
皮革、毛皮、羽毛及其产品制造业
烟草制品业
木材加工及木、竹、藤制品造业
石油加工、炼焦及核燃料业
印刷业和记录媒介的复制业
有色金属矿采选业
黑色金属矿采选业
非金属矿采选业
水的生产和供应业
燃气生产和供应业

0 5 000 10 000 15 000 20 000 25000 30 000 35 000 40 000 45 000 50 000

■ 专利申请数/件

图 2-16   跨行业创新产出：专利申请数量,2010 年

来源：中国统计年鉴（2011）

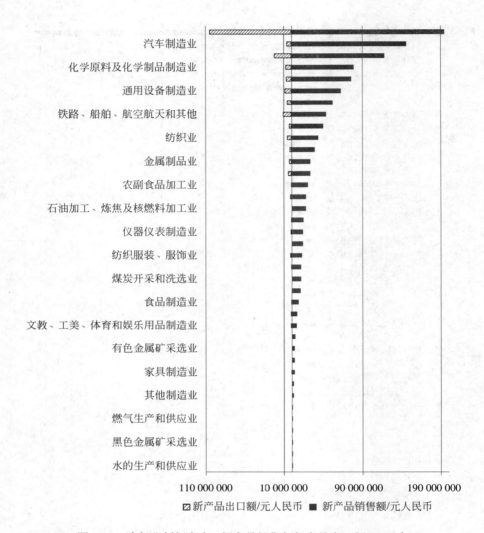

图 2-17　跨行业创新产出：新产品销售与新产品出口额,2012 年

来源：中国统计年鉴(2013)

　　高技术产品的进出口总量如图 2-18 所示。从 1995 年到 2012 年,中国高技术产品出口额从 100.9 亿美元增加到了 6 012 亿美元。快速增长的高新技术产品贸易反映了高技术产品对中国经济的重要性与日俱增。中国已逐渐成为全世界高技术产品的出口大国。有趣的是,1995 年至 2012 年间,高技术产品的进口和出口量几乎以同样的速

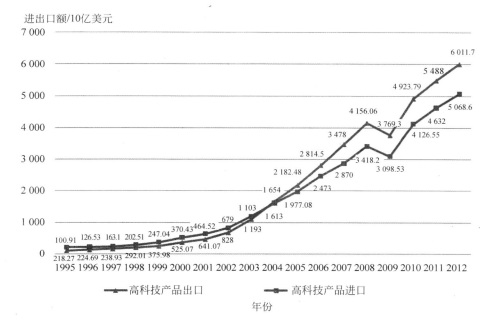

进出口额/10亿美元

图 2-18 高科技产业的进出口额，1995—2012 年

来源：中国统计年鉴（1996—2013）

度增加。在 2004 年之前，高技术产品的出口额是少于进口的；2005 年后，高技术产品的出口和进口之间的差距逐渐变大，2012 年高技术产品贸易盈余额达到最高。历年高技术产品的出口总额为 9 430 亿美元，比进口总额高 18.6%，这在一定程度上反映了中国出口导向型的制造业仍然从事着加工装配业务。出口竞争力主要来自低成本要素（Fu，2003）。

我们不应该忽视外商投资企业对于中国创新产出程度的影响。如图 2-19 所示，近 1/4 的新产品销售额（24%）是由外商独资企业完成的，而在 2012 年新产品的出口中，这些企业的占比最高，达到 44%。2012 年中国本土企业生产商品在新产品销售出口中占 41%，略少于外商独资公司；但国内企业在全部新产品的销售中占据主导地位，其占有率接近 66%。来自中国香港、澳门和台湾地区投资企业的新产品销售占比 1/10，其中新产品出口总值则为 15% 左右。

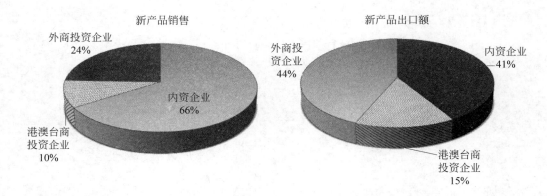

图 2-19　不同所有制企业的创新产出：新产品销售和新产品出口额，2012 年

来源：中国统计年鉴（2013）

2.6　跨所有制结构的创新

国家创新体系的范式表明，国家创新产出的差异可以用制度差异来解释（Lundvall，1992；Freeman，1995）。中国公司的企业治理有着鲜明的特征，比如股权结构的集中，特别是国有企业（SOEs）或国内产权加上外国投资者的参与。所有制结构的差异可以用来解释不同国家的研发活动和国家创新绩效（Hoskisson 等，2002）。图 2-20 显示了从 2006 年到 2012 年，在企业研发投入越来越多的趋势下研发产权结构（R&D ownership composition）的演变情况。图 2-21 则比较了 2006 年和 2012 年研发支出的产权结构，国内企业（不包括国有企业）占有主导地位，而国有企业和外商独资企业在研发总支出的比例分别下降 2% 和 3%。中国香港、澳门和台湾地区（HMT）在 2006—2012 年间占有的比例没有变化。

中国研发人员在不同产权结构下所占比例（如图 2-22 所示）也有着类似模式。在这两年间，国内企业一直吸引了大多数的研发人员（66%）；国外独资（从 7% 至 12%）和中国香港、澳门和台湾地区（HMT）企业（从 13% 到 15%）的研发人员有些许增加；而国有企业中研发人员所占比例则下降了一半，从 2006 年的 14% 下降到 2012 年的 7%。

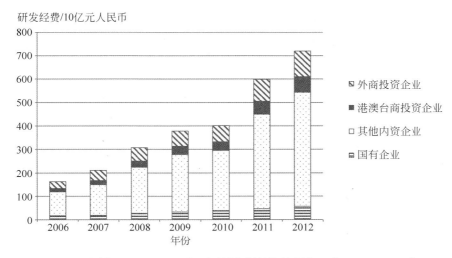

图 2-20 规模以上工业企业中不同所有制结构的研发经费,2006—2012 年

来源:中国统计年鉴(2007—2013)

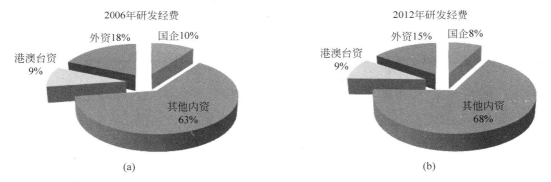

(a)   (b)

图 2-21 规模以上工业企业中不同所有制结构的研发经费,2006 年和 2012 年

(a) 2006 年; (b) 2012 年

来源:中国统计年鉴(2007 和 2013)

    在创新产出方面,专利申请与相应的研发经费支出和研发人员的产权结构也有很好的匹配。国内企业有着相对较大的研发投入与人力资本规模,占据着专利申请的最重要地位;其次是外资企业和中国香港、澳门以及台湾地区(HMT)企业(如图 2-23 所示)。在绝对数量上,2012 年国内企业专利申请量达到 348 421 件,相比 2006 年增长了近 7 倍。由于在研发和人力资本投资较小,国有企业在专利申请方面占有的份额也最低。

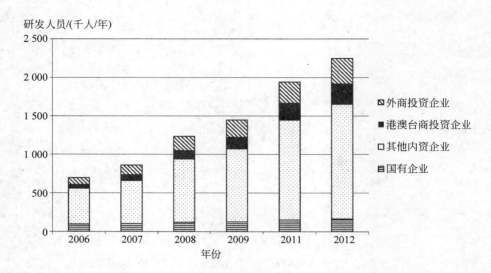

图 2-22　规模以上工业企业中不同所有制结构的研发人员,2006—2012 年

来源：中国统计年鉴(2007—2013)

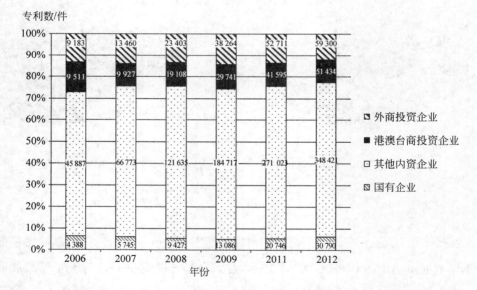

图 2-23　规模以上工业企业中不同所有制结构的专利申请,2009—2012 年

来源：中国统计年鉴(2007—2013)

　　如果用新产品的销售量和出口量来衡量创新产出，我们将发现一个有趣的现象：在对创新投入进行密集投资的情况下，中国国内企业新产品销售量增长显著，2012 年已猛增至 65 320 亿元，如图 2-24 所示。虽然国有企业的新产品销售绝对量也有所增加，但其相应的份额却逐渐从 2009 年的 10% 降至 2012 年的 7%；而在此期间，只有国内企业在新产品销售份额有着增长的趋势（从 54% 到 59%）。这样的小幅改变，可以看作国内企业的创新效率有所提升的证据。外商独资企业的新产品出口总额占比 44%，曾在 2012 年达到 9 570 亿元人民币；国内企业则为 8 690 亿元人民币，相比于 2009 年增长了近一倍。国有企业在创新产品的出口份额上有所减少，2012 年仅为 2%。

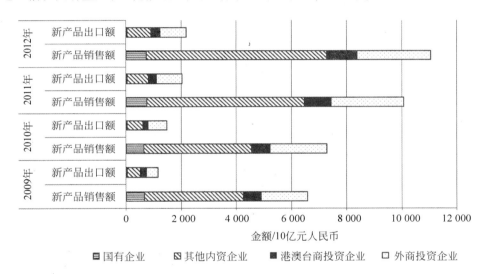

图 2-24　规模以上工业企业中不同所有制结构的新产品销售和新产品出口额，2009—2012 年

来源：中国统计年鉴（2010—2013）

2.7　区域差异

　　鉴于中国幅员辽阔，地域复杂多样，直辖市和各省具有不同的特点，且人口基数也都比较大，如果只是用全国平均水平进行统计分析极其容易产生误差。而中国创新体

系的一个显著特点就是研发区域差距巨大,如图 2-25 所示。研发投资集中在以下几个
省市,即江苏、北京、广东和山东,它们在 2012 年占总研发支出的比例为 45%。

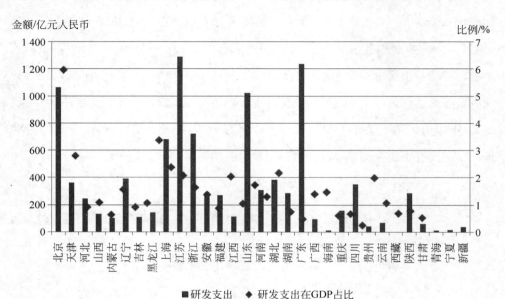

图 2-25　研发支出与研发支出占 GDP 的比例,2012 年

来源:中国统计年鉴(2013)

　　在 2000 年,北京的研发支出占地区生产总值的比例最高,其次是甘肃、上海和江
西(如图 2-26 所示)。显而易见的是,南方和西部地区的创新和研发支出占地区生产
总值的比例非常低。受益于改革开放政策和出口导向型的工业化进程,东部沿海地区
以惊人的速度进行着赶超,尤其是广东和浙江。广东省 2000 年研发经费支出低于 80
亿元人民币,而如今已成为在研发投入方面最为活跃的省份之一,2012 年已达 1 230
亿元人民币;浙江、江苏和山东等省也有着类似的迅速增长。内陆地区虽然也在迎头
赶上,但速度较慢。图 2-29 清楚地表明,研发投入量在中国各地仍然普遍存在巨大差
距,其中沿海地区吸引了较大规模的研发投入,而内陆地区,尤其是西部地区,仍然缺
乏创新投入。

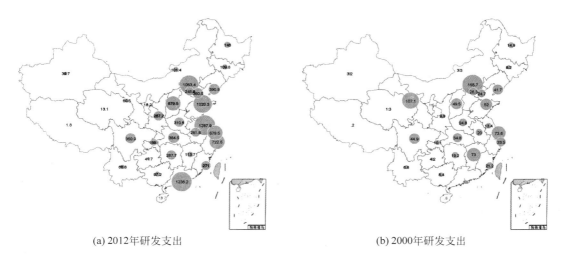

(a) 2012年研发支出   (b) 2000年研发支出

图 2-26 中国各地区研发支出，2012 年和 2000 年

来源：中国统计年鉴（2000 和 2013）

图 2-27 显示了全国各省研发支出占其生产总值的比例。除了北京和甘肃，中国各地的创新投入强度从 2000 年到 2012 年一直在增加。其中，北京的研发投入强度最高，2000 年北京的研发投入占其地区生产总值的 6.28% ，2012 年则为 5.95% ，是全国平均水平的 3 倍。2012 年西藏所占的比例最低，只占其生产总值的 0.25% ，只有全国平均水平的 1/8 。

中国政府已经意识到了地区间差距进一步扩大所带来的危害，并于 2000 年提出"西部大开发"战略以弥合这一差距。之后，中西部地区研发经费支出和强度一直在增加，但其知识存量仍然停留在一个较低的水平。值得一提的是，甘肃和陕西等地区之所以拥有较高的研发支出强度，是由于其在冷战时期有着特殊的战略地理位置，因而得以继承当时的研发设施，包括军事科研基地、政府研究机构和大学。

除了研发费用，地区差距之大也表现在相关创新的产出上。图 2-28 显示了 2000 年和 2012 年中国专利申请在不同省市的平均值数据。横轴表示的专利申请平均值，已经从 2000 年的 2 757 件显著升高到 2012 年的 60 824 件。图表上的统计数据清楚地

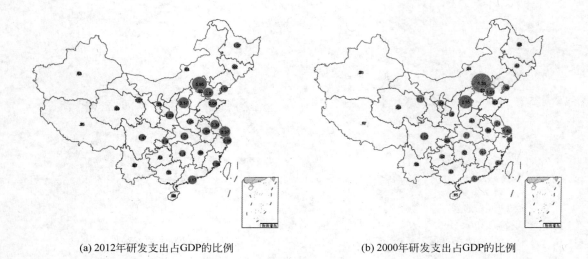

(a) 2012年研发支出占GDP的比例   (b) 2000年研发支出占GDP的比例

图 2-27   全国各省研发支出占其生产总值的比例，2012 年和 2000 年

来源：中国统计年鉴（2000 和 2013）

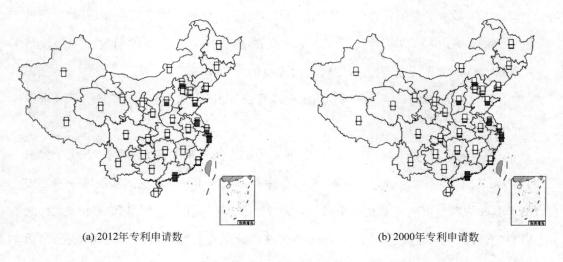

(a) 2012年专利申请数   (b) 2000年专利申请数

图 2-28   2012 年和 2000 年中国专利申请在不同省市的平均值

来源：中国统计年鉴（2000 和 2013）

表明，不平等的发展模式与创新投入的指标差异有着相似性：有着最多研发投入强度的各省、市、自治区都处于专利申请的领先地位，而其他部分则发展缓慢。

　　因此,采取有效的创新政策辅以其他政府激励措施来缩小现有差距是非常有必要的。图 2-29 显示了跨区域研发资金的来源情况。虽然企业资金在东部和沿海地区,包括北京、上海、广东、江苏和浙江等地的研发活动中起到了主导作用,但中西部省份的创新资金主要由政府提供。我们通过对 2000 年至 2012 年创新资金来源的比较发现了这样一个趋势：来自企业的资金越来越多,而政府的资金则相对减少;至于来自海外的创新资金,基本上都投入像北京和上海这样的超大型城市,且占有的比例很少。

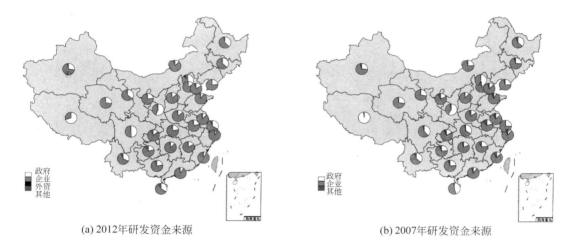

(a) 2012年研发资金来源　　　　　　　　　　　(b) 2007年研发资金来源

图 2-29　跨区域研发资金的来源,2012 年和 2007 年

来源：中国统计年鉴(2008 和 2013)

第一部分

国际知识转移与技术起飞

第3章

外商直接投资、吸收能力和
区域创新能力: 来自中国的证据

3.1 引 言

技术能力无论在国家、地区还是企业层面,都是竞争力的一个重要组成部分。而区域创新能力的发展,对于发展中国家和发达国家的竞争力提升都至关重要。在过去的十多年里,越来越多的研究开始关注区域创新体系。有一些学者认为,由于区域创新有其特殊性,因而无法使用大家比较熟悉的国家创新系统框架进行预测(Meltcalfe,1997;Braczyk,Cooke 和 Heidenreich,1998)。

作为一种非竞争性的公共资产,尽管知识的外部性或者知识溢出有一定的积极意义(Nelson,1959;Arrow,1962;Griliches,1979),但是知识溢出往往是嵌入在某个地理区域内的(Jaffe,Trajtenberg 和 Henderson,1993;Audretsch 和 Feldman,1996;Anselin,Varga 和 Acs,1997;Almeida 和 Kogut,1997)。如果创新主体在相同的区域内,他们就更方便面对面接触,也更容易产生相互信任,这样知识和信息的流动就更加容易(Breschi 和 Lissoni,2001)。因此,同一产业的企业信息流动和知识溢出可能存在地理上的边界(Krugman,1991),这种空间内的知识溢出让区域内的企业比区域外的企业更容易快速进行创新。这种现象对于隐性知识(即那些高度情境化的和不容易编码的知识)尤为明显。也正是由于这种知识更容易通过面对面的接触和个人关系发生转移,区域体系比更大的生态地理体系(eco-geographical systems)更容易抓住本土创新的本质(local nature of innovation)。

跨国公司和它们的分支机构在区域创新体系中扮演着重要的角色,是研究和推进创新前沿的重要力量。跨国公司掌握的某些特定优势可以帮助他们在全球市场中获得成功,而这些优势,即企业特定资产(firm-specific assets),往往是具有技术特性的。从1970年到1985年的国际技术转移的特许使用费中,有80%是跨国公司的子公司向母公司支付的(UNCTAD,2005a)。因此,将本地经济向区域内的跨国公司开放,可以有效提升区域的创新绩效。

同时,外商直接投资(FDI)对区域创新能力的作用还受到本地吸收能力的影响。创新是一个进化和积累的过程,只有当本地企业具备识别、吸收和利用外部有用知识的能力时,本地企业才有可能从FDI的技术溢出中获利。尽管已经有一些关于吸收能力的企业层面研究,但是在发展中国家的区域创新系统情景下的相关研究还非常少。

在本章中,笔者将研究中国的FDI对于区域创新能力的作用,重点关注吸收能力和互补资产的影响。本章组织如下:3.2节提出FDI、吸收能力和区域创新绩效的理论框架;3.3节总结中国FDI和创新的总体情况;3.4节分析外国投资企业对区域创新能力的影响;3.5节研究FDI和区域创新效率;3.6节研究FDI、创新和区域经济增长之间的关系;3.7节总结一些政策启示。

3.2　发展中国家的 FDI、吸收能力和区域创新能力:一个理论框架

技术能力的发展是某些特定的激励结构(incentive structure)与人力资源、技术努力以及制度因素的复杂作用结果。激励结构涉及宏观经济诱因(包括竞争和要素市

场)以及制度因素(包括市场和非市场制度,例如法律框架、产业机构、培训和科技机构等),这些因素在特定的国家背景下共同作用,决定了在区域层面的资源利用和技术发展能力(Lall,1992)。换句话说,在区域里诸如企业、政府和高校这样的机构,以及他们之间联系的紧密程度决定了区域创新体系的绩效(Braczyk,Cooke 和 Heidenreich,1998;Fu 等,2006a)。

FDI 对区域创新的促进作用体现在以下 4 个方面。第一,外国企业和跨国公司研发实验室的研发成果,以及其他形式的创新成果增加了本区域的创新产出。持续不断的 FDI 流入是影响新兴经济体获得复杂先进技术的重要因素之一(Athreye 和 Cantwell,2007)。跨国公司的研发全球化是国际商务领域近年来的重要变化。跨国公司有 3 种形式的全球化研发,分别是支持实验室、本地联合实验室和国际合作实验室(Pearce,1999)。当跨国公司分支机构在东道国的运作从基于成本考虑向具有更高价值的环节转变的时候,他们往往会转型为本地联合实验室模式。跨国公司增加子公司研发能力国际化的努力,会帮助现有区域研发中心转向更高层面的技术活动(Athreye 和 Cantwell,2007)。当跨国公司能够获得低成本且高技能的人力资源的时候,他们甚至可能建立国际合作实验室,用于进行一个或者多个科学基础研究。这些独立的实验室能够将技术输入转化为重大创新,有助于一个国家基础研究领域发展(Pearce,2005)。

第二,外国企业的创新活动溢出可能影响他们所在区域的创新绩效。知识可以通过供应链、技能员工的离职和示范效应等渠道从外国企业向当地企业溢出。通过供应链进行知识转移,需要国外企业和当地供应商、客户建立有效关系。如果跨区域的劳动力转移较少,那么来自跨国公司的溢出将主要被当地的企业获得(Greenaway 等,2002);而如果企业只能近距离地观察和模仿,那么示范效应也只能是本地化的(Blomstrom 和 Kokko,1998)。可靠的证据表明,在发展中国家和部分工业化国家中,跨国公司往往比本国的企业更具有生产优势(Girma,Greenaway 和 Wakelin,2001)。但是,经验证据表明跨国公司对本国企业的溢出程度是复杂的。

第三,FDI 可能通过竞争效应影响区域创新能力。市场竞争对创新可能是一把

"双刃剑"。一方面,Geroski(1990)指出,如果市场中缺乏竞争,会增加无效率和迟缓的创新活动;另一方面,传统的熊彼特学派认为,垄断的权力让企业能够获得创新的回报,因此企业更愿意投资创新(Cohen 和 Levin,1989;Symeonidis,2001)。外国企业的研发活动也会对本国企业的创新产生挤出效应,因为他们吸引了最优秀的研究者,用新产品在市场上进行竞争,从而会威胁到本土企业,尤其是中小企业(Aghion 等,2005;Fu,2004a 和 2007;UNCTAD,2005b)。而在中国的电子产业中,Hu 和 Jefferson(2002)同样发现,FDI 可以造成本国企业生产效率的显著衰减,而非正向溢出作用。

第四,除了增加跨国公司及其子公司的研发投入,FDI 还能通过帮助提升创新管理的实践和经历提高创新效率,为区域创新能力做出贡献。创新不是简单的线性转换——基础科学和其他输入在创新链的一端,商业化在另一端(Hughes,2003)。成功的创新不仅仅需要有才能的科学家,还需要企业从高层到员工的每一个人在研发、财务、生产和市场部门的参与。它需要高质量的决策、长期规划、激励和管理技能、协调能力,还有研发、生产和市场的高效率。因此,一个企业的创新绩效不仅取决于研发人员和研发投入这样的"硬"因素,还需要管理实践和治理结构这样的"软"因素(Aghion 和 Tirole,1994;Bessant 等,1996;Cosh,Fu 和 Hughes,2004)。跨国公司是创新中的主角,他们对创新管理有着更丰富的经验。因此,本土企业可能通过溢出实现管理技能知识的转移,从而帮助区域创新系统。

但是,有效的 FDI 溢出需要两个主要条件:一个是本区企业或组织的吸收能力(Cohen 和 Levinthal,1989;Girma,2005);另一个则是国外企业和本土企业在经济活动中产生的有效联系(Balasubramanayam,Salisu 和 Sapsford,1996;Fu,2004b)。吸收能力是指一个企业或者地区识别、吸收和利用环境知识的能力(Cohen 和 Levinthal,1989),它常常取决于国内外企业的技术差距,本土企业的研发强度或者嵌入本土企业的人力资源。研究发现,溢出常常在中等程度的技术差距条件下发生(Kokko 等,1996);而规模较小的工厂或技术工人比例较低的工厂,往往缺乏必需的吸收能力,从而无法很好地利用来自 FDI 的研发溢出。组织的研发活动有两方面的作用(Aghion 和 Howitt,

1992,1998;Griffith,Kedding 和 Van Reenen,2003),一方面是大家广泛认可的知识创造作用;另一方面是在企业学习和提升吸收能力中的作用,特别是在考虑到创新是渐进积累和路径依赖的条件下。有研究认为,企业在利用 FDI 溢出前需要具备一定程度的研发强度。由于企业和组织是区域创新体系中的基本元素,所以当地企业和组织的吸收能力是决定整个区域的吸收能力重要因素。

除了吸收能力,互补资产(complementary assets)在整体的动态能力形成中也扮演着重要的角色,这种整体能力有助于将技术机会转换为创新收入和市场竞争优势(Teece,1986;Teece,Pisano 和 Shuen,1997;Cosh,Fu 和 Hughes,2005;Hughes 和 Scott Morton,2006;Cosh,Fu 和 Hughes,2012;Fu,2012)。新产品的开发或改进需要组织战略、组织结构和管理实践的平行变换。出于对合适的互补资产的追求,跨国公司更可能设立在具备良好科技和教育的基础设施、产业内或者产业间更可能产生知识溢出的区域,从而更好地将自己的技术优势进行有效转移和商业化(Cantwell 和 Piscitello,2002;Cantwell 和 Santangelo,1999)。所以,一个地区的新观点接受度、创业倾向、通信设施建设以及高科技产业的集群等因素都可能增强其吸收新观点和新技术溢出的能力。

总之,FDI 对区域创新能力的影响有以下几种途径。第一,通过跨国公司更高强度的创新,直接帮助提升整体区域的创新绩效。第二,通过跨国公司更高水平的创新效率,帮助提升区域创新绩效。第三,通过技术和管理知识的溢出,帮助提升本土企业的创新能力。FDI 对区域创新能力的作用,受到区域本土企业的吸收能力和互补资产、中外企业的相互联系以及 FDI 技术内容的影响。

3.3   中国的 FDI 和创新

3.3.1   中国的 FDI

从 1978 年改革开放吸引外国资本参与国家的经济发展开始,中国已经吸引了数量庞大的外商直接投资(FDI),并逐步成长为世界上第二大的 FDI 国家,仅次于美国①。在邓小平 1992 年南行讲话之后,FDI 在中国迎来了最高速的成长期。此后,中国采取了新的政策措施,FDI 从特区扩展到了更大的全国范围,其流入总量在 1998 年达到一个峰值,高达 454.63 亿美元,在 1999 年因为亚洲金融危机而有所下降,之后保持了快速增加的趋势,在 2004 年达到了 606.3 亿美元的水平(如图 3-1 所示)。

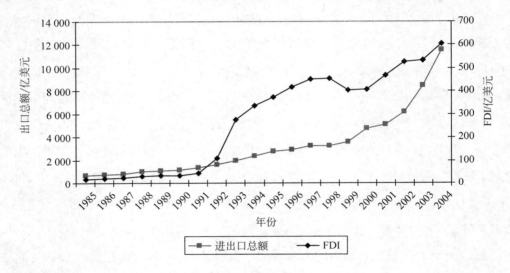

图 3-1　中国的 FDI 和贸易,1985—2004 年

来源:中国统计年鉴(1986—2005)

　　但值得注意的是,巨额的 FDI 流入高度集中在沿海地区。截至 2005 年,沿海省份占了全国 FDI 份额的 87%(如图 3-2 所示)。这种不均匀分布有其经济、政策和地理的因素,对中国的区域竞争绩效产生不均匀的影响。其结果是,用外资资产/总行业资产衡量的 FDI 强度在沿海地区达到了 28%,是内陆地区(7%)的 3 倍。在广东、福建和上海,接近 1/2 的行业固定资产是外商投资的(如表 3-1 所示)。

---

　　① 译者注:2014 年,中国的 FDI 流入超过美国,历史上首次成为全球最大的 FDI 接收国。

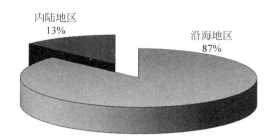

图 3-2　FDI 在中国的区域分布，2005 年

来源：http：//www.fdi.gov.cn/

表 3-1　**FDI 强度：外国资产占总工业资产的份额**　　　　　　　　　　%

省　份	1999 年	2004 年	1999—2004 年平均
广东	50	51	51
福建	48	50	50
上海	40	49	44
江苏	28	37	32
天津	28	28	27
北京	19	22	20
浙江	19	22	19
辽宁	16	16	15
海南	19	14	15
山东	13	16	14
广西	9	14	13
河北	12	12	12
沿海地区平均水平	**25**	**28**	**26**
重庆	13	16	16
安徽	9	12	12
吉林	11	12	11
湖北	11	9	10
江西	6	9	7
河南	8	7	7
湖南	4	8	6
陕西	6	4	6
云南	6	5	6
四川	4	6	5

续表

省　份	1999 年	2004 年	1999—2004 年平均
山西	2	7	5
宁夏	4	8	5
黑龙江	6	5	5
内蒙古	3	4	4
甘肃	3	2	2
贵州	2	3	2
新疆	2	1	1
青海	1	1	1
西藏	1	NA	1
内陆平均	**5**	**7**	**6**

来源：中国统计年鉴

中国的 FDI 来源和进入模式也随着时间的变化而变化。20 世纪 80 年代，来自港澳台地区的投资是中国 FDI 的主要来源，而到了 20 世纪 90 年代，来自工业化国家和其他经合组织国家的 FDI 迅速增加。外商投资进入的模式也从 20 世纪 80 年代的合资模式，过渡到了 20 世纪 90 年代的外商独资。20 世纪 90 年代末，外商独资的企业比例占了 FDI 的 70%。一些大型跨国公司开始在中国设立全球研发中心，主要集中在北京和上海这样的大型城市。随着中国政府提出西部大开发政策，外资企业迁往内陆地区的数量开始增加，但主要是劳动密集型或者土地密集型的产业。

3.3.2　中国的创新

作为竞争力的一个重要驱动因素，中国的区域创新水平和绩效存在差异，沿海地区和内陆地区的创新能力存在着巨大的差距。2004 年，中国沿海省份专利申请数量占据了全国总量的 82%，新产品收入占 79%，总产业研发支出占 73%。创新活动更进一步集中于沿海的几个省份，包括广东、上海、江苏、山东和浙江（如图 3-3、图 3-4 和图 3-5 所示）。沿海地区占据了全国从国外购买技术总支出的 67%，是内陆地区的两倍（如表 3-2 所示）。江苏、上海、北京和广州是 4 个国外技术购买支出最多的省份。

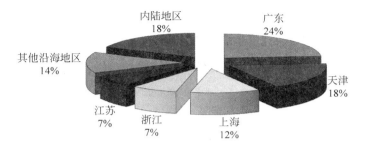

图 3-3　专利申请数量的区域分布,2004 年

来源：中国第一次全国经济普查(2004 年)

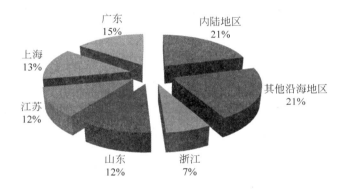

图 3-4　新产品销售的区域分布,2004 年

来源：中国第一次全国经济普查(2004 年)

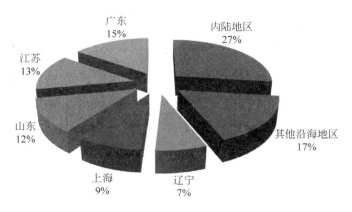

图 3-5　产业研发的区域分布,2004 年

来源：中国第一次全国经济普查(2004 年)

上海和北京主要依赖国外的技术；江苏和广东既依赖国外的技术，又依赖本土的技术。内陆地区除重庆外其他省份比沿海省份的技术支出要少很多，1/3 的份额用于国外技术，另外 2/3 则主要花在了购买国内技术上。

表 3-2　2004 年技术购买支出

省　份	从国外购买技术的支出/万元	从国内购买技术的支出/万元	从国外购买技术的支出/%	从国内购买技术的支出/%
总体	3 679 496	699 192	100.0	100.0
江苏	549 744	90 289	14.9	12.9
上海	540 190	33 743	14.7	4.8
北京	314 287	2 865	8.5	0.4
广东	258 259	61 465	7.0	8.8
辽宁	210 968	14 075	5.7	2.0
天津	163 259	6 578	4.4	0.9
浙江	151 700	40 682	4.1	5.8
山东	138 257	80 177	3.8	11.5
福建	64 123	25 842	1.7	3.7
广西	33 388	11 368	0.9	1.6
海南	486	1 108	0.0	0.2
沿海地区总体			65.9	52.7
重庆	253 162	36 568	6.9	5.2
湖北	154 054	38 464	4.2	5.5
河北	137 388	29 658	3.7	4.2
河南	127 227	27 226	3.5	3.9
安徽	85 003	10 095	2.3	1.4
吉林	84 493	2 695	2.3	0.4
黑龙江	74 177	29 977	2.0	4.3
湖南	66 696	7 769	1.8	1.1
陕西	60 553	27 010	1.6	3.9
山西	54 788	18 144	1.5	2.6
江西	48 822	24 384	1.3	3.5
四川	47 248	41 492	1.3	5.9
内蒙古	20 988	6 157	0.6	0.9
甘肃	16 013	5 579	0.4	0.8
云南	9 627	15 479	0.3	2.2
宁夏	9 012	1 850	0.2	0.3

续表

省　　份	从国外购买 技术的支出/万元	从国内购买 技术的支出/万元	从国外购买 技术的支出/%	从国内购买 技术的支出/%
贵州	3 966	4 525	0.1	0.6
新疆	1 529	3 925	0.0	0.6
青海	90	4	0.0	0.0
西藏	无	无		
内陆地区总体			34.1	47.3

来源：2004 年中国第一次全国经济普查

注：关于技术购买支出是指从国外或者国内购买技术的支出，包括产品设计、工艺设计、蓝图、配方、专利和相关的关键设备、仪器费用和样品。

3.3.3　国外企业的创新

自 20 世纪 90 年代后期以来，伴随着创新全球化的浪潮，国外企业在中国的研发活动也快速增长，且远远超过国内企业。从 1998 年到 2004 年，国外投资和港澳台地区投资的年均研发增长率分别为 38% 和 33%，这比本土企业同期 25% 的增长率高出很多（如表 3-3 所示）。

表 3-3　研发经费支出增长率　　　　　　　　　　%

项　　目	1998 年	1999 年	2000 年	2001 年	2002 年	2003 年	年均(1998—2003 年)
本土企业	18	44	19	18	22	32	25
外资企业（港澳台）	50	23	12	25	27	59	33
外资企业	7	73	19	25	53	49	38

来源：2004 年中国第一次全国经济普查

在 2004 年，外资企业的数量占到了全国企业总数的 1/3。尽管外资企业的研发支出和研发人员只占了 27% 和 18%，但外资企业的创新产出、新产品收入和发明专利申请比例均超过了 40%。这体现出外资企业比本土企业具备更高的创新生产率和创新管理能力。外资企业用于购买国外技术的支出占了全国总支出的近 1/2，说明外资企业购买先进技术的需求更加强烈（如图 3-6 所示）。

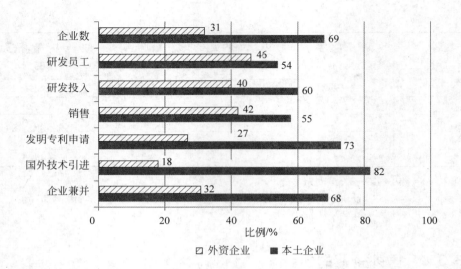

图 3-6   国外与本土企业在中国的创新活动,2004 年

来源: 第一次全国经济普查(2004)

3.4   FDI 和创新能力: 经验证据

我们用以下表示的基本区域创新生产函数对 FDI 对区域创新能力的作用进行计量分析:

$$Y_{i,t} = \alpha + \beta\mathrm{RDS}_{i,t-1} + \lambda\mathrm{RDP}_{i,t-1} + \gamma\mathrm{HC}_{i,t-1} + \delta\mathrm{FDI}_{i,t-1} + \varepsilon \qquad (3.1)$$

Y 是创新产出,RDS 是研发投入,RDP 是参与研发活动的人数,HC 是人力资本,FDI 是指 FDI 的强度(用外资企业的净固定资产除以总产业净固定资产衡量)。ε 是符合正态分布的误差项。所有变量都取对数。我们对解释变量均取滞后一期的数据,也就是说我们假设前一年的创新投入反应在当年的专利产出上。使用滞后一期的数据的另一个优势是避免了内生性问题,因为 FDI 可能会选择本身创新能力较高的地区。

根据 Jaffe (1989)和 Acs,Luc,Varga(2002)的研究,我们用每 1 万人口的专利申请数量来衡量创新产出。尽管专利数据有其优势,但是专利数据也面临着低效度的问题,因为它们并不能完全体现商业成功和新产品的价值(Acs 和 Audretsch,1990; Kleintnecht,1996)。研发投入被普遍认为是创新绩效的重要决定因素。一个地区在研发上的投入越多,研发投入直接带来新的产品和工艺的可能性就越高,数量也会相应增多,也就更可能具备创新能力。技术劳动力、优秀的科学家和工程师,尤其是那些直接参与研发活动的合格研发人员,这些都被认为是影响企业创新绩效的重要因素(Hoffman 等,1998;Porter 和 Stern,1999)。

为了进一步分析吸收能力和互补资产,我们将 FDI 与吸收能力的交互项,以及 FDI 与互补资产的交互项引入到模型中来。根据之前的文献综述,吸收能力有两种测量方法:一种是用研发投入/GDP 的比例来衡量地区研发强度;另一种是用具备 15 年以上教育程度的人口比例衡量劳动力质量。他们有助于增强一个地区识别和吸收外部创新资源的能力(Cohen 和 Levinthal,1990)。互补性资产有 3 种测量方式:(1)每千户家庭的电脑数量(COMP)。这个指标显示了一个地区的很多创新特征,比如信息基础建设、新观点的接受能力等。(2)高科技产业为区域总体产值增加所贡献的比例(HITECS)。这个指标显示了这个地区的产业和科技结构,以及产业基础建设对 FDI 溢出的吸收和发展。(3)技术市场的交易价值(TECHMKT)。这个指标衡量了一个地区的技术之间的联系、流动和交易的强度,反映了一个地区的发展水平和制度的活跃程度。因此,方程(3.1)进一步拓展如下:

$$Y_{i,t} = \alpha + \beta \text{RDS}_{i,t-1} + \lambda \text{RDP}_{i,t-1} + \gamma \text{HC}_{i,t-1} + \delta \text{FDI}_{i,t-1} + \theta \text{ABC}_{i,t-1} \cdot \text{FDI}_{i,t-1} +$$
$$\text{CA}_{i,t-1} \cdot \text{FDI}_{i,t-1} + \varepsilon_{i,t} \tag{3.2}$$

所有的变量都取对数。

专利有 3 种类型,分别是发明、实用新型和外观设计。发明是与产品、工艺等相关的新技术方案,实用新型是针对产品形状和结构的实用性改进,而外观设计主要是针对外形、模式、颜色或者美观等特性的新设计。一直以来,发明专利被认为是主要的创新,为了获得发明专利,申请者必须满足"新颖性、创造性和实用性"的要求。在中国一般需要一年到一年半的时间进行发明专利的申请,但是对于实用新型和设计专利只需要 6 个月或者更少的时间（Cheung 和 Lin,2004）。因为 3 种类型的专利本身新颖程度存在差异,因此我们分别用 3 种类型的专利数据作为因变量进行回归分析,检验 FDI 对不同类型不同程度创新的影响。

我们选取了来源于中国统计年鉴以及科技部网上数据库的、从 1998 年到 2004 年间中国 31 个省及直辖市的面板数据。以往的研究采用统计年鉴中创新投资（investment in innovation）的数据,而本研究采用的是来源于科技部的研发费用（R&D expenditure）和研发人员数量（R&D staff）数据。科技部的研发费用数据更加准确,因为统计年鉴中的创新投资（investment in innovation）的数据包含了设备更新、基础建设、项目生产追加投资、福利设施等各种费用。同时,科技部的研发数据比单纯的使用费用和人员质量更好,因为根据科技部和国家统计局的定义,科技不仅包含自然科学和工程学科,还包含更大范围的社会科学分支。

表 3-4 报告了方程（3.2）的拟合结果。FDI 的系数是正向显著的（$P < 0.01$）,这表明 FDI 能有效促进地区的创新能力。FDI 在方程拟合系数是 0.356,表示 FDI 强度每增加 1 个单位,相应对区域的专利产出提升 0.35 个单位。研发投入的系数也接近这个水平,且有时候甚至比人力资本的系数还要高。

另外,吸收能力的两个代理变量（研发强度和劳动力技能）的拟合系数也是正向显著的（$P < 0.01$）。吸收能力与 FDI 的交互项也是正向显著的。这个结果充分支持了我们的假设:吸收能力在 FDI 知识溢出的吸收过程中扮演重要角色。

还有,我们用了 3 个代理变量测量互补资产,分别是每千户家庭的电脑数量（COMP）、高科技产业为地区总体产值贡献的比例（HITECS）和技术市场的交易价值（TECHMKT）。FDI 与前两个代理变量的交互项是正向显著的,这个结果说明更好的信息通信基础建设、新观点的接受能力,以及高科技企业的聚集能够促进 FDI 的技术溢出,加速创新进程,从而提升区域的创新能力。尽管 FDI 与技术市场的交易价值（TECHMKT）的交互项也是正向的,但并不显著,这可能与外资企业在技术市场参与过少有关（Zhou,2006）,对此我们之前已经有过讨论。

表 3-4　外商直接投资对区域创新能力的影响

变 量	因变量：log（每千人专利拥有量）											
	Coef	P-value	Coef	P-value	Coef	P-value	Coef	P-value	Coef	P-value	Coef	P-value
C	1.309 ***	0.000	1.506 ***	0.000	2.591 ***	0.000	1.383 ***	0.000	1.265 ***	0.000	1.321 ***	0.000
LOG(RDGDP?(-1))	0.354 ***	0.002	0.690 ***	0.000	0.243 **	0.043	0.392 ***	0.001	0.403 ***	0.001	0.411 ***	0.000
LOG(RDSTAF?(-1))	0.149 *	0.058	0.147 **	0.041	0.173 **	0.025	0.157 **	0.047	0.148 *	0.061	0.118	0.132
LOG(HC?(-1))	0.316 ***	0.000	0.304 ***	0.001	0.724 ***	0.000	0.337 ***	0.000	0.287 ***	0.001	0.334 ***	0.000
LOG(FDIS?(-1))	0.357 ***	0.000	0.474 ***	0.000	0.816 ***	0.000	0.310 ***	0.000	0.299 ***	0.000	0.302 ***	0.000
LOG(FDIS?(-1))*LOG(RDGDP?(-1))	0.138 ***	0.008										
LOG(FDIS?(-1))*LOG(HC?(-1))					0.134 **	0.018						
LOG(FDIS?(-1))*LOG(COMP?(-1))							0.020 *	0.086				
LOG(FDIS?(-1))*LOG(HITECS?(-1))									0.041 ***	0.007		
LOG(FDIS?(-1))*LOG(TECHMKT?(-1))											0.010	0.291
LM	258.21 ***		175.27 ***		247.74 ***		212.76 **		250.77 ***		268.82	
Hausman	0.07		2.18		7.74		6.53		7.85		32.18 ***	
Model	RE		RE		RE		RE		RE		FE	

注：*** 在 1% 的水平显著；** 在 5% 的水平显著；* 在 10% 的水平显著。

3.5　FDI 与区域创新效率

　　我们将研究 FDI 对区域创新效率的统计分析分成两个步骤：首先，采用数据包络分析（DEA）评价创新效率，这种方法允许在模型中多路输入和多路输出；接着，我们将进一步分析 FDI 对区域创新能力的影响。

　　创新效率的测量通常有 3 种方式。（1）比率分析：例如劳动生产率、资本生产率；（2）计量分析：索罗（Solow）的全要素生产率（TFP）指标；（3）边际分析：例如数据包络分析（DEA）。全要素生产率比部分要素生产率更加综合全面，因为全要素成产率除了考虑劳动力和资本，还考虑了管理技能、技术知识等。传统的索罗全要素生产率模型定义 TFP 增长是扣掉劳动力和资本对产出增长贡献之后的剩余产出增长，但是这种方法包含了所有的偏差，而没有考虑测量误差。这种方法还有几个前提假设：（1）生产函数已知，（2）规模不变收益，（3）企业具有最优化的行为，（4）中性的技术变革。如果这几个前提假设不符合，那么 TFP 的测量就存在偏差（Coelli 等，1998；Arcelus 和 Arocena，2000）。

　　边际分析方法通过与最佳结果的对比来评估企业的效率。一般有两种主要的估计方法：一种是非参数检验，即数据包络分析；另一种是生产函数参数分析，即随机边际分析（Stochastic Frontier Analysis，SFA）。在数据包络分析方法中，最优函数通过观察输入和输出建立。一个企业的创新能力效率衡量与其余最优绩效边际位置有关，数学上用加权产出除以加权投入（Charnes 等，1978）。这个程序方法的劣势是缺失限制因素，而且还没有对生产函数设定前提假设。另外，这个程序方法允许我们用多路输入和多路输出估计效率。此技术有一个显著的缺点，就是在模型中没有考虑统计偏误，或者测量误差（Greene，1997；Norman 和 Stoker，1991）。

考虑到不同方法的优势和劣势，我们决定采用 DEA 方法进行创新效率估计。因为这个方法允许我们通过对比评估企业的创新效率，同时允许我们进行多路输入和多路输出估计分析。在 DEA 方法中，样本量为 n，X 和 Y 分别是观测到的创新投入和创新产出，假设规模报酬可变，企业的创新效率得分 θ 是一个线性规划的问题：

$$\text{Max}_{\theta,\lambda}\,\theta$$
$$\text{st.} \quad -\theta y_i + Y\boldsymbol{\lambda} \geq 0$$
$$x_i - X\boldsymbol{\lambda} \geq 0$$
$$\lambda_i \geq 0$$
$$\sum \lambda_i = 1, \quad i = 1,\cdots,n \tag{3.3}$$

θ 是数量指标，$\boldsymbol{\lambda}$ 是 $n \times 1$ 的矢量指标。创新效率分数分布从 0 到 1。如果 $\theta_k = 1$，其他都为 0，则第 K 个企业就被认为是具有技术效率的（Cooper 等，2000）。

因为我们的目标是最大化创新产出，所以我们关注基于产出的效率，即反映一个企业在给定的投入、规模收益不变的条件下，最大化的创新产出。创新产出用每个地区的专利获得数量来测量。考虑到 3 种专利本身新颖程度不同，我们将这 3 种测量创新产出的方式一起放到多路输入的 DEA 模型中。创新投入在我们的模型中包含研发费用占 GDP 的比例和人口中研发人员的比例。因为创新专利具有最高程度的新颖性，我们假设创新专利的重要性是实用新型和设计专利的两倍。因此，我们在 DEA 模型中给予 3 种专利不同的权重：

$$Q_{\text{invention}} = 2q_{\text{utilitymodel}} = 2q_{\text{design}} \tag{3.4}$$

接着我们将 FDI 强度对区域创新效率进行回归分析，企业的创新效率得分最高值是 1，最低值是 0。如果采用普通最小二乘法分析，每次得到的结果可能不一致。所以我们采用 Tobit 模型进行回归分析（Tobin，1958；Fu 和 Balasubramanyam，2003）。

$$\text{IE} = \begin{cases} \alpha + \beta X_i + \mu, & \text{若 } \alpha + \beta X_i + \mu < 1 \\ 1, & \text{否则} \end{cases} \tag{3.5}$$

IE 是创新效率,X_i 是包含解释变量和控制变量的矢量,包括地区 FDI 强度、劳动力技能和产业结构。

图 3-7 显示了中国区域创新效率的分布。专利数据显示,从 2000 年到 2005 年中国各地区的创新效率不断提高,两个区域创新边界是 2003 年、2004 年的上海。其他接近边界的是一些沿海省份,包括天津、北京、浙江和广东。

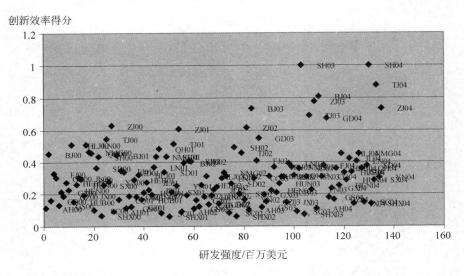

图 3-7　中国区域创新效率的分布

来源:作者估算

表 3-5 显示的是 FDI 对区域创新效率的回归结果。FDI 变量的拟合系数正向显著($P < 0.05$),并且这个结果在不同指标情况下都是显著的,这说明此结果是稳定的;FDI 对区域的高效创新具有显著的正向影响;人力资本(本科以上学历的人口比例)对区域创新效率的影响最大,但是高科技比例变量与创新效率却出乎意料负相关,可能的解释是国内高科技企业研发的投入以及大量的研发人员没有被有效地利用。

表 3-5　外商直接投资对区域创新效率的影响

变　　量	Coefficient	Prob.	Coefficient	Prob.
因变量：Log(IE,创新效率)				
C	-0.963 ***	0.000	1.481 ***	0.001
LOG(FDIS? (-1))	0.157 **	0.044	0.192 **	0.021
LOG(HC? (-1))			0.596 ***	0.000
LOG(HITECS? (-1))			-0.263 **	0.012
Random Effects				
Hausman statistics	0.16		0.05	
Adjusted R-squared	0.14		0.50	

注：*** 在 99% 的水平显著；** 在 95% 的水平显著；* 在 90% 的水平显著。

3.6　创新和区域经济增长

最后，我们将创新产出变量放入基于新增长理论的增长函数中，分析创新对区域经济增长的影响。

$$y_{it} = \alpha + \varphi t_{it} + \beta l_{it} + \gamma k_{it} + \lambda x_{it} + v_{it} \qquad (3.6)$$

i 和 t 分别代表区域和时间。扰动项 v_{it} 在区域和时间上变化。因变量 y_{it} 是 GDP 的实际增长率。解释变量是专利获得数量 t_{it}，劳动力增长率 l_{it}，资本增长率 k_{it}，实际出口增长率 x_{it}，以及之后一起的 y_{it-1}。小写字母表示取对数。将出口加入生产函数中有 3 方面的因素：第一，由于规模经济和竞争的影响，出口导向的激励可能导致更高的全要素生产率；第二，出口能够缓解严格的外汇限制，因此能够帮助一个国家进口更多的先进设备和材料；第三，出口更可能带来高效的技术创新和动态学习，尽管这个因果关系还存在争议(Balasubramanyam 等,1996)。

我们估计了方程(3.6)，首先用所有的地区分析，之后在区分了沿海地区和内陆地区之后再作一次分析。为检验沿海和内陆地区两个子群体的 FDI—创新—经济增长关系,我们还分别分析了内陆地区和沿海地区的方程(3.2)。分析结果(表3-6)显示,在沿海地区,FDI 对区域创新绩效有显著作用,创新进一步显著作用于经济增长;但此规律对于内陆地区却并不适用。在内陆地区,FDI 的估计系数和创新尽管是正向的,但均并不显著。这个结果表明在内陆地区,FDI 并不是创新能力的显著驱动因素,创新也不是区域经济增长的显著驱动因素。当对出口变量和创新变量两者选其一进入回归模型中进行分析,它们的估计系数都是正向显著的。但是当它们同时进入到回归模型中,创新变量的系数却变得不显著了。这可能是因为这两个变量间存在内生性,更高的创新能力增强了企业的竞争力,导致更多的出口;通过出口带来更多的创新。

表 3-6　在沿海和内陆地区的外国直接投资,创新和经济增长

沿海地区	Log(rgdp)						Log(patent)		
变量	Coef	P-value	Coef	P-value	Coef	P-value	变量	Coef	P-value
LGL	−0.085	0.481	−0.075	0.537	−0.087	0.467	FDIS	2.834 **	0.018
LKY	0.072 ***	0.004	0.095 ***	0.000	0.077 ***	0.002	RDGDP	0.513 **	0.023
LGREX	0.097 ***	0.003			0.072 **	0.045	HC	6.176 **	0.010
LPATENT			0.010 ***	0.008	0.006	0.119			
Constant	0.166 ***	0.000	0.128 ***	0.002	0.125 ***	0.002	Constant	6.648 ***	0.000
LM	0.02		0.48		0		LM	85.93	
Hausman	5.9		1.49		5.01		Hausman	6.54	
	C		C		C			C	
内陆地区	Log(rgdp)						Log(patent)		
变量	Coef	P-value	Coef	P-value	Coef	P-value	变量	Coef	P-value
LGL	−0.465 *	0.050	−0.468 **	0.036	−0.469 **	0.037	FDIS	2.694	0.143
LKY	0.055 ***	0.001	0.077 ***	0.000	0.078 ***	0.000	RDGDP	0.199	0.129
LGREX	0.006	0.714			−0.001	0.949	HC	4.231 *	0.069
LPATENT			0.006	0.154	0.006	0.155			
Constant	0.138 ***	0.000	0.116 ***	0.000	0.116 ***	0.000	Constant	6.268 ***	0.000
LM	4.55		5.71 **		5.71 **		LM	133.36	
Hausman	1.86		3.08		3.03		Hausman	6.3	
	C		RE		RE			C	

注:*** 在 1% 的水平显著;** 在 5% 的水平显著;* 在 10% 的水平显著。

3.7　结　　论

　　本章研究了对于中国这样一个日新月异的发展中国家，在 FDI 大量进入的情境下，FDI 对区域创新能力和效率的影响。我们发现 FDI 能够显著地影响总体的区域创新能力。这个正向的关系还受到其他因素的影响，如地区的吸收能力、互补性资产等因素。中国的沿海地区，有大量高水平教育程度的研发人员和技术劳动力，大量的高校和研究机构，开展了大部分的研发活动。沿海地区跨国公司的 FDI 也逐渐从劳动力因素过渡到寻求战略资产。从 2000 年到 2004 年，FDI 对于促进区域创新能力和创新绩效有着显著的作用。区域创新和科技能力的提升进一步促进了区域的经济增长。

　　然而，内陆省份情况却并非如此。FDI 的类型和质量不同，区域缺乏吸收能力和互补性资产都是可能的解释原因。进入内陆地区的 FDI 来源主要是劳动、土地或者资源密集型的生产企业。新转移到内陆地区的 FDI 还可能是出于对税收优惠、廉价劳动力和低土地价格的考虑。这些 FDI 的技术水平比较低，所以溢出有限。而吸收能力和互补资产的缺乏，则是内陆地区向高价值链和知识经济转型的重要瓶颈。

　　我们对于创新的关注，长久以来错误地聚焦在研发费用上。研发支出只是创新投入的一个方面，在很多情况下，大量研发费用的投入并没有带来有效的创新产出。除研发投入外，创新的生产率和创新的管理都至关重要，尤其是对于那些缺乏创新资源的发展中国家。这个研究表明，在发展中国家，FDI 不但能够促进区域创新体系的建设，还有助于提升创新的效率。

　　本研究的样本选自研发全球化高速增长的时期，研究的发现可以提供以下政策建议。第一，研发全球化可能给发展中国家带来赶超技术前沿的机会。跨国公司是知识发展的驱动者，但 FDI 的类型和质量对于 FDI 的创新促进作用有很大影响。技术密集、研发相关的 FDI 在此过程中扮演着重要的角色。21 世纪，进入中国沿海地区的

FDI 已经由更早时期的劳动密集型、出口导向模式发生了巨大的变化。第二,增强当地的吸收能力,对有效吸收 FDI 溢出的知识和技术而言非常重要。第三,发展当地创新系统中的互补性资源,对吸收和利用外部的知识至关重要。因此,政府的政策应该促进这些必要因素的改善。

但是,本研究并没有回答发展中国家的 FDI 是否促进本土创新能力的问题。根据最近 Zhou（2006）的报告,出于知识产权的保护,中国大部分外资研发实验室是完全外资所有的,超过90%的跨国公司实验室不申请专利,以避免技术知识的公开,大概有80%的外资企业没有与本土的实验室、企业或者高校合作的计划。此外,这些外资的研发实验室在地理上的分布很不均匀,北京、上海和深圳占据了近84%的比例。（Fu 等,2006b）根据对在东亚运营的12家英国企业的研究发现,企业一般使用比当地水平高的技术,而不是比世界水平高的技术。一个主要的原因就是,外资企业顾忌中国缺乏有效的知识产权保护。以上这些因素可能使得外资企业隔离了它们在发展中国家的研发活动。因此,尽管它们促进了发展中国家总体的创新投入和创新产出,但是外资企业对于本土企业的科技能力建设帮助非常小。这可能还会衍生出另一个问题,即本土企业的人才流失,大量的研发人员从本土企业转移到了外资企业中。本研究结果也显示,缺乏知识产品的保护是阻碍跨国公司向中国引入高科技技术和创新投入的重要原因。对于发展中国家的政府而言,另一个政策建议是加强知识产权的保护,吸引更多技术密集型的 FDI,从而鼓励创新。

第4章

技术密集产业中本土企业的
加工贸易、FDI和国际竞争力

4.1 引　　言

全球层面的分散化生产是跨国公司直接推动的重要趋势之一。鼓励加工贸易,尤其是吸引FDI到出口加工区(export processing zones,EPZ),已经成为发展中国家进入全球制造网络、建立国际竞争优势的重要政策工具。根据国际劳工组织2007年发布的数据,出口加工地区已经从1975年的79个增加到了2006年的3 500个(ILO,2007)。

目前研究FDI对当地企业影响的文献主要集中于普通的FDI,然而这些文献的论据却是错综复杂的。一些研究发现FDI存在正向的出口溢出,而另一些研究却发现是负向的或非显著的影响(Aitken等,1997;Kokko等,2001;Greenaway等,2004;Kneller和Pisu,2007;Buck,等,2007)。事实上,在这个过程中有很多影响因素在同时起作用,而这些影响因素的作用大小取决于FDI的类型和东道国的条件(Javorcik,2008)。到目前为止,用于加工贸易的 FDI 的影响研究还非常少。加工贸易 FDI 被认为是出口导向的加工贸易投资,目的是利用发展中国家的廉价劳动力和出口加工区提供的优惠政策。这种类型的 FDI 主要用于进口免税的原材料和配件,把它们组装成最终的产品,然后出口到国际市场中。关于出口加工地区的研究文献主要集中于该区域的就业增长,而对当地企业的国际竞争力发展的研究非常有限,但是理解、评估与研究加工贸易的 FDI 对当地企业的影响对于政策制定却是至关重要的。加工贸易 FDI 是不是本土企业培养国际竞争力的有效途径之一? 此类型的 FDI 能否帮助发展中国家的科技密集型企业获得国际竞争力? 本土企业能从加工贸易 FDI 中学到些什么? 在加工贸易很普遍的产业中,FDI 对本土企业的出口市场有什么影响? 这些问题在之前的研究中都没有给出很好的答案。

利用中国企业层面的面板数据,本章研究了中国高科技产业中存在的以上问题。在中国的高科技产业中,存在大量的加工贸易 FDI。加工贸易占据了中国所有高科技产品出口的 85% ~90%(Ma 和 Assche,2010)。此研究的贡献包含以下几个方面: 首先,它旨在通过系统的理论和实证分析,填补外商直接投资的加工贸易对当地企业的国际竞争力的影响研究的不足;其次,这个研究是最早用实证的方法关注加工贸易的研究之一。Yu(2010)最近的研究探讨了加工贸易对生产力增长的影响,研究利用中国 31 000 家外资和本地企业的所有制造行业的样本,发现从事加工贸易的企业(外国和本土)有着较高的生产率增长率。相比之下,本研究则主要集中 PT-FDI 的溢出效应对当地高科技企业的出口表现的影响;最后,与大多数现有的文献不同,本章在更加细分的层次构建了 FDI 知识库,以区分不同渠道的作用。它还考虑到了知识蔓延所需要的时间滞后。

本章结构如下: 4.2 节进行了文献回顾,提供了本研究的框架。4.3 节简单回顾了中国加工贸易和高科技产品出口的背景。4.4 节和 4.5 节讨论了研究方法和数据。4.6 节和 4.7 节展示了估计结果和稳定性检验。最后,4.8 节对本章内容进行了简要总结。

4.2　理论和文献

当跨国公司发现很难防止企业特定资产,如卓越的生产工艺、管理规范或营销信息等,转移给当地企业时,FDI 知识溢出就会发生(Caves,1996)。其结果是,外商直接投资可能会以两种方式影响国内企业的出口竞争力:渠道之一是技术溢出,通过示范效应和劳动力迁移增强当地企业的核心竞争力。如果本地企业拥有很强的吸收能力,先进的技术溢出效应可能有助于增强其国际竞争力。当然,有效溢出的一个重要的前提条件是,外商投资企业的生产经营活动应当是技术或技能密集型(Sjoholm,1999)。而当供应链中的跨国公司要为它们的生产商与消费者提供更好的中间材料,或当它们将知识传授给供应商以获得质量更好的最终产品时,垂直溢出效应的出现也是有可能的。此外,外国直接投资有望帮助东道国在某些领域建立特定资产(比较优势),并促进本土企业由外国直接投资的接收国向出口国过渡(Dunning 等,2001)。

另一个渠道是与出口相关的信息溢出效应,这里是指泄露或溢出有关出口市场的情报、国际市场营销知识和出口业务知识的信息溢出效应。这样的信息溢出效应也可能通过示范效应和劳动力转移发生(Rosenbloom,1990;Aitken 等,1997)。出口需要一系列沉没成本(Bernard 和 Jensen,2004;Melitz,2003),这包括建立分销和物流渠道,设立产品规范,进行市场调研,以及获取海外消费者的喜好和市场结构的信息。此外由于信息不对称,国内一些企业会认为出口市场进入的成本太高,这将会降低出口市场的参与度(Greenaway 和 Kneller,2004)。这种与进入出口市场相关的固定费用在差异化产品公司是最显著的(Roberts 和 Tybout,1997)。出口相关的信息溢出效应能够有效地降低出口市场准入相关的沉没成本(Aitken 等,1997),因此边际企业(marginal firm)发现有利可图时,就会开始出口。它也可以让现有的出口企业更深入地了解他们身处的出口市场,以及潜在的新市场。因此,技术知识及出口相关信息的溢出效应,可能会增强当地企业的出口竞争力,促进它们对出口市场的参与。

　　此外,外商直接投资也可能对当地企业的出口产生竞争效应。这种竞争的效果可以看作一把"双刃剑"。一方面,强劲的外国竞争可能迫使当地企业改善和加强他们的生存竞争力(Liu,2010);另一方面,外商投资企业也可能从产品市场挤走本土企业,同时在进行劳动力和资源市场的竞争时,显著抑制本土企业的生产力(Hu 和 Jefferson,1997;Aitken 和 Harrison,1999;Hu,等,2005;Fu 和 Gong,2011)。

　　实证文献对外国公司出口溢出效应的研究相对较少。从墨西哥企业层面的数据中(Aitken 等,1997)发现,当外国公司在相同的行业和地区的出口集中度加强时,本土企业出口的可能性会有相应的增加;Kokko 等(2001)使用来自乌拉圭企业层面的数据也发现,外国公司对本土企业出口的可能性会产生积极的影响。然而,Barrrios 等(2003)发现没有证据表明跨国公司对西班牙的出口份额有影响。同样,Ruane 和 Sutherland(2005)发现了爱尔兰的出口负面溢出效应,这可能是使用了爱尔兰作为欧盟其他地区的出口平台造成的。他们认为在这种情况下,出口的溢出效应不太可能发生,因为在本地的产品市场上的国内企业的竞争是有限的。在中国,基于来自行业层面的数据,Buckley 等(2007)认为中国香港、澳门、台湾地区的外商直接投资,更可能将市场营销技能转移到当地企业。Buck 等(2007)则用 1998—2001 年中国企业层面的面板数据,检验了贸易发展路径假说。他们利用外资占总就业、产出、出口和 R&D 投资的比例作为外商直接投资溢出效应的测量,并找到支持这种溢出效应的证据。这些研究都提供了很有价值的发现,但他们没有探讨普通的外商直接投资和加工贸易投资是否有差异,企业的出口决策所带来的选择性偏差也没有得到适当的纠正。

　　接下来本节讨论加工贸易外商直接投资和国内企业的出口业绩的溢出效应。

　　加工出口活动包括"加工或组装进口材料"和"来料加工"均是由外国企业提供加工过程中的免税材料和部件成品,完成加工后再出口,本土企业会收取组装或加工活动的费用。外国公司控制材料的供应以及加工或组装产品的整个国际市场。在使用进口材料的情况下,加工企业进口不含关税的零部件用于生产成品,并将其出口到国际市场。涉及加工贸易的生产活动,往往是不熟练的劳动力密集型和低附加值的,即使在技术密集型行业,如电子产品,也是如此。例如,全球销售的大多数最新的 iPhone 都在中国组装;而材料和部件则产自韩国、美国、德国、意大利、法国、日本等国家。对于每一个以 600 美元零售价出售的 iPhone,中国的跨国公司赚取了 6.54 美元的组装费。

如前所述,FDI 的知识溢出可能通过不同的渠道发生。溢出效应的强度是由 FDI 流入的类型以及东道国的条件确定的(Jacorcik,2008)。对于外国直接投资的加工贸易(trade-cum-FDI),尽管溢出效应依然可以通过一些渠道起作用,但溢出效应的强度可能会因为一些严苛的限制而变得很低:首先,技术转让空间是有限的,因为在大多数发展中国家开展的加工贸易活动实际上是低技术的劳动密集型,核心技术由跨国公司控制,随着技术变得更精准,核心技术正越来越多地嵌入在进口零部件或进口生产线中,这造成了严重的限制。其结果是,虽然示范效应和人员流动机制仍然有效,但很少有先进的技术可以通过示范效应传递。同时,组装线工人的技术技能水平低下,也使劳动力流动能够提供的技术溢出范围很有限。

第二,在供应链中发生的逆向联系被认为是技术溢出最强的渠道(Javorcik,2004)。然而,考虑到加工贸易生产活动"两头在外"的性质,一般外国直接投资的加工贸易与国内企业之间的联系较少。发展中国家的观察结果是,3% ~9% 的投入往往来自国内采购(Milberg,2007)。Koopman 等(2009)发现来自中国的加工出口只含有 18% 的中国元素,而那些普通贸易的本土含量却高达 89%。此外,加工贸易名下产品不能出售给其他国内企业。因此,PT-FDI 的垂直技术溢出效应也将被限制。

至于出口的信息溢出效应,FDI 可能会产生通过示范效应、劳动力从国外向当地企业的迁移或其他社会学习的渠道,积极地将出口相关的信息溢出到国内企业。国内企业将因此获得有关国际需求、产品国际管制法规和复杂的出口操作与物流信息。这种出口相关的信息溢出效应,可以帮助国内企业降低沉没成本,有利于其进入出口市场。在 PT-FDI 的情况下,这些信息的传输机制仍然在工作。此外,因为国外客户为国内企业提供材料、进行部件和产品的设计并对市场营销和产品销售有一定的照顾,因此在加工贸易盛行的行业进入出口市场的沉没成本低。这样一来,出口相关的信息溢出效应仍然会对国内企业的出口参与具有显著的效果,尤其是在以加工贸易为主的行业。

最后,与普通的外国直接投资一样,PT-FDI 也会对国内企业产生竞争的效果。然而,与发展中国家的本土企业相比,PT-FDI 通过整合先进的技术、低成本的劳动力以及建立国际营销渠道,为自身的发展创造了有利条件;同时与本土企业相比,跨国公司也有机会获得更高品质的元件、材料等中间产品。因此,在国际市场上,跨国公司从事加工贸易活动将比本土企业享有明显的竞争优势。因此,PT-FDI 很可能会对本土企业产生强烈的负面竞争效应,将他们从出口市场挤出。

应当注意的是,企业从事加工贸易是与原始设备制造商(OEM)不同的。一个 OEM 生产的是根据采购公司的品牌销售的产品,在正常情况下,OEM 具有较强的技术和生产能力,尽管它缺乏设计、营销和品牌兼容能力。一些 OEM 厂商已经成功升级为原始设计制造商(ODM),并最终成为原创品牌制造商(OBM)。然而,OEM 高科技产业仅限于少数具有很强的地方实力的新兴工业化经济体,如韩国和中国台湾地区(Hobday,1995;Lall,2001)。相比之下,电子行业的"亚洲四小虎"即印度尼西亚、马来西亚、菲律宾和泰国,主要是从旧的新兴工业化经济体迁移而来的 PT-FDI,在当地进行劳动密集型组装活动。这些"小虎队"的本土企业的技术能力升级远不如韩国和中国台湾地区成功(Lall,1996)。

总之,从 PT-MNEs 对本土企业的知识溢出主要通过市场知识和管理技术的形式完成。尽管有一些基本的技术会通过示范效应、流水线工人或技术人员的流动溢出,但加工活动的技术溢出对本土企业出口竞争力的帮助仍然有限。相反,跨国公司对国内企业在出口市场上的挤出效应是很强的。因此,我们有以下假设:

假设 1:外商直接投资的加工贸易对本土企业的出口绩效产生正向的信息溢出效应。

假设 2:外商直接投资的加工贸易对本土企业的出口绩效有不显著的或者负向的技术溢出效应。

4.3　在中国的外商直接投资和技术密集型产业出口

自 1978 年改革开放以来,中国已经逐步开放了对外的贸易和投资。作为一项政策,政府鼓励出口导向型的 FDI 从事加工、装配零部件和组件行业,以促进本土企业融入全球生产网络,也因此出口导向型的 FDI 获得财政和金融措施的激励,如免税和出口退税。其结果是,由于 FDI 的参与和优惠的政府政策降低了交易成本,出口加工制度下的出口(EP)增长比普通贸易(OT)制度下的出口增长要快得多。20 世纪 90 年代,出口加工贸易的年均增长率高达 18%,而普通的出口仅为 10%(Fu,2004)。自 1996 年以来,由加工贸易产生的出口占中国出口总额(对外贸易经济合作部,2000 年)的 50% 以上。

这个数字在高科技行业要高得多。1996 年,高新技术产品占加工贸易的出口份额达到了 85%,到 2004 年,这一比例升至 90%,且随着时间的推移,几乎没有证据显示这种趋势的减弱(图 4-1)。2000—2006 年期间,在整个计算机及其外围设备等行业,加

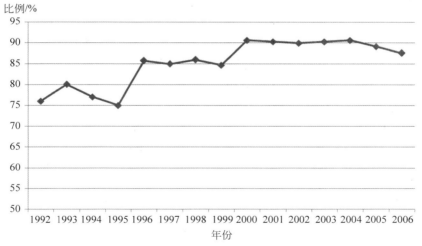

图 4-1　中国出口加工贸易占整体高技术出口份额

来源: 2000—2006 年的数据来自作者进行的测度;

1992—1999 年的数据来自 Ma 和 Van Assche(2010)和 Koopman,等(2008)

工出口的份额已经高达 99%。大多数外商投资企业在中国从事高科技产业的加工贸易,中国出口的高科技产品也因此得到了快速增长。2008 年,中国占世界高科技产品出口总量的 13.1%,是世界第二大高科技产品出口国。

4.4　方　　法

出口绩效的模型有两个问题:第一,由于出口具有沉没成本,因此一些企业可能决定不进入出口市场,从而有许多公司没有出口销售额,出口与否的决定会带来不同的影响。这个问题需要通过一个赫克曼选择模型估算面板数据,同时对样本选择偏差进行纠正(Hsiao,2003;Kneller 和 Pisu,2007)。第二,因变量的值被截尾为零。正常的普通最小二乘估计可能会产生有偏估计,但因为因变量不是正态分布,因此对残差强加了不适当的限制,因此应该用 Tobit 模型进行估算。

因此,这里我们用 II 型 Tobit 模型(选择在截尾数据)进行估计。它包含将两阶段模型结合的两个方程,第一个方程解释了出口倾向,这些有出口销售的公司被定义为出口者;第二个公式解释了公司的出口销售(在有出口的情况下)。因此,实证模型如下。

(1) 决定方程(Probit 模型)

$$z_{it}^* = w_{it}\gamma + v_{it} \tag{4.1}$$

$$z_{it} = 1, \quad 若 z_{it}^* > 0$$

$$z_{it} = 0, \quad 若 z_{it}^* \leqslant 0$$

(2) 出口绩效方程(Tobit 模型)

$$e_{it}^* = \beta x_{it} + \sigma\lambda_t + \mu_{it} \tag{4.2}$$

$$e_{it} = e_{it}^*, \quad 若 z_{it} = 1$$

$$e_{it} = 0, \quad 若 z_{it} = 0$$

$$\mu_{it} = \alpha_i + \varepsilon_{it}$$

$$v_{it} = \alpha_i' + \varepsilon_{it}'$$

$$t = 1, \cdots, T;\ i = 1, \cdots, N$$

$$\varepsilon_{it} = \rho_1 \varepsilon_{it-1} + \tau_{it}$$

$$\varepsilon_{it}' = \rho_2 \varepsilon_{it-1}' + \tau_{it}'$$

$$\tau_{it} \sim N(0, \sigma_\tau^2), \quad \tau_{it}' \sim N(0, \sigma_{\tau'}^2)$$

其中 e 是出口总额的对数，z 是出口与否的虚拟变量，w 和 x 是出口决策和出口业绩方程解释变量的载体，σ 是标准差，λ 是逆米尔斯比率。α_i 和 α_i' 是不可观测的各个具体的随机扰动，这是恒定的，ε_{it} 是其跨越时间和个人的不同特质的误差。因此，模型允许未观测到的异质性、第一阶状态的依赖性和错误组件序列相关性的存在。诚然，这种方法的缺点在于建立个别具体影响分布有难度。当一个企业决定不出口（$Z = 0$），观测到的出口值 e 为零。选择效应的显著性由 Rho 统计数（Rho statistics）显示，这反映了两个方程（μ 和 v）的误差项之间的相关性。如果有显著的选择影响，那我们将首先选择赫克曼选择模型（Heckman selection model）；否则，我们使用标准的 Tobit 模型。

下面我们根据以下的文献（Aitken，等．，1997；Kneller 和 Pisu，2007；Buck 等，2007）解释变量 w 和 x，包括 FDI 的溢出变量和控制变量。FDI 的溢出效应变量包括技术溢出（fdi^{tech}）和出口信息溢出效应（fdi^{inf}）。因为知识和信息溢出影响接收企业的出口绩效是需要时间的，因此对比现有文献，我们在模型中使用滞后的 FDI 溢出变量值。与这些文献一致，控制变量包括企业规模（fs），由资本劳动比（kl），劳动生产率（yl）测得的资本密集度，以及考虑了新产品（rd）和工资率（wage）的以销售量衡量的创新，这反映了劳动技能上的其他方面和劳动力成本。此外，我们也控制了一些可能影响企业的出口市场进入产业层面的特点。这些措施包括行业内竞争、行业创新力度（rdi）和行业的出口方向（expi）。将这些变量纳入模型还使我们能够控制外国企业，以提高选择更多的技术先进、出口密集型产业的可能性。

因为 x_i 与 w_i 协变量的载体可以是相同的,一个可能的问题是如何识别出它们。根据 Kneller 和 Pisu(2007),两个方程中都放入了滞后的出口变量,这表明出口绩效的模型的路径依赖在理论上是一致的(Melitz,2003;Bernard 等,2003),并有助于减少识别问题。最后,为了控制可能的未观测到的空间协方差,我们将区域虚拟变量(REG)载体的分布限制在长江三角洲、珠江三角洲、京津直辖市、其他沿海地区以及重庆市和内陆地区的其余部分。因此,W 和 X 为出口决策和出口绩效的方程如下:

$$w_{it} = \left\{ \mathrm{fdi}_{it-1}^{\mathrm{tech}}, \mathrm{fdi}_{it-1}^{\mathrm{inf}}, z_{it-1}, \mathrm{fs}_{it}, \mathrm{kl}_{it}, \mathrm{yl}_{it}, \mathrm{rd}_{it}, \mathrm{wage}_{it}, \mathrm{comp}_{jt}, \mathrm{exp}_{jt}, \mathrm{rd}_{jt}, \mathrm{reg}_i \right\} \quad (4.3)$$

$$x_{it} = \left\{ \mathrm{fdi}_{it-1}^{\mathrm{tech}}, \mathrm{fdi}_{it-1}^{\mathrm{inf}}, e_{it-1}, \mathrm{fs}_{it}, \mathrm{kl}_{it}, \mathrm{yl}_{it}, \mathrm{rd}_{it}, \mathrm{wage}_{it}, \mathrm{comp}_{jt}, \mathrm{exp}_{jt}, \mathrm{rd}_{jt}, \mathrm{reg}_i \right\} \quad (4.4)$$

$$i \in j$$

其中 j 是所属的行业,变量定义的细节在表 4-1 中描述。出口绩效方程的估计涉及面板数据的赫克曼样本选择模型的估计,这个估计使用的是由 Skrondal 和 Rabe-Hesketh(2004)开发广义线性潜伏和混合模型(GLLAMMs),此模型可以修正面板数据的选择偏差。

此外,还有出口和生产率之间可能存在的内生性问题,更高效的企业选择进入出口市场,出口也可能通过“出口学习”带来更高的生产力(Bernard 和 Jensen,2004)。因此,应该使用估算工具变量法。企业生产力是使用工具变量的向量,因此检测所采用的工具包括:(1)滞后依赖(出口)和内生变量(生产力);(2)变量表明公司的股权结构,特别是国家和私人所有权在公司中所占的份额;(3)模型中的所有剩余的外生变量。鉴于在中国国有企业产权治理的弊端,我们可以合理地认为,如果一个公司国有资产占比较高,那它可能会减少生产。使用 Sargan 检验过度识别约束,发现我们工具变量的选择是有效而恰当的。最后利用手头上的数据正式检验内生性的假设是否存在,如果回归没有内源性,标准 Tobit 模型是最高效的估计方法。外生性的 Davidson-Mackinnon 测试表明,内生性的问题在 1% 的水平上(p 值 =0.035)统计学并不显著,因此我们选用标准的 Tobit 模型估计。此外,同时报告了标准托比和 IV 估计的稳健性检验。

4.5　数据和测量

本章将一个企业层面的生产和出口数据集与一个产品层面贸易数据集结合起来,获得了一个大的面板数据集,并运用于数据分析中。

■ **企业层面的生产和出口数据**

从 2000—2007 年这 8 年间,中国技术密集型产业的企业层面面板数据,基本上是从中国国家统计局编制的工业企业统计年报得到的,它涵盖了凭借在技术密集型产业年营业额超过 500 万元人民币(70 万美元)的全部国有企业和其他类型的公司,包括本国和外国所有权的公司。根据《中华人民共和国的合资企业法》,外国公司被定义为拥有 25% 以上外资股权投资的企业。根据欧盟统计局的定义(SIC41),高科技产业企业(欧盟统计局,2004)、涉及医疗和医药产品的企业(SIC27)、电子产品及通信设备(SIC40)和仪器产业企业、文具和办公设备制造业企业等 52 个行业企业被包含在样品中。

一个动态的面板数据集有利于观察样本期间企业的进入和退出。我们首先通过数据清理,排除了异常值和不合理的数据条目,最终的数据集包括 53 981 家公司的 108 930 个观测值,包括 70 587 个国内企业和 38 343 个外国公司,有 63% 的公司是国内企业,21% 是外商独资(WFO)的子公司,15% 是合资企业(合资企业)。在电子行业中,外国公司占公司总数的近 50%,其中大部分(32%)是 WFO 子公司;国外厂商占比最低的是医药行业,只有 18% 的公司是外国独资,其中大部分(13%)的是合资企业;在仪器行业中,外商投资企业的比例为 32%。

■ 产品层次的贸易数据

产品层面的贸易数据主要由中国海关总署编制的出货记录提供,中国海关总署在 2000 年、2002 年、2004 年和 2006 年都有详细的装运数据记录(根据 Harmonised System (HS) eight-digit level 定义),在样本调查期间共计有 6 852 万的出货量。我们先通过贸易方式聚合了每种产品每年的出口金额,然后估算每年每个产品部门中加工出口占总出口的比例。2001 年、2003 年和 2005 年加工出口的份额是通过插值估计产生的,2007 年的使用外推来计算。然后我们将 HS 8 产品级交易数据变换成了 SIC4 工业级的出口数据。最后,将这些行业层面加工贸易的数据,根据每家公司的 SIC4 行业分类与企业层面的数据相连。

企业的出口绩效可以通过出口值或出口销售比率来衡量。但是这两种测量之间存在一些差异,出口总值反映了出口公司的竞争实力;出口销售比率反映了公司的出口市场方向。由于本章主要关注的是国内企业的国际竞争力,所以我们选用出口值来衡量企业的出口竞争力。

PT-FDI 的溢出效应有两种不同的形式,因此本章用技术溢出效应和出口信息溢出效应两个代理变量衡量。我们首先按照正常的方法构建 FDI 整体的知识或信息库,然后通过调整整体 FDI 溢出效应的变量与加工贸易的强度,估计 PT-FDI 在每一个行业每一年的溢出变量。此外,我们还估计了非加工贸易的普通 FDI 技术溢出变量并将其包含在回归模型中,以控制可能来自其他来源的 FDI 溢出。

FDI 溢出效应往往通过实证方法检验在同行业或地区的国内企业绩效是否因为更多的外资企业存在而改变。外资的存在通常是衡量某一个行业或区域中外国公司的产出、所创造的就业及其资产。鉴于不同的外国企业可能有不同的优势,有些文献更进一步地区分在具体领域中的溢出效应,如技术或出口信息中的 FDI。近期有关国外知识溢出的文献,使用总研发投资或外国公司的专利总数来构建国外知识库(Singh,2007;Kneller 和 Stevens,2006)。由于本章注重 FDI 的技术和出口相关的信息溢出,故认为后一种方法更适合于对 FDI 知识和信息库的测量。

　　FDI 的技术溢出效应,常常用外商投资企业的研发资金总价值或其研发投入占总研发投入的比例来测量(Buck,等,2007;Fu 和 Gong,2011)。诚然,研发投入仅是创新和新知识创造的主要投入之一。此外,在发展中国家,特别是那些从事加工贸易的国家,跨国公司很少在专门从事组装的子公司进行研发投入,而是在他们的总部开展研发工作。因此,新产品销售能够更好地测量跨国公司的整体技术进步。所以,我们使用同行业及同地区的外商投资企业新产品销售总价值,来代理 FDI 所提供的技术知识库。

　　同样地,对于出口相关的信息溢出,外商投资企业的出口信息库是由外商投资企业在同行业或地区的出口总额来测量的(Aitken,等,1997;Kneller 和 Pisu,2007;Iwasaki,等,2010)。据预计,与出口相关的信息库越大,从国外到国内企业的信息溢出效应越大。当然出口量不仅是市场信息带来的结果,也反映了一个企业的技术进步。结果显示,本章选用数据的技术和出口相关信息溢出变量的相关系数是 0.416,显示出了两者之间存在一定水平的重叠。通过在回归中控制可能的技术溢出效应,估计系数应该在一定程度上反映了 FDI 净出口的信息溢出效应。尽管如此,我们应该牢记那些使溢出的测量精确程度受到限制的因素,并在下结论时加以注意。

　　在出口信息库和技术知识库的基础上,PT-FDI 溢出变量由每个 SIC4 位数行业的 PT-FDI 产品出口的力度调整的知识库来进行估计,非 FDI 的溢出效应是通过调整同行业中非加工贸易的份额所占的 FDI 知识库来进行估计。大多数现有的文献通过 SIC2 位或 3 位数水平的行业分类或省级区域划分来构建 FDI 知识库;与现有方法不同,本章使用更细化的分类层次来构建 FDI 知识库,即通过 SIC4 位数水平的行业分类和更广泛意义上的城市区域来划分(包括城市及其周边的农村地区)。这种方法的好处是:首先,对于技术密集型的行业,特定行业的技术更加专业化;其次,知识溢出的效应在地理层面上更加本土化(Jaffe,等,1993;Austreche 和 Feldman,1996)。因为一些社会关系能够促进企业间的相互信任,建立频繁的面对面接触,因此知识和信息可以在同一个区域内的机构之间更容易地流动(Breschi 和 Lissoni,2001)。美国(Acs 等,2002)和欧洲(Funk 和 Niebuhr,2000)的证据发现,信息溢出在分别超出 50～75 公里和 120 公里的范围时均有一个显著的下降。但在中国,有许多省份比大多数的欧洲国家还要大,因此如果将数据聚集在省一级,有效的知识溢出范围过于宽泛。当然在另一方面,知识和信息库在这个细分级别的建构可能会限制溢出的范围,如企业可能看到不在本地市场的新的产品理念。因此,我们使用省级溢出测量替代模型作为稳健性的检验。表 4-1 对该试验中使用的变量进行了汇总统计。

表 4-1　变量的描述性统计

变量	定　义	数量	平均值	标准差	最小值	最大值
z	出口的虚拟变量,等于 1 为出口商	108 805	0.388	0.487	0.000	1.000
e	ln(出口金额)	108 805	−2.027	4.865	−5.869	12.295
pt-foex	加工贸易-外国直接投资与出口相关的信息溢出	108 805	2.076	4.542	−5.869	13.057
pt-foei	加工贸易-外国直接投资的技术溢出	108 805	−0.725	4.051	−5.869	10.563
npt-foex	非加工贸易-外国直接投资与出口相关的信息溢出	108 805	−0.313	3.008	−5.769	8.922
npt-foei	非加工贸易-外国直接投资的技术溢出	108 805	−1.246	2.706	−5.769	8.041
yl	劳动生产率	108 805	4.975	1.087	0.000	11.183
size	ln(雇员数量)	108 215	83.31	157.60	0.000	4 981.60
kl	资本劳动比率	108 805	287.26	295.01	15.57	1 806.86
rd	通过新产品销售占销售总额的比例来衡量的创新	91 965	0.090	0.257	0.000	23.347
wage	ln(工资率)	108 606	2.598	0.687	−5.030	10.177
comp	对于行业赫希曼集中度指数	108 805	0.501	0.294	0.000	1.000
ind_exp	出口占行业销售比例	108 805	0.319	0.252	0.000	0.990
ind_rd	行业新销售比例	108 805	7.454	9.321	0.000	41.636
pts	加工出口行业占出口总额比例	108 807	0.597	0.333	0.002	1.000

4.6　结　　果

表 4-2 报告了在样本调查期间,中国内外技术密集型产业厂商主要的出口和创新绩效指标。在所有行业中,国外企业参与出口的比例都比国内企业高,同时国外企业

也有着较高的出口销售比率和出口价值。平均而言,电子行业拥有的外国公司出口份额最高,这本行业的外国公司约 75% 在从事出口活动,是本土企业的 3 倍。这个行业的平均出口销售比例为 54%,大约是本土企业的 5 倍。从时间角度纵向来看,2000 年至 2007 年,外资和本土企业的出口参与倾向并没有太大的改变。考虑到由新产品销售的百分比所衡量的技术和创新差距,外资和本土企业之间存在较大的差异并不奇怪。在电子和仪表工业,本土企业出口的比例甚至更高,这些高科技产品出口大多数来源于加工贸易,从 2000 年到 2006 年,加工出口占总出口的比例占到了 85% ~ 90%;在电子和通信设备行业,这一比例多年来一直在 89% 上下(除了通信传输设备行业);在计算机及其周边设备、计算机网络和印刷电路板行业,2006 年加工出口占总出口的比例仍高达 99%(表 4-2)。平均而言,2000—2007 年期间的电子行业占中国高科技产品出口总额比例为 87%。

表 4-2　2007 年国内外厂商出口和创新指标

产业 SIC	占总出口比例(%)	国内				国外			
		出口销售比例	ln(出口)	出口占比(%)	新销售占比(%)	出口销售比例	ln(出口)	出口占比(%)	新销售占比(%)
27	4	5.41	1.47	0.17	0.08	16.41	3.30	0.36	0.09
40	87	11.62	2.46	0.27	0.12	53.53	7.73	0.75	0.07
41	9	12.74	2.26	0.26	0.12	48.61	6.70	0.69	0.06
总计	100	9.42	2.03	0.23	0.10	47.21	6.91	0.68	0.07

平均而言,中国总出口的高科技产品中,有 89% 是由外商投资的企业生产的。这个结果在样本期间一直保持相对稳定。表 4-3 显示,在 4 位数行业的水平,电子元器件的制造和组装(SIC4061)的出口值最大,其次是计算机外部设备制造业(SIC4043)。在SIC4061 中,有大约 80% 的全资外商独资(WFO)企业从事出口。外国公司促成的中国出口总额在这个行业中占 88%,其中 84% 是加工出口。在计算机行业,2006 年几乎所有的出口(99%)都是外商投资企业的加工贸易。在 SIC4041、4042 和 4043 中,外商投资企业的出口占总出口的比例分别达到 97%、98% 和 94%。这些都是 PT-FDI 的标志

性的例子,并表明了中国的大部分高科技出口都来自 PT-cum-MNEs,实际上中国本土企业高科技出口是非常有限的。

表 4-3   2007 年前 10 位的出口高技术产业出口绩效：以 SIC4 位代码为分类标准

SIC	产业	加工贸易占比(%)	总出口占比(%)		出口销售占比(%)		出口商占比(%)				
		2006	WFO	JV	Local	WFO	JV	Local	WFO	JV	Local
4061	电子元件及组装	84	63	25	12	58	42	13	78	73	32
4043	电脑外设装备	99	80	14	6	66	39	12	79	66	27
4071	家用视频装备	98	41	42	17	70	47	23	85	71	38
4053	集成电路器件	85	69	26	12	65	48	8	82	74	23
4062	印刷电路板	93	78	18	4	64	41	7	81	73	22
4059	光器件及其他电子设备	82	68	22	10	62	35	12	82	68	31
4014	移动通信终端与装备	84	71	23	6	46	30	8	72	56	22
4041	整个计算机	99	90	7	3	59	19	3	72	43	13
4072	家用音响装备	99	61	28	11	81	67	27	90	84	40
4052	半导体分立器件	87	73	19	8	67	37	10	87	73	33
总体	所有的高科技产业	88	63	23	14	59	31	9	77	57	22

另外,跨行业追赶的速度发生了大幅的变化。本土企业在一些领域出现了出口的快速增长,如集成电路器件、真空电子器件、工业自动化控制系统、光学设备和移动通信及终端设备制造行业。在这些行业中,本土企业表现出了高于外商投资企业的出口增长速度。然而,尽管本土企业增长速度很快,大部分都处于较低的起始水平或来自政府资助的研发项目,国外产品的出口在这些行业的优势是显而易见的。

表 4-4 报告了 Probit 模型估计的 PT-FDI 溢出效应对本土企业的出口倾向的影响,并对同期和滞后期的 PT-FDI 进行了比较。稳健性检验同时包括标准的 Probit 和 IV 估计。如 1~4 列显示,PT-FDI 的滞后信息溢出变量的估计系数为正,在 1% 的水平上显著,这表明与 PT-FDI 出口相关的信息对本土企业有正向的外部溢出。估计的结果是,两个基准模型与控制了非加工贸易或普通的 FDI 下的全模型结果一致,标准的 Probit

表 4-4　高科技产业出口决定的 Probit 模型估计

变量	滞后效应（Lagged effect）				同期效应（Contemporaneous effect）			
	正常 模型（1）	工具变量 模型（2）	正常 模型（3）	工具变量 模型（4）	正常 模型（5）	工具变量 模型（6）	正常 模型（7）	工具变量 模型（8）
pt_forx	0.009*** (0.003)	0.009** (0.003)	0.008** (0.003)	0.008** (0.003)	0.015 1*** (0.003)	0.014 5*** (0.003)	0.010 6*** (0.003)	0.010 0*** (0.004)
pt_fori	-0.008** (0.004)	-0.008** (0.004)	-0.008** (0.004)	-0.007** (0.004)	-0.010*** (0.003)	-0.010** (0.003)	-0.007** (0.003)	-0.007** (0.003)
npt_forx			0.013*** (0.005)	0.013*** (0.005)			0.021*** (0.004)	0.021*** (0.004)
npt_fori			-0.005 (0.005)	-0.006 (0.005)			-0.003 (0.004)	-0.004 (0.004)
z_lag	2.474*** (0.023)	2.472*** (0.023)	2.471*** (0.023)	2.468*** (0.023)	2.437*** (0.020)	2.436*** (0.020)	2.433*** (0.020)	2.433*** (0.020)
yl	0.000 2*** (4.3E-05)	0.000 1 (0.0002)	0.000 2*** (4.3E-05)	0.000 1 (0.0002)	0.000 1*** (3.7E-05)	0.000 1 (0.0001)	0.000 1*** (3.7E-05)	0.000 1 (0.0001)
size	0.230*** (0.012)	0.241*** (0.020)	0.229*** (0.012)	0.241*** (0.020)	0.234*** (0.010)	0.242*** (0.018)	0.235*** (0.010)	0.241*** (0.018)
kl	0.000 1 (0.000 1)	0.000 1 (0.000 1)	0.000 1 (0.000 1)	0.000 1 (0.000 1)	0.000 1 (0.000 1)	0.000 1 (0.000 1)	0.000 1 (0.000 1)	0.000 1 (0.000 1)
rd	0.229** (0.031)	0.228*** (0.031)	0.230*** (0.031)	0.229*** (0.031)	0.259*** (0.029)	0.259*** (0.029)	0.260*** (0.029)	0.260*** (0.029)
wage	0.020 (0.020)	0.012 (0.028)	0.012 (0.020)	0.008 (0.028)	0.024 (0.017)	0.018 (0.024)	0.013 (0.017)	0.009 (0.024)
comp	-0.019 (0.037)	-0.018 (0.037)	-0.018 (0.037)	-0.018 (0.037)	-0.003 (0.032)	-0.003 (0.032)	-0.004 (0.032)	-0.004 (0.032)
Ind_exp	0.578*** (0.054)	0.564*** (0.054)	0.551*** (0.056)	0.543*** (0.056)	0.563*** (0.047)	0.551*** (0.047)	0.527*** (0.048)	0.515*** (0.048)
Ind_rd	0.002 (0.001)	0.002* (0.001)	0.002 (0.001)	0.002* (0.001)	0.003*** (0.001)	0.004*** (0.001)	0.004*** (0.001)	0.004*** (0.001)

续表

变量	滞后效应（Lagged effect）				同期效应（Contemporaneous effect）			
	正常 模型(1)	工具变量 模型(2)	正常 模型(3)	工具变量 模型(4)	正常 模型(5)	工具变量 模型(6)	正常 模型(7)	工具变量 模型(8)
Constant	-3.143***	-3.187***	-3.090***	-3.153***	-3.184***	-3.206***	-3.110***	-3.127***
	(0.082)	(0.111)	(0.085)	(0.114)	(0.071)	(0.097)	(0.073)	(0.099)
Region dummies	Y	Y	Y	Y	Y	Y	Y	Y
Year dummies	Y	Y	Y	Y	Y	Y	Y	Y
N	32 115	31 948	31 948	31 948	42 449	42 017	42 449	42 017
Log-likelihood	-7 977	-7 946	-7 936	-7 942	-10 632	-10 554	-10 617	-10 540
Chi-squared	14 162	14 132	14 112	14 126	18 264	18 156	18 237	18 130

注：括号中为标准误差；*** $p<0.01$，** $p<0.05$，* $p<0.1$。

模型和模型 4 的稳健性检验是一致的。然而,PT-FDI 的技术溢出估计系数为负,并在 5% 的水平上显著。

换句话说,虽然在中国的跨国子公司通过有限的创新活动提供了有限的知识溢出效应,但跨国公司从整体技术和创新能力上都对本土企业的出口倾向设置了壁垒。我们使用不同模型和不同的估计方法检验此结论,都得到了稳健的结果,所有证据都表明假设 1 和假设 2 获得了支持。一方面,PT-FDI 为本土企业提供了积极的营销和出口相关的信息溢出;另一方面,其在技术上的整体优势,已经嵌入了进口部件和材料中,再加上加工贸易获得的廉价的劳动力成本,跨国公司已形成了较强的竞争屏障,阻碍本土企业参与国际市场。

正如预期的那样,非 PT-FDI 的出口相关的信息溢出效应对本土企业的出口表现出正向的显著效果,其估计系数的大小是 PT-FDI 的两倍。这与我们认为非 PT-FDI 与国内经济有更多的联系和互动的假设保持一致。至于技术溢出效应,与 PT-FDI 不同,非 PT-FDI 似乎并不会对本土企业的出口市场有显著技术溢出效应。换句话说,对于非 PT-FDI,其可能通过国内市场与本土企业的联系产生积极的技术溢出效应,从而与国际市场的竞争压力相互抵消,因此大幅度削弱了其对当地企业的净效应。标准的 Probit 和 IV 估计方法再次验证了估计结果的稳定性。

对企业过去的出口状态变量的估计系数为正,并在 1% 的水平显著,这表明过去的出口经验对企业目前做出出口决定的重要影响。劳动生产率变量的估计系数有一定积极的迹象,但在 IV 估计模型中它是微不足道的,虽然它在标准的 Probit 回归统计中显著。其余的控制变量影响如下:规模较大的公司似乎更容易进入出口市场;具有较强创新绩效的公司更容易出口;工资比率对企业的出口倾向确实有影响,一方面是因为它反映了劳动者技能,另一方面此指标也反映了生产成本。资本—劳动比率的估计系数不显著,可能是因为加工贸易的劳动密集型性质。综观三个行业层面的变量,出口导向型产业的企业更可能出口,拥有更多创新产业的企业也更容易出口,即有自主创新技术的行业创新体系,更容易产生显著的产业内溢出效应。最后,国内市场的竞争似乎并没有对本土企业的出口市场产生显著影响。这可能是由于国内市场的质量标准与出口市场的明显不同,对于大多数企业,出口市场并不是面对激烈的国内竞争时,较为容易的替代性选择。

第4~8列对PT-FDI对本土企业出口倾向的当期影响,提出了一个类似的情景。所估计的系数有一定的滞后效应,而所估计的系数的幅度和统计显著性水平有一些细微的差异。在通常情况下,当期的信息溢出效应的大小和意义应该比滞后期的更大;而那些技术溢出效应与滞后效应相似,这可能是由出口相关信息和技术知识的传播速度差异造成的。控制变量的估计系数仍然与滞后效应的估计大体一致。

至于用出口商品价值估计的出口绩效,表4-5展示了使用GLLAMM纠正选择偏差后所获得的赫克曼估计。Rho统计数据(Rho-statistics)显示,全样本中具有显著的选择偏差,因此我们选择GMMALL估计。分析结果表明,外国直接投资与出口相关的信息溢出效应,对当地企业的出口业绩可以产生积极的影响,这与我们的预期一致。外商投资企业加工出口每增加1%,在同行业中国内企业的出口增加0.02%,估计的系数在5%的统计学水平上显著。而从PT-FDI的出口绩效来看,虽然技术溢出效应的影响为负,但无统计学意义。与PT-FDI的技术溢出对国内企业的出口倾向显著的负面影响相比,两者之间的差异证明了本土出口和非出口企业之间的本质区别。能够进入出口市场,并且已经取得突破的企业通常已经达到竞争力的阈值水平,他们拥有比非出口企业更大的与外资企业竞争的实力,能够通过逆向工程学习外商投资企业。然而,对于那些还没有达到出口的生产率阈值水平的企业,通过模仿嵌入在外商投资企业进口零部件和材料来获得技术进步是非常困难的。

表4-5　源于加工贸易-外国直接投资(PT-FDI)的溢出和国内企业的出口价值

变　　量	GLLAMM(Tobit 选择模型)		OLS[a](随机效应)	
	正常模型(1)	工具变量模型(2)	正常模型(3)	工具变量模型(4)
pt_forx_lag	0.0227[**] (0.010)	0.020[**] (0.010)	0.012[**] (0.005)	0.011[**] (0.005)

续表

变　量	GLLAMM(Tobit 选择模型)		OLSᵃ(随机效应)	
	正常模型(1)	工具变量模型(2)	正常模型(3)	工具变量模型(4)
pt_fori_lag	−0.011	−0.009	−0.006	−0.005
	(0.010)	(0.010)	(0.005)	(0.005)
npt_forx_lag	0.028**	0.027**	0.010*	0.009
	(0.013)	(0.013)	(0.006)	(0.006)
npt_fori_lag	−0.025*	−0.026*	−0.008	−0.009
	(0.035)	(0.060)	(0.028)	(0.028)
kl	0.0001	0.0001	0.0001	0.0001
	(0.0001)	(0.0001)	(0.0001)	(0.0001)
yl	0.001***	0.002***	0.004***	0.004**
	(0.001)	(0.001)	(0.001)	(0.001)
rd	0.374***	0.369***	0.351***	0.356***
	(0.097)	(0.098)	(0.106)	(0.110)
wage	−0.003	−0.088	0.036	0.032
	(0.062)	(0.083)	(0.028)	(0.036)
comp	0.001	0.006	0.000	0.001
	(0.104)	(0.105)	(0.041)	(0.040)
Ind_exp	1.415***	1.336***	0.818***	0.795***
	(0.193)	(0.194)	(0.144)	(0.145)
Ind_rd	0.009*	0.011**	0.005**	0.006**
	(0.005)	(0.005)	(0.002)	(0.002)
Constant	−3.140***	−3.430***	−2.416***	−2.528***
	(0.288)	(0.351)	(0.137)	(0.132)
Region dummies	Y	Y	Y	Y
Year dummies	Y	Y	Y	Y
N	31 948	31 948	31 948	31 948
Log-likelihood	−7 809	−7 831		
Chi-squared	5 740	5 648	88 313	93 688
R^2_between			0.962	0.963
R^2_overall			0.712	0.712

注: 括号中为标准误差。*** $p < 0.01$, ** $p < 0.05$, * $p < 0.1$。

ᵃOLS 估计报告了集群稳健标准误差。

非 PT-FDI 的信息技术溢出的分析结果表现出了对本土企业的显著正向影响,类似于 PT-FDI 对出口表现的影响。非 PT-FDI 对本土企业的技术溢出效应为负,在 Tobit

模型 10% 的水平轻微显著。也就是说,利用当地生产的材料和部件从事非加工贸易的外国公司,对本土企业的出口产生较强的竞争压力,这可能是因为它们具有相似的实力和较窄的细分市场。然而,此估计系数的统计意义并不强。而一些 Tobit 估计的在5% 和 10% 的水平上显著的系数,通过标准面板模型估计后在统计上并不显著。

一个公司的过往出口业绩,对于塑造当前的出口业绩有着重要的作用,即规模大的企业出口更多,更擅于创新的企业也有着更多的出口量;同样,身处出口销售比更高和创新更多的产业中的单个企业,出口量也更大。可能是由于与前面讨论相类似的原因,资本-劳动比率和工资率对国内企业的出口业绩并没有显著作用。同时与出口决定回归的结果不同,劳动生产率似乎对出口业绩有显著的正向影响。在这修正选择偏差后的标准 Tobit 和 IV-Tobit 估计中的估计系数为正,说明生产力指标对于已经进入出口市场的企业出口绩效有影响。

表 4-5 中列(3)和(4)是普通最小二乘法(OLS)估计的稳健性检验,但检验过程中并没有纠正选择偏差,也没有考虑到因变量的左截尾分布。由于在企业层面进行的估计包括了行业层面的变量,因此标准误差向下有偏。根据 Moulton(1990),我们将标准误差聚集在行业层面以做出正确的推论,估计结果与修正选择偏差的 Tobit 模型估计大体一致。PT-FDI 的信息溢出效应仍为积极显著,非 FDI-PT 的影响也是积极的,但只是勉强显著。技术溢出变量的估计系数仍然为负,但在统计上并不显著。过去的出口业绩、企业规模、劳动生产率的影响、内部研发和产业层面的出口导向与创新都与先前的估计结果保持一致。

4.7　稳健性检验

表 4-6 报告的稳健性检验中使用了本土高出口企业的子样本,以确定 PT-FDI 是否在这些行业有更大的积极影响。子样本包括已经在国内取得了出口快速增长的行业,

涵盖了包括超过 1 000 家企业的 3 244 个观测对象,包括集成电路器件、光学器件和其他电子设备、移动通信和终端设备、真空电子器件、工业自动化控制系统及辅助器械和其他一般仪表等产业。统计结果表明,2000—2006 年,本土行业的出口增速是子样本中外商投资企业的 10 倍,自主创新、出口信息溢出效应和规模效应是造成本土企业出口产品增长的重要因素。在非 PT-FDI 中,只有信息溢出效应对于出口快速增长做出了显著的贡献,所有剩余的 FDI 技术溢出变量对于本土企业的出口业绩都没有显著影响;相反,通过内部研发进行自主创新对出口决策和表现都具有积极和显著的效果。估计系数的大小比全样本大得多。此外,大企业似乎更倾向于出口,并且出口量更大。

表 4-6　本土出口快速增长行业的出口业绩决定因素:IV 估计

变　　量	出口决定	出口价值
	Probit(1)	Gllamm(Tobit 选择模型)(2)
pt_forx_lag	0.001	0.012
	(0.012)	(0.034)
pt_fori_lag	0.0001	0.009
	(0.010)	(0.030)
npt_forx_lag	0.0577*	0.104
	(0.032)	(0.101)
npt_fori_lag	−0.006	−0.066
	(0.032)	(0.100)
z_lag	2.413***	
	(0.077)	
e_lag		0.613***
		(0.038)
yl	0.0001	0.002
	(0.0001)	(0.001)
size	0.346***	0.890***
	(0.060)	(0.188)
kl	0.0001	0.0001
	(0.0001)	(0.0001)
rd	0.547***	0.809**
	(0.1107)	(0.366)

续表

变　量	出口决定	出口价值
	Probit(1)	Gllamm(Tobit 选择模型)(2)
wage	−0.143	−0.275
	(0.090)	(0.277)
comp	0.025	0.143
	(0.119)	(0.357)
Ind_exp	0.298	1.524***
	(0.189)	(0.584)
Ind_rd	−0.003	−0.005
	(0.005)	(0.013)
Constant	−3.354***	−4.970***
	(0.357)	(1.197)
Region dummies	Y	Y
N	3,244	3,244
Log(likelihood)	−742.6	−696.5
Chi-squared	1266	506.4

注：括号中为标准误差。*** $p<0.01$，** $p<0.05$，* $p<0.1$。IV方法用于控制劳动生产率和出口表现之间的内生性。出口快速增长的行业是那些排名前20位的出口部门,2000—2007年,国内和国外企业之间的出口增长差大于10,包括SIC4053、4059、4014、4051、4111和4119。

表4-7是另外一种外商直接投资溢出效应测量方法的稳健性检验结果。外国直接投资的信息和知识库在省级层次上构建,引起更广泛的出口信息和技术知识的溢出效应,与用FDI技术溢出在更加细分的市级层次构建变量的估计结果大体一致。非PT-FDI外国直接投资产生的显著的出口信息溢出效应,对本土企业出口市场的参与倾向的影响比PT-FDI更强,与先前的结果相一致。然而,与市级溢出变量的估计结果不同的是,省级PT-FDI信息溢出的影响是微不足道的,这说明知识溢出是一种本地的现象,在同一集群中的企业能够从彼此的知识溢出中获得更大的收益。至于外国直接投资的技术溢出,尽管估计系数为负,但是它们在统计上并不显著,这与早期的结果是一致的。对于这种变化有两种可能的解释,首先,技术溢出效应可以通过员工的迁移传递到其他城市;其次,竞争更可能在同一个集群的企业之间发生,因为它们更容易在相同或类似的产品和要素市场竞争。内部研发、企业规模和劳动生产率仍然是本土企业

的出口业绩的显著决定因素。

表 4-7 加工贸易-外国直接投资（PT-FDI）溢出和本土企业的出口绩效：另一种溢出测量的 IV 估计

变　量	出口决定	出口价值
	Probit（1）	Gllamm（Tobit 选择模型）（2）
pt_forx_lag	0.010**	0.022
	(0.005)	(0.015)
pt_fori_lag	−0.002	0.005
	(0.003)	(0.010)
npt_forx_lag	0.019***	0.040**
	(0.005)	(0.016)
npt_fori_lag	−0.006	−0.019
	(0.004)	(0.014)
z_lag	2.428***	
	(0.025)	
e_lag		0.617***
		(0.012)
yl	0.0003*	0.0018***
	(0.0002)	(0.001)
size	0.269***	0.668***
	(0.022)	(0.069)
kl	0.0001	0.0001
	(0.0001)	(0.0001)
rd	0.428***	0.515***
	(0.045)	(0.139)
wage	0.052*	−0.038
	(0.029)	(0.094)
Constant	−2.656***	−4.281***
	(0.823)	(1.427)
Industry dummies	Y	Y
Region dummies	Y	Y
Year dummies	Y	Y
N	31 868	24 757
Log-likelihood	−7 753	−6 085
Chi-squared	10 587	4 784

注：括号中为标准误差。*** $p<0.01$，** $p<0.05$，* $p<0.1$。

外商直接投资的知识和信息库变量为省级构建。IV 方法用于控制劳动生产率和出口表现之间的内生性。

4.8 结　论

本章利用与中国的生产、贸易方式和出口相关的企业和产品层面的数据集,研究了外商直接投资的加工贸易如何以及在何种程度上影响本土企业的国际竞争力。研究表明尽管几个高科技产业出现快速的出口增长,但截至 2007 年,跨国公司在中国的技术密集型产品加工出口仍然占约 90%,大多数本土企业还没有建立起自己的国际竞争力,仅仅依靠国内市场消化产品。

估计结果显示,FDI 从事加工贸易活动为当地企业的出口提供了显著且有正向影响的信息溢出。这种溢出效应不仅为国内公司提供了国外市场情报,还提供了出口和营销等方面的技巧。然而,尽管可以通过示范效应和劳动力迁移产生一些技术溢出,但在这种低技术劳动密集型装配活动中,技术溢出的范围还是有限的。从 PT-FDI 中获得的促进技术溢出的效应依然太小,本土企业难以在国际市场上建立出口竞争力与积极从事研发创新的跨国公司相竞争。此外,跨国公司通过与廉价劳动力、技术、金融和资本市场结合所享有的竞争优势,导致本土企业在竞争中被出口市场挤出,这给本土企业在出口市场上带来了显著消极的技术溢出效应。然而,已经拥有了国际竞争力的出口企业,是可以参与外国企业竞争并且从中学习的。因此这样技术溢出的净效果就不再显著了。

外商直接投资的非加工贸易,一方面,为国内企业提供了正面的信息溢出效应;另一方面,它仍然显示出了对本土企业出口值的负面技术溢出效应,尽管此结果仅在 10% 的显著性水平下轻微显著。统计结果表明,非 PT-FDI 带来的规模经济和出口信息溢出是本土企业自主创新的主要驱动力。劳动生产效率并没有对企业的出口决策产生显著性的影响,表明在加工贸易比较普遍的行业,生产力水平的门槛较低;劳动生产率是决定一个企业的出口规模的显著因素。比起不同城市企业之间的信息/知识溢出,同一集群的企业之间存在更强的知识溢出,同时也面临更激烈的相互竞争。

这项研究的证据具有重要的政策意义。建立出口加工区、鼓励外国直接投资加工贸易已经被许多发展中国家采纳为一个重要的政策工具,以促进本土公司的技术学习和升级以及创造就业的机会。本研究的证据指出,即使有显著的出口信息溢出,直接的技术学习效果也是有限的,并且生效非常缓慢,具有技术优势的跨国公司甚至建立了明显的壁垒来遏制本土企业对出口市场的参与。对于中国来说,虽然在少数技术密集型产业上存在一定的技术追赶,但总体的 FDI 溢出效应还不足以提高本土企业的国际竞争力。在高科技行业,随着技术越来越精细、越来越复杂,通过劳动密集型加工贸易为主的生产活动来学习和赶超的机会,已经比 20 世纪 60 年代和 70 年代的日本和韩国企业小得多。因此,中国的本土企业迫切需要一些政策工具作为补充,以提供技术转让和发展机会,促进本土的技术学习和当地企业能力的提升。

不可否认的是,外商直接投资的加工贸易将有助于东道国的就业和收入增长。从加工贸易中获得的收入,可以被重新投入教育领域,最终提高东道国下一代的技能水平,故从长远来看,东道国可能逐步走向劳动力技能提升与企业技术升级之路。但需要注意的是,即使这样的升级过程是间接而缓慢的,如果我们没有将收入投入教育领域,且本土企业也未积极开展自主创新,这个过程也不会自动实现。因此,有效的政府政策和开放的民族文化可以保证将加工贸易的收入再投资于技能培养,并通过自主创新促进技术能力的发展,提升本土企业的国际竞争力。

第5章

本土和外国的创新努力与中国的技术升级

5.1 引　　言

技术升级是发展中国家工业化进程中的一个关键因素,通过外商直接投资(FDI)的国际技术转移一直被视为发展中国家技术升级的主要引擎之一,许多发展中国家努力引进FDI,期望外商直接投资可以在自己的国家推动技术知识升级。而在另一方面,近年来越来越多的发展中国家开始质疑,这样的以外商直接投资为主导的技术升级战略是否有效,并呼吁要更加重视自主创新在本土技术能力发展过程中的驱动作用。因此,及时评估以下两个问题至关重要:首先,什么是发展中国家技术升级的主要驱动力;其次,发展中国家是否可以依靠国外的技术赶上工业化国家。贸易和外商直接投资的生产率增长实证结果是复杂的,而关于国外投资与自主创新力度的重要性的争论尚无定论。

本章试图探讨中等收入发展中国家的技术升级驱动程序,这些国家往往有相当大的国内市场、大量的人力资本和强烈的经济独立的愿望。作为发展中国家,尤其是中等收入的发展中国家,对于某些工业部门而言,这些国家不仅是用户,也是新技术的创造者,同时需要考虑的是,这些国家的产业结构往往由多种技术强度的行业组成。

实证分析使用了 2001—2005 年 56 125 家中国企业的公司层面的面板数据。鉴于其庞大的外商直接投资流入量与对于自主创新和产业升级的重视程度,中国是一个很好的研究案例。我们使用非参数前沿技术来分解企业的全要素生产率(TFP)增长到技术变化和效率的提高,对这些变化的驱动因素进行检验,特别强调本土和国外的研究与发展(R&D)努力的影响。有 3 种类型的 R&D 努力:企业层面的 R&D、所有外商投资企业在中国同行业及区域内的 R&D 以及外商直接投资的 R&D 溢出。为了测试第三类国外研发的努力,我们需要测量国际同行业专用的 R&D 存量与中国在相应的行业的企业层面的数据以及 FDI 强度。

本章内容安排如下:5.2 节介绍了一个中等收入的发展中国家技术升级的驱动因素理论框架;5.3 节提供了 FDI 的简要概述和中国的创新;5.4 节讨论了数据、模型和方法;5.5 节给出了实证结果;5.6 节对政策的影响进行了讨论。

5.2　理 论 框 架

创新是昂贵、高风险且有路径依赖的,因此创新活动主要集中于少数几个发达国家。如果技术是无成本的扩散,或者说在不同的地区一项技术的效果是相同的,即使没有自主创新,发展中国家也可以依靠国外技术转让轻松追上世界技术前沿国家。外商直接投资的技术、管理知识和金融资本早已被视为国外先进技术向发展中国家转移的主要载体(Dunning,1993;Lall,2003)。此外,"外商直接投资导致技术转移"的命题还基于另一个事实,即世界上大部分 R&D 投入集中于少数大型跨国企业(跨国公司)。

外商直接投资可能对东道国经济中的技术升级有几个方面的帮助。外商投资企业的技术溢出效应可能有助于本土企业的技术变革,而知识溢出可以通过训练有素的劳动力、示范效应和竞争效应的流动实现。当国外企业与当地企业同处某一行业或地区时,外国企业的存在一方面可能会造成当地企业的竞争压力,从而提高他们的生产技术和管理水平(Caves,1974;Fosfuri 等,2001;Buckley 等,2002);也有可能是通过前向和后向联系,在供应链中进行显著的知识转移(Javorcik,2004);此外,外资企业嵌入在进口机械和设备中的先进技术也可以提高东道国经济的平均技术水平。跨国公司也可能会带来先进的管理创新实践,从而提高当地的创新体系的创新效率(Fu,2008)。但不可忽视的是,引进外商直接投资竞争可能会使国内企业的处境恶化(Aitken 和Harrison,1999),从而对当地企业的研发力度产生削弱作用(OECD,2002)。比如,外国公司可以利用其卓越的技术和营销力量,压制当地的竞争对手以减少它们的技术输出,或者他们可以吸引当地最有才华的学者及技术人员,这对于本土企业必然会产生负面影响,尤其可能威胁到当地的中小企业(UNCTAD,2005;Aitken 和 Harrison,1999;Hu 和 Jefferson,2002)。

此外,当地企业如果要从 FDI 溢出效应中受益还存在几个先决条件。首先,通过供应链进行技术转移,要求外国公司和当地供应商和客户之间具备有效联系(Javorcik,2004;Fu,2004);其次,从国外到当地企业产生显著的溢出效应,需要当地企业具有足够的吸收能力(Cohen 和 Levinthal,1989;Fu,2008a),其中人力资本的门槛水平被认为是必要的(Eaton 和 Kortum,1996;Xu,2000),研发活动也被认为是学习和积累吸收能力的重要途径(Aghion 和 Howitt,1992;Griffith 等,2003);最后,不同类型的外商直接投资有着不同的生产率溢出效应(Driffield 和 Love,2003)。鉴于这些前提条件,尽管国际技术转移可能会对本土企业的发展带来好处,但在这一领域的经验证据是不一致的。

此外,从适合发展中国家具体社会经济和技术进步的角度来讲,发展中国家是可以不依赖国外技术进行技术升级的,但自主创新在其中的地位却至关重要。不同的技术是特定输入的特定组合(Basu 和 Weil,1998)。对于一个特定的国家,一个合适的技术需要"量身定制,以适应当时在一个特定的地点和时期的社会心理和生物物理方面的技术"(Stewart,1983;Willoughby,1990)。因此,技术进步可以被看作"本土化的干中学"(Atkinson 和 Stiglitz,1969)。

Acemoglu(2002)的研究表明,技术旨在使某地进行技术开发所用的条件和要素,可以在全国范围内得到最佳利用。大多数新技术的发明和开发发生在工业化国家,如OECD 国家,是因为这些国家拥有丰富的熟练劳动力。因此,这些新技术往往大量使用熟练劳动力,例如工程师、管理人员和其他专业人士,而通常也需要资本投入和熟练劳动力数量的大幅增长。这种先进的技术可能不适合生产力较低或要素禀赋不同的发展中国家(Acemoglu 和 Zilibotti,2001;Acemoglu,2002)。定向技术变革的程度及技术创造者和使用者之间的经济中要素禀赋的差异,将决定技术相对于进口国的需求是否适当。

由于发展中国家之间禀赋的差异,以及对技术工人的需求随行业不同而不同,国外技术适用于发展中国家的程度取决于东道国的特点和所研究的行业。劳动密集型产业对非技术和半技术劳工的需求较高,因此采用非熟练劳动力来发展技术将产生比使用熟练劳动力更大的回报。换句话说,使用非熟练劳动发展技术的公司会比使用熟练劳动力的低技术产业公司更高效;同样出于类似的原因,熟练的劳动力将在高科技产业更高效。如定向技术变迁理论所建议的那样,在一个劳动力丰富的发展中国家建立本国技术可以使非熟练劳动力得到更为充分的利用。因此,在这样的人口众多的发展中国家,本土技术可能比国外技术在劳动密集型产业更高效;相反,在技术密集型产业中,发达经济体所创造的国外技术会比本土技术更高效。总而言之,技术变革和技术的恰当性需要基于不同生产部门的具体情况,而生产部门的分析延伸是很重要的,因为在现实中国家往往生产多样化混合的商品,而不是简单的劳动或资本密集型生产。

中等收入国家积累的知识和技能用于将它们的要素禀赋、需要与那些最不发达国家以及那些工业化国家区分开来,中等收入的经济体更容易产生"中间"创新与中等强度水平的技术。这些中等收入国家可以通过出售专利、支付特许权使用费或与其他发展中国家的南南合作，从外商直接投资中获得技术收益。此外，对于相同的要素需求越庞大，引进新技术的收益越大，这也意味着在相同资本稀缺程度的条件下，中国、巴西和印度等国家比小的经济体更容易产生"中间"技术（Findlay，1978）。

　　总之，尽管有来自国际技术转移的潜在收益，且这些技术专业也给予了一定的国外先进技术，但若当地条件不同或FDI辅助转移技术不当，受益的程度很可能会因此受到限制。本土和国外创新的相对重要性随着行业技术强度、东道国的发展水平和国外与东道国之间要素禀赋的差异而发生变化。

5.3　FDI和创新在中国

　　自1978年开始经济改革，中国已经获得了大量的外商直接投资。2008年，中国的FDI流入总量达到了9 240亿美元的高峰（MOFCOM，2010）成为当今世界上第二大FDI接受国。而来自中国香港、澳门和台湾地区的投资是20世纪80年代外商直接投资的主要来源，20世纪90年代越来越多的主要工业化国家和其他经合组织国家开始对中国进行外商直接投资。中国开放外商直接投资的主要目的是"以市场交换技术"；此外，始于1985年的科技体制的改革，也规定了要将收购国外技术作为技术开发的主要战略之一，且以外商直接投资和进口作为国外技术转让的主要渠道；1995年，中国政府决定加快科学技术的发展，追求科技、教育为主导的发展战略，这标志着中国技术发展的重点发生了从技术转移到自主创新的转变；到2006年，这种转变得到了进一步加强，推动自主创新被正式列为国家的首要任务之一。在这个过程中，中国的R&D总支出以21%的年均速度大幅增长，从1987年的74亿元人民币增长到1995年的350亿元人民币，到2006年已达3 003亿元人民币（MOST，2010年）。

5.4 数据和方法

■ **数据**

我们的数据来源于中国国家统计局编制的工业企业统计年报,涵盖了所有年营业额超过 500 万元人民币(70 万美元)的国有企业和其他类型企业。该数据集包括了许多变量,如公司股权结构、行业隶属关系、地理位置、成立年限、就业、总产值、增加值、固定资产投资、出口、研发和员工培训支出等。目前提供给我们的 2001 年至 2005 年的数据,依照所有权可大致可分为 5 大类:(1)国有企业(2)集体所有企业(3)民营企业(4)外商独资企业(5)其他企业。其中,外商独资企业又分为来自中国香港、台湾和澳门地区投资的企业和其他外国来源(外商投资企业)投资的公司;"其他"公司主要指外商参股企业(FIE)。遵循欧盟统计局的标准(2004 年),我们将技术能力划分为 4 类,即高科技、中高科技、中低技术和低技术。每个类别的产业特征可作为附录 5.1 的一部分,其研发活动的对应模式也见附录 5.1。

我们感兴趣的是本土公司的技术升级驱动因素,因此计量经济工作并不只限于国内独资企业。尽管如此,我们同样用公司的全样本构建了几个有研究价值的变量,例如,外国公司在行业中的每个区域或市场集中度份额的赫芬达尔指数(Herfindahl index)等。我们只将那些在样本期间对此有一整套观察的公司,作为 TFP 的增长和使用数据包络分析(DEA)需要平衡的数据集。最终的数据集包括了 53 981 家公司的 269 905 个观察值。

国际研发存量的估计是根据经合组织的"主要科技指标"R&D 支出数据,根据 Coe 和 Helpman(1995),R&D 资本存量(S)在这里被定义为在一段时间的存量,经费支出(R)是从基于永续盘存模型 $S_t = (1-\delta)S_t - 1 + R_t$ 计算,δ 是折旧率,在这里分别被假设为 5%、10% 和 15%。对于存量,我们以 S_0 为起始值,沿用 Griliches(1979)建议的方

法 $S_0 = R_0 / (g + \delta)$ 计算,其中 g 为 R&D 支出的年均数增长超过期限,此参数有已发布的研发数据可用,R_0 是该可用数据的第一年。国内研发资本存量是将 2000 年的存量以不变价换算成欧元;而世界 R&D 的存量则用 22 个 OECD 国家的 R&D 存量之和代替。表 5-1 给出了在分析中使用的连同一些汇总统计变量的定义。

■ **方法**

我们将按照下列步骤进行实证研究。第一,我们使用 Malmquist 生产率指数来估计全要素生产率(TFP)的增长(注:TFP 估计的是每个行业不同的技术和生产函数),并将其分解成技术进步和效率变化。第二,我们界定那些处于技术前沿的公司能测量企业的技术效率变化,且比较国内企业与国外企业的差异。第三,我们用计量经济学方法,来估计每个行业的技术变革和效率提高的 TFP 增长的驱动要素。

TFP 增长的估计

传统的技术估计 TFP 方法是索洛剩余法,但该方法存在几个公认的限制,例如,该生产函数被假定为已知的、是在整个行业和公司均匀的、并且技术变化也被假定为中性的;如果这些假设不成立,TFP 测量结果将产生偏差(Arcelus 和 Arocena,2000)。因此,本章通过使用由 Fare 等(1994)开发的一种非参数编程方法估计 TFP 增长。根据他们的做法,技术前沿是基于所有现有的观测构建的,而技术效率是指每个观察与前沿的距离。TFP 增长被定义为在时间 t 和 $t+1$ 的基础上,两个马姆奎斯特生产率指数的几何平均与所估计的观测距离函数的比率。这种方法能够在多输入、多输出设定的情况下测量生产力,并且不需要索洛方法的假设。它还有另一个优点,即允许生产率增长被完全分解成两个互斥的组成部分:(1)通过在技术前沿的变化测量的技术变革和(2)通过对(或远离)前沿的运动测量效率变化。其中(2)就是对技术追赶的测量(Fare 等,1994)。

TFP 增长的这种分解方法,使我们能够调查外国和本土创新对技术进步和效率提高的不同影响,但这种技术也有缺点,那就是它缺乏对模型的统计噪声或测量误差的规定(Greene,1997)。任何与前沿的偏差都被认为是效率低下造成的,因而前沿是敏感

表 5-1　变量的描述性统计

变量	定义	观测数	平均值	标准差	最小值	最大值
Technical efficiency	基于可变规模收益的技术效率	269 905	0.383 6	0.210 6	0	1
TFP growth	估计为距离函数从边界比值的两个指标几何平均值	269 905	0.881 1	0.582 5	0	11.391
Efficiency change	两个时期之间的效率改变	269 905	0.992 4	0.923 1	0	16.25
Technical change	两个时期之间的技术转变	269 905	1.025 8	0.963 9	0	7.905
Firm R&D intensity	R&D 经费支出与总销售额的比例	269 905	0.0017	0.0118	0	1
SOE R&D	在同行业和地区中,国有企业 R&D 总支出的对数	269 905	8.172 7	3.295 7	0	14.787 2
POE R&D	在同行业和地区中,民营企业 R&D 总支出的对数	269 905	8.391 9	1.887 6	0	12.648 9
COE R&D	在同行业和地区中,集体所有企业 R&D 总支出的对数	269 905	6.298 2	2.788 3	0	11.330 4
SHC R&D	在同行业和地区中,股份企业 R&D 总支出的对数	269 905	9.835 2	2.257 6	0	15.453 8
HKTM R&D	在同行业和地区中,港澳合企业 R&D 的总支出的对数	269 905	7.762 8	2.658 6	0	13.825 3
FIE R&D	在同行业和地区中,外商投资企业 R&D 的总支出的对数	269 905	8.142 5	2.704 5	0	14.671 1
International R&D * firm	国际研发资本存量 * 外资股的公司层面	268 991	1.327 0	3.550 5	0	13.744 3
International R&D * industry	国际研发资本存量 * 外资股在行业层面	263 331	9.222 5	1.737 9	0	13.000 4
Initial technical efficiency	最初的技术效率水平	269 905	0.396 5	0.204 3	0.013	1
Age	年龄的对数	269 905	2.624 2	0.698 9	0.693 1	5.187 4
Firm size	员工的对数	269 905	5.203 9	1.109 6	0.693 1	11.903 1
Market concentration	赫芬达尔指数(3 位数行业)	269 905	0.019 6	0.026 6	0.0017	1
Intangible_assets per person	人均无形资产的对数	269 900	0.905 2	1.379 9	0	9.002 7

续表

变量	定义	观测数	平均值	标准差	最小值	最大值
Training expenditure per person	人均培训支出的对数	269 891	0.083 4	0.173 4	0	4.010 8
Exports	出口销售的对数	269 905	3.391 9	4.727 3	0	18.055 8
Foreign capital share	企业中国外资本的比例	269 905	0.090 5	0.261 0	0	1
HKTM capital share	企业中港澳合资本的比例	269 905	0.105 3	0.284 1	0	1
Ownership classifications	1 国有企业(SOEs)	269 905	0.111 5	0.314 7	0	1
	2 集体所有制企业(COEs)	269 905	0.109 3	0.312 0	0	1
	3 民营企业(POEs)	269 905	0.263 8	0.440 7	0	1
	4 港澳台合企业(来自香港、台湾、澳门的投资者)	269 905	0.144 9	0.352 0	0	1
	5 外商投资企业(FIEs)	269 905	0.121 9	0.327 1	0	1
	6 其他,主要控股公司(SHCs)	269 905	0.248 8	0.432 3	0	1
High tech	虚拟变量等于1　SIC 27 40 41	269 905	0.077 4	0.267 2	0	1
Medium-high tech	虚拟变量等于1　SIC 26 28 36 37 39	269 905	0.234 6	0.423 6	0	1
Medium-low tech	虚拟变量等于1　SIC 24 25 29 30 31 32 33 34 35 42	269 905	0.340 4	0.473 9	0	1
Low tech	虚拟变量等于1　SIC 13 14 15 16 17 18 19 20 21 22 23	269 905	0.347 9	0.476 3	0	1

的数据异常值。为减少因这一缺陷而造成的可能的偏差,我们对数据以行业为基础做了详细处理。

相对于生产点马姆奎斯特 TFP 增长指数的生产点给出如下:

$$M_0(x^{t+1}, y^{t+1}, x^t, y^t) = \left[\left(\frac{D_0^t(x^{t+1}, y^{t+1})}{D_0^t(x^t, y^t)} \right) \left(\frac{D_0^{t+1}(x^{t+1}, y^{t+1})}{D_0^{t+1}(x^t, y^t)} \right) \right]^{\frac{1}{2}} \quad (5.1)$$

M_0 大于 1 表示在时间 $t + 1$ TFP 增长是正向的。当性能随着时间的推移恶化,该 Malmquist 指数将小于 1。

公式(5.1)可改写为

$$M_0(x^{t+1}, y^{t+1}, x^t, y^t)$$

$$= \frac{D_0^{t+1}(x^{t+1}, y^{t+1})}{D_0^t(x^t, y^t)} \left[\left(\frac{D_0^t(x^{t+1}, y^{t+1})}{D_0^t(x^t, y^t)} \right) \left(\frac{D_0^{t+1}(x^{t+1}, y^{t+1})}{D_0^{t+1}(x^t, y^t)} \right) \right]^{\frac{1}{2}} \quad (5.2)$$

其中,

$$效率变化 = \frac{D_0^{t+1}(x^{t+1}, y^{t+1})}{D_0^t(x^t, y^t)} \quad (5.3)$$

$$技术变化 = \left[\left(\frac{D_0^t(x^{t+1}, y^{t+1})}{D_0^{t+1}(x^{t+1}, y^{t+1})} \right) \left(\frac{D_0^t(x^t, y^t)}{D_0^{t+1}(x^t, y^t)} \right) \right]^{\frac{1}{2}} \quad (5.4)$$

因此,全要素生产率的变化分解为两部分:效率变化和技术变化。效率变化衡量的是公司的生产与前沿越来越近还是越来越远,而技术变革则抓住了两个时期之间的技术变化,它表示是否技术进步发生在某一特定行业的投入产出组合。值大于 1 意味着技术进步和效率相应提高,小于 1 的值表示性能下降。该 Malmquist 生产率指数估计使用的是非参数的线性规划方法,估计方法的细节列于附录5.2。本章遵循基本的 DEA 模型包括 3 个输入,即劳动力(员工人数)、资本(固定资产)和可变成本(中间费用),以及一个输出,即总的企业输出。规模报酬是可变的。

外资和本土研发力度和 TFP 增长

将生产率的增长分解之后,下一步就是估计 TFP 的增长,即运用回归分析技术变革和效率改进的驱动因素。沿用芬德利(1978 年)的模型,外资和国内资本被视为不同的生产因素,反映了资金、管理和技术是密不可分的总和这一事实。

基于以下模型对本土和外来创新对技术升级的影响进行实证分析:

$$\Delta Y_{it} = \chi RD_{it} + \gamma FDI_{it} + \beta X_{it} + \delta D_{it} + \varepsilon_{it} \qquad (5.5)$$

其中,因变量 ΔY 分别代表 TFP 增长,即技术变化和效率的提高,RD 为研发变量的矢量,FDI 是由外国投资占总资产的比率来衡量外商直接投资力度,X 是控制变量的向量,D 是时间和部门的全部类型,ε 是随机误差项;i 和 t 分别表示公司和时间。

该组变量中,我们最感兴趣的是 R&D 变量集合。在我们的定义中,有 3 种类型的创新努力:企业、产业和国际层面的创新。我们构建如下变量:(1)一个公司自己的 R&D 活动强度;(2)行业层面的创新努力,包括在 31 个省市中的 171 个 3 位数行业,其被构建为在同行业和地区不同所有制类型的 R&D 总支出;(3)国际 R&D 溢出,这是构成国际行业专用的 R&D 股票和 FDI 份额在两个公司和行业层面的交互项。因此充分经验模型如下:

$$\Delta Y_{it} = \chi_1 RDF_{it} + \chi_2 RDI_{it} + \chi_3 RDW_{it} \cdot FDIF_{it} + \chi_1 RDW_{it} + \gamma FDI_{it} + \beta X_{it} + \delta D_{it} + \varepsilon_{it}$$
$$(5.6)$$

其中,RDF 是企业 R&D 强度,RDI 是产业层面的 R&D 溢出变量向量,RDW 是如前所述从 OECD STAN 数据库构建的世界 R&D 的存量,FDIF 和 FDID 是在公司和行业层面 FDI 的强度。

在现有的实证文献的基础上(如 Bernard 和 Jensen,1999;Aw,Chung 和 Roberts,2000;Fu,2005;Girma 等,2009),我们选择的控制变量如下:技术效率、公司年龄、企业规模、出口、无形资产、劳动力培训和市场集中度的初始水平。结果显示,规模较小的公司、有出口的企业和有更大量的劳动力培训的企业可能实现更快的 TFP 增长,也就意味着技术变化和效率的提高,而已经在临界的企业不太可能快速增长;企业的年龄、无形资产和市场集中度之间没有约定的关系。例如,市场竞争对创新的影响可能是一把"双刃剑"。Geroski（1990）认为，缺乏市场竞争产生效率低下和创新活动的低迷；在另一方面，Schumpeterians 声称，垄断权力更容易为企业获得适当的创新回报，从而提供了有利于创新投资的激励（Cohen 和 Levinthal，1989；Symeonidis，2001）。

如上所述，FDI 是由两个变量——外商及 HKTM（港、澳、台企业）资本在企业层面的份额表示的。我们推测，如果公司通过他们的外国或 HKTM 在中国的合作伙伴，获得国外先进的技术和管理知识，公司可能会成长得更快。我们将外资和 HKTM 资本加以区分，希望借此将国外资本和 HKTM 资本之间的动机差异考虑在内。外国投资者更容易以市场为导向，而 HKTM 投资者可能会寻找更廉价的劳动力和房租，以降低成本并促进产品出口。

也有一些自变量可以说是同时由因变量、TFP 增长及其组成部分来确定。换句话说，即使控制了固定效应，也可能存在潜在的内生性的问题。例如，企业比较大的研发活动可能带来更高的 TFP 增长和更快的技术变革。但是，也有另一种可能，即由于企业具有较高的增长速度，因而投入了更多的研发活动以保持自己的技术优势。另一个例子是公司的外资股份。公司具有较高的外资股，或许可能使国外的技术更容易获得，因此产生较高的增长率；但也可能是一个外商投资"挑肥拣瘦"的效果（Huang，2003），即外国人选择来增长较快的企业投资。类似的论点可以在出口和 HKTM 资本参与的情况下进行。

为了应对内生性问题，我们采用广义矩（GMM）的固定效应回归方法（参见 Inter alia，Hansen，1982；Arellano 和 Bond，1991），在回归中使用行业和地区虚拟变量，旨在缓解这种潜在的内生性问题。我们将潜在的内生变量滞后值（出口、R&D 强度、外资股和 HKTM 股本）作为了工具变量，此外区分了行业和地区的外国和 HKTM 公司股份，被用作了额外的工具变量。鉴于国有企业的竞争水平低（Girma 等，2009），我们假设如果有更多的外国或 HKTM 公司参与其中，那么一个部门的效率会更高。我们也正式测试了有关内生性的假设是否被证实，以及我们的工具变量是否与潜在的内生变量体现了足够强的相关性。此外，我们还使用 Hansen J 检验是否存在过度识别约束，使用 Sargan 测试工具变量的有效性和适当性。令人欣慰的是,我们发现工具变量的选择是适合的。

5.5　结　　果

■ 技术效率和全要素生产率的增长

图 5-1 显示了不同企业所有制技术效率的差异。外资企业具有最高水平的平均技术效率,而国有企业的是最低的;HKTM(港、澳、台企业)在中等技术部门的平均技术效率排名第二,但在高科技领域比 SHC(服份制企业)还低;外商投资企业的整个技术团队都享受优势,其技术效率超过本土企业,但这个差距在技术含量低的行业相对较小,而在科技含量较高的行业则变大,在高科技领域,外商投资企业的预期的技术效率比国有企业高出约 30%。

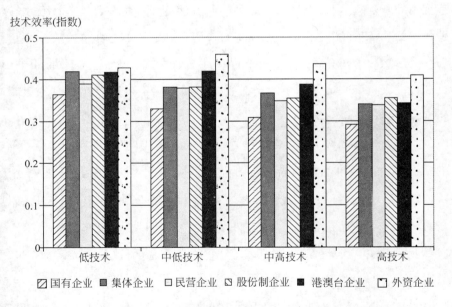

图 5-1　不同所有制企业技术效率的差异

图 5-2 估算报告了不同公司的所有权的 TFP(全要素生产率)增长。观察增长动态,很显然,在 2001—2005 年的所有行业中,中国企业有着 4.8% 的年平均 TFP 增长率,这个数字是非常可观的。但值得注意的是,TFP 增长的主要驱动因素是技术变革,其平均年增长率达 5.1%,而非效率的提高;取样期间内,改善效率的数值年均增长率仅为 0.7%。TFP 增长广泛分布于不同的部门,而本土企业已在这个成长过程中领先于外资企业。

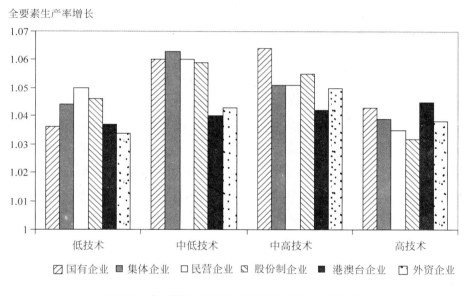

图 5-2　中国制造企业的 TFP 增长,2001—2005 年

■ **技术升级驱动程序**

尽管本土企业与外商投资企业相比平均技术效率相对较低,但是大量本土企业正处于中低和中高科技行业(图 5-3)的前沿;与之相反的是,在高科技领域,外国公司较多地处于技术前沿,也有相当多的国有企业也处在技术前沿位置。这可能由于历史上受苏联模式的影响,中国的科技系统仍需要政府在 R&D 中占主导作用。从中国经济总体上看,技术升级不是由任何单一部门主导的,外国公司在高技术产业层面有相当大的优势,而本土企业则是在低技术和中等技术行业中处于领先地位。参股公司由于

具有比较丰富的资本和熟练劳动力,在中高科技行业享受领先地位;民营企业在低技术和中等技术含量的行业有带头作用。

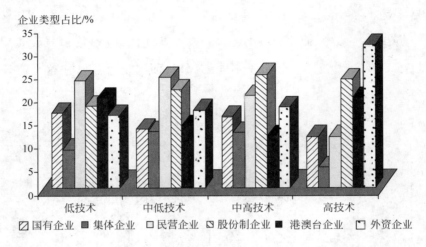

图 5-3　处于技术前沿的企业类型分布

注:每一个分类中,所有公司所占比例加总为 100%。

　　中国的大量技术变革发生在中高技术产业(图 5-4),这种变化是由本地和外国公司推动的,虽然本土企业的变革率更高。在技术含量低的行业,本土企业特别是民营企业,是技术变革的主要驱动力;相反,在高科技行业,外国公司是主导力量,HKTM 中国企业和外商投资企业分别享有 7.7% 和 7.3% 的增幅,然而这些行业的平均效率变化指数都小于 1,这表明大多数追随者一直没能赶上创新的领导者。但在中低技术部门,大多数效率的变化是由追随者造成的,因此在样本期内缺乏显著的技术进步。

■ **本土和外国的创新努力和本土技术变革**

　　表 5-2 显示了 GMM 估计下本土企业的 TFP 增长、技术变化和效率的提高。Wu-Hausman 检验结果表明,R&D、出口和外商直接投资与因变量之间存在显著的内生性。因此,与 GMM 估计相比较,OLS 估计结果是首选的。作为稳健性检验,在 3 个替代折旧率(5%、10% 和 15%)上进行产业和国际研发溢出的基本模型的回归。不同模型的估计系数是一致的,强调估计结果的稳健性。

技术变化

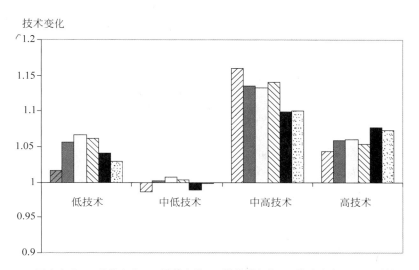

效率变化

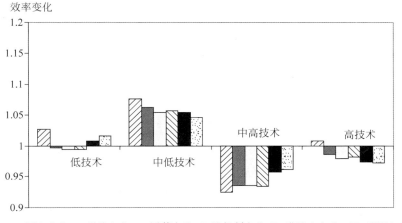

图 5-4　中国制造业的技术变化与效率提升：2001—2005 年

表 5-2　TFP 增长和技术变革的决定因素：国内企业的全样本的 GMM 估计

变　量	TFP 增长	技术变革（前沿移位）	效率提高（赶上前沿）
Firm R&D Intensity	0.941 ***	− 0.219	1.388 ***
	(0.29)	(0.17)	(0.33)
SOE R&D	0.001 10 *	0.0016 **	− 0.000 6
	(0.000 6)	(0.000 7)	(0.001)
POE R&D	− 0.004 5 ***	0.0125 ***	− 0.010 5 ***
	(0.001)	(0.001 3)	(0.001 6)
COE R&D	0.000 4	− 0.003 9 ***	− 0.002 4 ***
	(0.000 6)	(0.000 7)	(0.000 9)
SHC R&D	0.003 1 ***	− 0.000 9	0.006 6 ***
	(0.000 9)	(0.001 2)	(0.001 6)
HKTM R&D	0.000 4	− 0.000 7	− 0.000 5
	(0.000 6)	(0.000 8)	(0.001 0)
Foreign R&D	− 0.001 5 **	− 0.008 2 ***	0.002 3 **
	(0.000 7)	(0.000 9)	(0.001 1)
International R&D * Firm	− 0.016 0 **	0.013 3 **	− 0.016 0 *
	(0.006 6)	(0.006 7)	(0.009 4)
International R&D * Industry	− 0.005 3 ***	− 0.003 4 *	0.008 3 ***
	(0.001 6)	(0.001 9)	(0.002 7)
Initial. Technical Efficiency	− 0.194 ***	− 0.186 ***	− 0.483 ***
	(0.007 1)	(0.007 7)	(0.011)
Age	0.000 8	0.003 6 *	0.003 5
	(0.001 8)	(0.002)	(0.002 7)
Firm size	− 0.022 3 ***	0.016 4 ***	0.000 6
	(0.001 3)	(0.001 5)	(0.001 9)
Market Concentration	0.085 1	0.034 2	− 0.057 4
	(0.058)	(0.066)	(0.097)
Intangible Assets	0.005 0 ***	− 0.004 5 ***	0.000 1
	(0.000 9)	(0.001)	(0.001 4)
Training Expenditure	0.072 2 ***	− 0.041 9 ***	0.053 1 ***
	(0.008 4)	(0.008 1)	(0.012)
Exports	0.001 3 ***	− 0.000 2	0.001 1 **
	(0.000 4)	(0.000 4)	(0.000 6)
Foreign Capital Share	0.559 ***	− 0.361 *	0.447
	(0.200)	(0.200)	(0.290)

续表

变　量	TFP 增长	技术变革(前沿移位)	效率提高(赶上前沿)
HKTM Capital Share	0.183 **	− 0.127 *	0.021 4
	(0.075)	(0.071)	(0.091)
Constant	1.326 ***	0.522 ***	2.294 ***
	(0.019)	(0.022)	(0.032)
Observations	155 885	155 885	155 885
Exogenous test	0.000 0	0.000 0	0.000 0
Hansen J test	0.760 5	0.556 0	0.474 3

注:

1. 括号内为稳健标准差。

2. * 在 10% 水平显著;** 在 5% 水平显著;*** 在 1% 水平显著。

3. 包括全部的时间和两位数行业虚拟变量。

　　表 5-2 的证据表明,企业的自主研发力度对他们的 TFP 增长有显著和积极的影响。这主要来源于赶超过程中持续性收益的影响:1.388 的估计系数要比所有其他解释变量高得多。这一事实凸显了企业层面的研发在前沿技术的扩散以及消化吸收方面的关键作用。其他国有企业产业层面的 R&D 溢出对技术变化都有显著的积极作用,表明国有企业的 R&D 投资对社会做出了积极的回报。同样,来自其他民营企业的产业层面的 R&D 溢出,对同行业公司的技术变革也具有显著积极的影响。私人企业的 R&D 溢出估计系数的大小和显著性水平大于国有企业的 R&D 溢出,意味着由私人拥有的公司所做的 R&D 投资,比起国有企业技术变革能够施加更大的外部效应。股份公司的 R&D 投入整体溢出效应不会对行业技术变革做出贡献;然而它们为跟随企业在行业中的追赶过程做出了贡献。出乎意料的是,集体企业中 R&D 活动的总体溢出效应似乎是负向的,我们将探讨它在不同行业的效应。

　　谈到外资 R&D 溢出效应,外商投资企业的研发活动和 HKTM 中国投资的企业溢出效应,似乎都对当地技术变革产生了负面影响,且在 1% 的水平显著。然而,外商投资企业 R&D 工作在追赶过程中的积极作用,表明这些公司的 R&D 的活动不会影响创新的前沿,但有助于当前先进技术的扩散。最后,通过 FDI 的 R&D 溢出具有混合的效果,外商直接投资在企业层面看来,能够鼓励前沿技术的扩散。外商直接投资在业内有利于已有的创新扩散,而并非最先进技术。这表明,对企业有更大控制权的跨国公司更可能带来更先进的技术;另一方面,更大的开放性将增加流入东道国的知识,这将有助于广大的追随者靠拢技术前沿。

至于控制变量的系数,具有更好的初始效率的企业技术趋向于较慢的增长。成立时间更长或规模更大的公司似乎已经经受了较大的技术变革,它们具有较高的出口强度、更高的 FDI 强度、更多的培训和更大的无形资产,因而有着较高的 TFP 增长率。TFP 两个组成部分(技术变化和效率变化)的影响我们将在后面详细讨论。

这种内容丰富的数据集的使用,为我们进一步研究不同技术类别的创新努力对技术变革和效率改进的影响带来一定的优势。如表 5-3 和表 5-4 所示,在不同的行业中,本土和外国不同的创新力度带来了不同的效果。单个企业的本土研发虽然对技术变革没有显著影响,然而却为提高生产效率做出了贡献,有助于企业通过追赶走向前沿。部门的技术含量低,本土企业层面的创新影响较大。这个结果并不奇怪,因为 2004 年第一次全国经济普查发现,约 95% 的 R&D 经费被企业用于发展,只有 5% 左右用于基础科学研究。有趣的是,从行业层面来看,R&D 溢出似乎是本土技术升级的主要驱动力。一般情况下,产业层次上本土公司的 R&D,尤其是国有企业和集体企业的研发活动,都对本土企业的技术进步产生显著积极的溢出效应。这些证据表明,在行业层面,集体的自主 R&D 活动推动了本土企业的技术升级和技术的前沿发展。

表 5-3　技术变革的决定因素:产业组的 GMM 估计

变　　量	高科技产业	中高科技产业	中低科技产业	低科技产业
Firm R&D Intensity	−0.012 8	0.166	−0.479	−0.457
	(0.17)	(0.28)	(0.34)	(0.92)
SOE R&D	0.004 9 **	0.014 2 ***	−0.002 0 *	0.001 2
	(0.002 3)	(0.001 8)	(0.001 2)	(0.001)
POE R&D	0.007 1 **	0.017 2 ***	0.004 5 **	0.013 7 ***
	(0.003 1)	(0.002 9)	(0.002)	(0.002 2)
COE R&D	0.009 8 ***	0.010 8 ***	−0.011 1 ***	0.011 4 ***
	(0.001 9)	(0.001 3)	(0.001 2)	(0.001 1)

续表

变　　量	高科技产业	中高科技产业	中低科技产业	低科技产业
SHC R&D	0.001 6	− 0.025 2	0.008 4 ***	− 0.003 2
	(0.004 4)	(0.002 5)	(0.001 8)	(0.002)
HKTM R&D	− 0.006 7 **	0.009 6 ***	− 0.002 8 ***	− 0.003 1 *
	(0.003 5)	(0.001 6)	(0.001)	(0.001 7)
Foreign R&D	− 0.005 6	− 0.023 2 ***	0.001 2	− 0.015 2 ***
	(0.004)	(0.002 1)	(0.001 3)	(0.001 7)
International R&D * Firm	− 0.008 6	0.004 7	0.026 7 *	0.004 0
	(0.007 4)	(0.011)	(0.015)	(0.016)
International R&D * Industry	0.004 3	− 0.017 ***	0.020 0 ***	0.001 6
	(0.005 6)	(0.003 2)	(0.002 9)	(0.006 5)
Initial Technical Efficiency	0.008 13	− 0.222 ***	− 0.222 ***	− 0.176 ***
	(0.02)	(0.015)	(0.013)	(0.013)
Age	− 0.000 8	− 0.005 7	0.009 0 ***	0.004 8
	(0.005 2)	(0.004)	(0.003 1)	(0.003 4)
Firm size	0.002 1	0.018 5 ***	0.017 6 ***	0.015 1 ***
	(0.004 1)	(0.002 8)	(0.002 3)	(0.002 5)
Market Concentration	0.303 **	− 0.094 7	0.294 ***	0.796 ***
	(0.14)	(0.098)	(0.1)	(0.21)
Intangible Asset	0.002 4	− 0.006 7 ***	− 0.006 4 ***	− 0.000 1
	(0.002 3)	(0.001 8)	(0.001 7)	(0.001 9)
Training Expenditure	− 0.015 6	− 0.047 3 ***	− 0.047 0 ***	− 0.048 6 ***
	(0.014)	(0.015)	(0.013)	(0.016)
Export	0.000 7	− 0.001 1	0.000 6	0.000 9
	(0.001 1)	(0.000 9)	(0.000 7)	(0.000 7)
Foreign Capital Share	0.326	− 0.162	− 0.737 *	− 0.069 3
	(0.28)	(0.4)	(0.44)	(0.42)
HKTM Capital Share	− 0.174 *	− 0.153	− 0.109	− 0.081 7
	(0.1)	(0.26)	(0.15)	(0.12)
Constant	0.703 ***	1.503 ***	0.799 ***	0.517 ***
	(0.077)	(0.036)	(0.036)	(0.064)
Observations	9 610	37 377	56 227	51 997
Exogenous test	0.000 0	0.000 0	0.000 0	0.000 0
Hansen J test	0.051 1	0.070 8	0.458 9	0.595 5

注：

1. 括号内为稳健标准差。

2. * 在 10% 水平显著；** 在 5% 水平显著；*** 在 1% 水平显著。

3. 包括全部的时间和两位数行业虚拟变量。

表 5-4　效率提升的决定因素：产业组的 GMM 估计

变　量	高科技产业	中高科技产业	中低科技产业	低科技产业
Firm R&D Intensity	0.666*	1.229**	2.694***	3.404*
	(0.38)	(0.61)	(0.79)	(1.81)
SOE R&D	−0.005 5	−0.000 1	−0.003 6**	0.002 5
	(0.004 2)	(0.002 5)	(0.001 6)	(0.001 6)
POE R&D	−0.015 9**	−0.012 2***	−0.009 8***	−0.007 3***
	(0.006 4)	(0.003 3)	(0.002 9)	(0.002 7)
COE R&D	−0.009 2***	−0.004 4**	0.003 1*	−0.010 9***
	(0.003 5)	(0.002 1)	(0.001 8)	(0.001 4)
SHC R&D	−0.007 6	0.008 0**	0.006 2**	0.012 3***
	(0.007 3)	(0.003 4)	(0.003)	(0.002 6)
HKTM R&D	0.000 2	−0.008 2***	−0.003 2**	0.003 3
	(0.005 4)	(0.001 8)	(0.001 5)	(0.002 2)
Foreign R&D	0.017 1***	−0.003 0	0.009 6***	−0.013^{6} ***
	(0.005 6)	(0.002 6)	(0.001 8)	(0.002)
International R&D * Firm	0.000 2	−0.028 7	−0.046 8*	−0.010 3
	(0.012)	(0.022)	(0.028)	(0.019)
International R&D * Industry	−0.000 5	0.045 3***	−0.023 6***	0.058 5***
	(0.007 5)	(0.004 2)	(0.005 1)	(0.007 7)
Initial Technical Efficiency	−0.373***	−0.243***	−0.652***	−0.501***
	(0.035)	(0.02)	(0.019)	(0.018)
Age	0.000 4	−0.004 8	0.005 3	0.012 8***
	(0.008 7)	(0.004 7)	(0.004 9)	(0.004 5)
Firm size	−0.014 8**	−0.008 1***	0.015 1***	−0.003 1
	(0.007)	(0.003 4)	(0.003 6)	(0.003 3)
Market Concentration	−0.528	0.262*	−0.452***	−0.774***
	(0.47)	(0.15)	(0.17)	(0.23)
Intangible Assets	0.009 5**	−0.003 8*	0.002 1	−0.001 8
	(0.003 9)	(0.002 3)	(0.002 5)	(0.002 5)
Training Expenditure	0.094 9***	0.073 7***	0.033 6	0.031 7
	(0.028)	(0.021)	(0.021)	(0.022)
Exports	−0.000 1	0.002 7***	0.001 4	−0.000 7
	(0.001 7)	(0.001)	(0.001 1)	(0.000 9)
Foreign Capital Share	0.023 4	1.143	1.273	0.275
	(0.44)	(0.88)	(0.84)	(0.5)

续表

变　量	高科技产业	中高科技产业	中低科技产业	低科技产业
HKTM Capital Share	0.3	0.674	−0.186	0.077 5
	(0.2)	(0.71)	(0.18)	(0.14)
Constant	1.737***	0.622***	1.959***	1.837***
	(0.12)	(0.051)	(0.058)	(0.074)
Observations	9 610	37 377	56 227	51 997
Exogenous test	0.000 0	0.000 0	0.000 0	0.000 0
Hansen J test	0.131 2	0.239 5	0.464 6	0.878 5

注:

1. 括号内为稳健标准差。

2. *在10%水平显著；**在5%水平显著；***在1%水平显著。

3. 包括全部的时间和两位数行业虚拟变量。

　　另外,外商投资企业和 HKTM 公司在行业层面的研发活动,对除中高技术行业的 HKTM 公司之外的大部分本土企业的技术变革均产生了负面溢出效应。这可以从以下几个方面来解释。首先,国外的技术可能并不适用于这些行业。当地企业可能会发现国外技术难以适应当地的环境。其次,外资研发活动可能加剧了有限的国内人才竞争(Chang 等,2006),并将本土企业从当地劳动力、资源和产品市场排挤出去。此外,外资研发中心可能在知识共享、与国内企业合作以及建立研发实验室方面的兴趣有限(Change 等,2006,Zhou,2007)。一个可能的解释是,这些技术含量较高的外商投资企业想要保护自己的知识产权,并不希望通过知识共享和合作研发泄漏出去。最后,最近的研究结果表明,跨国公司的核心技术研发基本在公司的总部进行,而技术的应用和本土化则是其国外附属公司主要的任务。因此,这些研发活动可能无助于技术变革,但可能对追赶产生积极的影响。这也解释了表5-4中,外商投资企业产业层面的研发对中高、中低技术产业本土企业的追赶过程有显著积极的影响。

　　至于通过 FDI 促进的国际 R&D 溢出,对于本土技术变革的效应除在中低技术部门之外,都是微不足道的或负面的,如图5-4所示,技术的变革可以忽略不计。另外,溢出效应对与企业追赶的作用似乎是混合的。在本土企业已经引领中国低技术和中高技术行业技术变革的前提下,全行业开放外商直接投资有助于促进二手技术的溢出效应,帮助企业跟随和追赶技术前沿。然而在中低技术领域中,由于国际研发溢出的效果已超出了前沿,这样的溢出对于赶超的效果将是负向的,因为技术变革的方式和生产效率的提升已经被重新定义和分解了。

相同的国外与本土企业的技术变革创新努力,会产生不同的溢出效应。这表明本土技术对当地的技术环境更加适应,因此比国外技术更容易被国内企业所采用。外商投资企业的创新活动,不仅不能为国内厂商提供足够的正外部性,反而对于本土企业的技术变革产生了显著负向的影响。因此,虽然国外技术转移可以通过二手技术的扩散完成,也可以促进处于初级阶段的技术发展,但是发展中国家必须依靠集体的自主创新,以追赶世界技术前沿的行业水平。

对于控制变量,结果显示,具有较高初始技术效率的企业在技术变革和效率提升方面变化缓慢。然而高科技行业的估计系数为正,表明在这一领域站在前沿的企业往往比追随者变革的速度更快。此外,企业越大技术变革的速度越快,高科技产业除外。但是,企业规模效率的改善效果喜忧参半。出口对技术变革不具备显著的效果,这一发现与 Fu (2005)使用中国产业层面的面板数据得出的结论是一致的。这一结果显示过度依赖基于成本竞争力的加工贸易和廉价非熟练劳动力,对企业创新几乎没有有效的激励。

正如预期的那样,培训对效率的提高具有显著积极的影响,但奇怪的是,对技术变革却有显著的负面影响。在中国培训很可能与新的或先进实践教学相关,但不与“前沿”的技术相关。无形资产变量的估计系数为负,或者说在技术变革方程中无统计学意义。这可能是因为在中国会计实务中,无形资产包括了开发阶段的 R&D 投入,但不包括研究阶段的 R&D 投入。对于技术密集型产业的企业,新的研究活动可能在帮助他们保持前沿地位中发挥着重要的作用。此外,无形资产与固定资产是相关的,而固定资产正是 TFP 估计中过程中对资本的估计,这就会出于会计原因,造成无形资产和 TFP 之间的负相关。最后,为了推动技术变革和创新,市场集中开始出现,这与熊彼特的假设是一致的。然而,在大多数行业,竞争的缺乏仍然阻碍了效率的提高。

5.6　结　　论

本章主要探讨了中等收入发展中国家 TFP 增长和技术升级的驱动因素,特别是对自主创新和国外技术转移的作用进行了分析。主要的发现可以简要概括如下:首先,国外或本土企业在中国都没有占据技术前沿。在低技术和中等技术行业,更多的本土公司都位于前沿;私营企业在低技术和中低技术产业占据前沿;股份制企业则是中高技术产业的领导者;在高科技领域,国外厂商占主导地位。换句话说,国外的技术并不总是优于本土技术,尤其是在中等收入国家。在技术含量低的行业,本土技术是比较合适的,因此比国外的技术更有效。中国也积累了一定量的适合于中等技术部门的技术能力。

其次,中国本土企业已经产生相当可观的 TFP 增长,2001—2005 年期间的年均增长速度达 4.8,这一增长主要是受除中低技术产业所有领域技术变革的驱动。在低技术与中高技术行业,本土企业的技术发展水平比外商投资企业高得多。集体性的本土自主 R&D 活动是行业层面的技术升级过程中的主要驱动力,R&D 投入的 POEs,SOEs,和 COEs 已经对在本土企业的技术变化产生显著的正外部效应。

然而,外商投资企业 R&D 活动所产生的影响却引起了争议。这些活动对于本土技术变化都产生了显著的负面影响,但他们对于跟随企业的追赶产生了正面作用。外商直接投资催生的国际 R&D 溢出对本土技术变革的影响是微不足道的。总之,虽然国外技术转移可以促进处于初级阶段的技术发展,并推动二手技术扩散,发展中国家必须依靠集体的自主创新努力追赶世界技术前沿。

这些发现对于发展中国家的技术政策具有重要的意义。首先,从 FDI 获得的技术净优势往往是有限的。只有依靠发展中国家的集体自主创新努力,才能够推动本土技术升级。本土技术会比国外的技术更有效地利用发展中国家所拥有的丰富的生产要素。因此,对于发展中国家,通过技术和产业政策鼓励技术升级和自主创新赶超有着重要的作用。

其次,发展中国家(尤其是中等收入国家)可能不仅是新技术的使用者,在某些领域还是新技术的创造者,这样的技术可能更适合拥有类似要素禀赋和处于类似发展阶段的其他发展中国家。在发展中世界各国,国外技术的来源是多层次的,并非仅仅源自发达国家,这在技术选择策略中应该被考虑到。南南贸易和 FDI 的国际技术转移应该是主要的传输通道。

最后,在某些行业,发达国家和发展中国家之间的技术差距仍然显著。"双腿向前战略"的中国经验表明,为了最大限度地从现有知识中获得效益、加快追赶过程,无论是自主创新还是获取国外知识都很必要,但应该随着不同的部门和发展阶段做出最优化的选择。因此,一个有效的一揽子技术政策往往是全方位的,可能要涵盖国家、地区和数个特定行业,但以促进本土企业的吸收能力和创新能力为重点的政策始终是成功的关键。

附录 5.1　研发活动产业特征

研发活动的产业模式与特征(包括所有企业样本)

项　目	研发投资者比例		研发经费支出/销售 (有研发的企业)	
sic2	2001 年	2005 年	2001 年	2005 年
高科技				
27 医药制造业	0.445 1	0.501 6	0.017 2	0.081 8
40 电子及通信	0.311 4	0.326 6	0.018 3	0.028 4
41 仪器仪表	0.315 9	0.313 3	0.018 2	0.024 8
中高技术				
36 特殊用途设备	0.323 7	0.285 6	0.012 3	0.018 8
39 电气机械及器材	0.247 6	0.221 8	0.013 8	0.012 8

续表

项　目	研发投资者比例		研发经费支出/销售 （有研发的企业）	
sic2	2001	2005	2001	2005
37 运输设备	0.273 8	0.264 6	0.007 9	0.012 3
26 化学原料及化学制品制造业	0.212 6	0.184 8	0.007 9	0.011 3
28 化纤	0.218 9	0.179 1	0.004 9	0.005 7
中低技术				
35 普通机械	0.216 8	0.195 0	0.008 8	0.013 5
42 人工制品及其他制造业	0.092 6	0.077 5	0.007 8	0.009 2
34 金属制品	0.109 2	0.089 2	0.007 1	0.009 0
29 橡胶制品	0.192 1	0.174 6	0.006 0	0.008 8
31 非金属矿物制品	0.113 1	0.082 2	0.007 3	0.008 5
24 文化、文教体育用品制造业	0.114 3	0.100 6	0.006 7	0.007 4
30 塑料制品	0.099 1	0.083 2	0.004 7	0.007 3
33 冶炼及压延有色金属	0.168 3	0.159 9	0.007 7	0.005 5
25 石油加工及炼焦业	0.181 8	0.187 5	0.007 0	0.005 3
32 冶炼及压延加黑色金属	0.138 8	0.097 6	0.003 1	0.005 1
低技术				
23 印刷业和记录媒介的复制	0.065 4	0.067 5	0.009 3	0.010 0
17 纺织工业	0.085 7	0.076 9	0.005 0	0.008 4
19 皮革,毛皮,羽绒及其制品业	0.104 9	0.084 1	0.006 1	0.007 8
18 服装及其他纤维制品	0.049 4	0.053 6	0.005 5	0.007 1
21 家具制造	0.093 0	0.100 8	0.004 8	0.007 1
13 食品加工	0.102 2	0.078 6	0.004 7	0.006 7
15 饮料行业	0.169 2	0.164 5	0.005 6	0.006 6
14 食品生产	0.171 1	0.168 0	0.006 5	0.006 4
22 造纸及纸制品业	0.074 8	0.060 1	0.004 6	0.006 2
20 木材加工	0.075 6	0.062 8	0.006 2	0.005 7
16 烟草加工	0.427 1	0.447 9	0.001 9	0.003 1

附录5.2　非参数线性规划估计方法

假设一个生产技术 S^t 产生的产出向量为 $y^t \in R_+^M$，投入向量为 $x^t \in R_+^N$，对于每个时间段 $t = 1, \cdots, T$。在给定投入 x^t 的条件下，以产出为基础的距离方程被定义为"最大的"比例扩大产出向量 y^t 的倒数。

$$D_0^t(x^t, y^t) = \inf\{\theta: (x^t, y^t/\theta) \in S^t\} = (\sup\{\theta: (x^t, \theta y^t) \in S^t\})$$

$D_0^t(x^t, y^t) \leqslant 1$ 当且信当 $(x^t, y^t) \in S^t$. $D_0^t(x^t, y^t) = 1$ 当且仅当 (x^t, y^t) 在边界上，前沿的距离估计通过使用非参数的线性编程技术。

假设 $k = 1, \cdots, K$，企业使用 $n = 1, \cdots, N$ 投入 $x_n^{k,t}$ 在每一期 $t = 1, \cdots, T$ 产生 $m = 1, \cdots, M$ 的产出 $y_m^{k,t}$。为了估计企业从 t 期到 $t+1$ 期的生产率变化，我们需要解决 4 个线性规划问题：$D_0^t(x^t, y^t)$，$D_0^{t+1}(x^t, y^t)$，$D_0^{t+1}(x^{t+1}, y^{t+1})$ 和 $D_0^t(x^{t+1}, y^{t+1})$（Fare 等，1994）。以产出导向的线性规划问题 $D_0^t(x^t, y^t)$，在可变规模回报条件下：

$$[d_0^t(x_t, y_t)]^{-1} = \max_{\phi, \lambda} \theta,$$
$$st - \theta y_{it} + Y_t \boldsymbol{\lambda} \geqslant 0,$$
$$x_{it} - X_t \boldsymbol{\lambda} \geqslant 0,$$
$$\lambda_i \geqslant 0,$$
$$\sum \lambda_i = 1, \quad i = 1, \cdots\cdots, n$$

其中，θ 是标量，$\boldsymbol{\lambda}$ 是常量的矢量。对于估计 $D_0^{t+1}(x^t, y^t)$，$D_0^{t+1}(x^{t+1}, y^{t+1})$ 和 $D_0^t(x^{t+1}, y^{t+1})$ 的线性规划问题，跟上面的方程类似，只需要进行适当的调整即可。详见 Fare 等（1994）。

第二部分

自主创新能力的发展和技术赶超

第6章

国家政策如何影响创新
实践: 中国的开放式创新

6.1 引 言

开放式创新(open innovation)已成为创新领域一个新兴的学术概念。它作为创新实践的主流趋势之一,吸引了众多学者、政策制定者及产业实践者的广泛关注。"开放式创新"的概念本身是指"利用(组织)内外部有价值的知识流入和流出,分别加速(组织)内部创新和拓展(组织)外部创新市场"(Chesbrough, Vanhaverbeke 和 West,2006)。但随着概念的发展,许多企业也逐渐将开放式创新作为应对环境变化的一个必要的组织适应方式(Chesbrough,2003)。

一般而言,企业会从两个维度开展自身的创新活动(Lichtenthaler 和 Ernst,2007),一个维度是"内向型开放式创新",指的是由外而内的知识获取,特别强调利用外部的创新成果,而不仅仅依赖组织内部自身的研发成果(Chesbrough 和 Crowther,2006);另一个维度是"外向型开放式创新",指的是对外的技术转移,即企业在找到合适的商业模式的情况下,利用外部机构完成特定技术的商业化,这也是对企业内部商业化的必要补充。通常情况下,企业为实现它们的技术能力或将其他竞争力价值最大化,会将"技术利用"(technology exploitation,对应由内到外的开放式创新,即"外向型开放创新")和"技术探索"(technology exploration,对应由外而内的开放式创新,即"内向型开放创新")结合起来(Lichtenthaler,2008)。

"开放式创新"对于中国而言,到底是一个全新的现象,还是旧瓶装新酒("已有实践对应新概念")? 诸多已有文献表明:自改革开放以来,中国政府就一直鼓励企业通过引进海外技术,来获取外部知识;2000 年起,中国政府还鼓励中国企业"走出去",积极搜寻和获取海外技术,一批中国本土的领先企业也已经采取了各种模式的开放式战略(open-oriented strategy)来管理创新活动(Chen 和 Chen,2008)。

那么,中国当下的开放式创新形势究竟如何? 开放式创新在促进中国创新升级中起到了什么作用? 中国企业在进行开放式创新时遇到了哪些潜在的挑战? 未来发展的趋势又将如何? 这一系列的问题都值得我们探讨和深思。尽管大多数的中国企业已迈入开放式创新时代,但我们对于"开放创新"的背景、环境、机制、组织内外的情况,以及新兴经济体的后发企业从新模式中获得利润的时机和方式等诸多问题,仍然缺乏系统性的认识。本章旨在通过对中国开放式创新政策和组织实践的演变提供系统性的综述,填补现有文献上的空缺。本章同样探讨了"开放式创新"对于后发企业在构建本土创新能力,进而参与全球创新网络的启示。据我们所知,这将是目前在新兴经济体的情境下,最先论述开放式创新政策和组织实践的系统性综述研究之一。

本章其余部分如下:6.2 节对中国目前开放性创新的形势进行了概述;6.3 节提出了理论框架,重点是分析政府政策在影响企业创新模式和创新实践中的作用;6.4 节探讨了过去三十年里中国政府实施的、对于本土开放式创新发展产生影响的创新政策;6.5 节归纳回顾了中国企业层面的开放式创新实践;6.6 节讨论了中国开放式创新未来的趋势和挑战;6.7 节为本章的结论。

6.2 中国创新活动的开放性：概述

自 1978 年改革开放以来,中国的创新蓝图(innovation landscape)经历了巨大的转变。改革开放初期,在各种政策的激励和促进下,中国企业的技术升级依赖的是进口和外商直接投资(FDI)带来的海外技术转移。这引发了中国企业乃至国家层面上的模仿性创新行为,但对于中国企业或国家而言却可能是"新的"创新。20 世纪 90 年代后期之后,中国企业由以技术引进为主的发展战略,逐步转为以自主创新为导向的增长战略(Fu 和 Gong,2011)。十多年以来,特别是 2001 年中国加入 WTO 以后,中国的本土企业和外资企业都经历了快速的创新全球化进程,中国的后发企业开始进行国外技术引进或设备获取、合资经营,并与用户、供应商及公共或私有的研究机构合作,以充分利用外部的研发资源和技术知识(Chen,2009)。近年来,许多国内企业更是通过建立本土和海外的研发中心,或通过并购(M&A)获取国外技术密集型企业的先进技术(Bai,2009);此外,一些企业也开始使用许可、知识产权购买、公司分拆以及风险投资等形式来探索外部机会,并将自身所拥有的技术或知识进行商业化。

尽管"开放式创新"在学术理论界仍是一个新的概念,但一项于 2008 年开展的、由中国国家统计局与清华大学技术创新研究中心共同设计的中国制造业企业自主创新调查表明,中国制造业企业"开放式创新"的比例是相当高的①。就样本企业的产品创新和工艺创新来源这一问题调查发现,企业内部创新和合作创新是产品和工艺创新的主要来源,如表 6-1 和表 6-2 所示。以产品创新为例,一方面,大部分中国企业发展新产品和新工艺时,极大倚重于自身的资源和能力(75.9% 的企业回答说产品创新来源

---

① 本次调查覆盖了中国所有产业部门。有效样本包括全国 42 个城市的 1 408 家企业。该调查询问中国制造业企业自 2005 年到 2007 年 3 年间从事各项创新活动的基本情况,包括对于这些企业创新活动的一系列衡量指标。该创新调查使用的方法和问题类型主要基于奥斯陆手册(经济合作与发展组织 OECD,1997;2005)以及欧洲核心共同体创新调查(CIS)(Stockdale,2002;DTI,2003)。当然,由于调查内容和环境不同,调查问卷进行了相应调整。

于内部）；另一方面,超过 1/3 的企业通过合作获取创新(产品创新可以有多种来源)。尽管"封闭式创新"的比例依然相当高,但我们不能忽视开放式创新的价值。表6-1 表明,超过 1/3 的产品创新含有产业合作或研究联盟的贡献,这体现出合作创新在中国企业创新来源中的重要地位。此外,一些中国企业合资的创新,仍然依赖于国内及海外的分支机构；同时一个有趣的发现就是,本土企业的资源相对于海外企业而言,得到了更高比例的使用,这就说明中国的合资公司开始倾向于使用国内资源在中国市场进行创新。另外,工艺创新与产品创新情况也十分相似,虽然后者对封闭式创新的依赖较少。

表 6-1   产品创新的来源

来　　源	企业数量	比例/%
企业内部	732	75.9
国内分支机构	130	13.5
海外分支机构	101	10.5
与其他企业或研究机构合作	357	37.0
其他企业或研究机构	40	4.1

注：企业可以多选。

表 6-2   工艺创新的来源

来　　源	企业数量	比例/%
企业内部	820	86.8
国内分支机构	123	13.0
海外分支机构	81	8.6
与其他企业或研究机构合作	351	37.1
其他企业或研究机构	46	4.9

注：企业可以多选。

表6-3 反映了不同类型的信息来源在抽样企业中的重要性。重要程度指数更多地表明一个特定信息来源的深度,而重要性比例只测量了一个信息来源的广度或普及度,不同外部来源之间的差别是非常显著的。不出所料,超过 40% 的企业认为内部资源(包括自身及其分支机构)比其他大部分来源更重要,这与上文提到的企业十分依赖

内部资源来发展新产品或新工艺是相符的。毫无疑问的是,在创新来源调查中,用户(客户或消费者)所占的比例居于第一位,总共占到 52.5%,同时拥有很高的重要性平均值(3.25);竞争者(包括同行业中的其他企业)同样也被视为创新的重要来源。除此之外,其他的重要来源还包括交易或销售计划、学术会议(22.5%),甚至是产业协会(18.6%)。另外,我们还发现最重要的外部来源是市场渠道或信息(包括用户、竞争者、供应商等),而机构信息(来自高校、政府及公共研发机构等)则被认为没有那么重要。

　　总之,外部来源在创新过程中发挥很大的作用,并且对于大多数国内企业而言具有较高的重要性,但仍有很大比例的国内企业依然通过内部渠道来获取创新。

表 6-3　创新活动中信息来源的重要性

信 息 来 源		企业视此来源高度重要的比例/%	重要性平均值
内部	公司及其附属机构	41.7	3.09
市场信息来源	设备、原料、零件或软件的供应商	17.9	2.63
	用户或客户	52.5	3.25
	竞争者或相同产业内其他公司	34.3	2.96
	咨询或私营 R&D 机构	5.7	1.96
机构信息来源	大学	8.3	2.06
	政府或公共的 R&D 机构	10.0	2.12
	政府的科技计划	14.4	2.21
其他来源	贸易或销售计划,学术会议	22.5	2.61
	科技期刊或文献,贸易或专利文献	9.7	2.30
	专业的产业组织	18.6	2.52

　　注:企业可以多选。

6.3　政府政策在影响企业创新实践中的作用

　　政府能够在制定和促进一项可靠的创新政策上发挥重要作用。从理论上来说,政府主要有 3 种作用:中间人作用、需求的衔接作用以及对创新的促进作用(Faber 等,

2008）。在本部分，我们将讨论这 3 种作用与开放式创新实践的关系。

首先，作为"中间人"，政府致力于在创新系统中把不同的参与者汇聚在一起。开放模式的创新活动，需要各种参与者和平台在合作中互惠互利，特别是由国家政策决定的框架性条件，以及服务于研究的公共基础设施，这两者在其中起主要作用。同时在某种程度上，这也正是公共政策环境对企业层面行为产生重要影响的体现。例如，一个与知识产权相关的政策特定问题，可能会受到更多的关注，中国至今尚未成熟的知识产权保护制度，仍然饱受那些进入中国市场的外国公司的批评。然而，企业研发的全球化和开放式创新的兴起，却使知识产权问题重要性的日益凸显。在开放式创新战略中，向"知识产权共享"的战略性转变，需要大学和公共研究机构采取不同的管理工具进行共同的努力。虽然对知识产权进行强有力的保护可以吸引与研发相关的外国直接投资；但是，过强的知识产权保护却会成为那些依赖于知识分享和获取的开放式创新的障碍（OECD，2008）。许多学者认为，知识共享的平台或知识库是非常重要的，可以通过政府管制或加大在信息通讯技术上的投资，来促进知识平台和知识库的构建。另一个需要强调的例子是有效的技术交易市场建设。尽管大部分企业获取知识的方式多种多样，但许可证、技术购买以及专利或其他形式的知识产权仍是重要的获取方式。创造促进技术交易发展的规则和条件，可以促进开放式创新（OECD，2008）。

其次，政府可以起到需求衔接的作用，这相当于通过制定相关标准来创造促进开放式创新的市场，例如，可以通过使用经济激励和与产业的特殊协议来建立市场。大体上，让开放式创新以某种有利于政治和经济发展的方式运行是可能的，这背后的理论通常与迈克尔·波特的研究有关，他证明了国家可以通过制定苛刻的准入机制或环境标准来增加它们的竞争优势（Porter，1990）。这一想法实际上意味着制定面向开放式创新的竞争政策，对于建设有竞争性的、向创新者统一开放的市场十分重要。但不排斥合作的竞争政策的设计，则是一项重大的挑战，尤其是在只有通过过度竞争才能体现创新的产业（OECD，2008）。此外，当政府建立更多的商业化渠道时（如科技园孵化器、产业技术战略联盟)，大部分企业，特别是高技术或新兴产业的新进入者，将更倾向于在技术开发活动中采用开放模式。

政府的第三个作用是在国家创新系统的供给方面产生影响，这体现在各种结构性的公共政策上(科技政策、财政政策、资本市场等)。大多数经合组织国家的科技政策主要是国家层面的，但受地理局限产生的知识差异，以及为企业价值链垂直整合而设计的相关政策，需要国家政府层面的重新审视(OECD,2008)。例如，旨在促进网络和集群的政策，对于企业在其研发过程中采用开放的技术探索模式具有很大的影响。另一个突出的例子则是政府的财政政策，可以通过提供大量的税收优惠、财政补贴、优惠贷款以及直接资本投入来促进创新合作活动。此外，由于自由繁荣的金融环境可以极大地刺激开放式创新，所以由政府支持的与动态资本市场相关政策也非常重要。风险投资则是企业可以从内外部增加价值的一个重要渠道，因此允许企业进行风险投资，并且能够退出到二级市场的资本市场，对于开放战略同样具有重要意义(OECD,2008)。

最后，政府支持开放式创新的政策，有助于许多后发企业在技术创新上的追赶。无论规范或监管的方式如何，政策对于追赶过程已经产生了很强的影响(Li 和 Kozhikode,2009)。Hobday(1995)曾观察到，在一些新兴经济体中，政府经常保护本土企业以防止其在发展初期竞争失败，并且鼓励它们向跨国企业学习。Kim(1997)则发现，在追赶的早期阶段，韩国的知识产权制度通过允许本土企业模仿国外竞争者技术的政策，来支持本土企业的发展。然而，这种支持只在韩国企业开发出它们自己的创新产品之前是可用的。虽然后发者的创新并不是突破性的，但随着时间的推移和研发投入的增加，不论是在企业内部还是在外部合作中，这些企业都能够逐渐开发出更多的创新产品(Hobday,1995)。除此之外，开放式创新实践有时同样会影响到政府创新政策的改变(OECD,2008)，一方面，政府面临的挑战是帮助企业调整它们的创新战略以应对变化的环境；另一方面，许多企业，尤其是后发企业，同样会积极地对政府政策的变化做出响应。因此，了解中国开放式创新实践的典型模式，对政府政策的应用具有重要的意义。

　　总之,政府通过制定和实施与创新和产业相关的政策,可能对企业层面的创新模式、创新实践和创新绩效产生重大的影响。通过对这些政策以及企业为响应这些政策所采取的创新活动进行系统性分析,我们将能够深入了解中国企业创新行为的演进过程,特别是对了解那些激发企业开放式创新的推动和牵引因素,以及这些因素对中国企业创新活动所产生的影响,具有重要意义。

6.4　中国影响开放式创新的政策

　　近年来,越来越多的新兴经济体国家政府在吸引全球研发投资上起到了积极的作用(UNCTAD,2005)。在过去的几十年里,尽管开放式创新尚未被明确地当作一个国家战略,但中国的政策制定者一直在试图引导建设一个更具开放性与合作性的整体创新环境。可以预计,有效的政策支持能够帮助中国企业克服许多障碍,从而在中国的自主创新时代创造高度开放的条件。例如,开放式创新可以被视为私人整合式的创新模式。与熊彼特提出的为获取短期垄断利润的私人投资创新模式不同,自由地展示发明、发现和知识是开放式创新模式的重要特征(Von Hippel 和 Von Krogh,2003)。这就意味着,在国内市场,政府在促进知识和技术的自由且高效的流动上应发挥相应的作用。

　　在二十一世纪中国政府的主要发展战略就是鼓励自主创新并建设创新驱动型经济体,许多促进技术创新并提升企业竞争力的宏观政策也因此得到了高度关注。如我们所知,"开放性商业模式"强调吸收外部知识以及探索外部的商业化路径(Chesbrough,2006),中国的政策制定者将持续致力于创造对创新过程更加开放和有利的国内市场以及相应的制度环境。最近颁布的自主创新政策主要源于两份重要文件,即《实施科技规划纲要,增强自主创新能力的纲要》和《国家中长期科学和技术发展规划纲要（2006—2020）》（Fang，2007；Wang 和 Liu，2007）。这两个政策性文件清晰地展现了开放型创新思想体系，该体系将整合创新和以引进、消化和吸收为基础的创新视为自主创新的两种基本形式，标志着国家自主创新战略的启动。实际上，这两种创新形式都强调要利用和整合外部研发资源和商业化路径。在中国，虽然相关公共政策缺乏一些促进开放式创新的具体措施，但诸多重大政策基本都已涉及开放式创新，我们可以把它们分为 3 个主要的政策群。

6.4.1　支持"内向型"开放式创新的政策

"内向型"开放式创新（inbound OI）是指在开放过程中获取外部技术的创新模式。欧洲工业研究管理协会（2004）对使用和获取外部技术的模式进行了如下归纳和区分：技术购买、合资经营和联盟、承包研发、与大学合作、获取大学孵化或衍生企业的股权，以及通过风险投资基金获取相关资产（股权）。实际上，由于许多刺激本土企业内向型开放式创新的相关政策的存在，这些模式中的某些部分（如技术转移和吸收）在中国已经十分普遍。在 20 世纪 80 年代早期，许多中国企业便开始大量引进国外技术和设备，试图缩小研发和制造能力上的差距。《中华人民共和国技术引进合同管理条例》（1985）《引进技术的消化吸收暂行管理办法》（1986）以及《中华人民共和国技术进出口管理条例》（2001）都鼓励引进先进且有用的技术，鼓励进口机器设备和外资流入的贸易政策也促进了"技术引进、消化和吸收"这一开放战略的发展。相应地，"国家税务总局关于印发《国家产业技术政策》的通知（2009）"也明确强调了在国际合作、交换以及引进技术的消化与再创新方面，需要国家、社会和企业付出大量的努力。例如，对于难以国产化的关键零部件，如果引进比例在 40% 以下，将可以获得 50% 到 70% 的税收激励；企业在进行国家级科技攻关项目时，对难以国产化的关键科研仪器、设备和原材料等相关物资的进口，将免征关税和增值税。这些政策均有助于国内企业在早期有效地冲破技术壁垒，并在较短时间内提升自己的制造和技术应用能力。

另外，为了鼓励先进技术的引进、促进产业结构调整以及技术进步，国家还颁布了一系列吸引外国公司并保护本国企业及外国企业共同利益的激励政策。在 20 世纪 80 年代早期,政府在提供税收激励的同时,在许多相关政策上也增强了对于外资企业的财务支持,并且鼓励和引导外国投资者在中西部区域、关键产业和重点领域投资。诚然,国外技术转移只是开放式创新的内向方面,指的是由外向内的技术转移(Lichtenthaler,2009)。尽管仅仅依靠外国技术转移可能会弱化自主创新的积极性与能力,但在过去的三十年间,这种方法对中国企业外部知识的获取,以及对国家或企业新式模仿型创新的扩散,均起到了不可或缺的重要作用。对于大部分仍在早期创新"起飞"阶段的发展中国家而言,这种开放式的创新渠道仍然是重要的政策选择。

再者,支持本土企业走向全球化的相关政策同样在增加。政府不仅通过加大技术和产品出口来支持本土企业的全球化,也积极鼓励海外投资和收购。例如,2004 年以来的境外投资专项贷款,主要都用在了支持海外投资上面。这些海外投资活动包括:海外资源发展项目(可以弥补国内资源的相对不足)、海外生产和基础设施建设项目(可以推动国内技术、产品、设备和劳动服务的出口)、海外研发中心(可以利用国际先进技术、管理经验和专业人才)以及海外并购项目(可以提升企业国际竞争力、促进国际市场的探索)。总之,中国对获取知识和资源的内向型开放式创新的政策支持已经持续了很长一段时间,这也是中国用开放方式促进创新的重要政策演进事实。

6.4.2　支持"外向型"开放式创新的政策

另一个主要的政策群是为加速"外向型"开放式创新(outbound OI)而制定的政策。外向型开放式创新描述了在开放性开发过程中技术向外转移或商业化,它也是指通过把创意带入市场,利用专利销售来获取利润,以及通过将创意转移到外部环境来让技术增值(Enkel 等,2009)的创新手段。得益于经济的高速发展,特别是国内市场的扩张,中国政府采取了各种措施来扩展外向型创新的渠道。在确定市场经济的体制转型方向后,政府明确提出要加强科技成果的产业化,并颁布了一系列相关政策,这意味着本土企业的创新途径将走向多样化。最初的一份政策文件名为《关于加强技术创新、发展高科技以及实现产业化的决定》(1999)，这份文件构建了用于发展高科技产品的丰富多样的商业模式的基础。《中华人民共和国促进科技成果转化法》(1996)清楚而创造性地表明了促进科技成果转化的战略原则，以及多种创新知识商品化和产业化的模式。该法指出，科技成果的所有者既可以通过自行投资相关成果，也可以将其成果作为合作条件，通过进行投资交易或者以技术入股等方式转移到其他机构来实现科研成果的商业化。此外，企业若需要采用新的技术发明(成果)，也可以自行发布信息或委托技术交易中介机构参与技术交易并征集科技成果，同时企业应有独立参与或与国内外其他公司和机构合作以推动研发成果转化的权利。

政府同样颁布了一系列政策来支持税收、金融、基础设施以及人才激励机制的完善，并以此来促进商业化和产业化模式的运作。科技成果发明涉及大量的投资，高风险和高收益并存于其中，因此这些政策包括了专项或风险基金以及税收优惠等。另外，政府也正在不断拓展多元化的投资渠道，并鼓励和支持从创新中获利的多样化商业模式。例如，政府通过大力支持风险投资市场的建立，来为创新活动提供资金。近年来许多本土企业在政府的帮助下，扩展了融资渠道，吸收了社会资本，也建立和发展了旨在通过高新技术改造传统产业的产业投资基金。特别地，建立风险投资机制和发展公共创投机构，都已经是现有政策的重要目标。政府也非常重视对风险资本的管理和对运营人才的培养，同时也重视主要由社会投资组成的风险资本系统、风险资本基金以及包含多种投入结构的风险资本的建立。总之，支持新技术外部商业化的制度环境近年来在很大程度上得到了改善。本土企业和外国企业都能通过不同的渠道，获得将新产品商品化或者将新发明产业化并从中获益的有效机会。不过，与发达国家相比，中国所支持的开放创新的商业环境本质上仍处于一个比较初级的层次，中国政策制定者仍将长期致力于创造一个更加开放、可靠的创新商品化的商业环境。

6.4.3　支持"开放性创新网络"的政策

近年来，将个人、机构(大学、政府机构等)以及不同国家间的其他公司联结在一起的全球创新网络得到了快速的发展（OECD，2008）；相应地，中国也在不遗余力地构建本土的开放式创新网络，并努力让创新政策变得更加积极、开放。

首先是建立产学研相结合的创新网络。该网络以企业为中心，有利于共同承担风险并建立依托于城市的开放式技术创新服务系统，这也正是 2002 年的《国家产业技术政策》所提出的相关意见。文件指出，政府将大力倡导建立不同企业、国内大学以及公共或私人研究机构之间的产学研协会，并借此来形成以市场为导向的研发体系。而基于中国的比较优势和战略需要，开放性的产学研合作机制可以选择独立发展的领域，并通过系统整合和相互吸收来探索新技术路线和开发具有独立知识产权的新技术。此外，对于在中国逐步兴起的全球研发合作项目和国际战略技术联盟而言，许多相关的制度性支持政策已经得以形成。随着关注的焦点逐渐从纯粹的内部研发活动转移到外部创新，从长期来看，不参与合作或不交换知识的企业将逐渐减少知识的积累，并将失去与其他企业建立联系的能力（Koschatzky，2001）。而近年来国家科技部也越来越多地倡导和实行这一类政策。

此外，技术交易市场的发展可以极大地增加企业和其他机构之间技术知识的流动，是支持和促进开放式创新网络建设的另一个重要政策舞台。技术交易市场的行为大体包括技术转移、技术咨询、技术服务、技术培训、技术股权交换、技术中介以及各种产研合作，活跃的技术产权交易所和交易市场，在创建中国开放创新的国家网络的过程中起到了重要作用。1999 年，中国在上海建立了第一个技术股权交易市场，此后大规模的技术股权平台在北京、成都、深圳、武汉、天津和沈阳等地相继出现，这也加速了技术创新的外向交易和企业内部新技术、新产品以及大量专利的商品化。这些交易市场被用于直接的创新服务机构、产业园以及孵化器，并且帮助本土企业扩展了它们的商业化渠道和外部技术资源。但也有研究显示，在 1998 年至 2004 年间，技术交易市场在中国区域创新体系中所起到的作用还不够显著（Fu，2008）。

知识产权保护的缺乏被 OECD 视为创新网络建设的主要障碍（OECD，2008）。保护知识产权已经成为中国改革开放政策的一部分，并且是促进科技和文化发展的重要制度因素。为了适应全球创新网络的必要改变，中国近年来加快了知识产权立法的速度，并成功地颁布了如《中华人民共和国专利法》《中华人民共和国技术合约法》《中华人民共和国著作权法》以及《中华人民共和国反不正当竞争法》等相关法律。这些法律在规范知识产权行为上开始与国际标准接轨，并且在促进中国改革开放的过程中起到了积极的作用。但中国知识产权体系建立的时间较短，并且整体的知识产权意识依然相对模糊，因而某些地区和部门对于保护知识产权的重要性理解仍然不够。具体地说，《关于进一步保护知识产权的决定》（1994）虽然已经在管理知识产权上制定了一些重要的规定，但依然缺乏全面的考虑和有效的实施。时至今日，政策制定者已经广泛意识到知识产权制度在使国家框架和商业环境步入正轨上起到的重要作用，这不仅有利于规范本地机构间的合作创新，也增加了与外国参加者之间共享知识的可能性。此外，国家和政府还应该以更开放的方式来管理知识产权制度（OECD，2008），这是因为许多研究已表明，专利的使用已经从商业管理战略中的防御性应用策略（例如，技术许可证、建立专利组合等）转变为开发性财务资产策略（例如，吸引外部融资来源）。

　　总之在中国，影响开放式创新的相关政策的制定及实施已有一段时间，但还远不够完善，中国有必要建立一个更加系统的政策体系。基于一份有关中国 1979 年至 2008 年科技、经济和创新发展的最新报告（吴贵生、熊鸿儒等，2009），表 6-4 所列出的政策展现了中国开放式创新公共政策的演变历程。

表 6-4　中国关于开放式创新的主要公共政策

年　　份	政 策 文 件	政策重点和主要措施
1986	《关于推进引进技术消化吸收的若干规定》	科技探索；引进先进技术、技术学习以及本土化的税收激励
1986	《国务院关于鼓励外商投资的规定》	技术探索；技术密集型部门国外投资企业的税收激励
1993，2007	《中华人民共和国科学技术进步法》	耦合过程；财政总体投入水平、研发费用成本、信贷、向国内外机构和个人开放投资科技的机会、建立信息交换、信息网络和信息安全系统来保护知识产权

续表

年　　份	政　策　文　件	政策重点和主要措施
1996	《中华人民共和国促进科技成果转化法》	技术探索；包括启动资金、贷款贴息、补助资金、风险资本和其他特殊建设资金、税收优惠政策、贷款以及风险基金在内的支持措施，建设科技成果的数据库
1999	《科技兴贸行动计划》	技术探索；税收和高新技术产品出口的支持优惠政策
1999	《中共中央国务院关于加强技术创新发展高科技实现产业化的决定》	技术探索；研发技术投入、用于科技商业化的信贷和其他财务投入、国内科研机构的管理改革
2002	《国家技术创新计划管理办法》	耦合过程；发展产业技术和实验，新技术的普及推广应用，联合开发，科技中心和服务体系，新产品试产等
2002，2009	《国家产业技术政策》	技术探索；通过财政、税收、投资、财务以及政府采购政策为企业增加创新投资来提供支持
2006	《关于实施科技规划纲要增强自主创新能力的决定》	技术探索；鼓励销售知识产权及通过将想法向外转移的复用技术、独立创新以及创新人才战略的方式来培育一批大型企业、企业集群和技术联盟
2006	《国家中长期科学和技术发展规划纲要（2006—2020）》	耦合过程；通过税收、信贷以及政府采购措施来支持外部研发的引进和创新，特别是针对自主创新产品
2008	《关于印发国家知识产权战略纲要的通知》	技术探索；通过财政、投资、政府采购、产业、能源以及环境保护政策来改善知识产权法的执行和管理体系
2009	商务部、科技部关于鼓励技术出口的若干意见	技术探索；鼓励知识产权交易（对外授权和复用技术）和高新技术出口
2008，2009，2010	《科学技术部关于印发〈关于推动产业技术创新战略联盟构建与发展的实施办法（试行）〉的通知》	耦合过程；鼓励国内企业以合资、合作以及合并等方式在国外成立技术研发机构，建立研发联盟，并利用海外优势力量发展具有独立知识产权的产业技术

6.5　中国开放式创新实践

中国开放式创新的主要模式代表了本土企业在开放创新过程中的一些基本特征。封闭式和开放式创新模式通常被描述成两个典型的极端：即从一切创新活动都在国内处理转变为一切创新活动都外包给外部伙伴（OECD，2008）。通过运用 Chesbrough（2009）提出的企业过程观点，我们归纳了以企业为基础的开放式创新组织实践所对应的 3 种类型：由外至内、由内及外以及双向创新过程。根据我们对采用开放式创新相关企业案例的综述，表 6-5 展示了一些开放式创新的典型模式以及它们在实践中的特征。

表 6-5　中国开放式创新的企业精选案例

模式	主要形式	公司	产业	来源
耦合过程	1. 从国内高校、私人研究机构及咨询公司获取知识； 2. 与海外伙伴合作研发；	春兰（位于江苏泰州）	电器	Wang（2006）
耦合过程	1. 吸收国外技术； 2. 建立研发中心； 3. 销售知识产权和拆分内部技术； 4. 与跨国企业合资；	飞跃（位于浙江台州）	电气设备（缝纫机）	Zhu and Chen（2007）
由外向内的过程	1. 产学研结合，特别是与大学； 2. 与供应商形成外部网络；	小天鹅（位于浙江无锡和杭州）	电器（洗衣机）	Li（2007）
由外向内的过程	1. 外包研发； 2. 产学研结合，特别是与大学和私人研究机构；	江淮汽车（JAC）（位于安徽省）	汽车	Tang and Zhao（2007）
耦合过程	1. 吸收、消化与创新 2. 建设分布全球的研发中心 3. 与领先巨头合作	国际海运集装箱（集团）有限公司（中集集团）（位于深圳）	设备制造（机械）	Zheng 等（2008）

续表

模式	主要形式	公司	产业	来源
由外向内的过程	1. 外包研发 2. 从其他产业或领先高校获取知识	东软(位于辽宁沈阳)	软件(医疗,服务)	Liu (2008)
耦合过程	1. 通过产学研结合合作 2. 建立海外研发中心	沈阳机床(集团)有限公司	设备制造(机械)	He (2008)
耦合过程	1. 参加战略技术联盟 2. 产学研结合	东北特殊钢集团有限公司(位于辽宁省)	钢	Liu 和 Hou (2008)
耦合过程	1. 跨国并购	南京汽车	汽车	Yu 和 Wang (2008)
耦合过程	1. 外部网络 2. 通过重组产业价值链进行外部商业化 3. 合资使市场全球化	贵州特色农业,即炎黄实业有限公司	农业	Zhang 和 Liu (2008)
由外向内的过程	1. 供应商竞争者整合以及客户创新 2. 产学研结合 3. 全球分布研发中心	京东方科技集团股份有限公司(北京)	显示产品供应商	Jiang (2009)
耦合过程	1. 吸收、消化和创新 2. 跨国并购 3. 战略联盟 4. 研发外包	神华集团有限责任公司(神东煤矿集团,在内蒙古)	煤	Sun 和 Xu (2009)
耦合过程	1. 协同研发国际合作 2. 建立海外研发中心	潍柴动力股份有限公司(山东省)	汽车(供应商)	Hou (2009)
由内向外的过程	1. 风险投资 2. 拆分	联想投资(北京),清华紫光(紫光,北京),北大港科投资(深圳)	风险资本	Xu 等 (2009)

来源:作者基于参考文献自行整理

　　这些案例研究的证据表明了中国开放式创新的 3 个特征。第一,中国企业普遍采用由外向内的开放式创新过程,或者说是以"技术探索"为主的创新模式,即大部分中国国内企业倾向于通过外部采购、网络化、合作或购买来获得先进技术。作为全球创新网络建设的后发者,大部分中国企业非常期望通过对创新技术的探索,获得互补性资产并增强创新能力。

第二，采用由内向外的开放创新过程，或者说以"技术利用"为主的创新模式的企业依旧只是少数。对许多国内企业而言，对自身技术积累和创新能力弱化的担心，使他们很难采用技术许可或公司内部创业投资等形式进行外延式创新（包括孵化、衍生及分拆等形式）。而且本土企业有限的知识来源使其商业模式往往容易过时，中国不完善的风险资本市场也不利于新型商业模式的发展。

第三，不同部门和不同企业规模间的差异存在一个非常有趣的事实。尽管由内向外模式仍然低于由外而内的过程使用强度，但快速或中速增长的企业一般采取由内向外的开放创新策略（Gassmann 等，2009）；与此同时，中国许多传统或低速增长部门的企业也在采用由内而外的创新模式。特别是在诸多产学研结合项目很好地建立或介入到企业时，这种现象更为频繁。另外，在一般情况下，只有大型跨国公司才在重要资源配置上采用积极的出口许可战略（Lichtenthaler 和 Ernst，2007；OECD，2008）。而在中国，一些高技术和新兴产业的初创公司为使其新发明获得出口许可，将更愿意通过协约合作的方式来加速技术商业化。

"合作创新"已经成为最普遍的创新模式，企业可以在合作中获得缺乏的知识、互补的资源以及资金支持。此外，企业也可以在合作中分散风险，扩展社会网络并减少成本（Hoffman 和 Schlosser，2001）。结合两种创新模式的特点，企业开放程度主要依赖于技术重要性、企业商业战略、产业特点等因素。在这一基础上，传统企业习惯性地试图保留它们的核心竞争力，将部分产品外包给创新上的合作对象（OECD，2008）。在此，我们仍使用创新调查的数据证据来解释中国的合作创新。

表 6-6 展示了不同创新类型的频率统计结果。正如之前的观察结果显示，绝大多数的创新连同他们的资金和信息来源，很大程度上都是在企业内部开发与获得。换句语说，内部研发占据了很高的比例（拥有内部研发的企业在样本中占到接近 1/2，而只有少于 10% 的企业没有内部研发）。此外，购买设备、机器或软件占的比例同样很大（32.7% 企业）。值得注意的是，即使超过 50% 的企业都声称从未进行过外部研发活

动,外部研发也并未如预计的不受欢迎。相似地,对于样本中许多企业而言,有效地获取外部技术知识依旧十分匮乏,约 1/2 的企业表示,它们从来没有使用外部技术知识进行过创新。总而言之,在某种程度上,国内许多企业的创新类型依旧是单一的,其他大部分也只是引进导向型或学习导向型,外部技术来源的使用频率通常维持在较低水平。

表 6-6　创新模式类型和频率

创新模式类型	从不		有时		经常		总数
	企业数量	比例(%)	企业数量	比例(%)	企业数量	比例(%)	
内部研发	90	9.1	418	42.4	477	48.4	985
外部研发	465	52.2	356	40.0	70	7.9	891
购买机器、设备和软件	165	17.2	482	50.2	314	32.7	961
获得外部技术知识	436	48.6	374	41.6	88	9.8	898
培训和营销活动	302	33.3	454	50.1	150	16.6	906

6.6　中国开放式创新的趋势和挑战

6.6.1　中国开放式创新的趋势

随着企业内部与外部的创新来源趋于平衡,跨越企业边界的创新活动组织方式显著增长(OECD,2008)。为建立独特的竞争优势,许多跨国公司都选择在全球范围内整合互补性技术、资本、品牌、渠道以及获取低成本劳动力资源,跨国创新变得更加普遍(Fagerberg 等,2005)。由于新兴经济体独特的政策机制和创新实践,后发企业在采用开放战略时仍需面对相当大的困难。

2005 年的世界投资报告表明,一些发展中国家对于跨国研发投资的吸引力有所提升。在如此高度开放的环境下,后发企业可以在全球范围内整合所有潜在的技术、生产、原材料、渠道和品牌资源,这意味着中国企业应当获取和利用分布在全球的知识资源(Jiang,2004；Xiong Li,2008)。事实上,许多中国企业的确很早就开始利用海外研发资源。在 20 世纪 90 年代后期,上海的一些企业就获得了海外华人的研发投资；而进入 21 世纪后,这种现象更为普遍,特别是在信息通信技术产业。如今,企业更为依赖外部资源,但对于中国的高新技术产业来说,从跨国企业获取核心技术变得越来越困难,这迫使中国企业必须"走出去"寻找合适的研发资源,同时这也是本土企业通过创新全球化,充分利用国际资源的新机会。Gassmann(2006)发现的提升开放创新绩效的因素在当今的中国同样重要。中国已经处在开放式创新的"繁荣时代"。

实际上,许多中国企业在封闭模式下未能开发出自己的技术；相反在开放模式下,它们却学会了如何充分利用全球研发资源。例如,通过引进和吸收先进国外技术进行学习。不仅如此,它们还可以通过积极参加国际科技交易与研发合作来拓展创新。例如,作为中国领先的 IT 产业的中兴通讯公司,通过建立多个海外研发机构,在海外进行架构创新,在本土进行最终的产品创新,取得了显著的创新绩效。

6.6.2　中国开放式创新的挑战

对于希望从开放创新中获益的后发企业而言,仍有一系列的挑战需要面对。首先,随着中国经济的高度开放以及国内竞争的加剧,许多本土企业需要通过建立核心能力,更加充分地利用开放式创新策略。但公司投资开放式创新活动时面临着许多风险与障碍,势必会影响它们从中获利(Enkel 等,2009)。一些中国学者也已经对盲目采用外部资源的行为进行了批评(Chen,1994；Zhang,2003)。许多本土企业经常抱怨它们引进的技术已经过时,但考虑到后发者带来的竞争和挑战,许多外国企业也并不愿意将它们的核心技术外溢。如果没有吸收到先进和关键的技术,本土企业在技术升级中将可能一直处于落后位置。

其次,受制于较弱的"吸收能力",许多中国本土企业难以利用开放创新的机会,来提升它们自身的内部研发和长期创新能力。换句话说,仅仅采用简单的内向型开放式创新策略的后发企业是很难培育自主创新能力的。国际研发合作通常需要对分布在不同国家和区域的研发人员、研发费用、研发设备和研发信息进行重组,但由于吸收能力和整合能力的缺失,后发企业很难共享研发成果。时至今日,许多中国的领先企业仍然更愿意选择并购的方式。然而,如果收购其他企业的公司本身缺乏技术能力,并购对于实现技术吸收或技术学习也不会起到明显的效果,让外国企业的研发人员和跨国公司主要管理者留在本土同样非常困难。

最后,在不同背景下实行的开放式创新需要区别对待,特别是要考虑到新兴经济体的发展特征。开放式创新本不是每一个企业或创新者都必须采用的创新模式(Gassmann,2006),开放性并不是一种企业选择,而是一个包含能力、产业组织和更广泛的创新系统的结果。现有文献指出,后发企业不能过分依赖全球的研发资源,中国汽车行业的发展就证明了这一点。由于担心丧失领先优势,大部分合资企业并不愿意分享它们的核心技术,也不愿意在中国过多地投资发展关键技术。例如,在过去的几十年中,由合资企业引进中国市场的汽车模具,一直都是从一些外国合作者处获得的过时模具。除了总体的市场需求相对低端外,更本质的原因在于国外合作者对于技术外溢的恐惧和不情愿,因而大部分中国合作者仅仅取得了很小的渐进式改变,之后便沿着陈旧的技术路径发展下去。因此,后发企业在选择合适的合作伙伴时,也应该有明确而理性的预期。

6.7 结　　论

在全球化加速的时代背景下,开放式创新作为一种未来趋势,受到诸多学者和企业家的广泛认同,并且逐步发展为一个新的创新范式。本章节是首次基于中国本土情境,对开放式创新的相关政策和企业实践进行的系统性综述。开放式创新在中国并不是一个崭新的现象,事实上,在过去 30 年间,中国企业的创新模式也经历了漫长的持续的演化。换句话说，开放式创新是基于中国新旧实践结合的、面向创新战略的新概念。尽管这是新的概念，但中国政府在科技和经济政策上，已经很大程度地融入了开放市场环境、建立创新氛围、鼓励外部知识获取、收购和促使科技研究成果商业化等与开放创新相关的内容。虽然地方政府政策解读和企业能力的差异，以及政策或战略的执行在国家、区域特别是公司层面有极大的不同，但中国企业无疑正在通过内向或外向开放式创新，朝着充分利用外部知识的方向前进，以构建其自主技术能力。对于这样一个强大的发展中经济体而言，中国政府在其国家创新体系的构建中，在发起和协调众多机构、进行创新激励等诸多方面都起到了至关重要的作用。所有与创新相关的财务、税收、产业和科技政策都充当了连接国家创新系统不同层面参与者的有效纽带，并且确保了国家创新战略在顶层政策制定者与底层企业之间的传达。

政策导向与中国企业相应的实践转变也反映了中国经济和技术发展的不同历史阶段。从 20 世纪 80 年代鼓励全面的外部获取以来，政策制定者在 90 年代中期既已实现创新商业化渠道的多样化。自进入 21 世纪以来，随着全球化的发展和中国企业技术能力的增长，政策导向已经变得更加积极和开放，以激励本土公司通过全球化获得外部知识。这体现了在高度开放的时代，中国政府已经把提升企业自主创新能力作为自己的重要任务。尽管政府颁布了强有力的政策以支持开放式创新，但一些重大的制度缺陷仍然值得高度重视，例如缺乏有效的知识产权保护制度等。另外，创新政策已不再是一国背景下独立制定的政策。由于为创新活动提供发展空间对于国家提升自身吸引力而言举足轻重，影响生产选址和成本的框架性条件变得十分重要（OECD，2008），也因此包括竞争与管制、公共基础设施、科技基地以及人才教育政策的结构政策也非常重要。

全球化进程的加速和全球创新体系的演变，已驱使创新模式向更加开放的模式转型。基于上文对开放式创新相关实践的综述，我们发现，本章所研究的不同发展阶段中不同产业的中国本土企业，已经采取了多种开放式创新组织方式，例如由外向内的模式、由内向外的模式以及耦合模式等。因此，未来的研究应该对后发企业如何有效地使用开放式创新追赶领先企业进行系统地探索。特别是在新兴经济体中,开放式创新的作用是什么,新兴经济体如何最充分利用开放式创新来构建自主创新能力等,这些重要问题的探索将帮助我们深入了解新兴经济体的开放式创新行为。

　　技术学习被视作后发者提升技术能力、跨越重复技术周期、并避免技术体系初始阶段巨额投资壁垒的必要过程,有助于后发者追赶先进国家(Hobday,1995)。允许购买或销售可以创造价值、并为企业提供机会的知识资产,会增强企业使用由内向外和由外及内的战略的能力。因此,技术交易市场和知识产权保护制度的完善,对于促进开放式创新十分重要。此外,不同企业在学习模式上可能会有所差别,在特定条件下,就学习结果而言,某些技术学习模式会优于另一些模式(Li 和 Kozhikode,2009)。尽管企业可以选择多种知识来源,但是技术学习及其成果的路径依赖性,也会使衡量特定知识来源的价值变得十分困难。因此,未来研究还应关注后发者如何建立最佳学习策略,以应对开放创新过程中不同的技术和组织挑战。更进一步说,今后也需要在产业或企业层次进行更加系统性的案例研究和大规模的实证调查研究,用以系统而全面地对开放式创新过程进行阐释。

第7章

作为约束和风险响应的开放式创新：来自中国的证据

7.1　引　言

近年来,开放式创新已经成为创新实践和研究中一项新的重要内容。开放式创新指的是通过由外到内、由内向外或双向耦合等方式对知识进行有目的的输入和输出,以加速内部创新和扩展创新应用的外部市场(Chesbrough 等,2006)。然而到目前为止,对这一新模式的分析主要还是应用于先进工业经济体,尤其主要针对的是大型高技术跨国企业(Chesbrough,2003；Chesbrough 和 Crowther,2006；Keupp 和 Gassmann,2009)。除了一些单独的个例研究(Vrande 等,2009；Lee 等,2010；Fu,2012),总体看来,针对小型企业组织或者发展中国家的开放式创新研究相对较少。但值得注意的是,在目前新兴经济体越来越重要的背景下,了解开放式创新在这些后来者中的决定因素至关重要。

其中,可能最重要的两个问题是：处于新兴经济体中的企业为什么要采取开放式创新以及何时采取开放式创新。企业选择开放式创新的原因可能不同,但基本上可分为两类,一是通过引进最好的人才来保持企业在创新上的领先地位(Chesbrough,2003),二是为了克服企业面临的各种障碍(Keupp 和 Gassmann,2009)。新兴经济体中的企业在创新上常常面临来自制度、资源和能力等方面的巨大阻碍或"瓶颈"。那么在自身资源和能力有限的情况下,企业应该如何应对这些创新的制约和风险? 应对这些限制与风险,开放式创新能够起到怎样的作用? 现有的关于开放式创新的理论与实践主要基于西方国家发展而来,那么当它们应用到诸如中国这样的新兴经济体时又是否适用呢?

　　本章第一次对新兴经济体中开放式创新的驱动因素做了分析,试图填补该领域的文献空白。我们将基于一份国家层面的、包括中国 1 408 家制造业企业的关于创新的调查研究数据来进行研究,并对企业在应对来自制度、资金和能力等方面所面临的限制与风险时所采取的决策进行重点分析。作为主要的新兴经济体之一,自 1978 年进行改革开放之后,中国积极获取外部知识并鼓励产学研相结合,但截至目前,中国包括传统和新兴产业在内的大多数企业依然处在追赶国外竞争者的过程中,特别是在技术创新能力方面。

　　技术的学习对于大部分后发企业而言将是一项长期的任务(Lee 和 Lim,2001; Xie 和 Wu,2003)。由于缺乏足够的处理技术问题的资源和能力、市场的不确定性以及内部研发风险带来的成本,大部分中国企业不能独立应对自主创新的挑战,往往选择获取外部知识和资源以完成创新的过程。到 20 世纪末,中国企业通过与其他伙伴合作,并且使用外部信息来源进行创新的情况已经相当普遍(Fu 和 Xiong,2011)。因此,对于追赶型经济利用开放创新的驱动因素分析,中国是一个很值得研究的案例。

　　目前,对于新兴经济体开放式创新的问题还没有可以利用的有效证据(除了Keupp 和 Gassmann(2009),基于瑞士的数据),而本章的研究发现不仅能够增进我们对新兴经济体开放式创新的理解,并且提供了企业面对创新阻碍及其选择创新的模式之间联系的实证证据。本章剩余部分内容如下:7.2 将讨论理论框架;7.3 将描述数据和方法学；7.4 将展示实证结果；7.5 将详细讨论发现并总结。

7.2　理论和假设

7.2.1　开放式创新的决定因素

已有文献概括了开放式创新的不同决定因素。众所周知，在创新过程中，企业应该与外部伙伴合作而非孤立地进行创新（OECD，2008）。本节我们将使用"推动（要素）—拉动（要素）"的分析框架而非"探索型—利用型"的"二分法"来解释企业采用开放式创新策略的决定。

先前大多数的文献认为，开放式创新的动机源于企业的外部因素，例如环境变化与压力、可以利用的技术工人、知识或风险资本；竞争者、供应商或新进入者带来了更激烈的竞争（Chesbrough，2003）；技术强度与融合（Gassmann，2006）；知识转移和技术溢出效应（De Bondt，1997；Chesbrough 等，2007）以及驱使企业超越边界的研发活动外部化的合作伙伴优势（Hagedoorn，2002）等。

许多企业已逐步将开放式创新视为一种应对环境变化的必要组织调整方式加以实行（Chesbrough，2003）。企业为了从它们的技术能力或其他竞争力中创造最大价值，逐渐将技术开发和挖掘结合在一起（Lichtenthaler，2008）。随着企业的边界变得模糊，它们与环境的互动也越来越深入，从而促进了大量外部技术的获取与开发（Chesbrough，2003）。

另一方面，企业面临的一系列内部约束条件也会推动它们的开放创新过程，Keupp 和 Gassmann（2009）就曾将研发外部化解释为企业内部缺陷所引发的结果。他们根据在瑞士关于创新的调查，实证检验了在企业层面创新的不利因素是如何刺激其开放的；同时，指出信息和能力相关的障碍以及与风险相关的阻碍会同时增加开放式创新的广度和深度。

此外,许多文献强调在开放式创新中内部因素的直接影响。EIRMA(2003)指出,大型公司研发经理参与到技术创新中,并不仅仅是因为与市场相关的动机,诸如满足客户的需求,而且是为了获取新的知识。Vrande 等(2009)特别阐述了中小企业追求开放式创新的主要目的是持续增长或赶上竞争对手。另外,创新合作研究表明,企业可以参与合作来获得缺失的知识、补充资源或资金,实现丰厚的收益(即销售知识产权和杠杆投机),分散风险以及扩展社会网络或降低成本(Hoffmann 和 Schlosser,2001;Mohr 和 Spekman,1994;Gassmann,2006)。Koruna(2004)指出了一些更深层的动机,包括具体的产业标准、试图从侵权获利、学习效应的实现以及通过与其他机构订立交叉许可协议以保证运营的自由性。

总之,学术界的注意力已经从纯粹地关注内部研发,转向强调外部资源以及合作创新(Rigby 和 Zook,2002;Christensen 等,2005)。在当前的大背景下,特定知识在全球扩散越来越深入,技术工人的流动性越来越高,风险资本越来越足,产品生命周期大大减少,新的高效竞争者日益增加,大部分企业不再能仅依靠自身独立创新。因此,企业在使用它们当前运营以外的内部研发时,开始考虑利用外部想法的新途径(Chesbrough,2003;Gassmann,2006;Vrande,等,2009)。我们的分析将基于作为新兴经济体的中国来研究开放式创新的决定因素,并同时关注在创新的动态环境中相应的"推动"因素和"拉动"因素。

7.2.2　创新和开放式创新:限制和风险

一般来说,创新的阻碍因素包括经济风险、成本、资金限制、组织僵化、专业人才匮乏、技术和市场信息的缺失、顾客对创新的反馈缺失和制度性障碍等(Galia 和 Legros,2004)。但实际上,这些阻碍在不同类型公司之间并不相同,许多以前的研究已经把这些阻碍重构入特定的组织或群体,例如财务及风险相关的阻碍、市场及制度相关的阻碍和信息及技能相关的阻碍(Keupp 和 Gassmann,2009;Baldwin 和 Lin,2002)。上述创新阻碍中的一些因素，例如增加的创新成本和风险、更激烈的竞争或新技术增加的复杂性，也可能会对开放式创新有刺激作用（Chesbrough，2003）。

　　企业如果遭遇上述这些创新的限制和风险，往往更可能选择开放性的创新过程，从而克服由这些限制和风险引发的组织内部僵化。例如，许多企业不得不寻找具有互补知识的合作伙伴，以确保能够非常迅速地获得新知识，增加网络学习的机会。特别地，对于新兴经济体中的本土企业而言，由于它们处在全球化创新网络背景下的追赶阶段，因此所面对的来自资金及风险相关的阻碍、市场及制度相关的阻碍或信息及技能相关的阻碍可能十分不同（OECD，2008）。企业很容易错过诸多机会，因为其中大多数的机会是在组织现有业务之外，或者需要与外部技术加以结合才能开发其潜在用途（Chesbrough，2003）。

　　因此我们认为，开放式创新是新兴经济体中后发企业克服内部僵化和增加创新资源与能力的积极应对策略。这一观点已经得到一些案例研究的支持（Rigby 和 Zook，2002；Xie 和 Wu，2003；Chen 等，2008；OECD，2008）。但就我们所知，这一猜想的关系在发展中国家（特别是中国）的情境中还没有得到系统性地验证。

　　我们的第一个观点是：企业外部市场环境的局限性，特别是应对创新的外部市场及制度压力，会刺激中国的开放式创新。此处创新的环境压力指的是过度竞争与低端市场竞争、客户需求不确定性或缺少对创新的回馈以及制度挑战，例如较弱的知识产权保护制度、不成熟的行业标准、规范、立法及管理等，我们把这些因素称为"与市场及制度相关的创新限制"。市场竞争的强度或一些部门的垄断性可能会影响创新战略的效果（Fosfuri，2006），特别是在促进开放式创新活动方面。许多中国企业依然身陷全球价值链低附加值的位置，而且很多企业还面临着本地市场增加的激烈竞争。因此，这些企业正急切地寻找具有先进研发能力或强大品牌的合作伙伴，以帮助他们摆脱低端价值链和过度竞争的困扰。此外，考虑到中国极其广阔却又分层化、高动态化的市场，无论是在短期还是长期，顾客需求的高度不确定性都会导致大部分本土企业在作出创新决策时犹豫不决。许多本土企业已经逐渐认识到，依赖快速模仿或引进简单产品不能提供持续的效益,因此他们更可能采取与供应商、用户甚至潜在竞争者建立网络联系,或者参与建设及参加到战略联盟当中,以减少市场需求的不确定性,并加强顾客对新产品或新工艺的回馈。

另外,相对较差的制度因素会迫使一些本土企业尽力与政府或大学建立联系,以获得市场或知识机会的优先权。例如,在中国任何与中央或地方政府建立联系的特征,被广泛地视为最重要的社会资本的形式之一。与地方政府形成网络以获取内部信息,对于企业未来的商业战略,以及获得政府资助或税率优惠而言可能有巨大的影响。因此,面对着诸多创新市场及制度限制的本土企业,将倾向通过与不同外部组织或公共机构的关系增加它们的创新开放性。因此我们做出如下假设:

假设1:当企业的创新面对来自市场及与制度相关的限制越多,企业就越有可能采取更加开放的创新。

我们的第二个观点是:在创新过程中,资金的限制和风险相关阻碍因素也可能促进开放式创新模式的形成。在这种情况下阻碍因素与特定的投入或成本考量有关,包括缺少投入资本或合适的资金来源、过高的创新成本和经济风险的过度感知等。实际上,投资和融资能力对后发企业的产业发展是至关重要的(Malerba,2002)。例如,在缺少风险资本使新发明商业化或维持产业化投资的情况下,由于研发周期较长以及在必要时没有更多的资本支持,许多中国生物技术企业的研发成果还是囿于实验室阶段、甚至遭遇了失败。因此,一些企业试图获得外部战略伙伴(如领先企业或风险资本家)来实现技术开发。

此外,技术创新总是需要巨大的资本投入,特别是对那些利润率和盈利能力都不稳定的新兴后发者而言,这就会将创新者置于高成本的压力之下,因此它们不得不与外部来源(例如,领先用户、供应商或大学)进行合作创新,以分担研发成本并减少失败风险。在某些情况下,一旦组织间合作创新的想法实施到某个产业当中,产业中其他未参加企业将面临严峻的竞争劣势(Enkel 等,2009)。

另外,创新活动产生的过度的经济风险也已被广泛接受(OECD,2005)。针对国内合作研发的研究表明,与创新相关的风险会促进研发合作或企业间合作伙伴关系的建立和发展(Bayona 等,2001；Tether,2002；Hagedoorn,2002)。瑞士社区创新调查的证据同样发现,风险相关阻碍的存在促使瑞士企业间形成了更高的开放性(Keupp 和Gassmann,2009)。所有这些论点表明,企业遭遇越多创新方面上的资金限制和风险相关的阻碍,就越有可能利用开放式创新来获得外部资金或分担研发风险。由此得出以下假设:

假设 2：当企业面对来自创新中资金限制及与风险相关的阻碍因素越多,企业的创新活动的开放性就越高。

我们的第三个观点是：基于已有研究和案例,我们初步认为,与知识及技术相关的限制也会加强中国企业进行开放式创新的意愿。中国本土企业存在着更多的内部限制,例如缺少专业人员、缺少技术方面信息、缺少市场信息、缺少创新合作、缺少技术基础、技术差距过大或企业变革的阻碍等。而基于知识的资产是全球市场中后发者与领先企业相比缺少的重要资源(Amsden,1992)。但由于知识发展的积累性,知识和学习才是关键的战略杠杆(Tushman 和 Anderson,1986)。

由于自身比较差的知识积累,大部分中国企业倾向与国外进入者进行合作以加强学习。例如,外部采购这样的探索型的任务,通常会超过组织当前能力的技能需要(Katila 和 Ahuja,2002),组织间的合作已被证明是一个学习和管理智力资本的有效战略(Powell 等,1996)。另外,全球的模块化趋势已经为许多中国企业,特别是那些生产复杂产品的企业,提供了进入全球生产链的宝贵机会。由可获得的全球研发资源增加而引起的技术分解和外部交易成本的减少,使开放式创新在中国制造业的创新中更具有吸引力及实用性。因此,面临创新中与知识及技术相关限制的中国企业,在获取创新外部知识和技术时更倾向于开放。因此,我们提出以下假设:

假设 3：当企业面对创新中来自知识及技术相关的限制越多,企业的创新活动就越可能具有更强的开放性。

大部分新兴经济体中的企业仍处在追赶和建设创新能力的过渡阶段。通常认为对于后发者而言,在学习过程中实现跨阶段学习是困难的,故可以利用外部资源和知识,从而形成培育自主创新能力的基础(Kim,1997)。因此,为了减轻研发压力、克服不同的限制、实现风险多样化及分担不确定性,对于新兴经济体中的后发者而言,开放创新过程可能是一个自然而然的选择。

7.3　数据及方法学

7.3.1　数据

本研究主要采用的是2008年中国国家创新调查数据,共有1 408家中国制造业企业参与了调查,其中包括相关企业在2005年至2007年间进行的创新活动信息。这项调查由中国国家统计局实施,覆盖了中国沿海和内陆地区的42个城市,共收到1 408份有效问卷,有效问卷率为83.6%。样本包括中国目前存在的全部主要所有权类型的企业,其中9%为国有或集体企业、7%为民营企业、53%为公有及有限公司、30%为外资公司,包括跨国公司的独资子公司以及外资占总投资25%以上的合资公司。大多数样本为较大的创新企业,大约50%的企业是中型企业,17.5%的企业为大型企业,样本企业报告的总研发投资成本为533亿5 000万元人民币,占2007年中国制造业部门研发总投入的18.2%。问卷调查的设计与欧洲共同体创新调查(CIS)有着高度的一致性和相似性。通过对数据的仔细处理以排除必要变量的缺省观测量后,最终使用626家企业的数据进行估计,其中有95%的企业进行过产品或工艺方面的创新。因此,这项研究的结果反映的是中国创新型企业,而非通常意义的中国企业,我们在得出结论时也应该牢记这项研究同样存在着局限性。

7.3.2　测量

■ 因变量

在实践中，"开放"一词的含义是微妙的，因此测量一个企业创新开放性可能会用到不同的量度。Laursen 和 Salter(2006)提出了两种测量开放性的方法，包括创新过程的广度(外部来源的范围)和深度(来源的重要性)。

- 开放的广度指的是企业就其创新活动探求的渠道数量。
- 创新的深度指的是企业在不同的探求渠道或创新想法的来源达到了怎样的程度。

从这个角度来看，本章我们通过计算 10 个主要的外部知识来源中融入企业创新过程的数量，来测量开放式创新的广度；通过计算这些来源与企业创新过程深入整合的数量，来测量开放式创新的深度。这 10 个外部来源包括：企业或公司集团内部、供应商、顾客、竞争者、咨询公司和私人研发机构、大学、公共研究机构、政府科技项目、贸易博览会及专业会议、期刊杂志及专利文件和行业协会。

特别的是，调查问卷要求被访企业确认每个来源的重要性程度，我们将外部知识来源的利用程度由低到高按照从"1"到"4"级("1"意味着企业没有采用过这一来源；"4"意味着最高的利用程度)打分。广度通过外部来源的数量计算，同样按照从"1"到"4"级打分；深度也是通过外部知识来源的重要性评分，按照从"1"到"4"级的打分计算。

■ 自变量

本调查问卷包含 21 个李克特量表的项目，用来询问企业一个具体的阻碍对企业创新活动产生负面影响的程度。更具体地说，这 21 个项目包含经济风险、成本、资金和人才渠道、知识积累、技术信息、市场信息及合作、垄断、竞争、盈利能力、同部门其他企业的创新以及市场需求的不确定，对这些项目的评分依照从"1"(没有负面结果)到"4"级(非常强的负面结果)的标准进行，这些项目被用来构建测量创新的不同制约因素和风险的尺度。我们将这 21 个项目根据对创新的限制分为了 3 类,包括财务及风险相关的限制、市场及制度相关的限制以及与知识和技术相关的限制。其中关于创新市场及制度相关的限制设置了 9 个问题,关于创新财务限制和风险相关的阻碍设置了 5 个问题,关于创新知识及技术相关的限制设置了 7 个问题,每一个限制/风险变量均以所有相关问题的平均值估计。有关限制和风险的细节详见附录 7。

某些限制可能比其他限制有更大的影响。因此在理想情况下,我们很想知道每个限制因素的权重各是多少,并估计一个权重指数而非给个体指标赋予同样的权重。然而,由于自身能力和其他企业的具体特点,每个企业可能对限制的影响有不同的认知,故我们应构建一个合理的权重分析模式来适应所有的企业。此外,我们已经根据理论对各项限制使用因子分析进行了检验,其得出的结果与使用生成 3 个限制指数的方法得出的结果具有高度的一致性。因此,我们在这里使用的指数,在理论和实际变化的数据中都具有广泛的一致性。一方面考虑到与知识和技术相关的限制之间存在着高度相关性;另一方面其他两个限制因素和风险也具有同样的关系,因此我们将在回归中单独使用 3 个阻碍变量以避免任何的多重共线性问题。

■ 控制变量

以开放式创新决定因素的文献为依据,我们将"企业规模""企业年龄""所有制形式""产业效应""区域效应""研发强度"以及"合作经历"纳入控制变量中。

企业规模和企业年龄会影响开放式创新战略和表现,比如,已有文献证明,更大或存在更久的企业通常有较大的技术组合(Lichtenthaler 和 Lichtenthaler,2009)。本章我们将根据雇员的数量测量企业规模,故我们将一个离散变量纳入解释变量中,"1"代表企业雇员少于 300 人,"2"代表企业雇员为 300～2 000 人,"3"代表雇员超过 2 000 人的大企业。所有权同样可能影响企业创新的开放性。我们采用两个虚拟变量来表示中国企业所有权的主要类型:在国有虚拟变量中,国有企业为"1","0"代表其他;在私有虚拟变量中,私有企业为"1",其他为"0"。外商所有企业被当作基础组。

由于中高低技术产业在开放式创新的动机和频率上可能有比较明显的差异

（Chesbrough 和 Crowther，2006；OECD，2008），因此我们通过使用产业虚拟变量来控制对特定行业的影响，本章采用的回归中共有 29 个产业虚拟变量。在一个有着显著区域差异的大国，区域的特定因素也可能显著影响一个企业采取开放式创新的决策，比如东部地区的企业在它们的创新过程中更倾向采取开放的态度。我们因此同样采用虚拟变量来控制特定的区域，如果企业位于东部地区的城市则记为"1"（包括直辖市、长江三角洲和珠江三角洲），其他则为"0"。

吸收知识的能力是企业选择向外部学习时的一项重要因素。为了测量这种能力的大小，我们设置一个问题直接询问企业对其内部和外部研发投入（或参与）的程度进行评价，分别用"1"（低投入）、"2"（中等投入）、"3"（高投入）来代表企业的研发强度。最后，我们同样控制了公司的合作经历，因为这会极大影响企业开放式创新的能力和经历，如果一个企业报告在其产业中合作很流行，则虚拟变量的值记为"1"，其他则为"0"。

为确保从问卷得出的所有项目的观测结果在统计学上是可信的，我们使用了可靠性分析来检测数据的可靠性（样本量 1 408，α 指数 0.897 5）。鉴于这些因变量的数值范围在 0～10 之间，标准的 OLS 估计应该会有偏差。因此，我们使用 Ordered Logit 方法进行估计。而且作为稳健性检验，我们也将报告 OLS 估计的结果。

7.4　结　　果

表 7-1 展示了主要变量的描述性统计和它们之间的相关系数。创新的 3 个限制因素，即与创新市场和制度相关的限制、与知识和技术相关的限制以及与财务和风险相关的限制，都与开放性的广度及深度显著正相关。然而，3 个障碍因素变量之间同样有显著的联系，这可能会导致回归模型中有潜在的多重共线性。因此我们将这 3 个限制因素分别单独引入回归以避免这个问题。

表 7-1　描述性统计及相关性

变量	Obs	Mean	Std. Dev.	breadth	depth	size	age	soe	poe	region	inrd	exrd	collab2	risk2	skill2	makt2
breadth	626	8.527	2.230	1.00												
depth	626	2.404	2.102	0.34	1.00											
size	626	2.377	0.595	0.20	0.07	1.00										
age	626	17.142	19.224	0.10	0.10	0.12	1.00									
soe	626	0.096	0.295	0.02	0.00	0.03	0.34	1.00								
poe	626	0.658	0.475	0.07	0.10	-0.08	-0.05	-0.45	1.00							
region	626	0.610	0.488	0.00	0.03	0.04	-0.12	-0.18	-0.12	1.00						
inrd	626	2.486	0.615	0.29	0.21	0.21	0.09	0.03	0.08	-0.05	1.00					
exrd	626	1.649	0.641	0.22	0.15	0.16	0.05	-0.02	0.07	0.04	0.35	1.00				
collab2	626	2.965	1.014	0.05	0.10	-0.02	0.00	-0.02	0.02	-0.05	-0.02	0.02	1.00			
risk2	626	2.606	0.761	0.16	0.11	-0.02	0.09	0.04	0.13	-0.09	0.06	0.09	0.10	1.00		
skill2	626	2.509	0.703	0.11	0.13	0.00	0.04	-0.02	0.08	0.03	0.02	0.12	0.08	0.49	1.00	
makt2	626	2.366	0.624	0.19	0.14	-0.03	0.02	-0.06	0.10	0.05	0.07	0.12	0.09	0.51	0.69	1.00

表 7-2 展示了 Ordered Logit 模型对中国制造企业开放性广度的估计。当我们分别
将限制因素引入回归时，发现它们都与企业创新的开放性广度有显著的正向联系；而
当我们将这 3 个限制因素同时加入回归时，发现市场/制度相关限制、财务/风险相关
限制都显示出稳健性和一致性，即与开放性广度有显著的正向联系。财务/风险相关
限制每增加一个单位，我们可以预测开放性广度变为更高一级的概率增加了约 35%。
相似地，市场/制度相关限制每增加一个单位开放性广度增加一级的概率为 92%，这是
3 个阻碍因素中影响最大的。换言之，在面临市场/制度相关限制时，企业更可能开放
它们的创新过程。然而，当 3 个限制变量同时加入回归中时，结果显示知识/技术相关
限制变量变得不那么重要。

表 7-2　开放性广度的决定因素：Ordered Logit 模型估计

因　素	1	2	3	4	优势比(4)
Firm size(企业规模)	0.531***	0.489***	0.528***	0.559***	1.748***
	(0.170)	(0.170)	(0.168)	(0.168)	
Firm age(企业年龄)	0.004	0.005	0.005	0.005	1.005
	(0.005)	(0.005)	(0.005)	(0.005)	
SOE(国有企业)	0.136	0.203	0.197	0.162	1.176
	(0.373)	(0.362)	(0.370)	(0.378)	
POE(私营企业)	0.278	0.341	0.296	0.258	1.295
	(0.214)	(0.213)	(0.211)	(0.212)	
Coastal region(地理位置)	0.347*	0.272	0.230	0.290	1.336
	(0.201)	(0.197)	(0.198)	(0.202)	
Intramural R&D(内部研发)	0.551***	0.523***	0.492***	0.520***	1.682***
	(0.160)	(0.161)	(0.161)	(0.161)	
Extramural R&D(外部研发)	0.399***	0.419***	0.409***	0.397***	1.487***
	(0.151)	(0.152)	(0.151)	(0.150)	
Collaboration exp.(合作经验)	0.173**	0.193**	0.167*	0.153*	1.166*
	(0.086)	(0.088)	(0.089)	(0.087)	
Finance/risk constraints(财务/风险相关限制)	0.459***			0.298**	1.347**
	(0.115)			(0.137)	

续表

因　素	1	2	3	4	优势比(4)
Knowledge/skills constraints（知识/技术相关限制）		0.286** (0.123)		−0.238 (0.173)	0.788
Market/institute constraints（市场/制度相关限制）			0.639*** (0.143)	0.652*** (0.199)	1.920***
Industry（行业）	Yes	Yes	Yes	Yes	Yes
Observations（观测值）	627	628	628	626	
Pseudo-R2（观测数）	0.076	0.069	0.078	0.082	

注：*** 显著性水平 1%；** 显著性水平 5%；* 显著性水平 10%。括号中为标准误。外商投资企业是所有制类型的基准组。

　　企业的内部研发和外部研发与企业开放广度在统计上呈显著性正向相关。内部研发每增加一个等级，开放性广度变为更高一级的概率约为 74%；类似地，外部研发每增加一级，我们可以预期开放性广度增加一级的概率约为 50%。所有这些都表明拥有更强吸收能力的企业在创新中更开放，并能使用更大范围的外部资源。

　　企业规模同样显示对企业开放性广度具有正向的影响。就开发利用外部知识来源的广度来说，规模更大的企业往往会具有更高程度的开放性。同时，之前拥有合作经历的企业同样更可能增加它们创新的开放性。然而，当控制其他企业特征变量不变时，我们并未观察到所有权类型和地理位置对开放性的广度带来明显的影响。也就是说，所有权类型的不同似乎对企业是否使用或融合外部信息来源进行创新没有影响，但是很有可能导致企业在创新程度的差异。

　　表 7-3 反映了依序逻辑模型对于中国制造企业开放深度决定因素的估计。所有这 3 个限制和风险因素（包括市场/制度相关限制、知识/技术相关限制、财务/风险相关限制）看似与企业创新开放深度有着显著正向相关性。财务/风险相关限制每增加一个单位，我们预计开放广度（深度）增加一级的概率约为 9%；相似地，知识/技术相关限制因素的让步比为 14%；而市场/制度相关限制因素的让步比约为 30%，再次成为

3 个限制因素中影响最高的一个。这就意味着,当存在制度及市场限制时,企业更可能在创新中深化开放。然而,不同于开放广度的情况,与财务/风险相关限制因素相比,知识/技术相关限制因素似乎对开放深度有更大的影响。限制因素和创新开放深度的关联性很强,以至于在模型 4 中,当全部 3 个限制因素同时加入回归当中时,限制变量的估计系数处于统计学意义上的 1% 显著性水平上。

表 7-3　开放性深度的决定因素：**Ordered Logit** 模型估计

因　　素	1	2	3	4	Odds ratio 优势比(4)
Firm Size	0.082 *** (0.021)	0.057 *** (0.021)	0.077 *** (0.021)	0.080 *** (0.022)	1.084 ***
Firm age	0.009 *** (0.001)	0.009 *** (0.001)	0.010 *** (0.001)	0.009 *** (0.001)	1.009 ***
SOE	0.018 (0.042)	0.063 (0.042)	0.065 (0.041)	0.052 (0.043)	1.054
POE	0.238 *** (0.044)	0.244 *** (0.044)	0.218 *** (0.044)	0.220 *** (0.047)	1.246 ***
Coastal region	0.390 *** (0.042)	0.363 *** (0.042)	0.338 *** (0.042)	0.347 *** (0.044)	1.415 ***
Intramural R&D	0.529 *** (0.020)	0.545 *** (0.020)	0.518 *** (0.020)	0.522 *** (0.021)	1.685 ***
Extramural R&D	0.166 *** (0.027)	0.149 *** (0.027)	0.154 *** (0.027)	0.136 *** (0.028)	1.146 ***
Collaboration exp.	0.129 *** (0.015)	0.121 *** (0.015)	0.115 *** (0.015)	0.111 *** (0.016)	1.118 ***
Finance/risk constraints	0.236 *** (0.018)			0.084 *** (0.020)	1.088 ***
Knowledge/skills constraints		0.328 *** (0.019)		0.130 *** (0.021)	1.138 ***
Market/institute constraints			0.418 *** (0.020)	0.265 *** (0.022)	1.303 ***
Industry	Yes	Yes	Yes	Yes	Yes
Observations	627	628	628	626	
Pseudo-R2	0.048	0.049	0.050	0.051	

注：*** 显著性水平 1% 。** 显著性水平 5% ； * 显著性水平 10% 。括号中为标准误。外商投资企业是所有制类型的基准组。

内部和外部研发以及企业规模对于企业创新开放深度都有显著的正向影响。换句话说,拥有较高的内部和外部研发强度、以及规模更大的企业,在创新中更可能具有更深的深度。有趣的是(不同于创新广度的情况),企业年龄、所有权、地理位置和先前合作经历对于企业开放式创新的深度都有正向影响,并且这些变量在统计上都比较显著。企业年龄每增加一年,企业增加创新深度的让步比相应增加 1%。

另外,就开放式创新的深度而言,尽管国有企业与外国投资企业并没有显著的不同,但民营企业明显更倾向于采用更深层次的开放式创新,而且与内陆地区相比,沿海地区的企业明显更倾向于采用更深层次的开放式创新。在其他特征给定相同的情况下,民营企业的创新深度高一级的概率比外国投资企业高 24%,沿海地区企业比内陆地区高 41%。外国投资企业创新深度之所以较低,可能是他们对中国较弱的知识产权保护力度,以及潜在的在开放创新过程中失去技术诀窍的可能性有一定的顾虑。外国投资企业也可能面临着更少的限制(即推动的因素)。沿海地区开放式创新更具深度的原因可能是沿海地区更高的整体经济开放性,并因此较易获得外部知识,从而在管理实践中具有更高的开放性,同时沿海地区长期积累了大量的创业和管理的战略思维。另外,沿海地区企业由于有着更强的技术能力,故它们可以形成更强的吸收能力,这也可能是沿海企业创新活动具有显著较高开放性的一个原因。

表 7-4 表示的是使用 OLS 方法的稳健性检验估计。尽管在估计开放式创新深度的表格中,OLS 方法对阻碍变量的估计在统计学意义上显著低于依序逻辑模型,但是企业规模、特征以及 3 个阻碍变量的估计系数,显示出了与依序逻辑模型估计的普遍一致性。就控制变量而言,在开放广度方面,企业规模、内部和外部研发强度影响的估计结果是稳定的。然而,企业规模、所有权以及合作经历的显著性稍有不同。就开放深度而言,所有权、区域、内部研发以及合作经历的估计结果是稳定的,但 OLS 估计结果在企业规模、企业年龄以及外部研发强度上却失去了统计学显著性,原因可能是企业总体的分布并不符合 OLS 模型假设的正态分布。总的来说,OLS 估计已经确认了企业面临的限制和风险,及与企业可能选择的开放程度之间的显著联系。

表 7-4 使用 OLS 方法的稳健性检验

因 素	Breadth(开放性广度)			Depth(开放性深度)		
	1	2	3	5	6	7
Firm Size	0.531***	0.489***	0.528***	0.061	0.037	0.054
	(0.170)	(0.170)	(0.168)	(0.150)	(0.149)	(0.149)
Firm age	0.004	0.005	0.005	0.010*	0.009	0.010*
	(0.005)	(0.005)	(0.005)	(0.005)	(0.006)	(0.005)
SOE	0.136	0.203	0.197	0.124	0.164	0.190
	(0.373)	(0.362)	(0.370)	(0.340)	(0.334)	(0.337)
POE	0.278	0.341	0.296	0.426**	0.427**	0.420**
	(0.214)	(0.213)	(0.211)	(0.176)	(0.172)	(0.174)
Coastal region	0.347*	0.272	0.230	0.369**	0.316*	0.303*
	(0.201)	(0.197)	(0.198)	(0.185)	(0.181)	(0.182)
Intramural R&D	0.551***	0.523***	0.492***	0.507***	0.515***	0.488***
	(0.160)	(0.161)	(0.161)	(0.142)	(0.142)	(0.142)
Extramural R&D	0.399***	0.419***	0.409***	0.211	0.195	0.202
	(0.151)	(0.152)	(0.151)	(0.143)	(0.145)	(0.142)
Collaboration exp	0.173**	0.193**	0.167*	0.172**	0.168**	0.165*
	(0.086)	(0.088)	(0.089)	(0.085)	(0.086)	(0.086)
Finance/risk constraints	0.459***			0.253**		
	(0.115)			(0.119)		
Knowledge/skills constraints		0.286**			0.323**	
		(0.123)			(0.136)	
Market/institute constraints			0.639***			0.364**
			(0.143)			(0.148)
Industry	Yes	Yes	Yes	Yes	Yes	Yes
Observations	627	628	628	627	628	628
Pseudo-R2	0.076	0.069	0.078	0.157	0.160	0.160

注：*** 显著性水平 1%；** 显著性水平 5%；* 显著性水平 10%。括号中为标准误。外商投资企业是所有制类型的基准组。

■ 所有制形式效应

表 7-5 展示了不同所有制形式的子样本企业对限制与风险因素响应的估计结果。基于所有制形式类型的不同，样本企业被分为了 3 类：国有企业、民营企业与外商投资企业。表中的数据显示，不同所有权企业对限制和风险的反应不同。就国有企业创新

表 7-5　按所有权划分企业对限制和风险的回应

因素	SOE						POE						FIE					
	Breadth			Depth			Breadth			Depth			Breadth			Depth		
	1	2	3	4	5	6	7	8	9	10	11	12	13	14	15	16	17	18
Firm size	1.11***	1.29***	1.17***	1.32*	1.52**	1.25	0.40*	0.38*	0.42***	0.06	0.08	0.05	1.25***	1.11*	1.00*	0.49***	0.45***	0.39***
	(0.08)	(0.08)	(0.08)	(0.73)	(0.76)	(0.82)	(0.21)	(0.21)	(0.03)	(0.17)	(0.17)	(0.17)	(0.44)	(0.47)	(0.46)	(0.04)	(0.04)	(0.04)
Firm age	0.01**	0.01**	0.01***	−0.01	−0.01	−0.01	0.00	0.00	0.00	0.01	0.01	0.01	−0.01	−0.01	−0.01	0.00	−0.01	0.00
	(0.00)	(0.00)	(0.00)	(0.01)	(0.01)	(0.01)	(0.00)	(0.00)	(0.00)	(0.01)	(0.01)	(0.01)	(0.02)	(0.02)	(0.02)	(0.00)	(0.00)	(0.00)
Coastal region	1.62***	1.46***	1.50***	−0.05	−0.16	−0.05	0.40*	0.33	0.26***	0.49***	0.4*	0.38*	−0.07	−0.38	−0.35	0.72***	0.61***	0.62***
	(0.15)	(0.16)	(0.16)	(0.87)	(0.90)	(0.84)	(0.23)	(0.23)	(0.06)	(0.20)	(0.20)	(0.20)	(0.86)	(0.80)	(0.85)	(0.10)	(0.10)	(0.10)
Intramural R&D	1.36***	1.32***	1.38***	0.69	0.53	0.81	0.63***	0.56***	0.52***	0.58***	0.58***	0.55***	0.27	0.43	0.45	0.32***	0.41***	0.37***
	(0.08)	(0.08)	(0.08)	(0.76)	(0.83)	(0.88)	(0.21)	(0.21)	(0.03)	(0.18)	(0.18)	(0.18)	(0.36)	(0.40)	(0.39)	(0.04)	(0.04)	(0.04)
Extramural R&D	0.73***	0.76***	0.83***	0.87	0.85	1.01	0.46***	0.50***	0.49***	0.15	0.14	0.16	0.44	0.41	0.38	−0.07	−0.03	−0.07
	(0.10)	(0.11)	(0.11)	(0.96)	(0.95)	(0.87)	(0.19)	(0.19)	(0.04)	(0.16)	(0.17)	(0.16)	(0.37)	(0.37)	(0.37)	(0.05)	(0.05)	(0.05)
Collaboration exp	0.58***	0.49***	0.51***	0.18	0.14	0.13	0.20	0.22*	0.17***	0.11	0.11	0.08	0.26	0.18	0.11	0.25***	0.22***	0.26***
	(0.06)	(0.07)	(0.07)	(0.44)	(0.48)	(0.43)	(0.11)	(0.11)	(0.02)	(0.09)	(0.09)	(0.10)	(0.23)	(0.25)	(0.23)	(0.03)	(0.03)	(0.03)
Finance/risks Constrains	0.51***			0.44			0.39***			0.29**			1.07***			0.35***		
	(0.07)			(0.42)			(0.14)			(0.14)			(0.36)			(0.04)		
Knowledge/skills Constrains		0.35***			0.51			0.17			0.27			0.579*			0.51***	
		(0.08)			(0.45)			(0.15)			(0.16)			(0.34)			(0.04)	
Market/institute Constrains									0.58***			0.49***			0.82*			0.35***
			(0.13)			(0.56)			(0.03)			(0.43)			(0.04)			(0.18)
Industry	Yes	Yes	Yes	Yes	Yes	Yes	Yes	Yes	Yes	Yes	Yes	Yes	Yes	Yes	Yes	Yes	Yes	Yes
Observations	60	60	60	60	60	60	413	414	414	413	414	414	154	154	154	154	154	154
Pseudo-R2	0.183	0.177	0.175	0.167	0.167	0.162	0.080	0.075	0.087	0.048	0.047	0.051	0.154	0.132	0.136	0.106	0.11	0.104

注：*** 显著性水平 1%；** 显著性水平 5%；* 显著性水平 10%。括号中为标准误。Breadth，开放性的广度；Depth：开放性的深度。外商投资企业为所有类型的基准组。使用 Ordered Logit 模型检验。

的开放广度而言,财务/风险相关限制以及知识/技术相关限制因素的估计系数,在1%的显著性水平下具有统计学意义上的显著性,这表明国有企业在面临创新知识限制时将采取更多的合作以及搜寻更广的信息。在面对创新过高的财务/风险限制时,它们也更可能通过合作来分担风险。然而,市场/制度相关限制似乎对国有企业开放程度没有显著影响。这可能是由于国有企业在中国的半市场化转型经济中拥有的所有权和政治关系有所联系,因此面临着更少的市场和制度方面的限制,或者拥有其他方式来克服创新中这样的限制。

就开放式创新的深度而言,限制变量的估计系数都不具有统计学显著性,这表明国有企业创新开放的深度并不由企业所面临的限制及风险决定。同时,基于之前文献所建议的传统的主要决定因素,我们得出的结果同样没有支持该论点。实际上,我们的估计结果(由于页面的限制未列在表中)表明,产业的具体效应在解释国有部门的开放深度时起到了显著作用。

有趣的是,非国有企业在应对创新的不利因素时,采取开放式创新作为其反应策略的意愿更强。对民营企业而言,市场和制度相关的限制以及财务和风险相关的限制,对于组织创新活动的开放深度和广度都有显著的正向影响。我们发现,市场/制度相关限制每增加一单位,开放的广度相应增加一级的概率为78%,而开放深度增加一级的概率为63%。

同样地,面对不同的财务/风险相关限制,民营企业选择与之相应的不同开放深度来应对。出人意料的是,当面临知识/技术相关限制时,它们似乎并不会采取拓展或深化创新开放性的措施。这可能是由于它们可以直接雇佣需要的人才,并因此不需要依赖任何信息搜寻或合作,也可能是由于民营企业缺乏有效的能力,以运用开放式创新来克服与知识和技术相关的限制。

外商投资企业为了克服它们在创新过程中面临的不同限制,在创新的广度和深度上的反应是最强的。需要特别指出的是,外商投资企业早就在其所在国使用开放式创新来分担风险,与财务/风险相关限制的估计系数在1%显著性水平时都具有统计学显著性。另外,在面临这3类限制因素时,外国投资企业同样会深化创新开放性,这3个阻碍变量的估计系数在1%显著性水平下都具有正向的显著性。表中显示外商投资企业明显的、全方位的反应与在发达国家观察到的模式是一致的(如Keupp和Gassmann,2009),这表明跨国公司的子公司在创新时,不仅对内部资源和外部环境的限制等做出积极的反应,同时也有相应的知识和能力来有效地利用这一新的创新模式,以克服诸多创新中的不利因素。

■ 企业规模及产业的调节作用

表7-2和表7-3的结果已经表明了,企业规模和特定产业类型的调节效应对于创新开放的广度及深度具有显著影响,那么研究何种类型的企业会受到创新的局限因素的影响就值得我们深思,例如对不同产业、不同规模的企业进行考察。表7-6展示了关于企业规模和产业技术密集型调节作用的估计结果。

表 7-6 按规模及行业划分限制及风险的影响

变 量	1	2
	Breadth	Depth
Finance C * Size	−0.181	−0.157 ***
	(0.222)	(0.008)
Skill C * Size	0.364	0.299 ***
	(0.283)	(0.009)
Institution C * Size	−0.339	−0.010
	(0.351)	(0.009)
Finance C * high-tech	0.794 **	0.388 ***
	(0.331)	(0.037)
Skill C * high-tech	−0.416	0.193 ***
	(0.391)	(0.039)
Institution C * high-tech	−0.529	−0.420 ***
	(0.473)	(0.041)
Finance/risks constraints	0.537	0.360 ***
	(0.509)	(0.021)
Knowledge/skills constraints	−0.966	−0.589 ***
	(0.673)	(0.022)

续表

变　量	1	2
Market/institute constraints	1.545 * (0.838)	0.364 *** (0.024)
Other control variables	Yes	Yes
Observations	626	626
Pseudo-R^2	0.087	0.053

*** 显著性水平 1%；** 显著性水平 5%；* 显著性水平 10%。括号中为标准误。控制变量与表 7-2 和表 7-3 中一致。

就创新开放的广度而言，只有资金限制与高技术虚拟产业的交叉项的估计，在 5% 的显著性水平下具有统计学显著性。这表明高技术产业的企业在面临资金限制时，更可能采取开放式创新。

就创新的开放深度而言，产业的规模和技术密集程度，对于不同限制因素和开放深度之间的联系都有着重要的调节作用。小型企业更可能深入地参与到开放式创新中，以克服创新中遇到的财务限制及风险，而较大型的企业同样会采取相似的做法以克服知识及技能的限制。然而，面对有关制度的限制因素时，企业在开放式创新上的做法并没有显著差异。高技术产业企业受财务及技术限制因素影响更大，并且更有可能通过深化开放式创新以应对这些限制因素；而相对于高技术产业的企业，中低技术产业企业更有可能使用开放式创新来克服这些限制。

7.5　结论与讨论

本章检验了企业创新中对内外部局限性及风险的应对策略，特别关注了企业在创新过程中对开放程度的调节。基于大规模的创新调查数据，我们首次提出了新兴经济体的背景下有关开放式创新的驱动力的实证研究证据。研究数据表明，中国企业遭遇的来自市场和制度相关的、知识和技术相关的或者是与财务和风险相关的限制因素越多,企业就越可能为克服这些创新不利因素,而参与更广和更深层次的开放式创新。然而,这种响应关系的强弱因企业所有制类型、企业规模和技术密集性程度不同而有所差异。在中国的外商投资企业,通过拓展和深化创新开放性来应对创新不利因素的关联性最强;民营企业在应对与市场/制度以及财务/风险相关的不利因素时的关联性很强,但在应对与知识/技术相关的不利因素时的关联性却很弱;而中国的国有企业在使用开放式创新克服面临的限制和风险时的关联性是最弱的。这些见解补充了我们从已有文献中获取的对于开放式创新决定因素的理解(而那些结论更多的是从发达国家的情境下得出的)。

本研究的第一个主要发现是创新的局限性和风险与其开放程度之间的关系。外部阻碍因素如市场和制度相关的限制,在过去几十年里一直影响着中国企业。中国的市场和产业环境在不断迅速变化着,大量中国企业正力求通过获取外部创新想法或与外部伙伴合作以提升技术能力,从而摆脱低附加值制造与本地市场价格竞争的困境。另外,市场需求的不确定性以及顾客回馈的缺乏,也是在中国这样新兴经济体中广泛存在的现象。尽管中国的市场巨大,市场的结构却是高度分散并难以预测的(Chen 等,2007),与互补的合作伙伴建立联盟已被证明在减少市场的不确定性,尤其是新兴技术发展的过程中是有效的(Li 和 Xiong,2009)。同时,支持创新的制度环境发展滞后,同样显著阻碍了创新活动的增加,与其他企业建立战略联盟或与政府部门及有政治联系的企业合作,都可能有助于企业克服制度限制带来的负效应。

就创新的财务和风险相关限制而言,技术创新是一个高风险的探索性任务,即使有回报也是遥远而不确定的(Levinthal 和 March,1993)。中国现有的财务市场或渠道并不能满足大部分国内企业,这会迫使中国企业选择与其他企业或机构合作,以共同分担创新的高成本。许多先前从合作创新研究中得到的发现清楚地表明,寻求合作创新的主要动力是获得资金或补充资源以及分散风险或减少成本(Hoffmann 和 Schlosser,2001;Mohr 和 Spekman,1994)。中国的本土企业特别是中小企业,缺少足够与持续的资本来进行内部创新,它们不得不尽可能地进行更广、更深层次的创新,以弥补资金的短缺及分担高研发成本。这样的情况在中国广泛存在，特别是在基础科学部门（Li 等，2010）。创新增加的开放性同样可以帮助后发者在基础研究上节约大量早期投资，并且更好地专注于商业化（Kim，1997）。

面对更多创新知识及技术相关限制的企业也会增加其创新过程中的开放程度。缺少足够的知识和资源，被广泛地认为是中国自主创新的主要阻碍因素之一。例如，由跨国企业的进入而产生的人才流失和挤出效应（Gao 等，2007），在过去的 30 年中一直被认为阻碍了中国本土企业的技术创新。因此，可以假定对希望获得知识与构建自主创新能力的中国企业而言，通过外部伙伴或来源学习看起来是不可避免的选择。尽管如此，由于开放式创新中许多特定的挑战，更多创新中与知识和技术相关的阻碍因素不会自动增加或刺激开放式创新。我们的发现与现有文献的结论一致，大部分开放式创新的挑战源于企业内部（或组织）的弱点，特别是与知识和技术相关的阻碍因素（Chesbrough 和 Crowther，2006；Vrande 等，2009），以及开放式创新活动潜在的成本和风险（Keupp 和 Gassmann，2009）。

本研究第二个主要发现是，不同所有制类型的企业在通过开放创新应对创新的局限性和风险时，它们的响应程度有极大不同。在拓展和深化创新开放性上，外商投资企业对限制因素响应得最为强烈；国有企业在这方面的响应程度最低；而民营企业已经付出了巨大的努力，来应对市场及制度和财务及风险相关的限制，而对知识及技术相关的限制付出的努力却远远不够，这与中国所处的"半市场化"转型经济以及发展中国家的发展阶段的特点是一致的。国有企业在获取资源和市场上享受特别的待遇，它们可以更轻松地从大型国有银行获得贷款，由于某些关键行业市场有进入的限制，因此国有企业也可以享有这些市场中的垄断力量。这些财务和地位上的优势确保了国有企业吸引和积累大量的人力资源的资本。因此，这类企业可能面临更少的限制，并采用其他方法来克服限制及风险。

另一方面，这也反映了国有企业在进行外部联系和采用新创新模式时可能会更加僵化和封闭。由于国有企业的官僚主义及其所有权性质，国有企业在开放式创新中很少有可能被选为合作伙伴。而外商投资公司通过拓展和深化创新的开放性时,对所有限制因素都有响应,这表明一方面它们受市场力量驱使,并进行必要的回应来实现利润最大化;另一方面,它们有信心并有能力采用开放式创新克服阻碍。当然,我们需要注意的是,外商投资企业的平均开放性程度与国有企业并没有显著的不同,表现在大部分跨国企业的研发部门在公司总部而非子公司,并且由于在中国保护知识产权的力度不足,因此许多外国投资企业并不与潜在的本土研究伙伴进行相互合作,这意味着外国投资企业并没有完全融入本土创新体系。

与国有企业相比,民营企业的响应情况则更加积极,它们更多地使用开放式创新来克服诸多创新的不利因素,特别是与市场和制度相关的限制以及与财务和风险相关的限制,这与民营企业在中国政治地位较低以及缺少财务支持的现状是一致的。有趣的是,民营企业对采用开放式创新应对知识及技术相关的限制没有响应,这也可以用实际情况来解释,尽管需要外部的创新来源,如果企业自身没有足够的吸收能力与先前的合作经历,通过常规的方式扩展和深化开放性是困难的。也就是说,当创新者的技术能力不足以使它有信心"走出去"时,企业可能不会选择开放战略,并且有可能更保守。我们的统计结果同样显示,吸收能力(代指使用研发强度)对开放性是有显著影响的,它对于启动开放创新而言必不可少。这也许可以解释为何民营企业在采取开放式创新时,对知识及技术相关限制因素不具响应的原因。

本研究第三个主要发现是,企业规模和产业部门不同的企业,在应对不同的限制因素时的响应程度也是不同的,这在开放深度的差异上体现得尤其明显。较小的企业更可能实行更深化的开放式创新,以克服财务限制并分担风险,而较大的企业采取较深化的开放式创新的目的,则是为了克服知识及技术的限制。高技术产业企业更有可能采取深化的开放式创新,以应对财务和技术限制;但与高技术产业企业相比,中低技术产业的企业更可能使用开放式创新来克服制度限制。

最后,我们的研究发现与已有文献(在西方发达国家情境下研究)得出的结论之间,存在一些本质差异。来自发达国家的创新领先者们往往是在自身已经具备很强能力和丰富资源的条件下开展"开放式创新"活动的；相反,后发者,特别是发展中国家环境中的后发者们,需要学习并且追赶技术领先者,他们不得不采取更为开放的创新活动,以克服自身能力和资源带来的额外限制。

当然,本研究也存在一些局限性。首先,由于开放式创新的类型和过程（由外向内、由内向外、双向耦合等）不同,新兴经济体开放性的决定因素是多样且多变的,这有待更加深入和全面的检验。未来的研究将受益于更加全面的分析,这要基于有针对性设计的调查问卷来了解开放式创新的驱动因素。其次,未来的研究还应该利用面板型数据,来获得在一段时间内企业回应不同限制和风险时的动态及发展过程。最后,国内外开放将展现出不同的挑战,并将对企业的创新表现产生不同影响。未来的研究还应该从开放度的决定因素和影响这两个方面探索它们的不同。

附录 7-1　估算限制因素和风险

本研究中用于估计限制因素和风险的具体问题如下。

1. 与市场和制度相关的限制因素

（1）市场由主要竞争对手主导或控制（M1）

（2）产业中过度竞争（M2）

（3）该产业利润率过低（M3）

（4）同行企业很少参与创新（M4）

（5）企业与主要竞争对手间的技术差距过大（M5）

（6）新产品需求的不确定性（M6）

（7）由于市场对技术创新缺少需求而没有创新

（8）由于缺少创新成果的知识产权保护而没有创新

（9）由于产业标准的不确定或限制而没有创新

2. 与财务和风险相关的限制因素

（1）与技术创新有关的经济风险过大（C1）

（2）创新需要较多的投资（C2）

（3）创新融资成本过高（C3）

（4）现有融资渠道不能支持大型创新（C4）

（5）由于缺少必要的创新资金而没有创新

3. 与知识和技术相关的限制因素

（1）缺乏科技人才（K1）

（2）技术积累能力不足（K2）

（3）缺乏相关技术知识（K3）

（4）缺少相关市场信息（K4）

（5）缺少创新伙伴（K5）

（6）由于缺少必要的创新人力资源而没有创新

（7）由于现有技术而没有创新

第8章

大学在产业创新中的双重作用： 中英对比

8.1 引   言

作为国家和区域创新系统中的重要角色,大学是公认的推进基础科学研究和创新发展的主要贡献者,其在创新力、竞争力及更广的社会经济发展方面的作用受到了越来越多的关注。最近的研究同样表明大学的作用是多方面的,包括教育、学术出版物和专利形式的知识创造、解决问题的活动及其提供的公共空间(Hughes,2010),而且大学的作用范围正在变得越来越广。然而,大部分关于大学作用的研究都是基于发达国家的经验和证据,在发展中国家特别是中等收入国家,大学在创新中的作用得到的关注相对较少。

本章将通过在企业层面比较分析中国和英国大学创新力的影响,检验大学在新兴的发展中经济体中的作用。大学在新兴国家除可在教育领域作出贡献外,对产业创新还具有双重作用。一方面,它们在基础和应用科学研究以及创新领域的知识创造方面的传统作用,这也一直是各类大学的办学宗旨;另一方面,它们还可以把国外先进技术进行破解或者转换,以适应本土的技术发展需求和环境。在新兴经济体中,后者作用可能比前者更重要,大学与产业的合作促进了多形式创新的产生,这对于新兴经济体中的国家或特定企业而言都是至关重要的。近年来,在快速提升创新绩效以及政府大力鼓励基于大学的研究和技术转移方面,中国为相关研究提供了很好的案例(Wu,2007;Fu 和 Soete,2010)。英国作为世界上拥有优秀大学机构的主要发达国家之一,则提供了分析的经典参照。

本章的其他部分组织如下:8.2 节讨论文献及理论框架;8.3 节展示中国大学机构概览及其在国家创新系统中的作用;8.4 节讨论方法论及数据;8.5 节展示结果;8.6 节为结论。

8.2　文献及理论框架

关于国家及区域创新系统的文献已经强调了大学在创新系统中的作用,大学不仅在培训和教育方面,同时也在知识创造和转移中也扮演着重要的角色(Nelson,1986;Porter 和 Stern,1999;Fu 和 Yang,2009)。大学对经济发展的贡献是多方面的,它们可以通过培养高质量的学生以及经由咨询、许可和合作研究项目等多种渠道与企业交互,将知识传播到现实的经济实体中(Eom 和 Lee,2010)。此外,大学还可以通过包括教育、学术出版物和专利形式的知识创造、解决问题的活动以及提供的公共空间等多个方面发挥重要作用(Cosh,Hughes 和 Lester,2006;Kitson 等,2009;Hughes,2010)。在知识经济时代,大学在促进经济增长上的重要性已经得到了越来越多的研究关注(Etzkowitz 和 Leydesdorff,2000;Sainsbury,2007)。快节奏的全球竞争和技术转变,可以通过知识发现和支持产业化的方式将企业与大学联结起来(Etzkowitz 和 Leydesdorff,1997;Hwang 等,2003),使企业、大学和社会经济越来越深入的耦合。

对于大学的作用,现有文献存在两个相反的观点:三螺旋理论(The Triple Helix

Thesis）认为，大学应该与产业直接联结以使知识资本最大化，并因此满足经济发展的需要（Etzkowitz 和 Leydesdorff，1997，2000）；但科学新经济学（New Economics of Science）却声称，科学和产业的过紧联系以及将资源投入科学知识商业应用的短期政策，将会从长远上危害科技进步（Dasgupta 和 David，1994）。Eun，Lee 和 Wu（2006）则认为，以上理论并不能应用到发展中国家。他们认为对于产业和大学关系问题应该"具体问题具体分析"，要回答大学是否应该参与一个产业的问题，需考虑大学的内部资源、产业的吸收能力以及现有的中间机构等多方面因素。

　　开放式创新作为一种新的创新模式，它的出现暗示着大学在产业创新中可能起到了越来越重要的作用（Chesbrough，2003）。技术融合、由于获得外部研发投入而降低的交易成本以及产品开发周期的缩短，加快了利用外部知识来源的趋势（Grandstrand 等，1992）。与不同伙伴的合作，无论是私人还是公共部门，都是知识的重要来源，它直接增强了企业的技术竞争力，并可能因此增加它们自身的创新能力（Freeman 和 Soete，1997；Kitson，等，2009）。组织间的合作促进了创新劳动相关互补资产的获得，并使企业可以实现它们不能独立完成的目标（Mowery，Oxley 和 Silverman，1996；Powell 和 Grodal，2005）。另外，合作创新还被认为是内部研发的补充，并促进了不同组织和国家间的知识转移。通过与顾客、供应商、更高级教育机构甚至竞争者的合作，企业可以扩展其专业知识范围，开发专业产品以及实现其他各种目标（Porter 和 Stern，1999）。根据部门和规模的不同，网络与创新之间存在正向的联系（Goes 和 Park，1997；Tsai，2001），在有着丰厚利润网络中的企业，可能有更好的创新绩效（Powell，Koput 和 Smith-Doerr，1996）。通过网络间的知识和技能互补及共享，企业可以突破限制它们创新活动的"瓶颈"，并使创新过程更有效率（Fu 等，2011）。英国社区创新调查（UK Community Innovation Survey）数据表明，英国企业创新的全球参与，同样与创新的高度倾向密切联系（Criscuolo，Hashel 和 Slaughter，2005）。而 Laursen 和 Salter（2006）则认为，从外部知识和资源的开放中获得的利润，深受"过度搜索"递减受益的制约，而与过多伙伴合作也将对创新效率产生不利的影响。

　　鉴于大学在国家创新系统中公认的作用,大学和企业间的合作对于促进技术转变而言是至关重要的(Mansfield 和 Lee,1996),越来越多的国家正寻求将大学用作知识经济发展以及转变的一个重要驱动力(Mowery 和 Sampat,2005)。相比企业间的合作,与科研基地有交流的企业能够获得更多元化的知识来源(Kaufmann 和 Todtling,2001)。而参与大学的研究项目对企业的专利申请也有着正向的影响(Darby,Zucker和 Wang,2003),Cohen,Nelson 和 Walsh 曾发现,在美国制造业中,公共研究不仅有利于启动新研发项目,同时有助于现有项目的完成(Cohen,Nelson 和 Walsh,2002)。总之,将研究外包、进入大学-产业联盟以及与大学研究者正式或非正式的合作,企业都将获得很大的优势。

　　此外值得注意的是,大学在创新中的作用是多重的(Hughes,2010)。大学在协调新知识创造——暂且不考虑其商业和创新价值——以及促进技术发展方面均扮演着重要角色(Mowery 和 Sampat,2005)。经济体的发展程度将在以下几个方面影响大学的作用。首先,经济体的发展程度将决定本土技术和创新能力以及主要技术升级来源的水平,本土产业吸收能力的匮乏需要大学相关专业知识和工程专家的帮助;其次,经济体的发展程度经常与大学的研究能力以及它们创造的创新类型一致;最后,经济体的发展程度决定了政府在促进经济增长的产业类型与技术政策方面的侧重方向,这反过来影响了大学研究需求的类型。

　　在中等收入的新兴经济体中,考虑到它们的发展水平和研究能力,大学在企业创新中除教育贡献之外可能还有其他的作用。首先,创新是高成本、高风险及路径依赖的,这为发展中国家把购买外国技术作为技术发展的主要途径提供了理论基础;在大多数发展中国家,国外技术来源在其生产率增长中占据了很大一部分。实际上,大部分创新活动主要集中于美国、日本以及一些欧洲国家等少数几个发达国家,因此国际化的技术扩散将是经济增长的一个重要驱动力。所以,在处于发展中级阶段的中等收入新兴经济体中,国外技术融合是技术升级和创新的主要来源,而在国家或企业层面的突破性创新将是这些经济体创新的主要类型。另外,这些经济体中的大部分企业缺乏吸收能力（Eun 等，2006），故产业部门需要外部技术专家来帮助融合和适应国外技术，而与大学的联合将有助于加快国外技术的吸收。

　　更进一步地讲，中等收入新兴经济体具有更高级的强于其他发展中国家的教育机构。因此在中等收入新兴经济体中，大学，尤其是精英大学，有能力与产业部门合作以吸收转移进来的国外技术，并促进国外技术与本土的技术、经济和社会背景相适应。一些产业-大学联盟不仅有能力进行浅吸收（这促进了受体企业中进口设备的正常运作），也能够通过逆向工程以及研发来深度吸收国外技术，从而对转移的国外技术进行修改，这可能会促使从模仿到创新的转变乃至产出世界级的突破性创新。另外，来自大学的知识转移通常以编纂形式体现（即出版物、专利、合同研发项目），并且一般包含隐性知识（即合作研究、非正式咨询），因此这些来自大学的知识转移便成为了创造学习组织的一个重要资产。当然，我们不应该对中等收入新兴经济体中大学的作用过度乐观，这些经济体中的大学与主要发达国家的大学之间依然存在着较大差距，特别是在研究质量及其影响上。即使新兴经济体国家在科学出版物数量方面可以宣称自己在新兴技术的某个领域领先，然而一份对文献引用数及替代指标的深入分析表明，它们仍需要提升其科学研究的影响力（Guan 和 Ma，2007）。

　　最后，一个经济体的发展水平决定了政府在促进经济增长中对相关产业类型与技术政策的行为偏好，这反过来也影响了大学研究需求的类型。例如，在美国和英国，研究型大学同时也是学习中心、基础和应用研究中心以及创业的来源；而在中国、韩国、新加坡这样的亚洲国家，大学的主要职能是培训，最近才开始重视研究，而这些国家的精英大学在政府激励的推动下也已经开始为技术深化做出贡献（Hershberg，Nabeshima 和 Yusuf，2007）。与许多已经完成从好奇性驱使到需求和实用性驱使的技术政策转变的西方国家不同，中国政府从开始便一直支持实用性驱使的科学政策，要求大学通过为产业解决实际问题来为国家经济服务（Hong，2006）。实际上，鼓励大学与产业的密切合作可以解决很多问题，例如解决工厂的生产问题等（Ministry of Education，1999；Yuan，2002）。以上思考引出以下命题：

命题 H8-1：在新兴国家的产业创新中,大学除教育外还有其他作用：一方面,它们在基础和应用科学研究以及创新领域知识创造中发挥着传统职能；另一方面,它们把国外先进技术进行破解和转换以使其适应本土环境。在新兴经济体中,大学与产业的合作促进了创新的扩散,这在国家或企业层面上是有突破的,这个作用对于国家经济的发展的意义可能大于传统的教育层面。

8.3　中国的大学以及产业创新

中国经济的迅速崛起伴随着的是其技术能力的快速发展。尽管国外技术的获取成为改革开放头一个 20 年的主要战略,但在之后的 10 年里,国内研发投资增长迅速,总研发费用呈指数型增长。2010 年,中国的研发费用总量超德国、英国和法国,排在了世界第 3 位,仅次于美国与日本。就总研发费用占 GDP 的比率而言,目前中国正在接近欧盟的平均水平,并制定了相关目标,力争在 2020 年前达到 2.5%。另外,自 2000 年以来,中国的专利申请数快速飙升,从 2000 年到 2007 年,中国研究者和第三方专利群的专利申请的数量增加超过 700%。而中国在科学和工程文章中的份额,自 20 世纪 90 年代以来也增长了 600%,从每年 9 000 篇到每年 57 000 篇,到 2007 年已经占到全球研究成果的 7%(Fu,Pietrobelli 和 Soete,2010；Gilman,2010)。

在计划经济到市场经济的过渡过程中,中国大学在国家创新系统中起到了历史性的重要作用,这与苏联科技系统的案例类似(Liu 和 White,2001)。就研发费用和发明的专利而言,中国的大学和研究机构扮演了领导者的角色(Li,2009)。但在苏联模式中,公共研究机构的科学研究与国有企业的生产是完全分离的,而中国 1985 年开始的改革使科学和创新系统与市场联系更紧密,这是中国背离苏联模式的信号(Xue,1997)。

中国在 20 世纪 80 年代中期经历了几次科学政策改革,其中最重要的转变就是切断了政府研究资金投入,以推动研究机构进入市场(Hong,2008)。从 1986 年到 1993

年,政府投入的研究资金每年减少 5%(Zhou,2003)。而正是在那个时期,大学开始建立自己的企业,这是 1991 年一个由中央政府官方支持的实践。中国大学的另一波改革开始于 1994 年 12 月,国家开始鼓励以效率为目标的机构合并和权力下放,这次分权改革促进了大学和本土产业的合作(Hong,2008)。此外,引入的中国版拜杜法案,允许大学保留利用政府资金所得发明的名号,这一举动和 1999 年促进高新技术产业创新和发展的商业化相结合,使中国大学更加愿意将知识转移到产业,以得到更多的荣誉和回报(Hong,2008)。

中国政府从开始便一直支持实用性导向的科学政策,鼓励大学通过为产业解决实际问题来为国家经济服务(Hong,2006)。这样一来,一方面,中国的大学-产业联盟便可以通过许可证、咨询、合资、合同研发以及技术服务等方式建立起来,这与西方大学的产业交互方式极其类似;另一方面,自市场化改革以来,中国大学有强烈的动机去追求经济收益和强大的内部资源(研发或其他)以开办企业,并因此在较低的企业吸收能力和未发展的中间机构的背景下,成立了它们自己的企业(Eun,2006),而校属或校办企业在这样的大背景下产生了实用驱动的创新(Zhang,2003;Ma,2004),最后形成了一个中国独有的系统。政府驱动分拆的形成已被证明是中国大学技术转移的一个合适的解决方式(Kroll 和 Liefner,2008),经济智慧、经济改革引导了国家和区域创新系统主要参与者的渐进演变。多年来,创新系统产业部门的重要性正在增加,这与企业改革及外商直接投资开发的各种表现相结合,导致了中国区域间创新力的差异性(Fu,2008;Li,2009)。

8.4　方法论和数据

命题的实证检验分两步进行。首先要进行一个统计检测,以不同的新颖级别检验大学联结对企业创新的影响,即创新的突破性是世界级、国家级还是企业级的。第二,我们将对从中国数据中观测到的模式与英国数据中包括的模式进行对比。为探寻技术和文化差距对由创新合作而产生的知识转移的影响,我们把大学划分为企业所在国家、新兴工业化经济体、欧盟、美国、日本以及其他国家等几大类。

为评估大学合作对于企业创新绩效的影响,我们在控制企业和产业具体特征的条件下,将企业创新成果与同大学的合作进行回归。

8.4.1　因变量的测量

本章将通过计算创新销售额占总销售额的百分比衡量创新成果。创新可以通过不同的方式测量,第一种方式是使用虚拟变量,即创新为 1,无创新为 0,但这种方法在创新程度方面会忽略具体的信息;第二种是通过研发费用测量,研发费用本身实际上就是创新的投入,这也是一种广泛使用的测量方式;第三种广泛使用的创新成果指标是"专利数量"(Jaffe,1989;Acs,Luc 和 Varga,2002),尽管基于专利数量的指标有其优势,但它同样存在有效性的问题,因为专利也许并不能充分地体现商业成就以及新产品的价值(Acs 等,2002)。此外,还有一些研究使用的是"创新数"(Acs,Luc 和 Varga,2002;Feldman,1999),但该指标在反应创新成果的深度和广度方面同样受到限制。

基于以上原因,我们把新产品或改进产品的销售额作为创新成果的一个量度。在这项调查中对于此指标是有特定问题的,即公司产品的创新除了对企业而言是新的以外,对市场而言是否也是新的,以区分"新颖"创新(后者)和"扩散"创新(前者)。由于我们对大学在突破性创新和翻译、破解以及国外技术本土化中的不同作用感兴趣,这里将使用两个因变量,即"具有世界级突破性创新产品的销售比例"和"国家或企业级突破性创新产品的销售比例"来做相应的测量。

8.4.2　大学直接贡献的测量

我们考虑了许多变量衡量大学通过创新合作对企业创新的直接贡献,其中包括一个指标,即"企业在创新活动中与其他组织和机构合作的程度",由一个虚拟变量代表。

如果企业在任何创新活动中与其他企业或机构（例如大学、公共研究机构、设备服务或软件供应商、客户、竞争者、咨询顾问和商业实验室）进行过合作，该变量等于 1，否则等于 0。这样就能允许我们根据合作对企业创新绩效的影响是否显著来直接检测问题。为强调新兴经济体中国内大学的作用，我们把大学位置划分为企业所在国家、新产业化经济体、欧盟、美国、日本以及其他国家 6 大类，这使我们可以对技术和文化差距进行检验，同时也可衡量国外知识的适用性对从与国际大学合作中获得的利益强度的影响。

8.4.3 控制变量

控制变量包括一组关注企业产品创新成果在何种程度上归结于创新活动资源的变量（创新活动资源，即企业的内部研发经费和外部研发经费）。对于研发的投资通常被认为是创新的一个重要决定性因素，从事研发的企业更有可能创新，因为研发会直接创造新产品和工艺，同时这些企业会更容易接受新的外部想法。然而也有一些经济学家（Baldwin，1997）认为，研发对于创新而言既不是必要条件，也不是充分条件。另外，控制外部研发的规模与控制其他合作类型的影响同样重要。例如，与供应商、顾客、同产业其他企业以及公司群中其他企业的合作等。劳动力技能，尤其是合格的科学家和工程师，是另一个公认的、可以增加企业创新绩效的重要因素（Hoffman 等，1998；Porter 和 Stern，1999）。为了获得此重要的元素以及测量缺少合格员工会在何种程度上限制创新活动，我们构建了一个虚拟变量，当企业报告缺少具有中度或高度重要性的合格人员时，虚拟变量等于 1，而其他情况则等于 0。这些投入不仅可以直接促进创新，同时也能提高企业识别和吸收用于创新的相关外部资源的能力（Cohen 和 Levinthal，1990）。

我们同样将规模和年龄效应及产业具体部门的影响纳入控制变量。一个企业对其创新活动的利用程度可能依赖于它自身的规模，以及最终产品市场的竞争程度。较大的企业拥有更广的市场机会，并可以借此获得创新机会，故企业规模对于增强创新动力起到了代表性的作用。从较小企业的视角来看,大企业在市场的主导地位可能会抑制它们进入市场的机会,同时也会抑制它们将创新活动转变为在最终销售品中占据显著比例的新产品的能力。但不可忽视的是,大企业也会因其主导地位而面临冲突。另外,企业年龄可能也与创新活动有关:老企业积累了更多的经验与知识并且更有能力创新;但同时,老企业也有可能会因其组织僵化的限制,从而在创新方面不那么积极。最后,由于技术和创新机会在不同部门中的不均衡,我们用产业虚拟变量来代表这些效应。表 8-1 展示了变量的完整列表。中国和英国样本的变量相关系数在附录 8-1 和 8-2 中展示。

表 8-1　变 量 定 义

变量	定　　义	均值
newsal	新销售额的百分比	46.796
newsaln	在世界范围内具有创新意义的产品销售所占百分比	6.798
newsald	对于中国或该企业具有创新意义的产品销售额所占百分比	40.719
lrdin	ln(内部研发费)	5.105
lrdex	ln(外部研发费)	0.906
age	企业年龄	16.890
Size4	企业规模,1 为大企业,0 为小企业	0.714
lack_hc1	人办资本限制的虚拟变量,1 = 缺乏高质量的员工 对于创新的影响中等或偏高,0 = 偏低或不重要	0.797
co	合作创新的虚拟变量,1 = 有,0 = 无	0.634
cogd	虚拟变量,1 = 与同一企业集群中的其他企业合作,0 = 无合作	0.392
cosd	虚拟变量,1 = 与供应商合作,0 = 无合作	0.407
cocd	虚拟变量,1 = 与消费者合作,0 = 无合作	0.396
copd	虚拟变量,1 = 与同一产业中的竞争者或其他企业合作,0 = 无合作	0.291
coprid	虚拟变量,1 = 与私人研发机构合作,0 = 无合作	0.243
counid	虚拟变量,1 = 与大学或公共研究机构合作,0 = 无合作	0.482
couni1	虚拟变量,1 = 与中国的大学或公共研究机构合作,0 = 无合作 虚拟变量,1 = 与同一国家的大学或公共研究机构合作,0 = 无合作	0.476
couni2	虚拟变量,1 = 与东亚的新兴工业化经济体(中国香港、中国台湾、新加坡、韩国)合作,0 = 无合作	0.012
couni3	虚拟变量,1 = 与欧洲美国或日本的大学或公共研发机构合作,0 = 无合作	0.019
couni4	虚拟变量,1 = 与其他国家的大学或公共研发机构合作,0 = 无合作	0.006

续表

变量	定　义	均值
counid_2	虚拟变量(英国),1 = 与大学或公共研发机构合作,0 = 无合作	0.228
couni1_2	虚拟变量(英国),1 = 与英国的大学或公共研发机构合作,0 = 无合作	0.219
couni2_2	虚拟变量(英国),1 = 与欧洲的大学或公共研发机构合作,0 = 无合作	0.029
couni3_2	虚拟变量(英国),1 = 与其他国家的大学或公共研发机构合作,0 = 无合作	0.016

本模型产生了两个估计问题,第一个是因变量,即创新销售所占的百分比在 0 到 100 之间,但样本中有很大比例的值为 0,所以最小二乘法(OLS)估计是有偏的。因此,为减少该问题对结果的影响,我们引入了 Tobit 模型(Tobin,1958)。第二个问题是很多企业完全没有进行任何研发活动,因而没有新的或改进的产品销售,所以在创新与否的决定上存在选择效应,因此我们将使用 Hurdle 模型以削弱此问题带来的影响。Hurdle 模型最早由 Cragg(1971)提出,作为 Tobit 模型的广义形式,考虑到了企业决定是否创新的因素,以及对于那些有创新性的企业它们做到了何种程度(Mairesse 和 Monhen,2002),选择效应存在的显著性由 Rho 统计数表示,这反映了两个等式的误差项间的关联。如果存在显著的选择效应,将更偏向使用广义 Tobit 模型(从普查数据中选择);否则,我们将使用标准 Tobit 模型。然而,在本研究中由于中国的数据主要来自创新企业(被报告的企业中有大约 95% 在产品方面进行了创新),英国的数据也有类似特征,所以选择误差并不是一个显著的问题。尽管如此,我们依然会以广义 Tobit 模型的结果来作为稳健性的检验。

8.4.4　数据

本研究主要使用的是 2008 年中国国家创新调查的 1 408 家制造业企业的数据,它包括了对企业从 2005 年到 2007 年期间创新活动相关情况的测量。该调查由国家统计局执行,覆盖了中国沿海和内陆区域的 42 个城市,总共收到了 1 408 份有效回应,回复率为 83.6%。中国创新调查的问卷由清华大学设计,与欧盟创新调查(CIS)在设计上有高度的一致性和可比性。大规模创新企业进行了中国大部分的研发活动,这是此次调查的主体。在认真进行数据清理以排除必要变量数据缺失的观测值后,最终用于估计的数据包括 802 家企业,其中 95% 在其产品上有过创新。因此,本研究的结果反映的是大学在中国创新型企业中的作用,而不是在普通企业中的作用,这是我们在做结论时应注意的一个研究局限。

随后我们将中国大学的创新效应作为基准,与英国的情况进行对比。英国企业的样本来自 2005 年的第 4 次英国社区创新调查,由英国国家统计局(2006)中代表创新、大学与技能的部门出版。英国的调查使用的是邮政问卷,回复自愿,几乎包括了所有产业中雇员在 10 个或 10 个以上的企业,并从 13 986 个企业中收到了有效回应,回复率为 58%,覆盖了英格兰、苏格兰、威尔士以及北爱尔兰的 9 个区域,提供了英国 2002 年、2003 年、2004 年的创新信息。虽然在中英调查中存在 3 年的差距,但是假设在短短的 3 年中,像英国这样成熟的发达国家,其创新模式以及大学的作用不会经历太大变化是合理的。因此,从调查中得到的大学在企业创新中的作用模式与 2005 年到 2007 年的应该是相似的,这可以从 2002 年到 2006 年英国第 4 次、第 5 次社区创新调查的详细比较中得到证明(DTI,2008)。

这两个国家性的调查覆盖了整个经济中的企业。但由于两个国家在产业间创新活动分布以及创新型企业的规模和部门分布不同,这些因素对大学的需求量、可能性和接收量都有影响,不能直接拿来比较。所以我们把英国前 3 年的企业规模、产业以及产品创新数据与经处理后的中国数据进行匹配。在目前的研究中,数据的可比较性很重要,而在中国的数据中创新企业占主导,因此我们必须使数据在这个方面具有可比较性。通过这个机制,我们能够比较在中国和英国具有相同规模及产业技术的创新企业间,大学对于生产不同创新级别创新产品的强度上的作用。由于两个调查的结构差异,我们处理得到一个可比较的包含了 793 家企业的英国样本。

8.5　结　　果

就参与创新合作的企业的百分比而言,图 8-1 和图 8-2 显示了中国创新型企业利用外部资源的程度。平均来说,被调查的中国企业中有接近 1/2 称他们与列表中的外部组织有合作。有趣的是,数据显示大学是中国企业最普遍的合作者,这一结果并不令人惊讶,因为鉴于以上的讨论,大学和研究机构历史上一直占据中国创新系统的主导地位,同时强有力的政府政策对大学-产业联结的发展也起到了重要的推动作用。其中,大部分企业选择与国内大学合作,与国外大学合作的企业约占 10%；相比之下,在匹配的样本数据中,大约 40% 的英国企业会在一些创新活动中与其他组织合作。大约 30% 的企业曾与顾客或供应商合作,因此顾客和供应商是英国企业最常合作的对象；就合作者数量而言,大学和公立研究机构排在第 4 位,在竞争者以及私人研发机构之前。在中国,国内大学仍是主要的企业合作者,而英国企业与国外大学的合作比例更高,达到 18%。从两个国家语言和文化差异的视角来看,直接比较数值可能无法得

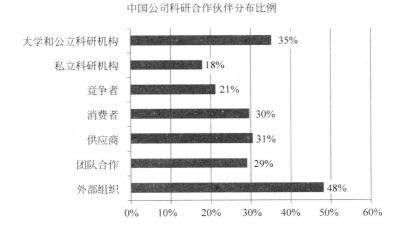

图 8-1　中国公司科研合作伙伴分布比例

到严谨的结果。然而在这两个经济体中,合作模式以及不同合作者间的相对重要性依然提供了合理的见解。

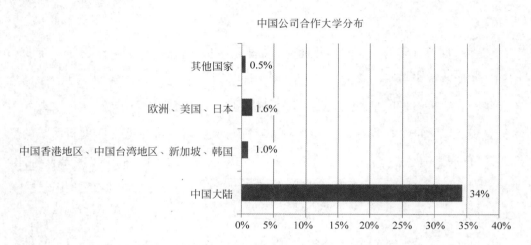

图 8-2　中国企业与各个国家或地区的大学进行研发合作的百分比

8.5.1　中国的大学和产业创新

使用标准 Tobit 模型对中国大学在企业创新中作用的估计结果如表 8-2 所示。模型 1—模型 3 展示了使用世界级突破创新产品销售百分比作为因变量的回归结果;模型 4—模型 6 展示了使用国家或企业级新产品或重要改进产品创新作为因变量的回归结果。模型 1—模型 4 的结果表明,企业与其他企业或机构的合作,对于世界级和国家或企业级的创新有着显著正向的影响,其估计系数的值与扩散创新回归中的值大小接近,但是后者具有更高的显著性。然而,如模型 2 和模型 5 所示,企业与大学的合作,在平均水平上看起来并不能显著促进国家的创新过程。这表明尽管中国存在成功的大学-产业合作而催生创新的个案,但就平均而言,全国范围大学对企业创新的贡献并不显著。尽管大学已经形成有效的联结,并且成为中国某些区域(例如北京)产业创新的重要来源,但是对于许多其他地区,高技术产业的快速成长主要是由其他来源驱动的(Chen 和 Kenney,2006)。

表 8-2　中国的大学和企业创新：Tobit 模型估计

变量	突破性创新			扩散创新		
	模型 1	模型 2	模型 3	模型 4	模型 5	模型 6
co with other org.	10.40**			9.828***		
	(5.111)			(3.321)		
co with universities		5.344			4.276	
		(5.205)			(3.513)	
co with domestic uni.			1.345			5.954*
			(5.094)			(3.532)
co with uni in NIEs			35.67***			−5.64
			(11.25)			(17.1)
co with uni in US/EU/Japan			17.29			−13.58
			(10.72)			(11.04)
co with uni in other countries			35.32**			−8.254
			(15.97)			(16.5)
lrdin	2.106**	1.299	1.203	2.949***	3.007***	2.929***
	(0.865)	(0.937)	(0.921)	(0.544)	(0.589)	(0.595)
lrdex		1.623**	1.690***		0.0666	0.0009
		(0.649)	(0.647)		(0.46)	(0.461)
size4	5.967	4.837	3.428	−3.446	−5.144	−5.629
	(5.553)	(5.673)	(5.642)	(3.728)	(3.932)	(3.912)
age	−0.257	−0.244	−0.202	−0.0266	−0.024	−0.0467
	(0.159)	(0.168)	(0.161)	(0.0575)	(0.0603)	(0.0622)
lack_hc1	−1.933	−2.811	−2.645	−2.605	−6.097	−6.154
	(5.134)	(5.171)	(5.067)	(3.63)	(3.874)	(3.869)
行业虚拟变量	Yes	Yes	Yes	Yes	Yes	Yes
常数	Yes	Yes	Yes	Yes	Yes	Yes
样本量	928	817	817	910	802	802
F 检验值	6.293	5.218	5.73	7.746	5.116	3.445
自然对数似然函数值	−1 454	−1 298	−1 291	−3 741	−3 320	−3 314

注：括号内是稳健标准误差。*** $p<0.01$，** $p<0.05$，* $p<0.1$。

根据大学所在国家对大学进行划分,模型 3 和模型 6 的估计结果展示了一些有趣的发现。与国内大学的合作对创新产品的销售显示出了正向但不显著的影响,这可以通过对样本之间国内大学质量和影响水平与世界创新前沿的比较来解释(Guan 和 Ma,2007);然而,大学对国家或企业级新颖或重要改进产品创新销售扩散的影响,则是显著而正向的。有趣的是,中国企业与新兴工业化经济体大学间的国际创新合作,对中国制造业企业创新的产生表现出了显著的正向影响,这些新兴工业化经济体包括中国香港、中国台湾、新加坡以及韩国。另外,与除新兴工业化经济体、欧洲、美国以及日本外的其他国家(例如俄罗斯、以色列、印度和巴西)大学有创新合作的企业,有着明显更高比例的世界级新产品销售额。令人惊讶的是,与主要的工业化经济体(即美国、日本和欧洲)大学的联结,尽管对企业的创新绩效显示出正向影响,但其估计系数并不显著,这可以通过中国与这些工业化经济体在技术和文化方面的差距,以及外国技术在中国的适用性等方面进行解释。但结果还显示,中国企业与更高评级的大学合作收获反而更少,这一问题则需要进行更深入的研究。

在控制外部研发支出后,企业内部研发看起来与其新颖产品销售强度的联系并不显著,但它与新销售的扩散的联系是正向且显著的,这一结果与 Fu 和 Gong(2010)的研究一致。他们使用由中国国家统计局收集的一个大规模企业层面的面板数据,检验了自主研发活动对中国技术升级的影响。相反地,企业的外部研发活动支出对企业新颖产品的销售产生了显著的正向影响,而对创新扩散则没有,这强调了中等收入新兴经济体利用外部创新资源以及外部研发活动进行世界级突破性创新的重要性。企业规模和年龄看起来并不会显著影响企业的创新销售。而研发人员的虚拟变量估计系数与预期一样,数值为负,但并不显著。

表 8-3 展示了使用广义 Tobit 模型来纠正潜在选择性偏差的稳健性检验结果。估计结果与标准 Tobit 模型的结果广泛一致,尤其是在大学-产业合作的影响方面。大学合作变量的估计系数依然是正的,并在统计上不显著,而按国家来源划分的大学的影响模式与表8-2 展示的结果类似,与国内大学合作的影响依然是对于新销售扩散显著,而对于新颖产品的销售不显著;与国外大学,即新兴工业化国家、主要工业化经济体以及其他国家的国际合作都展现出正向且显著的影响。与新兴工业化国家以及其他大学合作的虚拟变量估计系数的显著性水平,大于与美国、日本及欧洲合作的虚拟变量,

表明了企业与前两种类型国际大学联结的有效性,这在某种程度上与表 8-2 的发现一致。就控制变量而言,较小的企业可能有更高的新销售扩散,而较年轻的企业会产生更多的突破性创新。总之,在考虑了任何可能的选择性偏差的情况下,大学在企业创新中的作用大体上是稳健的。

表 8-3　稳健性检验：广义 Tobit 模型估计

变　量	突破性创新			扩散创新		
	1	2	3	4	5	6
co with other org.	2.3			6.250**		
	(1.442)			(2.824)		
co with universities		2.111			3.967	
		(1.414)			(2.786)	
co with domestic uni			1.045			5.239*
			(1.402)			(2.779)
co with uni in NIEs			12.09**			−0.693
			(5.914)			(11.99)
co with uni in US/EU/Japan			8.429*			−8.014
			(4.696)			(9.338)
co with uni in other countries			17.08**			−5.956
			(8.088)			(15.87)
lrdin	0.409*	0.357	0.267	2.308***	2.331***	2.329***
	(0.213)	(0.224)	(0.227)	(0.427)	(0.453)	(0.45)
lrdex		0.105	0.119		0.197	0.108
		(0.185)	(0.184)		(0.363)	(0.363)
size4	0.729	0.856	0.397	−5.874**	−5.220*	−5.732*
	(1.502)	(1.498)	(1.501)	(2.962)	(2.968)	(2.979)
age	−0.0534*	−0.0563*	−0.0479	−0.0213	−0.0237	−0.0403
	(0.030)	(0.030)	(0.030)	(0.058)	(0.059)	(0.059)
lack_hc1	−0.205	−0.468	−0.484	−4.728	−5.600*	−6.201**
	(1.613)	(1.573)	(1.557)	(3.171)	(3.104)	(3.112)
行业虚拟变量	Yes	Yes	Yes	Yes	Yes	Yes
常数	Yes	Yes	Yes	Yes	Yes	Yes
样本量	817	817	817	802	802	802
自然对数似然函数值	−3 366	−3 367	−3 354	−3 815	−3 819	−3 813

注：括号内为稳健标准误差。*** $p<0.01$, ** $p<0.05$, * $p<0.1$。

合作变量可以说是与创新因变量同时决定的,也就是说可能存在潜在的内生性问题。例如,与其他企业和大学合作的企业更可能有更多的创新销售,但更具创新性的企业与其他企业和大学合作的力度可能会更大;另外,它们也更可能被其他组织邀请进行合作创新。为处理潜在的内生性问题,我们引入了工具变量回归的方法进行纠正。这个模型使用的是 4 个额外的外生变量,包括"企业所在地的虚拟变量",表明企业是否位于 6 个大学集中的城市;"集团虚拟变量",当其等于 1 时,则说明企业属于同一个公司集团;"来自大学的信息对企业创新的重要性"和"产业内的竞争力"。另外,在回归中使用的产业虚拟变量,同样是设计用来减弱这一潜在的内生性问题的,我们用已获得的数据来测试是否能证实内生性的假设。对合作变量内生性的 Wald 检验表明,并没有显著的内生性问题,因此,相比工具变量模型估计,我们更偏向采用标准 Tobit 模型,尽管如此,我们还是在表 8-4 中展示了用作稳健性检验的估计结果。与表 8-2 以及表 8-3 所示一致,无论是突破性创新还是扩散创新,大学合作对企业创新的影响依然不显著。然而使用工具变量模型时,通常合作变量的影响也变得不显著。要注意由于内生性 Wald 检验表明并没有显著的内生性问题,所以标准 Tobit 模型的估计可以作为研究的有效实证结果。

表 8-4　稳健性检验:工具变量模型估计

变　　量	突破性创新		扩散创新	
	1	2	3	4
co with other org.	18.68 (16.23)		−13.28 (12.53)	
co with universities		7.868 (11.86)		−0.775 (8.565)
lrdin	0.665 (1.085)	0.998 (1.012)	3.637 *** (0.744)	3.172 *** (0.66)
lrdex	1.308 * (0.763)	1.523 ** (0.751)	0.466 (0.545)	0.164 (0.518)
age	−0.24 (0.164)	−0.24 (0.169)	−0.004 26 (0.065 7)	−0.0181 (0.066 1)

续表

变　量	突破性创新		扩散创新	
	1	2	3	4
size4	3.417	4.733	−4.457	−5.526
	(5.762)	(5.675)	(4.129)	(3.923)
lack_hc1	1.606	−2.302	−10.05*	−6.408
	(6.547)	(5.323)	(5.407)	(4.136)
行业虚拟变量	Yes	Yes	Yes	Yes
常数	Yes	Yes	Yes	Yes
样本量	816	816	801	801
自然对数似然函数值	−1 691	−1 679	−3 693	−3 680
外生性 Wald 检验(p 值)	0.424	0.768	0.077	0.473

注：括号内为稳健标准误差。*** $p<0.01$，** $p<0.05$，* $p<0.1$。

这里用的工具变量均为外生变量，4 个额外的外生变量包括：公司地理位置虚拟变量，即企业是否位于 6 个大学聚集的城市；企业集团虚拟变量，为"1"说明此公司隶属于一个集团公司；来源于大学的知识对企业创新的重要性；以及行业竞争。

8.5.2　中国大学集聚城的大学与产业创新

Chen 和 Kenney（2007）发现，对于促进大学-产业联结的政府政策，每一个区域的反应各不相同。在北京，大学和研究机构是至关重要的知识来源；然而在深圳，高速成长的高技术企业并不依赖与大学的直接联结。另外，与大学在地理上邻近将促进更多的产业-大学合作。但由于中国研究型大学的地理分布并不均匀，所以可能会出现在一些城市中大学的影响很大，而在其余城市大学影响不大的情况。表 8-5 展示了在大学集聚的城市里，大学对企业创新贡献的估计结果，这些城市包括北京、上海、南京、西安和重庆。与表 8-2 和表 8-3 显示的模式一致，中国国内大学对于中国企业扩散创新的创造影响显著，而对于突破性创新的影响则不显著。然而，国内大学变量估计系数大约是表 8-2 的 3 倍，表明在这些主要城市中，大学相比整体经济具有更大的创新效应。在主要城市中，与其他国家大学的国际合作效应，同样比整体经济显示出更大的影响；然而，在 6 个城市的小样本中，与新兴工业化经济体大学的合作却失去了统计显著性,这可能是因为新兴工业化经济体的大学更多地与一些沿海城市地区(例如深圳、广州、浙江和福建)的中小企业合作,而不是 6 个大学集聚的城市。

表 8-5　中国选取的大学集聚城市里大学和企业创新

变　　量	突破性创新	扩散创新
	1	2
co with domestic uni.	1.297	15.31 *
	(14.14)	(8.044)
co with uni in NIEs	5.047	3.239
	(28.14)	(11.00)
co with uni in US/EU/Japan	26.98	4.418
	(25.52)	(8.481)
co with uni in other countries	50.65 ***	30.68 ***
	(12.52)	(6.164)
lrdin	0.429	2.076
	(2.307)	(1.375)
lrdex	0.372	−1.184
	(1.603)	(1.078)
age	−0.673 *	0.121
	(0.385)	(0.157)
size4	23.57	−38.92 ***
	(20.84)	(11.02)
lack_hc1	13.99	−6.06
	(16.87)	(11.10)
行业虚拟变量	Yes	Yes
常数	Yes	Yes
样本量	123	117
自然对数似然函数值	−175.6	−498.8

注:括号内为稳健标准误差。*** $p<0.01$, ** $p<0.05$, * $p<0.1$。
选取的 6 个大学集聚的城市为北京、上海、南京、武汉、西安和重庆。

8.5.3　英国的大学和产业创新

图 8-3 和图 8-4 展示了 2002 年到 2004 年与外部伙伴,尤其是与大学合作研发的企业比例。平均来说,39% 的英国企业参与了与外部组织的合作创新。在英国,最普遍

英国公司合作伙伴类别分布比例

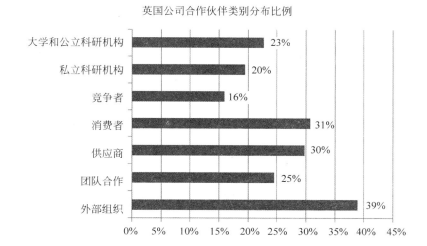

图 8-3　英国公司合作伙伴类别分布比例

英国公司合作大学地区分布比例

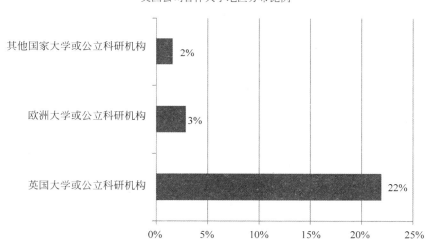

图 8-4　英国企业与各个国家的大学进行研发合作的百分比

的合作创新伙伴是顾客及供应商,平均大约有 31% 的企业称它们与顾客合作进行创新,还有 30% 的企业称它们与供应商合作。选择与大学合作的企业比例为 23%,与中国样本相比低 12%,部分原因可能是中国政府对大学-产业联结的积极鼓励,但也可能是因为中国的样本偏向于大的创新企业,并不能代表中国的所有企业,而英国的调查结果则可以代表其所有企业。大部分英国企业都与国内大学合作,其中大约3%的企业与欧洲的大学和研究机构合作,而大约2%的企业与其他国家的学术伙伴合作。

　　表8-6展示了按规模、部门以及产品创新状态匹配的英国样本的Tobit模型估计。我们同样展示了全体英国制造业样本的估计结果,以检验其与匹配样本间由于产业、规模以及创新分布的结构差异而是否有所不同。在匹配样本中,与其他企业及机构的合作对于突破性创新有着显著的正向影响,而对于扩散创新的影响则不显著。这一模式在某种程度上与匹配的中国样本不同,在中国样本中,合作对于扩散创新的影响更强。与中国的结果一致,大学变量的估计值是正的,但不显著。打破大学来源的划分,与英国国内大学的合作对于突破性创新显示出显著的正向影响,然而其对于扩散创新的影响并不显著。这与我们从中国数据中观察到的模式是相反的。英国企业与欧洲以及其他国家大学的合作,对于其突破性创新与扩散创新并没有任何显著影响,这一点与中国也是相反的。此外,内部研发费用显著促进了突破性创新,这与中国企业层面研发主要用于同化与发展,并因此对于扩散创新的贡献并不显著的发现同样相反。与中国的案例一致的是,外部研发仅显著促进了突破性创新。更大、更老的企业同样显示出更少的扩散创新。研发人员的限制并没有任何显著的效应。

　　然而,在英国制造业整体的案例中,合作对突破性创新和扩散创新都展现出显著的正向影响,尤其是与普通大学和与英国国内大学的合作,但大学对于英国企业创造突破性创新的贡献大于扩散创新。与从匹配的英国样本获得的结果一致,与外国大学的国际创新合作对于突破性创新和扩散创新均没有显示出任何显著影响,这给未来研究提出了一个非常有趣的问题,即为何要建立这样的国际合作以及它们为何无效。

　　总之,表8-6的信息表明,英国大学在企业创新中的作用与现有的研究是一致的,它们对于突破性创新和扩散创新都有贡献,而它们对世界级突破性创新的贡献相对大于扩散创新的贡献。然而,新兴经济体中大学的作用则不同,在中国,国内大学和产业的合作对于扩散创新活动的贡献显著,而对于世界级突破性创新的贡献较小;与国外尤

表 8-6　英国的大学和企业创新：标准 Tobit 模型估计

变量	Matched sample(匹配样本)						Manufacturing full sample(制造业整体样本)					
	Novel innovation (突破性创新)			Diffusion innovation (扩散创新)			Novel innovation (突破性创新)			Diffusion innovation (扩散创新)		
	1	2	3	4	5	6	7	8	9	10	11	12
co with other org.	4.514** (1.820)			1.687 (1.831)			12.92*** (1.351)			13.37*** (1.367)		
co with universities		1.641 (2.128)			0.650 (2.392)			9.834*** (1.685)			7.353*** (1.803)	
co with domestic uni.			4.754** (2.222)			1.326 (2.337)			9.613*** (1.733)			6.727*** (1.850)
co with uni in Europe			-4.584 (4.061)			6.345 (6.681)			0.993 (5.001)			4.638 (5.559)
co with uni in other countries			-4.08 (5.586)			-3.866 (8.057)			-6.479 (5.432)			-2.601 (6.643)
lrdin	1.238*** (0.275)	1.060*** (0.284)	1.036*** (0.281)	0.138 (0.261)	0.116 (0.275)	0.13 (0.277)	3.130*** (0.214)	3.121*** (0.222)	3.152*** (0.222)	2.691*** (0.202)	2.814*** (0.207)	2.827*** (0.207)
lrdex	0.864*** (0.32)	0.864*** (0.32)	0.873*** (0.318)		0.179 (0.298)	0.13 (0.293)		0.880*** (0.256)	0.904*** (0.258)		0.711*** (0.268)	0.709*** (0.268)
Size4	-0.511 (1.859)	-0.838 (1.884)	-1.346 (1.917)	-4.283** (1.76)	-4.272** (1.821)	-5.184*** (1.849)	-3.525** (1.411)	-3.807*** (1.457)	-3.804*** (1.46)	-2.550** (1.484)	-2.419 (1.539)	-2.411 (1.539)
age	3.535 (3.136)	3.057 (3.172)	2.924 (3.105)	-13.21*** (4.193)	-13.29*** (4.186)	-13.01*** (4.003)	-1.078 (1.919)	-0.893 (1.92)	-1.005 (1.916)	-6.524*** (2.247)	-6.290*** (2.248)	-6.391*** (2.246)
lack_hc1	0.098 6 (1.737)	-0.219 (1.734)	0.19 (1.725)	1.295 (1.685)	1.249 (1.689)	2.222 (1.676)	4.551*** (1.139)	4.298*** (1.14)	4.383*** (1.143)	5.216*** (1.175)	5.143*** (1.18)	5.145*** (1.185)
行业虚拟变量	Yes	Yes	Yes	Yes	Yes	Yes	Yes	Yes	Yes	Yes	Yes	Yes
常数	Yes	Yes	Yes	Yes	Yes	Yes	Yes	Yes	Yes	Yes	Yes	Yes
样本量	793	793	793	793	793	793	4,296	4,297	4,297	4,296	4,297	4,297
F检验值	4.665	4.38	2.157	2.242	1.816	1.699	17.35	16.35	15.23	19.03	16.45	15.21
自然对数似然函数数值	-2 146	-2 144	-2 132	-2 741	-2 741	-2 725	-5 886	-5 907	-5 908	-7 619	-7 652	-7 652

注：括号内是稳健标准误差。*** $p<0.01$，** $p<0.05$，* $p<0.1$。

其是新兴工业化经济体的大学进行国际创新合作,则显著促进了中国世界级突破性创新。

8.6　结　　论

本章试图利用中国企业层面的创新调查数据,研究新兴经济体中大学对于产业创新的作用,随后将中国的模式作为基准,与英国(作为一个传统的工业经济体,已有显著数量的研究来阐述大学在创新中的作用)进行比较。本章的一个关键发现是,国内企业的合作在促进前沿技术扩散以及国家或企业级突破性创新上起到了显著的作用。已有文献指出,大学合作将促进更大创新(该观点可以从我们对英国的分析中获得的证据中获得支持),但与这一传统观点相反的是,在中国与国内大学的合作对世界级突破性创新的贡献是有限的。

对于增强中国企业世界级突破性创新成果的能力,企业与国外大学的国际创新合作看起来是富有成效的,特别是与东亚的新型工业化经济体(例如新加坡、韩国、中国香港和中国台湾)以及除西方工业化经济体外其他国家(例如俄罗斯、巴西、澳大利亚和印度)的大学的合作创新而言;相比之下,与西方工业化经济体大学(外国大学中最普遍选择的合作伙伴)的合作并没有预期的那样富有成效。考虑到技术和文化差距的重要性,以及有效国际技术转移适合性的重要性,国际大学创新合作整体模式的有效性证明了这一点,这与直接技术转移(Acemoglu,2002),以及 Fu 和 Gong(2010)关于西方技术转移对许多中国产业部门提升自主技术能力无效的发现是一致的。相反,来自新兴工业化经济体和新兴南方国家的大学的知识,似乎与中国企业更相容。总之,来自相容的经济和技术背景的国际大学扮演了全球知识来源的角色,对新兴经济体的世界级突破性创新起到了促进作用。但这与英国的案例又有所不同;在英国,与国内大学的合作联结是显著贡献于英国企业产业创新的唯一形式。尽管如此,未来的研究应更加深入地探讨中国和英国与世界最先进经济体大学的合作在孕育新颖产业创新方面无效的原因。

本研究的发现同样表明，对规模和产业进行限制后，当我们集中关注创新企业时，大学是中国企业最普遍的创新伙伴。尽管"合作"（collaboration）一词的翻译与英语中的 co-operation 在概念上可能存在语言问题，而且这也许会妨碍我们直接就两国合作层面进行比较，但值得注意的是，中国企业与大学进行合作创新活动的百分比相当高，这表明强力的政府政策推动以及科技系统市场化改革，已经有效地促进了中国大学-产业的强联结。

现有研究的发现，对于新兴和发展中国家或地区，从大学挖掘知识和资源以促进创新的过程有着重要的政策和实际应用，国内大学的最佳定位是帮助发展中国家的企业获得、吸收、破解以及适应国外技术。首先，鉴于技术转移对发展中国家的重要性，尤其是在工业化的早期阶段，发展中国家应该将大力促进大学-产业合作，作为提升国内经济吸收能力的方法。其次，地理、技术以及文化上的接近性，已经构成了中国企业与新兴工业化经济体之间更近的关系。在这些案例中，两个伙伴间的协同作用，以及双方在相容而先进技术之间的水平差距，形成了一个产生创新想法、产品及工艺的基础，这个基础是创造性的，而且是知识丰富的。另外，与新兴南方国家大学的合作，似乎对于突破性创新的产生具有稳健的正向影响。近年来，伴随着中国企业国际化的加强，中国企业越来越多地通过与国外大学国际创新合作来创建工艺，例如，华为与包括美国斯坦福大学、加利弗尼亚大学、加州大学伯克利分校、英国帝国理工学院、英国萨里大学、波兰波兹南工业大学等许多国外大学形成了技术联盟，并在联盟中扩展其技术投资（Fu，2014），而事实证明这些投入是值得的。另外，中国在太阳能光伏产业的技术领先，同样是通过与一所澳洲大学合作获得的。因此，发展中国家的企业在寻求国际合作时，不应该仅局限于考虑与美国、欧洲以及日本大学的合作，对于他们来说，新型工业化经济体以及新兴南方国家的大学，在创造突破性创新成果上是更相容且更有效的伙伴。

附录 8-1　中国样本的变量相关系数

中国样本的相关系数

中国	newsal	newsaln	newsald	lrdin	lrdex	co	cogd	cosd	cocd	copd	coprid	counid	couni1	couni2	couni3	couni4
newsal	1															
newsaln	0.2644	1														
newsald	0.877	−0.2169	1													
lrdin	0.2833	0.1081	0.2292	1												
lrdex	0.1475	0.0611	0.1115	0.4035	1											
co	0.1839	0.0558	0.1618	0.3681	0.3194	1										
cogd	0.1504	0.0199	0.1461	0.2651	0.2141	0.5965	1									
cosd	0.1207	0.0409	0.1099	0.2364	0.222	0.6167	0.5988	1								
cocd	0.1444	0.027	0.1409	0.2093	0.1984	0.6033	0.5267	0.6705	1							
copd	0.1089	0.035	0.1041	0.2228	0.2055	0.4852	0.5151	0.635	0.6112	1						
coprid	0.1145	0.0572	0.0834	0.2041	0.2645	0.433	0.4592	0.5493	0.5227	0.557	1					
counid	0.1616	0.0407	0.1352	0.4018	0.3737	0.7315	0.4151	0.4584	0.4669	0.4329	0.4476	1				
couni1	0.1643	0.0325	0.1421	0.397	0.3645	0.7224	0.4047	0.4537	0.462	0.4302	0.4319	0.9876	1			
couni2	0.0388	0.0763	−0.0005	0.0386	0.0817	0.08	0.0855	0.0804	0.0819	0.1389	0.13	0.1094	0.0633	1		
couni3	0.0389	0.0895	−0.0074	0.0922	0.1019	0.1037	0.1549	0.1293	0.1313	0.1329	0.0904	0.1417	0.0882	0.2474	1	
couni4	0.0655	0.1267	0.0011	0.0725	−0.0419	0.0595	0.0671	0.0633	0.0645	0.053	0.0641	0.0813	0.0506	0.1419	0.2229	1

附录 8-2 英国样本的变量相关系数

匹配的英国样本的相关系数

英国	newsal	newsaln	newsald	lrdin	lrdex	co	cogd	cosd	cocd	copd	coprid	counid_2	couni1_2	couni2_2	couni3_2
newsal	1														
newsaln	0.4687	1													
newsald	0.5989	−0.0564	1												
lrdin	0.1323	0.1699	0.0552	1											
lrdex	0.1024	0.146	0.0347	0.3939	1										
co	0.0492	0.075	0.014	0.252	0.3145	1									
cogd	0.0573	0.0433	0.0407	0.2423	0.2978	0.7147	1								
cosd	0.0719	0.0772	0.0384	0.2217	0.2766	0.8147	0.6723	1							
cocd	0.054	0.0632	0.0259	0.2066	0.2658	0.8344	0.7233	0.7433	1						
copd	0.0428	0.0277	0.033	0.1275	0.2364	0.5465	0.5731	0.5505	0.5805	1					
coprid	0.0673	0.0155	0.0675	0.2518	0.3782	0.6169	0.5604	0.5973	0.5947	0.5391	1				
counid_2	0.0414	0.0682	0.009	0.2656	0.3031	0.6806	0.5198	0.5923	0.5879	0.4589	0.6336	1			
couni1_2	0.0518	0.0774	0.0156	0.2564	0.295	0.6635	0.4968	0.587	0.5708	0.4581	0.6223	0.9749	1		
couni2_2	0.0109	−0.0183	0.0226	0.1026	0.1812	0.2163	0.2503	0.2326	0.2267	0.1909	0.2938	0.3178	0.2352	1	
couni3_2	0.0128	0.01	0.0089	0.158	0.1658	0.1616	0.18	0.1766	0.1721	0.1602	0.2369	0.2374	0.1955	0.4511	1
						UK manufacturing full sample									
counid_2	0.1982	0.1631	0.1585	0.3204	0.2874	0.675	0.5251	0.5961	0.6049	0.5036	0.634	1			
couni1_2	0.1918	0.1564	0.1541	0.3119	0.2862	0.6609	0.5079	0.5857	0.5891	0.4943	0.6177	0.9792	1		
couni2_2	0.0755	0.0575	0.0626	0.1417	0.149	0.2196	0.2215	0.2237	0.2203	0.2142	0.2611	0.3254	0.2367	1	
couni3_2	0.0708	0.0539	0.0588	0.1436	0.1438	0.1485	0.1599	0.158	0.16	0.153	0.2052	0.22	0.1922	0.3489	1

第 9 章

技术学习、隐性知识获取以及产业升级：中国的光纤光缆产业

9.1 引　言

　　尽管技术过程与技术学习的定义可能不同，但十分明确的是，技术学习——总体来说——是积累技术能力以提升竞争力的过程，它会对利润和增长（Lee 等，2001；Geroski 和 Mazzucato，2002）、生产率（Keesing 和 Lall，1992）、出口（Zahra，等，2000；Ernst 等，2004）以及创新（Leonard-Barton，1995，Zahra，1996，Padilla 和 Tunzelman，2008）产生显著的影响。本章旨在探讨我们对从不同的内外部知识来源获得的隐性知识，即员工和研究者掌握的经验和专业诀窍（know-how）中的知识，如何作为技术学习的一部分的理解。

　　技术学习在产业化过程中起到了特别重要的作用，它对于了解欠发达国家如何从发达国家获得必要的技术、完成学习过程、提升价值链，并最终缩短与发达国家巨大的技术和生活标准差距这一过程而言，是至关重要的。从实证上，韩国、中国台湾、新加

坡和中国香港这些新兴工业化经济体（NIEs）的经验为技术学习在实践中的影响提供了最好例证。Pack 和 Westphal（1986）以及 Lall（1987）和 Amsden（1989）后来的研究，与 Hobday（1995）、Kim（1997）、Lee 和 Lim（2001）对新兴工业化经济体特定产业的研究，均清楚地说明了技术改进的影响，它在一代人的时间内将贫穷技术落后的国家，转变为现代、富裕并且世界领先的经济体。正如 Freeman（1994）所说，技术学习的研究是经济追赶的一个重要组成部分，它为经济和人类社会带来了独特的变革价值。

这些文献虽然确定了技术学习在发展中无可争辩的重要作用，但是现有关于技术学习的文献基本倾向于将知识看作同质的，而且对不同性质的知识未作区分。知识的定义应该包括隐性知识、显性知识或编码知识，以此方式扩展知识的定义带来了一些有趣的研究问题。例如，隐性知识和编码知识的来源是否一样，哪一来源对于隐性知识学习比对编码知识学习更有效等。

这些问题至今都没有得到系统性的研究，因此本章试图通过研究隐性知识的有效来源，以得到这些知识的获取和提升方法。到目前为止，这个概念被认为是获取技术知识、性能优势及竞争优势的一个重要环节；但是对这个技术学习中重要却难以理解的环节，现在仍缺少实证数据以及可靠的方法论。

本章通过对中国光纤光缆产业的案例研究来检验隐性知识的获取来源。文章根据中国 95 家光纤光缆制造业企业的调查结果，使用计量经济学估计过程判断隐性知识在技术学习过程中可能的影响。对于我们的研究目的而言，中国的光纤光缆产业的案例无疑是合适而有效的，其供应链的批流程结构将产业分成了 3 个子产业，每一个子产业都在隐性和显性知识间达到了不同的平衡，这不仅使我们能够检验在不同的潜在知识中，哪一类对隐性知识密集子产业的影响更为显著，反之亦然。

本章结构如下：9.2 节讨论文献和理论框架；9.3 节提供中国光纤光缆产业的简要概览；9.4 节讨论数据和方法论；9.5 节展示结果；9.6 节为结论。

9.2　隐性知识的外部及内部来源

目前,尽管技术学习的精确定义依然存在争议,并且需要进一步完善,但我们至少可以理解其中两层含义。首先,技术学习是企业或经济体积累技术能力的轨迹或途径,这些途径可以随时间改变,随着技术能力积累速率的不同变得更短或者更长。这一"宏观经济学"概念是在技术学习过程的高层视角定义的。同样,技术学习也可以从更"微观经济学"的视角进行研究,此方面将更关注个人获得知识的过程本身,而这个知识便是企业转换为技术性能的技术知识,从这个意义上讲,技术学习就是过程本身。本章将增进我们对隐性知识获取途径的了解。基于隐性知识本身的特点,以及关于这个概念相对稀少的文献,我们针对隐性知识不同渠道的重要性以及光纤光缆产业的具体案例,提出了 4 个假设,在提出假设的过程中,我们对技术学习的定义也进行了一些思考。

在技术学习过程相关的定义中存在着明显的争议,一些学者认为技术学习是一个广义的概念,但另一些学者则认为它更多地涉及一些特定的过程。近十年的许多文献都将其内部流程和内部联接相关的问题引入到了技术学习过程中：Kessler,Bierly 和 Shanthi(2000)对内部和外部知识获取与发展的各种优点进行了检验与对比,发现内部形式(internal forms)在创新速度和竞争力持久性方面具有优势；Figueiredo(2003)则对学习过程的关键特征如何根据后续信息对企业间技术性能积累和运行绩效提升方面的不同产生影响,进行了详细阐述；Lokshin,Belderbos 和 Carree(2007)证明了内部知识和外部知识必须以最优的方式组合,这并不牵涉每一种方式自身的最大化,也就是说,如果能够最佳地使用外部技术知识,在内部吸收能力必须充足的同时,内部研发也必须遵循正确标准,并采用正确的类型；相似地,Cassiman 和 Veugelers(2006)也认为,高质量的内部研发过程需要作为外部知识的补充,并建议对这个互补过程和内部研究过程进行更深入的研究；在技术学习研究范围内，应着重强调因考察内部流程而引起的对高效管理技术的研究（Chen 和 Qu，2003）。

这里介绍的与技术学习相关的大量文献，都将隐性和编码知识归为一类；但实际上，对它们各自关联知识的本质而言，这些知识的产生、储存以及转移方式都是不同的。编码知识是指可以转换为正式语言的知识，包括语法语句、数学表达式、规范以及手册等，这使其易于传播与共享；编码知识同样可以通过出版物、专利以及教科书这些物理载体进行传播；同时，一般而言，只要学习者具有足够的能力，并获得了足够清晰的指导，编码知识就可以客观地在一定距离内传播。这也就是说，接受者吸收编码知识的速度更多取决于接受者的才智，而不是在这个问题上所积累的经验。

隐性知识则是根植于个人经历中的个人知识，是所有人都使用过、却不容易表示出来的一类知识。大部分隐性知识无法表示，因为其不能被感知并用语言描述出来（后一种类型相关的例子，包括语法或逻辑规则，甚至是大部分社会准则的隐性知识）（Pylyshyn，1981：603）。因此，隐性知识难以被整理，或是从个人研究者、雇员或经理的经验中分离出来，从而也无法简单地通过文字或其他语言化的方法传递（Polanyi，1967）。隐性知识的传递要求指导者和学习者进行大量亲密的、直接而不间断的交流，并要求学习者要在吸收知识上做出巨大的努力。值得注意的是，尽管隐性知识很难被定义，但它是客观存在的，并且很重要。具备隐性知识（经验以及专业诀窍）的员工是企业成功的关键决定因素，对所有商业领袖而言其价值都是显而易见的；而隐性知识难以复制的特性，又使其相对外部编码知识可能具有更为持续的竞争优势。因此，正是由于其不易复制或模仿的特点，拥有重要隐性知识资源的企业，相比其他企业更加具有竞争优势（Kessler，Bierly 和 Shanthi，2000）。当隐性知识应用于研究和技术学习过程中时，这样的知识形式有助于我们理解技术学习中的经验，并获得成功。

学习者要想获取隐性知识，需要花费大量的时间从经验和实际工作中学习；但同时，具有隐性知识的工人仅凭直觉，就可以对生产过程中材料、方法或技术中的细微偏差进行调整，这对一个没有技能的新工人而言是困难的，因为他并不知道如何调整，其至无法从规则中总结出方法。从群组或个人中获得隐性知识有两种关键方式,即指导学习和观察学习(Parsaye,1989)。而所谓的"软技术",例如一个企业中完成工作的方式、管理方式以及学习方式,都包括于隐性学习的本质特点中(Nelson 和 Winter,1982)。

总之,隐性知识具有一些与众不同的特点。首先,隐性知识具有很强的嵌入性,通常嵌入在长时间的工作和学习的过程中,且为个人所拥有;其次,隐性知识难以转移并很难模仿。这些定义上的特点都表明,隐性知识从一个人或企业转移到另一个人或企业是比较困难的。

鉴于这种隐性知识和编码知识本质上的差异,它们的学习与获取来源和机制也不相同。隐性知识的获取需要高强度的自学实践以及长时间持续的人际交流。因此,由于研发过程需要很强的学习能力,故内部研发是隐性知识的一个重要来源(Cohen 和 Leventhal,1989)。而隐性知识转移过程中对持久人际间交流的需求,同样表明进口国外机器设备并不是获取国外隐性知识的一个有效渠道。因此,我们得到以下假设:

H9-1:在隐性知识相对更重要的产业中,研发活动是一个较重要的隐性知识来源。

H9-2:在隐性知识相对更重要的产业中,国外设备或技术的进口是一个较不重要的隐性知识来源。

隐性技术知识,例如经验和专业技能,可能具有相当大的行业特殊性;同时,同行企业技术专业技能的积累,与其他企业又具有很大关联性,这样的专业技能可以通过劳动力流动、产业协会会议、社会网络以及其他正式或非正式的人际交流扩散。因此,我们还可以得到以下假设:

H9-3:在隐性知识相对更重要的产业中,同行企业是一个较重要的隐性知识来源。

相较其他3个来源(研发、进口和同行企业间的关联),大学可能既是隐性知识的来源,也是编码知识的来源。其中隐性知识可以通过与大学的合作研究以及正式或非正式的咨询项目获得,而出版物、专利、研发项目成果以及许可则是大学编码知识的重要形式(Etzkowitz 和 Leydesdorff,1997；Hong,2008；Eom 和 Lee,2010)。在从大学转移隐性知识的过程中,合作研究以及非正式的咨询将比出版物和专利起到更为重要的作用(Hong,2008)。从这些观点可以得到如下假设：

H9-4a：大学是转移编码知识和隐性知识的有效来源。

H9-4b：大学的重要性与隐性知识对企业的重要性无关。

9.3　中国的光纤光缆产业：概览

光纤光缆产业既不是一个像汽车制造业一样的装配产业,也不是一个如钢铁产业一样的连续流程产业。它包括了 3 个独立连续流程：(1)预制棒；(2)光纤；(3)光缆的批流程产业(如表 9-1 所示)。尽管中国的光纤光缆产业始于 20 世纪 70 年代晚期的武汉邮电科学院,但是直到 1984 年才开始大规模发展。从 1984 年开始至 1986 年,全国 7 大光纤生产厂(北京玻璃总厂、上海石英玻璃厂、上海新沪玻璃厂、安徽淮南光纤通信公司以及山西太原矿棉厂等)先后引进了英国 SGC(Special Gas Control)公司的预制棒制造设备 34 台,拉丝机 17 台,耗资 1 亿 4 000 多万美元,平均每个企业 2 000 万美元。然而,由于吸收技术专业知识的成本过高,并且缺少配套产业,7 家企业全部都在 1991 年前退出了市场。

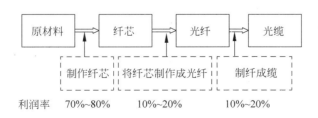

图 9-1　光纤产业的制作流程

从 1991 年起,随着技术学习转变为市场导向,而产业起步也由技术上最复杂的制棒工艺转变为技术上最简单的成缆,光纤光缆产业经历了大规模的成长与扩张。从成缆到拉丝再到制棒,企业的自主能力逐渐提升。到 2006 年为止,中国的光纤光缆产业飞速发展,其产出超出市场核心供给 2 000 万公里,总销售额达到 6 亿美元,跃居世界第二。

在光纤光缆产业中,制棒是一个重要的环节,决定着拉丝和成缆的质量,但是预制棒制造的技术障碍和工艺要求都非常高。最初,大部分有政府支持的国有企业,曾尝试在上游的制棒领域,通过对相关工艺进行消化和吸收获得相关的学习方法,均以失败告终。在第一阶段的巨大失败后,大部分的本土企业,尤其是没有政府支持的私有企业,开始在产业的下游经营,进口光纤加工成缆。这一流程技术要求相对较低,使本土企业得以扩充其技术能力,并实现规模经营;同时,一些企业也试图与国外公司合资经营,以促进双方的深度技术合作。从 2000 年以来,市场机会、技术学习以及各种合作使本土企业成功地进行了预制棒生产。

9.4 数据和方法论

9.4.1 数据

本章使用中国光纤光缆产业所有相关企业的企业层面调查数据。问卷发放给每个企业的总裁、副总裁以及首席工程师,要求他们对企业技术学习的来源和经验等一系列的问题进行回答。这些问题采用 7 分里克特量表的形式打分,认为"极不同意"给 1 分,"极同意"7 分。

此次调研总共收回了 103 份问卷,回复率为 95%,清除无效数据后,最终剩余的问卷包括 95 家企业,有效率为 87%。表 9-2 总结了变量的定义和描述性统计(相关系数表见附录 9）。大部分受访者同意，包括光缆的生产有助于光纤技术的掌握，光纤的生产与制棒技术生产有着相似的收益。隐性知识强度的分数表明，随着光纤产业生产链向上游移动，隐性知识强度也逐渐增加，这也就意味着预制棒产业的知识密度相对较高，而光纤和光缆生产的隐性知识密度分别相对不大，如表 9-1 所示。由于本调查涵盖了该产业的全体企业，我们可以认为结果是一致的，而且是有代表性的。然而，由于该数据仅是在一个时间点获得，本研究并不提供任何因果关系的分析。

表 9-1　光纤光缆产业技术特点的获取

陈　　述	均　　值	标　准　差
预制棒的隐性知识(操作技能和诀窍方面的知识)显著	5.81	1.075
光纤的隐性知识(操作技能和诀窍方面的知识)显著	5.54	1.114
光缆的隐性知识(操作技能和诀窍方面的知识)显著	4.49	1.015

表 9-2　变量的定义

变　　量	定　　义	均值	标准差
comp	企业竞争力：以企业的市场领导力为代理变量	2.5	0.9
tacit1	隐性知识：国外	3.9	2.1
tacit2	行业中的其他企业	1.1	1.4
tacit3	大学	1.2	1.2
tacit4	内部研发	3.7	1.4
codified1	显性知识：国外	3.8	2.1
codified2	行业中的其他企业	1.2	1.4
codified3	大学	1.2	1.3
codified4	内部研究	3.8	1.4
lnlab	ln(员工数)	6.2	0.8
lnass	ln(全部资产)	8.3	1.5
hc	人力资本水平	0.3	0.2
intechl	技术的初始水平	2.8	1.5
rd2	研发强度分数	2.7	1.1
te	行业虚拟变量(1 = 生产光纤的企业；0 = 其他企业。)	0.19	0.4

9.4.2　方法论

由于低隐性知识和高隐性知识产业中,隐性知识来源对企业竞争力有不同的重要性,我们需要检测这些来源的有效性。已有文献已经发现了技术学习与公司绩效,例如利润和增长(Lee 等,2001;Geroski 和 Mazzucato,2002)、生产率(Keesing 和 Lall,1992)、出口(Zahra 等,2000;Ernst 等,2004)以及创新(Zahra,1996,Padilla 和 Tunzelman,2008)之间的稳健联系。因此,我们使用依序逻辑(Ordered Logit)模型来估计以下回归等式:

$$C_i = B_0 + B_1 \mathrm{TL}_i^{\mathrm{in}} + B_2 \mathrm{TL}_i^{\mathrm{ex}} + B_3 X_i + u_i \tag{9.1}$$

式中,C 代表企业的竞争力,$\mathrm{TL}^{\mathrm{in}}$ 代表内部技术学习的来源,$\mathrm{TL}^{\mathrm{es}}$ 代表外部技术学习的来源,而 X 是企业具体控制变量的向量。

因变量竞争力是一个基于企业在市场的领导力的、通过企业对于市场领导力的自我评价衡量的多分类回应变量。对于各个子产业,将市场领导力水平从最低到最高分为 5 个评价等级,若企业含有不只一个子产业,则采取计算平均数的方式获得评价指标。体现在市场领导力中的竞争力并不只能是技术学习的结果,它同样可以由其他因素产生,因此对其他重要企业特征的控制是十分必要的。尽管我们已经尽力控制影响竞争力的其他因素,但由于数据可用性等问题,测试过程中仍可能忽略其他变量,这些问题在得出结论的时候都应该加以考虑。

自变量 $\mathrm{TL}^{\mathrm{in}}$ 将从内部来源衡量技术学习,内部来源包括内部研发的知识获取;与此类似,自变量 $\mathrm{TL}^{\mathrm{es}}$ 则从外部来源估量技术学习,包括:(1)国外进口和获得许可;(2)行业中其他企业;(3)大学的知识获取。这个等式同样使用了表示控制变量的向量,包括企业规模(以企业持有资产的对数衡量)、企业年龄(以年数衡量)、所有权虚拟变量(包括国有企业、股份制企业、合资企业、外国拥有企业、集体所有企业、私人所有企业以及其他企业类型)、人力资本水平(以技术人员在总雇员中的百分比衡量)以及子产业类型的虚拟变量。

本章中我们发现，因为因变量是每个企业对其市场领导力的自我评价，且评价被限制在 1～5 这几个有序的值里，所以依序逻辑模型对于此次分析是适用的。依序逻辑模型一般被用来构建一个多分类回应变量和一组抑制变量的关系模型。根据回应变量是有序的或无序的结构，这些多分类回应模型被分为两个不同的类别。

学习和知识获取的衡量并不是直观的。在本研究中，我们使用的是企业对不同技术学习来源重要性的评价，来衡量不同知识来源的重要性，为评估不同技术来源的重要性，共使用了 8 个与从国外来源、同行业其他企业、大学以及内部研发获得的编码知识和隐性知识相关的自我评价因子。值得一提的是，我们发现在自变量存在高度的多重共线性，而这可能导致不精确的点估计。遵从 Adler 和 Golany（2001）的方法，我们使用因子分析法将 8 个变量的变化归纳到少数几个主成分中，这一方法通过对变量的线性组合去除大量相关的数据，从而使矩阵结构的变量结构转化为少数的几个主成分，如果大部分样本方差可以归入最初几个主成分，那它们就可以在不损失太多信息的情况下替换最初的变量，因子分析的结果总结见表 9-3。我们发现，对 8 个有形或无形知识获取变量来说，96.3% 的变化可以用以下 3 个因子解释：（1）从同行业其他国内企业获得的知识；（2）从内部研发获取的知识；（3）从大学及研究机构获取的知识。因

表 9-3　因 子 分 析

变　　　量	因子 1：从其他本土企业或行业中获得	因子 2：内部研发	因子 3：从大学或研发机构中获得
隐性知识：国外	−0.647	−0.538	−0.520
隐性知识：其他企业或行业	**0.980**	−0.039	0.073
隐性知识：大学	0.062	−0.111	**0.962**
隐性知识：内部研发	−0.047	**0.947**	−0.140
编码知识：国外	−0.715	−0.437	−0.510
编码知识：其他企业或行业	**0.956**	−0.088	0.058
编码知识：大学	0.201	−0.183	**0.868**
编码知识：内部研发	0.047	**0.922**	−0.111

注：黑体数字是从检验中获得的最高数值。因此每个因子都捕捉到了最主要的变量。

子分析的结果指出了一个统一的模式,如果企业已经使用了任何国内知识来源,无论是内部还是外部,基本都不会再直接使用国外的知识来源。也就是说,企业并不以互补的方式同时使用国外和国内的知识来源。

考虑到隐性知识的特征,直接测量隐性知识是有难度的,因此本章我们使用的是非直接的方式测量隐性知识。正如前面所讨论,光纤光缆产业的 3 个子产业,依次代表了 3 个隐性知识强度不断增长的部门,制棒部门的隐性知识最密集,而成缆部门隐性知识的强度最低。另外,样本中的企业也可以分为两类,大约 70 家企业生产光缆和/或光纤,却没有能力生产预制棒;剩下的 20 多家企业可以生产预制棒,其中一些也生产光纤。因此,我们将企业依隐性知识强度分为两组,第一组企业进行低隐性知识强度的光缆或光纤生产,第二组企业则已经掌握了高隐性知识强度的预制棒生产技术。我们使用虚拟变量来表示这种情况,其中变量等于 1 代表隐性知识强度较高的企业,等于 0 则是代表具有较低隐性知识强度的企业。最后,我们使用交叉项来检验隐性和编码知识不同来源的有效性。

9.5　结　　果

表 9-4 展示了依序逻辑估计模型。第 1 列为 3 个知识来源因子都计入模型时的估计结果,第 2 列到第 4 列为 3 个知识来源因子分别单独加入模型的回归结果。在这两种情况下(第 1 列和第 4 列),大学因子的点估计结果均为正向并且统计上显著,这表明,拥有大学作为重要知识来源的企业在市场中更具竞争力。值得注意的是,鉴于数据的横截面本质,其中的因果关系是无法全部被考虑到的。从同行业中其他企业获得的知识,通常对企业竞争力没有显著的影响;而内部研发的估计系数是正向的,但在统计上不显著。企业研发活动对同行业其他企业的相对研发实力变量,对企业的竞争力则显示出了正向影响,并且在 1% 的显著性水平下统计显著。研发变量所得的估计结

果远大于其他控制变量，表明研发变量对企业竞争力的影响很大，这一变量可能与内部知识来源变量关联，并因此解释了内部知识来源变量的不显著性。对于剩下的控制变量，人力资本如预期一样可以对企业竞争力产生积极明显的影响。企业规模和最初技术水平这两个变量似乎对企业竞争力并没有显著影响。

表 9-4　知识来源与技术学习

变量	因变量：竞争力			
Factor 1 (other firms in the industry)	− 0.003	− 0.008		
	(0.013)	(0.012)		
Factor 2 (in house R&D)	0.007		0.009	
	(0.013)		(0.014)	
Factor 3 (Universities)	0.0214 *			0.0227 **
	(0.012)			(0.011)
rd2	0.794 ***	0.791 ***	0.795 ***	0.787 ***
	(0.071)	(0.069)	(0.069)	(0.07)
intechl	− 0.002	− 0.008	− 0.007	− 0.001
	(0.012)	(0.011)	(0.011)	(0.011)
lnass	− 0.001	− 0.002	0.001	0
	(0.013)	(0.014)	(0.013)	(0.012)
hc	0.099	0.112 *	0.106 *	0.106
	(0.061)	(0.065)	(0.06)	(0.065)
行业虚拟变量	Y	Y	Y	Y
所有制虚拟变量	Y	Y	Y	Y
常数	Y	Y	Y	Y
对数似然函数值	− 105.7	− 109	− 108.8	− 105.9
卡方	56.53	53.23	53.46	53.18

注：1. 括号中为标准误。
　　2. ＊显著性水平 10%；＊＊显著性水平 5%；＊＊＊显著性水平 1%。

为检验此行业中隐性知识嵌入性的重要性，我们使用 3 个因子作为解释变量，并将这些因子与产业虚拟变量（如果隐性知识被认为重要则等于 1，其余情况为 0）结合起来估计依序逻辑（ordered logit）模型，结果如表 9-5 所示。全控制变量的回归结果模型 1 显示产业同行因子的交互项点估计为 0.1，并在统计上显著。在隐性知识至关重要的产业中，同行企业似乎是知识积累的重要来源，其他交叉项和因子的估计结果在统计上并不显著。我们还分别对每一个因子及其相应的交叉项建立估计模型(模型2~模型4)。产业同行因子的交叉项点估计值虽然下降到0.09,但依然在统计上显著(模型2);模型3的回归结果显示,内部研发因子交互项的点估计是正值(0.06)并且统计上显著;另外,模型4的结果表明,尽管大学因子的点估计结果是显著正向的(0.03),但大学因子的交叉项估计在统计上却并不显著,且近乎于0,这意味着,无论企业属于哪一产业,大学都可能是隐性知识积累的重要参与者。这些发现支持了我们最初关于不同隐性知识获取渠道相对有效性的假设。

表 9-5　产业中隐性知识的嵌入重要性

变　量	1	2	3	4
	因变量：竞争力			
Factor 1(other firms in the industry)	−0.010 4	−0.011 4		
	(0.011 9)	(0.010 8)		
Factor 2 (in house R&D)	−0.001 6		−0.004 5	
	(0.015 9)		(0.015 3)	
Factor 3(Universities)	0.023 5			0.025 8 **
	(0.014 7)			(0.012 6)
te * fac1	0.101 ***	0.090 9 ***		
	(0.036 5)	(0.032 5)		
te * fac2	0.057 4		0.059 5 *	
	(0.034 6)		(0.035 5)	
te * fac3	−0.02			−0.010 7
	(0.030 4)			(0.038)
te (industry dummy)	0.080 3 **	0.039 6	0.026 7	0.013 8
	(0.033 2)	(0.035 9)	(0.038 5)	(0.044 8)
intechl	−0.01	−0.005 8	−0.013	−0.003 6
	(0.014 9)	(0.012 1)	(0.013 3)	(0.011 5)
lnass	0.002 7	0.002 0	0.000 6	0.000 8
	(0.014 1)	(0.013 4)	(0.012 7)	(0.012)
hc	0.048 8	0.110 *	0.060 4 *	0.105
	(0.060 8)	(0.060 7)	(0.063 6)	(0.066)
rd2	0.757 ***	0.764 ***	0.774 ***	0.791 ***
	(0.081 9)	(0.070 2)	(0.072 9)	(0.073 5)

续表

变 量	1	2	3	4
	因变量：竞争力			
所有制虚拟变量	Y	Y	Y	Y
常量	Y	Y	Y	Y
对数自然函数值	73.7	52.92	65.15	53.76
卡方	−104	−108.5	−107.5	−105.7

注：1. 括号中为标准误。

2. ＊显著性水平10%；＊＊显著性水平5%；＊＊＊显著性水平1%。

尽管将知识来源归结为少量的主要因子这种做法提供了一些有用的信息，但是对个人最初知识来源指标效果的分析，更能对不同种类知识来源的效果提供深入而丰富的信息，表9-6展示了使用个人隐性知识最初来源的回归估计结果。我们将4个隐性知识获取变量与1个产业虚拟变量（产业中隐性知识被认为重要，等于1，其他则等于0）进行了交叉，为避免可能导致不精确点估计的多重共线性的问题，对每一个隐性知识变量及对应的交叉项，我们分别建立了估计模型。

表 9-6　隐性知识—产业中隐性知识的嵌入重要性

变 量	1	2	3	4
	因变量：竞争力			
tacit1	−0.002 0			
	(0.007 7)			
te * tacit1	−0.031 4 **			
	(0.014 6)			
tacit2		−0.006 6		
		(0.008 1)		
te * tacit2		0.057 3 *		
		(0.030 2)		
tacit3			0.008 7	
			(0.009 4)	
te * tacit3			−0.009 6	
			(0.034 2)	
tacit4				−0.004 2
				(0.010 1)

续表

变　　量	1	2	3	4
	因变量：竞争力			
te * tacit4				0.056 0 * (0.030 6)
rd2	0.766 *** (0.076 1)	0.755 *** (0.068 6)	0.788 ** (0.071 2)	0.771 *** (0.073 6)
te	0.168 ** (0.071 9)	− 0.035 8 (0.047 2)	0.012 (0.044 2)	− 0.191 * (0.112)
intechl	− 0.005 2 (0.012 1)	− 0.004 4 (0.012 7)	− 0.005 5 (0.012 2)	− 0.014 4 (0.014)
lnass	0.003 4 (0.013 2)	0.001 5 (0.013 7)	0.001 1 (0.012 3)	0.002 3 (0.013)
hc	0.088 6	0.125 * (0.064 5)	0.113 * (0.064 5)	0.055 8 (0.060 1)
所有制虚拟变量	Y	Y	Y	Y
常量	Y	Y	Y	Y
对数似然函数值	69.87	53.46	54.21	64.6
卡方	− 108.7	− 109	− 107.9	− 107.4

注：1. 括号中为标准误。

　　2. * 显著性水平 10%；** 显著性水平 5%；*** 显著性水平 1%。

模型 2 和模型 4 的回归结果显示，同行业企业来源和内部研发来源的隐性知识交叉项点估计结果是正向且显著的（分别是 0.057 和 0.056），这表明在国内知识重要的行业，国内同行企业以及研发活动是相关企业技术学习的重要来源。另外，模型 1 的回归结果显示，国外隐性知识来源交叉项点估计结果是负向非显著的（− 0.03），这一发现支持了我们关于国外技术来源不是有效学习渠道的假设。来自大学的隐性知识交叉项的点估计在统计上不显著（模型 3）。与之前假设的一样，实验结果表明大学在转移隐性知识和编码知识上都是有效的。

9.6　结　　论

本章在中国光纤光缆行业数据的基础上，对转移和吸收隐性知识中各种技术学习来源的有效性进行了分析。研究结果表明，在技术学习中隐性知识是更重要的因素，内部研发活动以及国内同行企业是技术学习的重要知识来源。另外，大学是创造学习的组织，并且是技术学习有效的知识来源，在隐性知识和编码知识转移上起到同等重要的作用。然而，在国外隐性技术获取过程中，进口设备和许可并不是高效的学习渠道。

另外，我们的研究结果还显示，隐性知识获取的困难性是技术学习的一个重大障碍，这可能是促使企业从隐性知识要求最低的光缆产业起步的重要原因。在企业生产较简易产品的过程中，企业可以相对容易地获得隐性和显性的技术知识以及专业技术，从而逐步在技术阶梯上向上移动，进而生产在技术上更加先进以及复杂的产品。在中国的案例中，这体现为企业最终具备了生产要求最高隐性知识储备的预制棒的能力。也就是说，隐性知识的需求以及技术学习和积累过程，在中国光纤光缆产业的演进和发展中起着重大的作用。

研究结果同样表明，任何国内知识来源的使用发生时，不论是内部知识还是外部知识的企业，都不会直接使用国外知识来源。也就是说，企业并不会以互补的方式使用国外和国内的知识来源。值得注意的是，在本次调查及研究中，国外知识来源指的是通过进口和许可获取国外知识，中国的中外合资企业以及外国子公司被视为同行业的国内企业，这些国外投资企业为隐性知识转移提供了更便利的条件以及更大的可能性（更好的管理实践、技术诀窍）。因此，未来的研究需要完全探讨外商直接投资在学习过程中的作用，而这个问题在根据国外知识来源得出结论时需要注意。

尽管本研究揭示了中国光纤光缆产业在技术学习过程中，有关不同知识来源或渠道相对有效性的一些有趣而重要的事实，但值得注意的是，数据中依旧有两个方面需要完善，首先未来的研究应关注于面板数据分析；其次，相关研究应包括对变量的客观评估，这将使我们可以对企业在技术学习中的不均匀性以及动态性进行控制。

附录 9-1 相关系数

相关系数表

变量	comp	codified1	codified2	codified3	codified4	Tacit 1	Tacit 2	Tacit 3	Tacit 4	intechl	lnass	hc	fibrecore	fie
comp	1													
codified1	-0.039	1												
codified2	0.060	-0.657	1											
codified3	0.090	-0.483	0.114	1										
codified4	-0.082	-0.432	-0.099	-0.266	1									
tacit1	-0.032	0.939	-0.710	-0.491	-0.282	1								
tacit2	0.076	-0.601	0.921	0.147	-0.127	-0.689	1							
tacit3	0.099	-0.484	0.291	0.817	-0.276	-0.511	0.224	1						
tacit4	-0.150	-0.443	0.008	0.188	0.819	-0.418	-0.064	-0.284	1					
intechl	-0.063	0.404	-0.433	-0.360	0.140	0.442	-0.462	-0.346	0.098	1				
lnass	0.114	0.318	-0.348	-0.172	0.012	0.430	-0.356	-0.144	-0.185	0.295	1			
hc	0.090	-0.024	-0.138	-0.020	0.209	-0.031	-0.121	-0.074	0.217	0.201	-0.323	1		
fibrecore	-0.117	0.399	-0.249	-0.291	-0.101	0.307	-0.242	-0.248	-0.012	0.501	-0.107	0.289	1	
fie	0.026	0.141	-0.196	-0.291	0.224	0.203	-0.189	-0.248	0.075	-0.016	0.117	0.073	-0.174	1

第10章

绿色技术的飞跃：
中国和印度的太阳能光伏产业比较

10.1　引　　言

　　为建设全球绿色经济,发达国家与发展中国家都需要进行技术转型。十几年来,发展中国家中的一些新兴经济体,已经在绿色经济相关领域迅速构建了强大的技术能力,其生产量的增长以及绿色技术的扩散都是引人注目的。特别是中国和印度,已经发展成为一些新兴绿色技术产业,例如太阳能光伏板、风力涡轮机以及电力和混合动力电动车等领域的全球领先者。这些绿色产业的快速发展同样在学术界催生了一系列值得深入探讨的问题,自主研发、通过外商直接投资的技术转移、贸易以及其他渠道对于技术进步的各自贡献程度如何;国家创新系统在促进更有效的技术获取、技术适应以及技术发展中的作用如何;其他发展中国家又能从中国和印度绿色产业的发展中获得什么经验教训等。因此本章的目的就是通过对中国和印度太阳能光伏产业技术过程战略的分析和比较,同时考虑技术转移、自主创新以及国家创新系统在绿色技术发展、扩散、应用和适应中的不同作用,评价新兴经济体中绿色技术能力中的关键决定因素。本章研究内容的主要贡献有两个方面:首先,它引入并介绍了"两条腿前进"战略,即同时采取技术转移和自主创新的战略。这在发展中国家中,无论对于技术进步,还是绿色技术产业发展都是合适的。它提供了适用于发展中国家绿色技术产业正确的技术进步组合与排序,显示了在不同发展阶段每一机制的重要性。其次,我们发现健全而完善的国家环境创新系统,不仅有助于技术的可持续性进步,同时对竞争性绿色经济的跨越式发展也有着重要的推动作用。

本章结构如下:10.2 节对发展中国家的技术进步机制进行了综述,包括技术转移、自主创新和追赶的常规与非常规机制;10.3 节提供了中国和印度科技部门的现状,并通过对引领光伏产业公司的案例研究,对太阳能光伏产业进行了概览;10.4 节分析了两个国家采取的技术进步战略;10.5 节讨论了公共政策和机构以及私人参与者在创新系统中的作用,特别是环境创新系统;10.6 节总结了本章的内容,并为寻求提升绿色经济技术能力的发展中国家提供了政策性建议。

10.2 新兴经济体的技术转移、自主研发以及技术进步

创新是高成本、高风险并且是路径依赖的,这有力支持了贫穷国家主要依赖对国外技术的获取来实现技术发展的论点。实际上,世界范围内大部分的创新活动高度集中于少数几个发达国家,因此国际性的技术传播便成为发展中国家经济增长的一个重要条件。如果国外的先进技术较易扩散及应用,一个技术落后的国家便可以通过对先进技术的获取和吸收,对相关产业做出更快速的部署,最终完成对发达国家技术水平的追赶(Grossman 和 Helpman,1991,1994;Romer,1994;Eaton 和 Kortum,1995)。

技术可以通过各种传播机制在企业间、区域间以及国家间扩散。这些传播机制包括:(1)技术授权;(2)国际贸易带来的商品流动;(3)内向和外向外商直接投资带来

的资本流动；（4）移民、旅行、工人和学生的国外教育带来的人员流动；（5）国际研究合作；（6）公共知识通过媒体和互联网的扩散；（7）从供应链内国际技术转移带来的全球价值链利润整合（Fu，Pietrobelli 和 Soete，2011）。尽管有时知识的拥有者会有意地将一些知识转移给接受者，但很大比例的知识溢出是由预料之外的知识泄露造成的。近年来，创新模式变得越来越开放，并且正在加强对外部资源的利用。因此，国际性知识扩散对于一个国家或企业创新过程的每一个阶段都可能是有利的。

10.2.1 外商直接投资与技术转移

长期以来，外商直接投资一直被认为是将先进技术转移到发展中国家的主要媒介（Lall，1992；Dunning，1994），跨国企业利用内在激励机制，鼓励母公司与子公司之间在技术转移方面的技术共享（Markusen，2002）。因此，可以预期在中长期发展阶段中，本地企业将通过以下方式受益于跨国企业：（1）国外投资的合资企业，通过内部的机器设备进口以及劳动力培训实现技术溢出或转移；（2）通过示范效应和劳动力流动，可能会带来同行业或同区域的水平技术溢出；（3）价值链内通过向前或向后的联结也会带来垂直技术溢出；（4）通过促使低效率企业退出市场并迫使其他企业创新，以维持自身竞争优势的竞争效应（Caves，974；Fosfuri，Motta 和 Ronde，2001；Javorcik，2004）。作为世界最大的国外资本流入地，中国已经实行了一系列政策，来增加国外企业与本土企业的联结以及内向的知识转移。然而，外商直接投资对于本地企业的技术升级也可能具有不利的影响。这是因为，首先，外商直接投资可能会使相互竞争的国内企业处境恶化，甚至将它们挤出市场（Aitken 和 Harrison，1999；Hu 和 Jefferson，2002）；第二，来自外国子公司的强力竞争可能减弱本地企业的研发力度（OECD，2002）；第三，外国子公司可能由于缺乏与本地经济进行的有效联结而成为"飞地"。因此，外国资本流入对于本土企业生产率和创新能力的影响在实证证据上是不一致的，例如，Buckley，Clegg 和 Wang（2002）发现的正向影响，以及 Hu 和 Jefferson（2002）、Fu 和 Gong（2011）运用中国产业及企业层面数据得到的消极影响，还有 Sasidharan 和 Kathuria（2008）使用印度企业层面数据得到的负向影响等。

10.2.2　技术授权与技术转移

技术转移的第二个常规方式是技术授权,它是发展中国家国际技术转移的一个重要来源(Correa,2005),技术授权在专利和编码知识的转移上尤其有用。从被许可方方面来看,技术授权比内部研发成本低、风险低,同时缩短了将新产品引入市场的时间;从许可方的利益来看,技术授权比外商直接投资风险低且利润高,但技术却有可能通过被复制或劳动力流动,造成在东道国的技术溢出和泄露(Darcy 等,2009)。因此,一些跨国企业可能会偏好利用外商直接投资(避免使用技术授权方式)或仅转移落后技术的方式,来规避先进技术泄漏的风险(Markus,2000)。另外,成功的转移同样取决于被许可方学习、发展以及使技术市场化的能力(Hoekman,Maskus 和 Saggi,2005,Kamiyama,Sheehan 和 Martinez,2006)。

10.2.3　进口与技术转移

机器设备的进口是发展中国家获取先进技术、同时增加竞争力的另一个重要渠道(Coe 和 Helpman,1995;Fagerberg,1994)。然而,使用进口的机器生产高质量产品,并不意味着发展中国家已经掌握了设计和生产先进机器的技能,要掌握嵌于进口机器中的技术,还需要进行大量的技术学习以及逆向工程技术的获取。以中国高技术产业为例,Li(2011)发现仅投资于国外技术并不会提高国内企业的创新能力,除非它与产业自身的内部研发结合;相反地,只有国内技术购买能够促进创新,同时此研究也表明,本土的技术更容易被国内企业吸收。

10.2.4　本国资本流出与技术转移

对于新兴经济体中的跨国企业而言,直接投资发达经济体的一个主要动机是他们期待可以通过与外国公司、研发实验室、研究机构和大学建立的合作共享机制,来获得知识和具有研发功能的、未经开发的生产设施。不过,本地企业和机构的并购、对所需技术诀窍(know-how)的持有,或仅仅是拥有技术研发所需的研究人力或潜力同样能发挥作用。资产探索(asset exploration)已成为新兴经济体资本流出的主要类型(Dunning,Kim 和 Park,2007)。创新模式已经变得越来越开放,本国资本流出带来的主动知识获取将成为提升企业,尤其是具有必要吸收能力企业创新能力的一个有效机制。

10.2.5　自主创新与追赶

技术扩散和采用往往是高成本的,它不仅对特定的前提条件有很高的要求,而且即使满足了前提条件,其通常情况下的应用也困难重重。首先,技术生产者通常不愿意分享他们的基础能力,而由于这是跨国企业维持竞争优势所需要的核心竞争力,他们还会尽力防止知识泄露(Mallett 等;2009,Fu 等,2011);其次,许多技术是隐性的、难以转移的,因此内部研发对获取隐性知识而言是至关重要的,而大学在这方面可能会提供一些帮助;再次,知识具有的积累性和路径依赖性表明,为了对被转移的国外技术完成有效吸收和适应,本土企业的自主技术能力必须进行赶超式发展,它们的自主研发是重要而必要的;最后,如果我们考虑到技术转变是一个通过实操实现的本地化学习过程,那么发达国家创造的国外技术,并不都适用于发展中国家(Atkinson 和 Stiglitz,1969)。所以说,鉴于对发展中国家不同的产业化和发展阶段而言,每一个驱动力的相对重要性都不相同(Fu 等,2011;Fu 和 Gong,2011),发展中国家要想构建有效的技术能力,它们就应尽可能地充分利用自主创新以及国外技术转移,也就是“两条腿前进”战略。

实际上,国外技术转移和自主创新两者之间是互相促进的,本土创新是本土企业最终得以有效利用国外技术转移的先决条件,非常规的技术转移机制,例如国际研发合作以及外向直接投资,只有在本地产业已经发展出具有全球认同度、拥有同外国企业合作或收购国外公司相关资源能力的世界级企业时,才可能发生。这样的新兴跨国企业被称为"国家龙头企业",它们可以在自身网络内用全球价值链进行创新,并获得新技术和专业诀窍(Fu 等,2011)。

自主创新的另一个作用是它在创造知识与提高学习和吸收能力上具有双重功能(Cohen 和 Levinthal,1989;Aghion 和 Howitt,1998)。衡量吸收能力的一个重要指标是本土企业进行的研发活动,而这一假设得到了 Li(2009)、Fu(2008)、Fu 和 Gong(2011)基于中国经验的研究支持,国外技术对于本土企业的技术转变确实有一定的正向影响,但只有在拥有充足的自主研发活动和人力资本的条件下才能实现技术升级。

"两条腿前进"战略对于绿色经济的技术进步而言同样适用。对绿色经济的发展而言,国外技术转移依然是一个重要的驱动力,并已成为联合国气候变化框架公约(UNFCCC)下减少温室气体排放解决方案的一个重要部分;同时,Bell 在 1990 年作出的一份研究认为,低碳创新能力同样可能依赖于自主投资培训、研发以及逆向工程。而基于中国和印度在风力发电、太阳能和电力及混合动力汽车产业方面的经验,Lema和 Lema(2012)发现,诸如专利授权、外国资本流入、本国资本流出以及进口等常规技术转移机制,对于产业的形成和发展是非常重要的;而当这些产业已经起步并逐步赶上全球领先者后,其他机制,例如自主研发、全球研发网络以及从西方企业收购获取则将变得越来越重要。

10.3　中国和印度太阳能光伏产业科技发展及成长

在过去 30 年里,伴随着研发费用的显著增加,中国经济也不断地快速增长,与其他发展中国家相比较,如印度和巴西,中国的研发费用增加量最大,自 1995 年来每年增长率为 19%,同时从事研究和科学工作的青年人数也是最多的(OECD,2008)。另外,截至 2008 年,国外企业已经在中国建立了超过 1 200 个研发中心(Zhu,2010)。尽

管中国的技术能力与世界经济合作组织国家仍然存在差距，中国的科技部门依然在
"十一五"（2006—2010）期间取得了大量的成就。中国的研发强度从 1995 年的 0.6%
上升到 2009 年的 1.7%。2009 年，中国高等教育毕业生（仅指科学、工程、农学以及医
药专业）数量大约是 1995 年水平的 8 倍，授权专利数量约比 1995 年高 13 倍，而高技术
出口则超过 28 倍（OECD，2008；China National Bureau of Statistics[2]）。

可再生能源的研究同样取得了巨大突破，仅在 2009 年就有一系列显著的里程碑
事件：数个可调速风力电厂取得实质性进展，包括建成了两个早期生产阶段装机总量
1.5MW、后期分别达到 2.5MW 和 3MW 的风力电厂；太阳能和电池技术取得显著进
展，共计 21 个城市使用了太阳能照明；与日本技术公司合作，开发了适用于干旱地区
的小型风力灌溉发电机；以及与美国领先的太阳能公司"First Solar"合作，在内蒙古建
成一座 2GW 的太阳能发电站……为支持这些建设，中国政府在 2009 年到 2010 年间
为可再生能源产业投入了大量的持续的资源——建设太阳能发电厂预算 200 亿元人
民币，投入 2 亿元人民币用来发展 13 个城市的公共电力器材，花费 20 亿元人民币以
促进电力汽车的相关发展，以及投入了 60 亿元人民币支持电池技术的创新（MOST，
2010）。

从 2003 年起的 10 年间，中国可再生技术的生产能力快速增长。在太阳能光伏产
业中，中国的全球份额从 2003 年的不足 1%，逐步成长为 2008 年全球最大的生产商
（Climate Group，2009；Strangeway 等，2009）。而根据太阳能商业的报告（solarbuzz），
2009 年中国生产了累计容量达 2 570MW 的太阳能电池，占到世界总产量的 37%；联
网建筑物（on-grid building-mounted）太阳能系统安装市场，从 2008 年中国的市场占有
率为 33%，然而仅仅一年后即跃升至 88%。值得注意的是，中国的光伏产品有大约
95% 是出口到其他国家的，尽管 2008 年中国国内光伏安装需求增长了 552%，但 2009
年中国国内需求总量仅为 228MW。不过，中国已经制定了 2020 年国家目标，如
表 10-1。从表 10-1 中数据可以看出，2020 年前可再生能源生产水平将是 2006 年的
3 倍，中国将会有 1/3 的家庭装置太阳能热水器，同时可再生能源占所有能源生产的比

例也将从 2005 年的 16% 上升到 2020 年的 21%。

表 10-1　2020 年中国可再生能源目标

发电类型	2006 年实际	2010 年估计	2020 年目标
总水电/MW	130 000	180 000	300 000
小型水电/MW	47 000	60 000	85 000
风力/MW	2 600	5 000	30 000
生物能源/MW	2 000	5 500	30 000
太阳能入网/MW	80	300	2 000
太阳能热水器/m²	100	150	300
乙醇燃料/百万吨	1	2	10
生物柴油/百万吨	0.05	0.2	2
生物质颗粒/百万吨	0	1	50
生物质气体/百万吨	8	19	44

来源：Li 和 Martinot（2007）

在强力的经济改革下,印度也实现了高速增长,其中同样伴随着教育和研发费用的增加。印度统计和规划实施部(MOSPI)的数据显示,从 2000 年到 2009 年,印度教育的公共花费在 21 世纪的第一个 10 年增长了 126%;从 2001 年到 2008 年,印度国内大学数量增加了 80%,研究型博士生的培训增加了 90%,科学、工程、农学以及医药专业高等教育毕业生增加了 48%。印度中央政府"十一五"计划(2007—2012)期间的科技和环境花费,比"十五"计划(2002—2007)(MOSPI)增加了 194%,而地方政府相应花费增加了 553%。同时,印度新能源和可再生能源的自主研发、设计以及发展所获得的支持也相应得到了增加。印度在新能源和可再生能源部的第 11 次计划提案中,强调国内产业要在不过分依赖进口的情况下,尽可能地为市场提供高性价比的、可靠的产品和服务,并重点强调了国内产业市场地位的重要程度(MNRE 2006,p. 8)。为此,政府给予公共研究机构或大学高达 100% 的补贴,以期获得良好的成果。企业的研发投入可获得 50% 的补贴,同时如果技术成熟的时间相对较长,那么产业初始阶段企业获得的补贴将会更多,并且政府还鼓励企业在产品升级、标准引进等过程中进行研发;而如果某些技术关乎较大的国家利益且利益可以预见,则同样支持企业与外国公司的合作研发。印度已经意识到,技术研发对于能源部门来说是至关重要的,并且将研发视作政府资助的公共物品,特别是在太阳能、生物能源、替代燃料和存储技术上的研发(MNRE,2006)。

在太阳能领域,印度同样是一个主要的新兴国家。据印度新能源和可再生资源部(MNRE)估计,从 2008 年到 2009 年间,太阳能电池的总产量超过 175MW,而光伏组件则为 240MW(India Semiconductor Association,2010)。与其他国家不同,印度光伏的应用主要集中于离网(而非联网)连接以及小容量应用,且大部分用于公共照明、城市本地能源储备以及农村地区的小型电力系统和太阳能灯。与中国类似,印度国内光伏的需求也相对有限,约 75% 的太阳能电池被出口到国际市场中(India Semiconductor Association,2010;Lema 和 Lema,即将发表)。同时,印度也制定了 2022 年的国家目标,如表 10-2 所示,总体而言,该目标大约是 2007 年水平的 5 倍,但相对来说这些目标比中国的既定目标低很多。

表 10-2　印度 2022 年(13 次计划结束)可再生技术目标(MW)

发 电 类 型	2007 年实际	2012 年估计	2022 年目标
风力	5 333	10 500	22 500
小水电	522	1 400	3 140
生物能	669	2 100	4 363
太阳能(上网/离网)	1 *	50	N/A
分布式/分散可再生能源系统	N/A	950	N/A

注：* 只有上网。
来源：MNRE(2006)

10.4　中国和印度太阳能光伏产业中的技术转移和自主创新

中国太阳能光伏产业发展模式的一个显著特征是对自主研发的重视,尽管企业在研发过程中同样利用了许可协议以获得光伏技术,但几乎所有的主要企业都是研发密集型的(Lema 和 Lema,2012),到 2009 年,中国拥有的太阳能光伏企业以及研发实验室超过 500 家,且都在积极地向相关技术前沿推进(Climate Group,2009)。而且值得一提的是,通常情况下企业不仅在研发上花费大量的投资,也对价值链上游和下游的其他产业,如硅材料加工等,也有一定的侧重。

2010 年,国家龙头企业尚德、英利太阳能和天合光能,在总输出兆瓦方面均居全球前 10 位(Lema 和 Lema,2012),表 10-3 显示了有关以上企业的详细信息。以"技术是核心竞争力,创新是灵魂"为理念的尚德,拥有世界最大的太阳能发电厂,为世界上超过 80 个国家制造和提供太阳能组件,它采用的是技术转移于自主创新混合的创新机制。其他高技术公司通常会引入一整套国外机器设备来获得技术转移,但尚德却仅通过获得授权的方式使用核心设备,并与国内生产设备整合以实现国外技术内化。除常规的技术转移战略外,尚德自建立起内部创新就十分重视内部创新,在起步阶段后,它每年都将投入年收益的 5% 用于研发活动(Jiang,2009)。目前,尚德拥有的是一支世界级的研发团队,专家超过 450 个,并且与国内外的大学和研究机构有着紧密的合作,他们已经开发了自己的核心硅、电池技术、太阳能组件设计以及封装方法等核心技术,并在成功申请大量专利后,将这些技术和方法完成了商业化以产生经济效益。同时,尚德还与产业链上下游的公司建立了垂直战略联盟,并从地方和中央政府获得了许多资金和政策支持。而就技术转移的非常规机制而言,尚德近年来已经开展了对外直接投资和海外收购,例如在 2006 年,它接管了日本最大的光伏组件生产商 MSK,这家企业在当时拥有 98 个专利,并且在设计和实现光伏建筑一体化应用中拥有超过 20 年的经验(Jiang,2009);自 2009 年起,尚德已在美国和欧洲成立了一些子公司,这样不仅能使尚德更加接近高标准直接产品的供应商以及最终产品的主要顾客,同时,尚德也能够在这些技术先进国家更容易地获取最新的太阳能电池技术。

与尚德类似,英利太阳能和天合光能都同样注重创新,它们也都采取了垂直整合商业模式,与下游供应商建立了许多战略技术合作,而英利太阳能同样也参与了海外投资。另外,尚德、英利太阳能和天合光能都成功地在纽约证交所完成了上市,以便充分利用全球资源。总之,从宏观层面来看,中国已经成为太阳能光伏产业研究和生产的全球领先国家,由此也吸引了不少跨国企业在中国建立研发实验室及合作研发实验室(Lema 和 Lema,2013)。

表 10-3　中国和印度领先太阳能光伏公司的详情

项目	中　国[*]			印　度		
	尚德	英利太阳能	天合光能	Moser Baer Solar	Tata BP Solar[#]	HHV Solar
建立年份	2001	1998	1997	2005	1989	2007
员工数	20 231	11 435	12 863	>7 000	>600	100-500
周转率(百万美元)	2 901.9	1 893.9	1 857.7	>500	250	35[†]
总资产(百万美元)	5217.1	3 664.9	2 132.1	>1 000	N/A	N/A
销量(以兆瓦计)	1 572	1 061.6	1 057	300[‡]	67.4	40
出口占销售百分比	94.7%	94.00%	96.20%	90%	79.20%	81.90%

注：[*]中国企业的所有数据均是 2010 年底；[#] Tata BP Solar 的周转率、销量和专家数据采用 2008—2009 财政年度数据；[†]HHV 太阳能 2010 年度目标；[‡]2010 年生产力。

来源：公司网页,年报,以及报刊新闻

因此,伴随着与产业和大学、研究机构、日益增长的国内和国际合作研发的紧密联系,中国的太阳能光伏产业技术能力构建已形成了一个较先进的自主研发引导的模式。而印度太阳能光伏部门的发展,主要是通过专利许可、合资经营及并购和内部研发 3 种主要方式的结合进行(Mallett 等,2009),这与印度当前在本产业方面的技术和生产能力发展水平是一致的。目前,印度最大的太阳能制造商是 Moser Baer Solar,Tata Power 和 HHV Solar(详细参见表 10-3)。Moser Baer Solar 拥有长期的研发计划,专注于通过创新提升效率并降低成本,它已经与美国太阳能技术企业建立战略联盟,主要侧重于太阳能技术的分布和生产。Moser Baer Solar 在印度拥有自己的研发设施,同时与国际知名研究机构和印度产业内外参与者也有一些合作研究项目。HHV Solar 同样拥有成熟的研发中心以及海外合作关系,而 Tata Power 则通过与世界领先的太阳能企业 BP Solar 合作,建立合资企业(Tata BP Solar)以实现常规技术转移。

　　图 10-1 总结了中国和印度太阳能光伏产业主要的技术转移和创新机制。图中显示,两国的企业都使用了技术转移和自主创新相结合的机制,并且这些机制会随着企

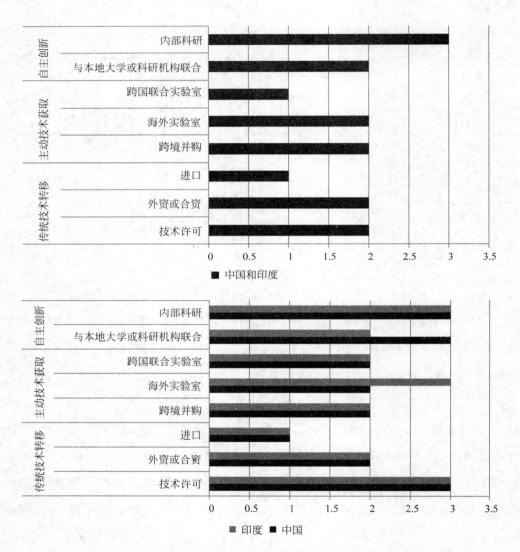

图 10-1　中国和印度的太阳能光伏产业的技术转移与知识自主创造机制

来源:公司网站,年度报告,Lema and Lema(forthcoming),Strangway et. al(2009),Lewis(2007)

业发展的阶段顺序而变化。企业在起步或早期发展阶段，主要采用的是技术授权、合资经营、联合研发以及内部研发的模式，这些机制的重要性在中国和印度是相同的。而在后期阶段，也就是追赶阶段，尽管合资经营、合作研发以及技术授权依然重要，但内部研发、本地技术连接、海外研发实验室以及并购起到的作用也越来越大。比较中国和印度，有证据表明中国更加看重内部研发，采取由外向内的技术转移和自主创新模式；而印度采取的则是更面向全球化的积极技术获取模式。

　　总之，中国和印度太阳能光伏产业发展的路径并不完全相同，如图 10-2 所示，这两种模式均可能会对新兴经济体的绿色技术部门产生启发。

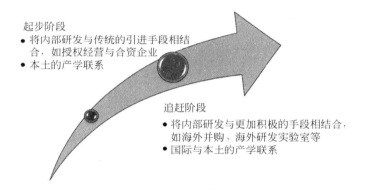

图 10-2　中国和印度的太阳能光伏产业技术创新获取机制

10.5　国家创新系统与技术的获取、适应和发展

　　自主创新和技术转移对于中国和印度太阳能光伏产业的发展都是至关重要的。私人企业在光伏产业的发展过程中起到了举足轻重的作用，是承担技术研发、知识技术转化和商业化的主要力量。然而，要维持这一力量的发展，健全而健康的外部环境不可或缺。因此，具备由市场导向的私人企业、各层级的政府机构、研究和培训机构、金融中介以及这些参与者间的联系交互形成的支持性国家创新系统（NIS）是很必

要的。

国家创新系统具备部门和背景特性。个人参与者带来的影响取决于系统的特定条件,例如国家创新系统的监管框架,最终会影响市场需求和潜在技术推拉动态(Walz,2008)。因此,政府管制可以通过引导国家创新系统的演进,来促进国内产业发展国际竞争力,比如环境监管。国家对环境的重视是国内在水、能源和交通可持续技术需求上的关键驱动力。一旦与旨在创造和增强自主能力和技术专业水平的资金和有力政策相结合,发展中国家通过采取替代性方式发展为具有国际竞争力的低碳经济体就会成为可能。

因此,国家创新系统的一个重要特征是相关政府部门与创新政策之间的合作与协调,当然也包括环境创新系统。其中,这些政策必须是全面的、可以有效引导并刺激企业创新的,它们可能包括为科技和公共研究机构增加投资、有针对性地激励税收、增加研发财务支持、特定的支持创新的政府技术采购以及知识产权的加强等。

国家创新系统的第二个重要特征是大学与企业间的联结。大学被广泛地认为是促进基础科学研究和创新的主要力量,但大学的科学研究不应该与企业生产分离,两者间应该建立紧密的联结,而中国和印度的太阳能光伏领先企业就采取了主动将大学和企业相结合的策略。在中国,大学在国家创新系统中长期起着重要作用,并在研发费用和发明专利方面起到了领导作用(Liu 和 White,2001;Li,2009),而中国政府一直支持以实用性为导向的科学政策,鼓励大学通过解决企业中的实际问题为国家经济服务(Hong,2006)。一方面,大学-企业联结是通过许可证、咨询顾问、合资或承包研发以及技术服务来建立的;另一方面,在进行市场导向的改革时,若产业企业的吸收能力较低,中介机构也不发达,那么以实用性为导向的创新,将通过大学附属或者校办企业作为第二种形式显现出来(Ma,2004;Eun 等,2006)。但值得注意的是,尽管中国大学在促进前沿技术发展以及新的国家或企业层面创新成果扩散上起到了重要的作用,但它们对于创造突破性创新的贡献依然有限(Fu 和 Li,2010)。

伴随着知识转移、知识创造(有时)以及竞争效应的发生,外国企业也可以在国家创新系统中起到积极的作用。平均看来，发展中国家中跨国企业使用的技术相比本土企业而言更为清洁，因而存在清洁技术从外国企业转移到本土企业的可能，在绿色能源部门，例如太阳能发电、风力发电以及电力和混合动力汽车的合资企业中尤其如此。然而，跨国企业寻求体制漏洞以有效建立"污染天堂"也是可能的。Zhang 和 Fu(2008)发现，由于较低的污染标准以及执法缺失，很多重污染企业都选择在中国成立子公司；而在这些企业中，外商直接投资的企业更倾向于环境监管相对薄弱的地区。因此，国家环境创新系统中外商直接投资是具有两面性的。

就中国和印度的国家环境创新系统而言，Walz(2008)发现，从 2000 年到 2004 年，两个国家对环境和资源在经济发展中脱节的问题都没有足够重视，而且印度年轻科学家的短缺情况正在不断加剧。通常情况下这可能意味着，两个国家在可持续发展研究和公共研究能力发展中存在巨大的障碍，但现在看来，这两个国家在绿色技术和绿色经济上都经历了引人注目的成长。

表 10-4 总结了中国和印度环境创新系统的比较结果。中国的国家创新系统是一个由国家领导的创新系统。自 2006 年以来，可持续发展技术已被中国作为国家政策的一个重要部分，并且在包括风力发电机组和太阳能光伏技术的许多领域取得了长足的进步。而目前，中国也已经成为风力发电机组和太阳能光伏产品的领先出口国。相反，在印度，私有部门在国家创新系统的发展中起到了领导的作用，伴随着政府支持的不断增加，这种总体环境条件对创新的发展是很有利的，比如印度的太阳能光伏出口和知识产权保护都得到了快速发展。21 世纪初期，中国和印度这两个国家在环境相关技术创新方面还很落后，但目前，伴随着对绿色技术创新给予的强力政策和资金支持，两个国家，尤其是中国，都已站在了许多环境相关产业的前沿，并且在发展环境相关产业和向绿色经济转型中都已形成了清晰的创新战略。这一证据表明，发展中国家是可以通过采取第 3 种发展路径以实现绿色经济跨越发展、并在低碳经济中跨越获得国际竞争力的。

表 10-4　中国和印度以可持续发展为导向的创新系统

项　　目	中　　国	印　　度
技术专业	太阳能光伏、风力涡轮机、电动汽车以及其他可再生能源	风力涡轮机、太阳能光伏、生物聚合物以及电动汽车
框架条件	国家领导的创新系统,较强的大学-产业联结,较强的制造以及贸易	有弹性的私人部门,对于一般功能创新的整体框架条件
政府政策	从 2006 年以来,强有力的可持续技术发展的政策转变,包括一整套财政、进入、技术、贸易以及产业政策和公共采购	增加的政府支持,增加的研发投资,但私有部门起到领导作用
可持续发展技术的研发	自 2005 年 6 月以来,该部门研发投资的快速增长,绿色经济上对于国际研发合作的强力鼓励	材料效率和水力,从 1990 年开始的风力涡轮机产业 私有部门在该领域较强的研发
可持续发展技术的知识产权	跨国专利的绝对值最大 最近 5 年该领域的主要突破	与其他部门的高能力和知识产权相比低的专利数
外商直接投资吸引力（贸易政策）	最具吸引力并且在程度上领先 在制造部门的外商直接投资强	最低的流入,在服务部门的投资相对较强
可持续发展技术产品的出口	太阳能电池板最高的出口,电动汽车追赶,风力涡轮机出口领先者	太阳能光伏高出口,但其他绿色部门出口只起到微弱的作用
总结和应用	自 2005 年以来,可持续技术快速增长的作用;绿色技术较强的需求以及政府政策支持;在起步阶段通过许可证与合资经营获取国外技术,伴随着高强度的自主研发活动;国外投资力度显示中国具有最强的技术吸收能力	过去 10 年间可持续技术增长的作用;具有很好的创新整体功能框架条件以及活跃的私人部门;较弱的环境保护

来源：Authors' summary and Walz(2008)

10.6　结　　论

　　本章分析了中国和印度太阳能光伏产业不同组合和排序的技术转移和自主创新机制,并讨论了国家创新体系在可持续技术获取、适应以及发展中起到的作用。中国和印度的太阳能光伏产业都在较短的时间内完成了高速发展,这一产业成功的跨越式发展对于发展中国家而言影响巨大,它表明在新兴绿色经济中,发展中国家是可以达到发达国家技术水平的。

中国和印度太阳能光伏产业的发展,均充分利用了自主创新和技术转移机制的组合与排序机制。在特定的发展阶段,对于拥有不同技术水平和生产能力的国内产业,不同的转移机制的重要性各不相同。两国大部分太阳能光伏产业领先公司的起步,都主要是通过技术授权以及与跨国企业合资经营的国际技术转移来完成的。同时,在转移技术的吸收、适应以及自主创新能力的发展方面,这些公司付出了持久而日益增多的努力。而构建起基本的生产和技术能力后,它们开始了更为积极的知识获取活动,并通过自主创新、国际研发合作以及跨国并购来实现技术创造。这些经验表明,新兴经济的高速发展,需要有国际技术转移和自主创新的结合,尽管这一过程伴随着在吸收和学习上的大量自主努力,但是技术转移对于发展中国家是一个可行的、并且已被证明可行的切入点,在这方面,一系列有吸引力的贸易、投资和技术政策,对于技术转移机制的利用是非常重要的。

中国的经验表明,国家在启动转型并维持追赶过程的势头上起到了至关重要的作用。鉴于技术的本质以及环境作为公共物品的特质,将政府资金投入研发项目对于促进技术突破乃至自主创新能力,以及获取国外绿色技术来说都至关重要。同样,它也表明了绿色经济的发展要求一整套包括管制、金融、技术和产业在内的、互补且连贯的政策,来刺激并加速经济转型,以确保达到实质性的改变。另外,在将科学研究转变为实用技术和支持企业迈向技术前沿方面,企业和大学以及公共研究机构的联系具有不可忽视的重要性。

尽管中国和印度在太阳能光伏以及其他绿色技术产业领域已经取得了可喜的进步,但目前仍然存在着巨大的挑战。首先虽然中国政府强力支持绿色技术,然而核心自主技术能力的缺乏在很多部门中依然存在。同时,产学联合研究虽有政府的大力推进的支持,但依然不能弥补这一缺陷,大学的许多研究成果都因为不能满足企业的需要或是不能实现商业化而被束之高阁(Strangway 等,2009)。因此,政府仍需要增加对科技以及教育的投资,同时提升政策监管和服务水平,以推动研究机构面向市场。

其次,在中国和印度,环境法规及其执行力都相对薄弱,而且不同的地区之间又存在相当大的差异。绿色技术产业能力发展带来的一个新问题,是可再生能源生产过程中或相关绿色技术设备制造过程中所产生环境污染。例如,制作太阳能电池板的一些重要材料的生产过程,特别是聚硅的纯化,都是高能耗并且重污染的,目前只有发达国家的 6 家到 7 家企业掌握了清洁的生产技术,而中国和印度企业依然使用传统的重污染技术生产。同时,太阳能光伏系统的其他废物产品同样会对土地和水源造成污染(Du 和 Cao,2010)。在中国和印度分别将超过 90% 和 70% 的太阳能光伏板出口到国际市场时,生产过程所产生的废物则留在了本土。因此,这些道德问题同样重要,发展中国家需要做好充足的战略计划和持续的技术创新,以减少生产清洁能源的负外部性,以避免陷入变成绿色产品的环境污染产业的全球制造车间的境地。

最后,从传统向绿色经济的转型,不仅要求高强度的技术和财政投入,也涉及巨大的转型成本。廉价煤炭是容易获得的,这与极高的绿色经济转换成本形成了鲜明对比,也意味着转型不会自然到来。事实上,以目前发达国家和发展中国家对煤炭的依赖性而言,绿色经济转型确实还有很长的路要走。中等收入国家虽然已经走上了传统的工业化道路,但目前还没有发展出足够的技术和资本能力,因此在与高收入和低收入国家相比时,将面临最大的挑战;低收入国家从现有生产体系,向绿色经济转型的沉没成本较低,如果将这一优势与合适的技术和财务资源结合,低收入国家和一些中等收入国家将能够以相对较低的成本实现转型。

第三部分

成为全球创新领跑者

第11章

国际化、逆向学习和企业能力提升：
基于华为与中兴的案例研究

11.1 引　言

本章基于深度案例分析,探索中国跨国企业在国际化进程中的逆向学习和企业能力提升问题。研究使用的两个案例分别是全球通信产业领先的供应商:华为和中兴,它们在国际化运营过程中,基于不断升级和累积的独特技术和能力,最终成为全球领先的制造商。这两个企业发展与能力提升的过程为现有企业提供了可供参考的代表性案例。具体而言,本章将着重探讨两个企业管理学习活动的本质及其学术和实践意义。

近年来,中国技术密集型企业的经营不仅在国内成功开展,而且已经拓展到以前由西方发达国家企业所占据的海外市场(Zheng,2014),这种国际化在中国通信产业的技术开发和能力提升中起到了特别重要的作用。也有相关文献对中国企业的国际化战略(Prange,2012)、创新能力开发(Fan,2006;Zhou 和 Li,2008)、通信市场和行业(Chang,Fang 和 Yen,2005;He 和 Mu,2012)、创新能力和出口绩效(Guan 和 Ma,

2003）、技术学习和开发（Jin 和 Von Zedtwitz，2008），以及研发与市场之间的相互作用（Li 和 Atuahene-Gima，2001）进行了一定的探讨，但这些研究并没有关注国际化背景下的企业学习和战略能力构建的问题，对这种国际化行为所创造的学习过程也没有涉及。

大量的研究发现，除技术开发这个中心问题外，学习能力的开发对发展中国家的新兴跨国公司来说同样是至关重要的挑战（Gassmann 和 Von Zedtwitz，1998；Boutellier，Gassmann 和 Von Zedtwitz，2002）。在过去的 30 多年里，关于这个问题的研究主要关注的是发展中国家的项目、企业、行业和国家层面，尤其是以韩国企业和行业为背景的研究较多。这些研究区分了在发展动力和来源上技术能力提升的不同模式和过程（Kim 和 Lee，2003），讨论了在新型工业化国家技术能力发展过程所遵循的 3 个阶段，即转移、吸收和扩散，并最终转化为创新和发展的问题（Kim，1997；Kim 和 Nelson，2000）。

但是，对中国企业的学习行为的案例研究缺少之又少，联想（Liu，2007；Xie 和 White，2004；Sun 等，2014）、华为（Nakai 和 Tanaka，2010）、奇瑞、中兴（Prange，2012）、东方重工和大唐（Mu 和 Lee，2005；Fan，2006；Jin 和 Von Zedtwitz，2008）是其中被研究较多的案例。然而，中国通信产业研究既没有关注中国企业国际化的市场追赶战略（Fan，2006），也没有基于单个案例的深入研究以探讨政府的作用（Mu 和 Lee，2005）和企业能力累积问题（Xie 和 White，2004；Sun 等，2014）。

本章结构如下：11.2 节介绍国际化的文献和知识来源，之后概述中国企业的国际化现状，11.4 节介绍方法论，11.5 节进行案例信息展示，11.6 节基于两个案例的比较和理论实践，探讨中国企业国际化过程中的逆向学习和企业能力提升问题。最后一节将对研究结论和研究意义进行一些讨论。

11.2　国际化和知识来源：理论综述

国际化和技术方面的文献，主要集中在企业层面的研发/技术/创新系统的国际化（Granstrand，Håkanson 和 Sjölander，1993；Granstrand，1999；Carlsson，2006；Beersa，

Berghåll 和 Poot，2008；Dunning 和 Lundan，2009）和技术型企业的国际化（如 Yli-Renkoa，Autio 和 Tontti，2002；Johnson，2004；Evangelista，2005；Blomqvis 等，2008，Andersson，Curley 和 Formica，2010）方面。而本研究则聚焦于企业国际化行为对于企业能力累积的影响，同时也更为关注组织网络对企业扩展国际市场的影响。

　　网络关系是扩展国际市场的有效工具，这是因为企业不仅在网络中与其他成员构建了间接的关系，而且能够向网络成员（如客户、合作者和竞争者）学习知识。一方面，网络关系，尤其是外国市场中的联盟合作者，可以解决企业资源和国外市场知识不足等问题，为企业进入国际市场提供了便利（Lu 和 Beamish，2001），同时合作网络也是克服外国投资者认知不足的有效战略工具（Zain 和 Imm Ng，2006）。另一方面，网络可以帮助创业者识别国际机会、建立信任，并促成战略联盟和其他合作战略（McDougall 和 Oviatt，2005），而这些合作和联盟又可以为企业提供经营机会，便于了解外国市场的特征、障碍和问题等，以降低经营风险（Barney 和 Hansen，1994；Gulati，1999；Iyer，2002）。另外，根据 Uppsala 模型（如 Johanson 和 Vahlne，1977）和网络模型（如 Johanson 和 Mattsson，1988），企业可以在国际化过程中学习国际化实际运营知识和增加国际化运营的潜力，故国际化过程也是一种知识累积的过程。

　　企业通过国际化获得的另一种知识是国际化市场知识（Johanson 和 Vahlne，1977）。国际化市场知识的重要性，主要体现在可以使企业更容易地处理海外运营中所面临的机会和问题（Bördin 和 Långnér，2012）。在国际化运营中，企业可以获得目标知识和经验知识，其中，目标知识可以通过传授的方式习得，但是经验知识只能在经验中学习获得（Johanson 和 Vahlne，1977）。

　　还有一些研究调查了国际化和技术能力之间的关系（如 Elango 和 Chinmay，2007；Kafouros 等，2008；Filatotchev 和 Piesse，2009；Lowe，George 和 Alexy，2012）。作为与合作者建立直接联系的有效渠道，国际化使跨境技术的学习和吸收更为便利，国际化运营中的网络联系、学习、知识和能力转移也使企业可以在国际化实践中构建自主能力（Kogut 和 Zander，1993；Tsang，1999；Elango 和 Chinmay，2007）。

外国直接投资(FDI)已被认为是便于跨境知识转移的有效机制,它不仅可以通过培训将母公司的技术引入东道国,同时也伴随着机械设备的进口,因此具有显著的溢出效应(Driffield 和 Love,2007;Fu,2012)。而与海外直接的战略联系也可以作为母公司资源寻求的有效战略,如子公司从东道国吸收的技术和管理知识,可以逆向流传到母公司(Singh,2007;Fu,2012b)。通过组织学习,海外投资将有利于企业自身研发能力和组织能力的构建和累积(Kuemmerle,1997;Steensma 等,2004)。子公司的生产率与母公司的绩效紧密相连,这在一定程度上反映出子公司知识流出对母公司的影响(Harzing 和 Noorderhaven,2006;Driffild 等,2010;Marin 和 Giuliai,2011),如已有文献表明,英国公司的生产率与它在美国投资水平是相互联系的(Griffith 等,2006)。基于以上讨论本章认为,国际化生产不仅可以开发企业内现有的技术,也可以使企业获得东道国先进的技术。

在发展中国家,越来越多的研究显示,新兴经济体中的跨国企业对逆向的知识转移行为有重要的推动作用(Child 和 Rodrigues,2005;Liu 和 Buck,2007;Lima 和 Barros,2009),而且并不是海外市场中所有跨国企业的产权优势都源自发达经济体(Fosfuri 和 Motta 1999;Siotis,1999)。正如大多数中国跨国公司,它们不仅通过直接海外投资以寻求市场扩展,同时也在东道国市场寻求那些难以获得的、但又是技术能力提升所需要的战略资产。

11.3　中国企业的国际化概述

中国经过 30 年的高速发展,已经成为世界第二大经济体、世界最大的出口经济体,同时也是全球经济的重要驱动力;根据 Dunning 和 Narula(1996)的投资开发路径理论,中国企业对外投资的增长是与经济发展水平相一致的,在中国经济迅速发展的过程中,中国企业的海外直接投资也增长迅速。20 世纪 90 年代末,在"走出去"战略的引导下,中国企业通过对外直接投资所推动的国际化进程得到了快速发展,中国企业海外直接投资总额(OFDI)由 1990 年几乎为零急速增长到 2010 年的约 3 000 亿美元(如图 11-1 所示)。

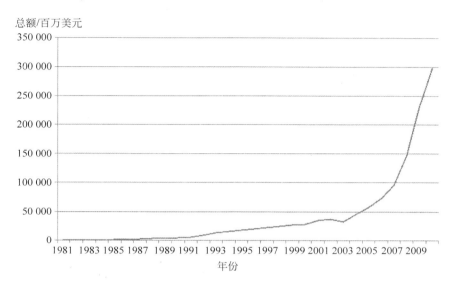

图 11-1　中国海外直接投资总额

数据来源：MOFCOM.

　　表 11-1 显示了中国企业海外直接投资行业的分布,尽管采矿业是中国海外直接投资的重要目标,但它仅占中国总海外直接投资量的 14%,而 2010 年采矿业仅占海外直接投资量的 6%。实际上从海外企业数量的统计来看,制造业已经成为最大的海外投资产业,以 2010 年为例,制造业企业占中国海外投资企业的 29%,批发零售贸易和租赁商务服务业分别居中国企业海外投资目标部门的第二位和第三位,也有 4% 的海外企业属于科学研究行业。

表 11-1　中国企业海外直接投资行业分布：以 2010 年 FDI 总量和子公司数量衡量

行　　业	OFD 占总量百分比/%	行　　业	海外子公司占总数百分比/%
租赁、商务服务	31	制造	29
银行业	17	批发、零售贸易	23
采矿	14	租赁、商务服务	13

续表

行　　业	OFD 占总量百分比/%	行　　业	海外子公司占总数百分比/%
批发、零售贸易	13	建筑	7
交通运输,仓储和邮政	7	采矿业	6
制造业	6	农业	5
计算机服务	3	科学研究	4
房地产	2	交通运输,仓储和邮政	4
建筑业	2	居民服务业	3
科学研究	1	计算机服务	2
公用事业	1	房地产	1
居民服务业	1	住宿和餐饮业	1
农业	1	银行业	1
环境管理	0.4	文化娱乐	1
住宿和餐饮业	0.1	公用事业	1
文化娱乐	0.1	其他	0.5
公共服务	0.02		
总计	317 210.59	总计	16 107

来源：商务部. http：//english. mofcom. gov. cn/article/statistic

　　如图 11-2 所示,广东省开展的 2010 年企业调查表明,在制造业企业部门之中,中国的海外投资产业分散范围较广,涵盖了包括纺织品和服装、金属加工、汽车和电子工业等在内的十几个产业(Fu,Liu 和 Li,2013)。

　　中国企业"走出去"的动机各有不同。Fu 等在 2013 年发表的一份研究对 2010 年中国广东省企业海外投资战略的企业层面数据进行了全面的调查,主要关注的是企业进行对外直接投资的特点、动机、主要障碍、目的地、对外直接投资的战略和海外投资对企业绩效以及未来发展的影响等问题。根据此份研究,广东省企业进行海外投资的动机是开拓国际市场以及获得先进的技术和管理知识等,海外投资企业的主要动机如图 11-3 和图 11-4 所示。对于投资发达国家的企业,大约分别有 77% 和 76% 的受访企业承认,"开拓国际市场"和"获得先进的技术和管理知识"是他们最主要的两个动机。然而,企业在发展中国家投资则有着更广泛、具有差异化的目标。例如,只有 43% 的企业认为"获得先进的技术和管理经验"是他们在发展中国家投资的一个重要目的,而

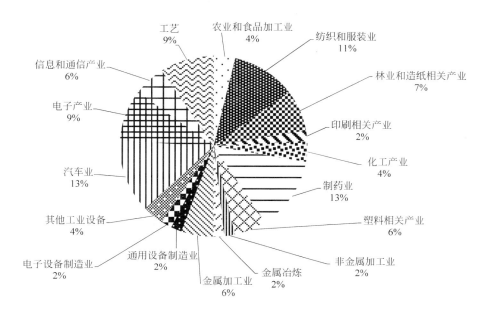

图 11-2　拥有海外投资的制造业企业分布（基于企业数量计算）

来源：Fu 等（2013）

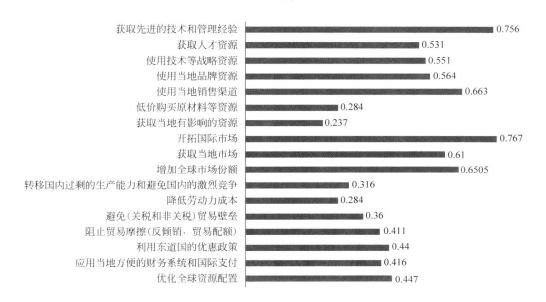

图 11-3　在发达国家投资的主要动机

来源：Fu 等（2013）

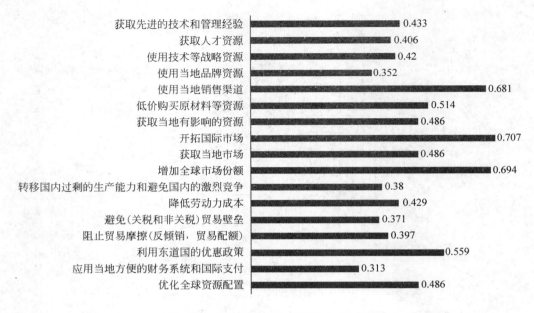

图 11-4　在发展中国家投资的主要动机

来源：Fu 等（2013）

约占 72% 被调查的企业却以"获取本地市场"作为一项重要的动机，即市场扩张似乎才是投资发展中国家市场最重要的目标。

在调查中，从新产品/技术中获得的收入比例，与企业的海外投资比例呈正相关。我们发现，约有 64% 的受访企业，其新产品/技术收入超过他们海外投资收入的 1/2 以上；同时我们也可以看到，在收益过半来源于新产品/技术收入的公司中，有 55% 的企业参与了海外投资。然而，在低于 10% 的收益来源于新产品/技术收入的公司中，仅有 30% 的企业参与了海外投资。

平均而言，通过对外直接投资"走出去"的企业似乎有较高的创新频率、更多的研发投资和更高的由新产品或显著产品优化产生的销售收入。如表 11-2 所示，对外直接投资的企业进行创新的比例是 94%，这显著高于没有对外直接投资企业的创新比例（82%）；新产品的平均销售占总销售额的 30%，同样明显高于没有对外直接投资的企业。而研发支出情况也与之类似，对外直接投资的企业，其平均研发支出对销售的比率是 4.6%，明显高于没有对外直接投资的企业。T 检验的统计表明，两组之间在 1%或 10% 统计显著水平上具有显著差异。

表 11-2 企业的创新性：有无 OFDI 的企业对比

	创 新	新 销 售	研 发
无 OFDI	0.819	0.219	3.076
有 OFDI	0.938	0.295	4.624
T-test	2.698 ***	1.944 *	3.972 ***

注：这里的创新是虚拟变量，创新者赋值为 1，否则为 0。

　　T test Ho：均值（无 OFDI）－均值（有 OFDI）= 0。

　　*** 显著性水平 1%；** 显著性水平 5%；* 显著性水平 10%。

　　来源：作者根据广东省企业对外直接投资的调查估计

研究结果显示，对外直接投资催生的国际化与投资企业的创新能力具有正向关联的关系。那么这种正相关联的直接原因是什么呢？为回答这个问题，本章基于中国信息通信产业跨国公司的经典案例，探索中国跨国企业国际化进程中的学习和能力提升问题，以更好地理解国际化对企业能力提升和转移的影响。

11.4 方 法 论

11.4.1 研究方法

本章构建了具有探索性、多案例的研究方法来发展已有理论。本章的案例研究主要集中在个体和动态问题的分析上，尤其适合对具有如下特征问题的深入分析：首先，探索性案例研究允许研究者在文献有限的条件下，在相对新的研究领域构建理论，中国跨国公司国际化运营过程中的学习机制和能力提升问题就属于这样的研究。

其次，学习机制的特点、企业能力提升以及国际化的进程是相对综合的、复杂的、动态的问题，案例研究对这种综合性现象的深入研究是非常必要的。本章我们尝试通过对两个案例国际化过程的探索,来研究学习机制和企业能力提升问题。

最后,对关键决策人的访谈可以提升我们对研究问题和日常经营问题的认识,使我们可以应用相应理论和框架去解释国际化运营中有价值的经验,甚至构建学习机制和企业能力提升方面的新理论。

11.4.2　研究设计

Eisenhardt(1989)基于案例研究构建理论的路线图包括以下几个步骤:定义所研究问题、选择案例、搜集和分析数据、理论构建、文献比较和最终得出结论,这个路线图综合了以前的定量研究方法(Miles 和 Huberman,1984)。本研究将遵循 Eisenhardt(1989)的方法,进行案例研究的设计。

在引言部分,我们介绍了研究目标;在方法论部分,我们将介绍如何选择案例;之后在案例介绍部分,分析案例企业的国际化历史、学习和企业能力提升问题;最后,基于两案例的比较总结和文献与实践的比较分析,构建理论设想。

11.4.3　案例选择标准

通信产业在过去的30年里得到了迅猛发展(Yu 等,2008),并在当前的知识经济中,对国家经济增长和企业竞争力都起到了至关重要的作用(OECD,2004;Takahashi等,2004;Ollo-López,Aramendía-Muneta,2012)。同时,中国通信产业的很多跨国企业由于其成功的国际化经验,成为中国企业"走出去"的模范。这些通信企业不仅在进入国外市场方面有丰富的经验,而且在此过程中,学到了相关技术、获得了管理知识、提升了企业能力。因此,我们选择通信产业作为我们的研究领域。

本研究中,为了探讨中国跨国企业国际化进程中的学习机制和企业能力提升机制问题,我们选择以下鉴定标准。第一,基于时间视角,长久而丰富的国际化经验提供了对成败分析的可能,企业的成长、绩效及其对世界的贡献都是具有分析意义的;第二,基于这些企业的详实的数据和文献资源,以及具有深度和广度的学术探讨是可获取的；第三,对国际化实践、学习活动和企业能力提升问题的相关研究结论可以进行比较分析和应用；第四,以上的 3 个方面都有利于构建理论,而华为和中兴均符合这些特征。

另外,华为和中兴被选为典型案例,还基于以下 3 个方面的原因：第一,在过去将近 30 年的时间里,两个企业所取得的光辉成就为我们提供了丰富的研究问题,并为正在进行国际化的企业提供了有价值的学习榜样。华为和中兴都是在国家实施改革开放之后建立的企业,在 20 世纪 90 年代之后开始国际化征程,目前已经成为中国甚至世界领先的通信企业。这些成就是值得其他正在进行国际化的中国企业学习的。第二,在一定程度上,他们的经验存在一些差异,通过经验比较,更利于提炼共性和差异化的研究结论。第三,他们具有较高的文献存储和文档管理水平,便于我们查阅资料和数据收集。最后,华为和中兴的国际化所伴随的市场扩张和企业能力提升问题,深受研究者们的广泛关注。

11.4.4　数据收集

我们收集了 2011 年—2014 年间两个案例和通信行业的数据,其中大部分数据,是在对企业相关部门关键负责人的访谈和高管在新闻和商务杂志的访问中获取的。我们相信,对我们的研究目标而言,访谈资料是最可靠的公共信息资源,这主要基于以下原因：第一,基于主流会议、报纸和商务杂志的访谈受到了大众的普遍认可；第二,对两个企业的高层经理和官员的访谈话题覆盖了不同的视角,对我们的研究目标而言具有一定的典型性；第三,企业的高层经理和官员对企业战略、企业能力提升和国际化进程具有更好的理解,能够保证研究的效度。

为了研究中国跨国企业国际化进程中的学习机制和企业能力提升问题,我们收集了 19 份访谈资料,这些资料都满足两个条件：(1)访谈话题与研究目标高度相关；(2)访谈是在 2011—2014 年间执行的,访谈涉及企业总裁、高层管理者和经理。访谈时间、访谈对象和话题见表 11-3。

表 11-3　访谈信息简介

时　间	姓名和职务	关键话题	来　源
2013-10-24	Don Kelly，华为副财务总监	华为英国公司战略和生产解决路径及战略	作者访谈
2013-10-24	Elton Yuxuan Huang 华为客户服务总监	市场进入战略和技术提升战略	作者访谈
2013-02-25	Yang Shao，华为 CMO	在与 Samsung/Apple 竞争中站稳脚步	信息来源：http：//phone-news-today.com/archives/1239
2014-01-17	Jack Guo 华为英国高级经理	华为战略、生产解决和技术战略	作者访谈
2013-10-16	Stefano Cantarelli—华为网络与载体业务 CFO	构建技术能力的渠道	作者访谈
2013-02-07	张建刚，华为英国 CEO	华为故事	牛津国际发展系和技术管理发展中心高端专家讲座，由项目组举办
2013-02-07	张建刚，华为英国 CEO	国际化创新	项目组教授与华为英国 CEO 讨论
2011-11-20	Richard Ye Lihe，ZTE 无线生产、运营和研发高级主任	国际化分销和企业战略	Interview from the Mobile Asia Congress 2011. 信息来源：http：//www.youtube.com/watch？v＝96htGIAbqs4
2012-01-12	Lixin Cheng，中兴美国公司 CEO	年度技术重点和开发战略	2012 国际消费类电子产品展览（CES）. 信息来源：http：//www.youtube.com/watch？v＝yGCz_rf1UxQ
2011-07-15	Edward Zhou，华为 CMO	对华为英国本地化、生产、销售和学习的介绍	2011 剑桥无线. 信息来源：http：//www.youtube.com/watch？v＝tTFghIAo5o4
2013-10-02	James Lockett，华为副总裁	是创新促进贸易还是贸易促进创新	WTO2013 公共论坛，信息来源：from：http：//www.tvballa.com/video-gallery/Huawei-Technology#erfI2g9IDemIKmrd.99

续表

时　间	姓名和职务	关 键 话 题	来　源
2011-08-01	Zhu Shi ZTE 总裁	中兴增长背后的故事	马来西亚 GSMA 委员会访谈，信息来源：http：//www. youtube. com/watch？ v ＝ dUjkdInrvY0#t ＝ 36
2012-03-07	Javier López，销售经理	新技术和新产品	2012 全球移动大会. Interview by Total Television，信息来源：http：//www. youtube. com/watch？ v ＝ 3KAJS2KKltY
2012-10-15	Hu Xue Mei, CMO, ZTE, MEA	行业变化，机会和挑战	2012 世界电信展. 信息来源：http：//www. youtube. com/watch？ v ＝ Uo_iuqSaEiQ
2013-05-14	Zhengfei,Ren,华为创始人	华为创始人的第一次媒体访谈	公开信息. 信息来源：http：//www. youtube. com/watch？ v ＝ jBgYTw8mU68
2013-05-27	Lixin Cheng,ZTE USA 总裁	中兴美国公司的未来	在 CTIA 2013 的访问. 信息来源：http：//www. engadget. com/2013/05/27/the-engadget-interview-lixin-cheng-on-ztes-us-future-at-ctia-2/

11.5　案 例 信 息

11.5.1　华为及其国际化

华为技术有限公司成立于 1987 年，根据收益计算，它是世界第二大通信设备企业，并将有可能成为最大的通信设备企业（Ahrens，2013）。华为完全是一个员工所有制的私营企业，为全球电信运营商提供定制的网络解决方案，企业愿景是"通过沟通来丰富生活"。华为通过其在多达 140 个国家部署的运营商网络、企业和消费者市场之间的端到端功能，为超过 1/3 的世界人口提供有竞争力的通信解决方案和服务。

华为的国际化之路采用的是"农村包围城市"的策略,在这里的"农村"意指发展中国家市场,"城市"则指的是发达国家市场。华为国际化的第一步是在 1996 年至 2004 年占领发展中国家市场;第二步是从 2001 年开始,进入发达国家周边。

■ 国际化第一步——占领发展中国家市场

中国企业从 20 世纪 90 年代开始蓬勃发展,而华为也在此时进军国际市场,与来自国际竞争对手的先进技术进行激烈竞争。华为的创始者任正非比喻华为的形势是逃命的山羊,要跑得比狮子快才能避免被吃掉,随后任正非又指出华为需要成为一只狼,这个比喻在华为流传很多年。

华为的第一个国际客户是香港的和记电讯(李嘉诚拥有),华为为其提供交换机和固定线路网络相关设备。香港是一个成熟的电信市场,与深圳很近,这笔订单为华为提供了最初的测试。

第二年,华为在俄罗斯与 Beto 公司成立合资公司,生产交换设备,实质上就是装配华为交换机。华为在产品价格上有很大优势,低于国际价格的 12% 左右,并通过优质的售后服务真正地打动了俄国人。华为第一年销售总额仅 1 200 万美元,到 2001 年其销售额已经达到 1 亿美元。

进入俄罗斯不久,华为开始在泰国、巴西、南非销售产品,它的定价更加咄咄逼人,往往低于对手的 30% 左右。随着华为成为国家销售冠军,华为的国际市场营销策略仿照中国的外交路线,以交朋友为导向。在此导向下,华为成为许多国家活跃的合作伙伴,利润大幅增加。2000 年 11 月,任正非陪同中国副总理吴邦国出访非洲,为华为在非洲的未来商业经营奠定了基础,随后华为在非洲迅速开拓市场,2003 年与埃塞俄比亚签订了 2 000 万美元的合同,2005 年与尼日利亚就 2 亿美元的码分多址(CDMA)项目达成商业伙伴关系(Kuo,2006),2006 年又与加纳、毛里求斯、摩洛哥、刚果、肯尼亚以及尼日利亚等国陆续签订了一系列的商业合同。

在进军发展中国家市场的国际化进程中,华为的低价格战略是其最大的优势,这大大地推动了它的国际化进程,并使华为的海外市场迅速扩张。直至 2004 年,华为的国际收入第一次超过了国内收入。

■ 国际化第二步——进军发达国家市场

继成功进入俄罗斯和一些发展中国家的市场后，华为开始把注意力转移到发达国家市场。2001 年，华为在欧洲首先进入荷兰和德国市场，出售给荷兰的无线电台产品允许多个通信标准运行，并完成了软件的升级（Pomfret，2010）。该产品是"成本创新"的一个很好的例子，它以较低的成本提供先进的功能，同时节省了硬件载体的费用（Zeng 和 Williamson，2007）。德国则购买了光纤网络（SDH）产品，市场反映良好。

不久之后，华为向法国运营商 Neuf 销售通信产品，不仅整体报价极低，部分产品和服务甚至免费，这就使得运营商能够先试用 3 个月进行测试，再决定是否购买（Farhoomand 和 Ho，2006）。其后，华为又成功进军阿拉伯联合酋长国，帮助该国成为第一个使用 3G 技术的阿拉伯国家。

2004 年，华为开始向丹麦公司（葡萄牙）销售产品，并为荷兰搭建 3G 网络。2005 年，华为成为英国电信（BT）下一代网络的首选供应商。一些分析师认为，这是提高华为国际形象的一个重要推动因素，因为不久之后它就与沃达丰（Vodafone）签署了全球供应商协议（Conti，2007）。

在 2001 年的情人节，华为进入美国市场，在得克萨斯州的普莱诺建立办事处。办事处成立的前 3 年，华为一个美国客户也没有（Prasso，2011），但目前华为已经在美国获得了成功，Plano 办事处也成长为华为的美国总部，负责监管 12 个办事处和 7 个研发中心。华为在美国共计拥有 1 100 名员工，其中大约 900 人是美国人。虽然没有获得美国市场的一级客户，但这并不妨碍华为在中级市场上的影响力越来越大。2010 年，华为在北美的销售额已达 7.65 亿美元，客户包括利普（Leap，设备和服务）、百思买（Best Buy）和第三级通信（Level3 Communications）等。

与此同时，华为也开始涉足新兴的互联网数据通信市场。当时这一领域的巨头是思科系统（Cisco Systems），占据约 80% 的中国市场；仅仅在 3 年后，华为便瓜分了思科 12% 的市场份额，而思科的市场份额则降低到 69%。在华为借助较低的价格赢得市场的同时,思科宣称华为窃取了思科的软件(以及用户界面和手册),并声称发现部分思科的代码出现在华为的产品中。而当华为和思科达成和解的时候,华为早已悄然占有了约 1/3 的市场份额(Ahrens,2013)。

2002 年,华为的规模也超过了当时在中国占主导地位的国际合资企业上海贝尔。2004 年,华为在广泛的市场信贷的支持下,发起了进军国际市场的第二轮攻势,为它提供贷款的银行包括中国国家开发银行(CDB)和中国进出口银行,分别提供了 100 亿美元的信用贷款和 6 亿美元的额外贷款。依托如此强大的资本支持,华为开始了全面的全球化进程。它的价格远低于竞争对手,据说有时甚至达到 70%,此外,华为还为客户提供供应商融资贷款服务。2005 年上半年,华为产品销量猛增超过 40 亿美元,比上一年增长了 85%,超过 50% 的销售额来自国外。2007 年,华为的销售增长率超过 50%,2008 年,当大多数供应商销售负增长的时候,华为的销售额仍然增长了 40%。2011 年,华为和爱立信净收益分别是 329 亿美元和 324 亿美元,但到 2012 年 7 月,华为的销售额就已经超过爱立信达 5 亿美元(基于半年度销售)。

目前,华为在全球大约有 11 万名员工,深圳占 30%。华为约 2/3 的收入来自国际市场,而且华为与全球 50 大运营商中的 45 家都有工作接触。华为还持续关注技术研发,目前已经累计申请了 49 000 多项专利。无论在国内还是国外,华为在行业标准制订中也发挥着主导作用,如华为是 LTE 核心规范的主要贡献者,占据了 83 个标准的主体位置(Huawei Press Release,2011)。

华为的网站显示,华为参与的国际合作和组织协会包括 3GPP、APT(亚太电信组织)、ARIB(无线工业和商业协会)、ETSI(欧洲电信标准协会)、IEEE(美国电气和电子工程师协会)、IETF(互联网工程任务组)、ITU(国际电信联盟)、TIA(电信工业协会)和 WWRF(无线世界研究论坛)等,毫无疑问,华为已成为通信技术行业的领导者。

11.5.2　中兴及其国际化

中兴通讯股份有限公司(简称中兴)是一家中国的跨国电信设备和系统制造商,总部设在深圳,在 100 多个国家拥有 107 家办事处和分公司。它成立于 1985 年,由中国航天部和几个国企创立,1997 年在深圳证券交易所上市,2004 年在香港证券交易所上市。目前,普通投资者持有中兴 67% 的股份,海外投资者持股比例为 18.3%,但海外投资者占股每年都在不断增加。

在产品销量方面,中兴 2012 年占有 4.3% 的市场份额,是全球第 4 大手机生产商。此外,根据 2011 年的收益,中兴是世界第 5 大电信设备制造商;到 2012 年,中兴已成为世界第 4 大智能手机生产商。

中兴的国际化进程是从向发展中国家销售产品开始的。1996 年,中兴在印度尼西亚成立分支机构,这是中兴走向全球化的第一步。1998 年,中兴与巴基斯坦签署价值 950 万美元的合同,这是中兴在巴基斯坦的第一个大型海外项目。1999 年,中兴公司在肯尼亚部署视频会议系统,这是其在非洲的第一张合同。2001 年,中兴将国际化战略定位成正式的战略,开始全面进入国际市场。第一个营销部门建于 2002 年,国外市场营销战略也已从"粗放耕作"转变为"集约栽培"的策略。

2003 年,中兴成为印度最大的电信服务公司 BSNL 最大码分多址(CDMA)系统的提供商,在接下来几年内,中兴将其国际化战略的重点转变为建立战略伙伴关系,以欧洲和北美最为显著。中兴通过多年在海外市场的努力,在 2003 年终于得到了回报,在 3 个不断增长的产品系列和海外市场扩张的共同作用下,中兴迈向了更高的水平。2004 年 1 月 8 日,中兴董事会公告显示,2003 年的新销售合同达 251.9 亿元人民币,年增长率为 50%。其中,手机销售为 48.2 亿元人民币,年增加 66.3%;海外市场销售为 6.1 亿美元,年增长超过 100%。

2004 年,移动手机和 3G 的海外市场成为中兴的两个主要增长来源,例如,中兴本年度 340 亿元收入中,有 136 亿元(约 16.44 亿美元)是由海外合同销售额所产生的,同比一年前上升了 169.5%,中兴迎来了公司建立国际品牌的新时代。在整个一年中,中兴手机销量超过 1 000 万台,比一年前增加了 1 倍。这一年,中兴在国际和国内两个市场的巨幅增长,宣告了中兴已成为增长最快和最强大的中国电信设备制造商。

　　到 2005 年,中兴的国际化战略已经持续了 10 年,中兴开始与爱立信、阿尔卡特、法国电信和葡萄牙电信合作。两年后,中兴宣布了与法国电信达成的一项长期战略伙伴关系,并与加拿大第二大电信运营商 Telus 签署了长期合同。为了扩大海外市场,中兴以发展中国家为主要目标市场,巴基斯坦市场是中兴占据主导地位后的第一个本土化市场,随后中兴开始进军俄罗斯和欧洲。2007 年,中兴又与 Vodafone,Telefonica 和 Hutchison 形成战略合作伙伴关系。连续的国际化战略使中兴在国际市场上如鱼得水,到 2011 年,中兴的国际业务收入已经占到了公司总收入的 60%。

　　此外,中兴在 2012 年第三季度一跃成为世界第 4 大智能手机制造商,海外市场已成为中兴的战略市场。中兴已经与世界 60 多个国家的 150 多个运营商建立了合作关系,毫无疑问,中兴已经成为中国跨国通信企业进入国际市场的领导者。

11.6　逆 向 学 习

　　作为通信行业两个领先的跨国公司,华为和中兴通讯在进入国际化进程之初,尽管拥有国内市场的技术核心能力,但是还不足以成为国际市场的领导者。我们的研究显示,这两家企业在初始乃至后来的发展中,并不是只钻研核心专利技术,而是在国际化发展过程中,通过从外国客户、合作者以及子公司中逆向学习来不断提升和发展自身技术能力,这才是两家企业成功国际化的根本原因。本部分将重点介绍两个企业的逆向学习过程。

11.6.1　源于客户的逆向学习

　　随着信息技术发展越来越迅速,客户日益期望更多的选择和更好的服务,任何企业都必须对此作出反应以提高自身的经营效率,从而实现和保持竞争优势。因此,以客户为中心的思维方法成为逆向学习路径中的必要方法。

■ **逆向学习**

华为和中兴是通过开发适应本地市场的资源和能力，从而挑战市场参与者（尤其是外国竞争者）的典型案例。一方面，创新的收益是由市场确定的，不仅涉及创新者的活动，而且也涉及客户和竞争对手的反应力（Koellinge，2007）。华为和中兴致力于市场导向的产品创新，这对国内的竞争对手来说是很难复制的。而华为和中兴却已经把这作为他们的战略扩展到了产品制造和技术研发上，即华为和中兴的主要研发目标是开发满足特定客户需求的产品。本案例解释了企业在相关资源和能力累积中所涉及的商业活动的本质和导向。例如，华为的每一个创新都源于与客户的亲密接触以及对客户及其市场需求的理解。为了更好地满足客户的需求和保障未来产品开发，华为每年研发投入大约占销售收入的 10%，2011 年达到了销售收入的 13.7%，为 0.9 亿元人民币，而目前华为在全球已经拥有了 14 个区域总部、16 个研发中心、28 个联合创新中心和 45 个培训中心。华为是一家巨头公司，客户不断地向华为要求更多、更优质的产品和服务，客户告诉华为下一步会发生什么以及他们希望购买什么，接着 4G、5G 和 6G 便出现了。因此，华为从追随者逐步成长为领导者和创新者是一个必然的过程。

客户的挑剔是改善已有产品外观、材料和技术的重要推动力。由于客户的需求和挑剔，华为进行了更多的技术和流程测试，以便搜索到更好的解决客户需要的方案，华为的一款高端防水手机 Ascend D2 就是一个典型的例子。通过与客户的这种互动，推动华为不断追求和获得前沿先进技术。

同样，快速满足客户需求也是中兴的优势之一。以中兴的 3G 网络为例，中兴在土耳其铺建商业化 3G 网络展示了其满足消费者需求的最新研发结果和能力。据估计，大约有 250 个消费者参加了中兴 2005 年 3 月 22 日和 23 日在伊斯坦布尔皇冠酒店的路演"土耳其的大腿"（Turkish Leg），包括来自土耳其交通部的高级管理人员、土耳其电信管理局、土耳其电信、土耳其 Cell 公司、Telsim 公司和 Avea 等公司的代表。中兴通讯在欧洲成立了 14 个办事处，这也是进入欧洲市场的重要步骤。

■ **能力提升**

传统价值链始于公司的核心竞争力和资产,然后才是投入和其他原材料,再经相关供应和分销渠道,最终到达客户。但是,华为和中兴将整个思维过程进行了逆转,他们通过广泛的解决方案实现了与客户的直接接触,使客户成为他们技术学习的第一个源泉。图 11-5 显示了从客户开始升级企业能力的逆向过程。

图 11-5　从客户开始升级企业能力的逆向过程

在这个始于客户的逆向能力提升过程中,企业首先要了解客户的需求并将其放在优先处理的位置,这对企业基本的学习能力提出了要求;其次,根据客户的需求,通过改善渠道提出解决方案,并增加研发投资建立相应的能力,例如选择和测试创新的理念、产品概念和产品原型等。此外,在这一过程中,企业获得的控制和管理分销网络的能力使企业的无形资产,包括品牌和公司的声誉的管理等能力也得到了改善。

首先,了解顾客价值对企业而言可能是相当复杂的,但这又是企业的首要需求,这是因为客户对产品、服务以及这些产品和服务提供商的选择,在很大程度上取决于企业如何为他们创造价值。经理或公司可以通过直接的方式获得对客户的了解,例如分析销售数据和销售报告等,或者从研究的角度,通过与客户的直接接触得到最深层次的看法,例如通过会议和聆听他们的观点、对市场环境的见解,以及通过开放式的深度访谈,与他们进行战略性的讨论。在华为和中兴进入欧洲市场时,他们面临的第一个挑战就是如何建立长期的客户关系去理解细分市场和多样化的客户需求,并监控市场情况和客户的偏好。他们特别关注由功能、服务和关系利益构成的产品包,因为这些与市场进入和市场份额密切相关。这种对客户的理解是基于与客户直接和间接的沟通,也是企业需要积累的第一个能力。

其次，选择和测试创新理念、产品概念和产品原型是由跨国公司学习客户所积累的第二个能力。例如，在中国人们普遍不用点到点连接（point-point）的技术产品，但这种产品在欧洲却很受欢迎，因此华为便在欧洲市场根据客户的习惯开发并提供了差异化的新产品。再如，非洲的许多国家喜欢移动互联网，而不用固定电话。当华为进入非洲市场时，华为并没有迅速地提供产品，相反，华为建造了许多基础设施以满足这些国家的实际需要。于是仅仅几年后，华为便占据了非洲通信行业市场的主导地位。这种选择产品创新的能力源于对客户需求的深刻理解。

再次，学习客户也能提高管理能力，尤其是控制和管理分销网络的能力。企业构建的长期客户关系可以让企业更深入地了解细分市场和多样化客户需求，同时监测市场情况并满足、遵从顾客需求和竞争目标的客户喜好，从而可以增强企业控制和管理分销网络的能力。

最后，提供良好的服务和技术支持可以明显提升企业的无形资产，如提高品牌和公司的声誉、缩短试制到商业化所需的时间周期、与客户和供应商构建良性沟通循环等。

11.6.2　源于合作的逆向学习

近年来，即使是最大的创新型组织也不能仅仅依靠内部资源，他们同样也需要从外部来源获得知识和能力。因此，在创新与全球部署阶段，华为和中兴把联盟、合作和联合研发中心作为其外部资源以获得外部市场和技术能力，促进自身的创新能力建设。

- **逆向学习**

华为自从事国际化以来，一直专注于通过一系列的合作来扩大其移动技术和网络解决方案（见表11-4）。

表 11-4　华为联盟历史简介

时　　间	合　作　者	国　　家
1989—1994 年	上海贝尔电话制造公司中外合资企业	美国
1997 年 2 月 20 日	得克萨斯仪器	美国
1997 年 4 月 9 日	贝托电信	俄罗斯
1999 年 8 月 26 日	福建省移动	中国
2000 年 6 月 8 日	高通公司	美国
2001 年 11 月 27 日	NEC，松下通信	日本
2002 年 10 月 21 日	杰尔系统	美国
2002 年 10 月 21 日	微软	美国
2002 年 10 月 23 日	NEC，松下通信	日本
2003 年 4 月 19 日	3Com	美国
2003 年 6 月 4 日	Avici 系统	美国
2003 年 8 月 29 日	西门子信息与移动	德国
2003 年 9 月 16 日	英飞凌	德国
2004 年 2 月 12 日	诺基亚西门子网络	德国
2005 年 4 月 25 日	英特尔	美国
2006 年 3 月 2 日	惠普	美国
2006 年 5 月 31 日	飞思卡尔半导体	美国
2006 年 7 月 25 日	摩托罗拉	美国
2007 年 2 月 13 日	高通公司	美国
2007 年 5 月 14 日	全球海洋生态系统	英国
2007 年 5 月 21 日	赛门铁克	美国
2007 年 10 月 31 日	国际电信联盟	组织
1998—2003 年	国际商用机器公司	美国
2008 年 12 月 12 日	微软	美国
2009 年 3 月 20 日	英飞凌	德国
2009 年 8 月 9 日	太阳微系统公司	美国

来源：Zhang（2009）；Nakai 和 Tanaka（2010）；华为企业信息；http：//www. huawei. com/corporate_information/milestones. do

　　1993 年,通过有效利用上海贝尔(第一个中外合资企业)的技术扩散,华为实现了对 PBX 知识的第一次累积,这也是在 C&C08 数字电话交换机技术的第一个成功突破。之后,华为便成功地垄断了中国农村和小城市市场。随后其为提高产品质量、改进产品开发,开始与中国城市市场的外国企业进行竞争。

从 1998 年到 2003 年,华为的管理风格受 IBM 的影响较为明显,尤其在研发和供应链管理方面。华为从一个单纯的硬件批发公司重组成为一家 IT 解决方案的供应商。幸运的是,21 世纪初期 IT 泡沫破灭的时候,华为在 IBM 顾问的指导下,通过更好的供应链管理、较强的研发和更综合的治理结构继续生存了下来(Nakai 和 Tanaka,2010)。

2003 年 3 月,华为和 3Com 公司联合组建合资企业华为 3Com(H3C),专注于研发、生产和销售数据网络产品。华为在 2006 年宣布放弃 H3C 49% 的股份,约 8.8 亿美元。

2005 年,华为开始广泛构建合资。为发展 3G/TD-SCDMA 移动通信技术产品,华为与西门子合资创立公司,称为 TD 技术;与摩托罗拉成立了联合研发中心,总部设在上海,开发 UMTS 技术;与委内瑞拉电信建立的合资企业,在 2006 年后开始进行研发销售电信终端产品和服务(Orinoco,2010)。2008 年,华为与英国的海洋工程公司成立了一家名为全球海洋生态系统的合资企业,以提供海底网络设备和相关的服务(Wang,2008)。

同样,中兴国际化战略的显著特点也是与欧洲和北美等国家建立战略伙伴关系。中兴 2005 年开始与阿尔卡特、爱立信、法国电信和葡萄牙电信建立合作。两年后,公司宣布和法国电信建立了长期战略伙伴关系,并与加拿大第二大电信运营商 Telus 达成了长期合作关系协议。2007 年,中兴又与 Vodafone、Telefonica 和 Hutchison 形成战略合作伙伴关系。如前所述,连续的国际化战略使 2011 年中兴国际业务收入得以占公司总收入的 60%。

■ **能力提升**

作为全球知识经济的后来者,中国之所以能够获取关键资源和能力、并从原来的"后进生"迎头赶上,甚至通过不同的国际化途径成为业内领导者(Child 和 Rodrigues,2005;Deng,2007),这是有其内在逻辑和独特方法的。而其中一个重要的途径就是成为合同制造商或合资企业(Child 和 Rodrigues,2005)。许多中国大陆的公司,如华为和中兴,就是通过与外国跨国公司的合资合作,承接合同制造、获得技术授权,实现了飞速发展,他们从产业价值链中,逐渐学会了如何提升他们所需的技术和能力。

首先,通过与当地知名企业合作建立全球品牌,这是企业提升声誉和竞争力的一条捷径。正如我们所讨论的,华为通过与像得州仪器和 IBM 这样的知名企业建立联合研发实验室、与跨国公司巨头如西门子和 3Com 公司构建战略联盟,迅速提升了自身在国际上的知名度和影响力,并从这些合作中学到了相关的技术诀窍。华为虽然已经跻身于典型的设备制造商价值链中,但如果想要拿到产品的议价权和更高的利益,它所缺失的部分恰是品牌效应。然而,建立一个全球性的品牌需要大量的时间和高昂的费用。故华为选择与 3Com 公司合作成立合资企业,并从中学会了创新的营销策略和品牌文化,例如通过 H3C 命名的产品的销售,华为大大地提高并扩散了自己的品牌知名度。而事实也证明华为的合作品牌战略是成功的,仅在 2005 年,华为的合同销售额已经达到 82 亿美元,其中约 58% 来自国外市场。

1991 年之前,中兴只开发了基于传统的芯片生产方法的低端系统,支持大容量和复杂系统的专业芯片,在当时对中兴而言是几乎不可能的。低端产品的定价必然不会太高,但这种低价格策略在中国市场中的很长一段时间内都是成功的,本土品牌也经历了它们最繁荣的时期,包括当地的手机制造商宁波波导、夏新、TCL、中国科健和康佳等,甚至这些品牌与外国同行包括诺基亚和摩托罗拉等都可以形成鼎立局势。在那段时间里,几乎所有品牌的畅销移动手机都是由低端的合同制造商生产的。然而,这些品牌只能依靠低价策略来瓜分中国手机市场,当外国手机制造商也采用中、低价格策略时,本土手机品牌就开始失去大量的制造合同。从 1995 年到 1998 年,手机制造商之间爆发了残酷的价格战,而 20 世纪 90 年代中期也因此成为中兴最艰难的时期。相对而言,中兴的产品价格大约比西方竞争对手低 25%,但却缺乏区别于其他公司的创新性。然而,中兴在技术创新前沿的不断的努力也获得了回报,与国际通讯的领导企业阿尔卡特和北电的联盟,为中兴"致力于将 CDMA 打造成为全球第一品牌"的目标打下了坚实的基础。到如今,中兴已经有了 14 家全资研发中心,遍布美国、欧洲和亚洲。

其次,利用不同的合作者之间的技术互补性提升公司能力。任正非坚持认为合作的目标是开发新的技术、提升企业能力。当华为与具有特定技术优势的通信企业合作时,例如网络开发层方面,与其他企业的合作为华为提供了市场更熟悉的零售服务、更有力的监管措施和更为健全的基础设施,而华为的目标就是通过合作快速地将技术转化为产品,并共享高端技术。华为和中兴都与他们的合作机构开展定期交流会议,以有效地改善研发投入、数据传输和产品的开发及外观设计。

最后,合作有助于企业技术和管理的成长。例如,英国的公司有着悠久的历史,他们有很强的产品需求、严格的质量和卫生安全要求。中兴打入英国市场后,通过与英国本土企业的接触学到了很多,中兴英国公司不仅学会了如何调整经营管理,还将相关信息反馈给了国内总部。因此,子公司和总部对技术和管理能力的交流与沟通是企业能力提升的重要渠道。

除此之外,项目管理也是可以从合作中学习到的一种重要能力。华为和中兴的一致结论是,在以前的合作中所累积的重要能力,主要包括建立项目目标、项目标准和项目管理制度,并据此调整新创新项目的组织结构弹性。

源于合作实践也累积了一系列的其他企业能力,如便利研发人员之间的沟通、协调基础研究、开发和商业化、促进各部门之间的信息流动和相互作用、完善生产制度和系统等。

11.6.3　源于子公司的逆向学习

■ 逆向学习

从子公司学习是华为和中兴国际化战略的第三个特征。国际市场营销的重点是重新认识世界各地人们的不同需要。华为和中兴都是全球品牌,虽然许多产品都是针对全球消费者的一致使用的营销组合,但了解区域差异是有必要的,这也是国际营销的重要组成部分。企业必须接受不同国家和地区价值观、习俗、语言和货币的差异性,这也意味着有些产品是适应于全球市场的,但某些产品只适合某些国家,例如单就手机制造行业而言,手机颜色、电线颜色、基础设施试验标准在不同国家具有不同的标准,华为在欧洲的市场环境下生产的高档防水手机 Ascend D2,就严格遵循了欧洲市场对产品外观、材料和技术方面的严格标准。而这些不同地区的特殊化产品需求需要更多的技术和工艺试验,客户也更加挑剔,这就使华为不得不寻找一个又一个更好的解决方案。中兴也指出,英国公司的文档管理同样是需要学习的一个重要方面。

首先,子公司之间的互相学习是另一个有趣的学习活动。对于华为而言,一方面,英国是华为进入欧洲市场的第一个国家在其他国家的子公司可以向英国子公司学习到很多的管理方面的知识;另一方面,通过建立亚洲与英国之间的联系,英国子公司也从发展中国家子公司学习到了很多技术,这些都是有助于进一步技术创新的。

其次,英国同样也是中兴进入发达国家的第一站。在英国,中兴开发了自己的品牌,依靠既快又好地满足客户需求提高了品牌声誉。中兴的发展经验提供了一套有趣的子公司间相互学习的案例:当中兴在非洲销售 3G 手机时,由于非洲缺乏充电电源,他们遇到了巨大的障碍。为了解决这个问题,他们开发了使用太阳能的蓄电池资源,这种技术不仅在非洲市场上实现了巨大的市场利润,而且传递到了其他子公司,在全世界开拓了广阔的市场空间。

最后,学习发达市场经营理念是子公司间相互学习所能提供的明显优势,如社会责任。最开始美国政府对华为极不信任,华为在美国市场屡遭挫折。为了转变形象,华为在美国的经营中,尤其注重遵守当地的法律法规,履行社会责任并积极行动,促进良好的当地合作,所有这些举措都为华为在美经营奠定了良好的基础。中兴也指出,先进的经营思想势必可以为未来的经营提供捷径。

■ 总部及知识整合与扩散

在子公司的学习的过程中,总部扮演着知识存储、知识整合以及子公司间直接传递者的角色。每一个子公司首先创造或者获取一项新的技术,然后由母公司搜集并选择性地将相关知识转移给总部,并将其与公司现有的能力进行整合;再后将这些新知识传递给其他子公司；最后，其他子公司再将这些新知识和新技术付诸实践。在这一过程中，我们将提供技术或者知识的单元（即子公司）看作一个节点，将总部可比作一个集线器。在深圳总部，华为拥有一个能力中心，这个中心承担着以下责任：（1）评估公司的能力，识别需要提升的部分；（2）从世界各地的子公司搜集知识和信息，并将它们与公司现有的技术进行整合；（3）将已获得的或者通过整合得到的知识扩散给需要的子公司。另外，华为的区域总部也负责搜集和扩散相关新技术，并对本区域内的其他子公司进行直接的非技术性指导。

■ 能力提升

大多数中国公司都深深地嵌入在制度环境中，华为和中兴对当地市场同样有深刻的认识，包括对客户的喜好、适应需求和价格敏感性等。全球竞争规则的不断变化要求华为和中兴不断更新自己的资源基础、开拓新的市场空间，因此华为和中兴需要扩展海外市场、吸收新技术、提升新能力，而子公司正是获得技术的初始单位，因此子公司之间的沟通是有助于企业能力提升的。

通过从发达地区子公司进行的的有效学习，企业的长期发展战略和经营理念都能够得到长足的改进。其中，战略能力通常包括技术战略和业务战略之间的联系、先进的决策系统、创业精神和创新密集性的环境和调整创新策略等。

企业的发达市场旨在寻求区别于发展中国家的差异化产品，并在此过程中成为市场的领导者；而发展中国家寻找的则是适合本土视角的解决方案和服务。华为和中兴都表示他们从欧洲市场学到了先进的管理理念，如健康安全和企业社会责任问题，而这些也正是中国总部或其他子公司的发展方向，这种投资理念存在于绝大部分的欧洲公司中，但中国企业却很少关注。因此，发达国家的子公司可以吸收、并与其他子公司或总部共享先进的管理理念，这对公司长期发展战略方面的管理能力大有裨益。

华为和中兴的案例也说明，子公司的经营对经营相关的资源和能力同样进行了累积，因为在新的市场建立子公司本身就是一个新项目或一个全新的创业过程。比较而言，公司在不同国家有不同的生产线，这并不意味着哪一个更好，如我们不能说非洲市场的技术研究就是逊于其他国家的,所有地区的子公司的根本目的都是在发现问题、解决方案中获得差异化产品。值得注意的是,这些行为多数是从发达国家的子公司学习的,尽管有时只是一种模仿。因此在企业开始国际化之后,华为中国公司的再创新能力也有明显的提高。华为和中兴总结出了相同的结论,即子公司要将累积的经验和知识反馈给总公司,如建立项目目标、阶段的标准和项目管理制度、调整组织结构弹性等。因此,子公司之间的学习是累积企业经营能力的第二个途径。

在不同的子市场内,培养自主学习意识和投资学习是结合无意识吸收和子公司有计划的学习行为的一种学习路径。一方面,子公司在学习的过程中获取技术或知识,再把他们的信息反馈给总部,通过总部构建的分支或子公司网络实现信息交换,这些都是有计划的学习行为;另一方面,不同职能部门之间的一些非正式的信息流动和接触创建了无意识的学习、吸收和提升能力的机会。除以上几个方面外,企业也可以在人力资源管理、全面质量管理和基准系统的组织能力等管理能力上得到升级。

11.7 结 论

本章对华为和中兴的国际化案例进行了研究,获得了后发企业国际化进程的一些重要发现,这些发现一方面有关企业国际化战略和市场扩张之间关系,另一方面则有关不同学习途径能力升级研究方面。

本章首先探讨了源于客户、合作和子公司的逆向学习问题。这些逆向学习在很多方面提高了跨国企业的能力,例如理解客户需求、选择和测试创新想法、将客户需求与创新想法转化为产品概念和产品原型和管理分销网络等。新兴经济体中的跨国企业可以通过合作建立全球品牌,并基于合作者之间的互补性,建立竞争力、提升企业技术和管理水平,公司的长期发展战略、经营理念、经营管理、学习意识和学习投资意识等也将在这个过程中得到完善和增强。因此,国际化过程不仅实现了企业的技术升级,也同时提升了公司的整体能力。

此外，这两个案例都说明企业可以从项目或合作中开始学习，并通过总部或子公司在项目或合作中的行为实现能力提升。在中兴的案例中，非洲市场价格优势的丧失是促使其开发新能源手机的根本动力，最终该技术不仅在非洲市场获得巨大的利润，而且在全世界取得了广阔的市场。同时华为荷兰公司的案例也表明，荷兰是他们在欧洲大陆市场的重要突破，这个市场成为开拓欧洲市场的榜样，包括如何与政府、运营商和客户沟通、如何对产品和服务进行定价。

这两个案例的研究还表明，学习和开发新功能的动机可能与相关背景、专业的知识和能力基础相关，并因此具有路径依赖性。两个企业都是在有了稳固的技术、管理和绩效基础之后开始的国际化进程，这也说明了学习的本质和方向，关系到企业资源和能力的积累。例如，在初始国际化阶段，企业累积的技术、管理和绩效基础不仅为企业进入制造阶段提供了必要的资源，同时也是建立与国内外相关企业相对竞争优势的重要资本。

对这两个案例的研究还发现，逆向学习是构建企业能力的一个新途径。这个学习路径始于客户、销售和服务，之后通过与其他机构、企业和研发中心的合作，以及从总部和其他子公司的学习，最终实现技术和能力的提升。每一个学习分支都有其具体而独特的学习活动和能力提升路径，这是一个经典的路径范式，值得处于当前中国过渡性的制度和市场环境的其他企业模仿和学习。

最后，两个案例研究也显示，新进入者可以通过技术研发，尤其是适合当地市场的资源和能力的技术研发来挑战在位者。华为和中兴积累客户知识，创造了强大的客户优先解决方案，这对外国竞争对手而言几乎是不可能的，原因就在于华为和中兴客户优先解决策略的能力，已经延伸到了他们的生产和研发当中。客户是华为和中兴学习的首要源泉，他们通过其分销网络与客户进行广泛的直接联系，为满足高标准的客户需求，他们都将技术创新视为公司能力提升的主要动力。华为和中兴第一位的成功因素就归功于在进行大量的研发投入之前掌握和了解了客户的需求，他们一切经营活动的主要目标就是开发出更精细的、满足越来越多特定客户的、细分市场的产品。这种对客户需求持续的关注和深化理解也成为他们在国内外市场的重要竞争优势。

中兴和华为的案例结果有明显的管理意义,这两个公司通过逆向学习建设技术及管理能力的经验,为广大企业管理者提出了重要的启示。企业可以通过在国外子公司的经营构建企业技术和整体能力,并且完全可以通过国外子公司,获得技术、管理和营销等各方面的知识和能力。他们应该将总部和子公司的资源和能力与现有的资源和能力完成清晰对接,并通过必要的调整提高自身的竞争力。

案例也表明,企业发展新的能力需要不同的学习结构。公司可以通过不同的方式获得不同的能力,例如,与客户的沟通、合作中的学习和子公司之间的学习等。此外,随着公司在新的区域或子市场对特定能力的应用范围不断扩大,企业就必须及时进行重组以有效支持日益多样化的活动,并提高新活动的保障能力。

案例的经验也特别适用于发展中国家的后发企业。虽然研发投资对行业激烈竞争至关重要,但是切实评估机会成本和可能的收益,对一个相比于大型跨国企业而言资源有限的企业来说,有选择性的投资是必要的。资源有限的公司对经营活动和学习努力的分配比例能够极大的影响他们与竞争对手的竞争。华为和中兴开发海外市场的相似战略就是用低价格战略敲开新市场的大门,逐步建立当地对自身的品牌认知,迅速抢占市场份额并累积能力。

然而,尽管本研究在企业国际化进程中的学习方面得到了重要结果,但鉴于对这两例个案研究的探索性,本研究结果需要更多案例和实证数据支持,研究结论仍需要进一步验证。

第12章

国际合作与中国的转型： 从模仿到创新

12.1 引　　言

对于后发经济体国家,通过进口、许可证和吸引外商直接投资来获取先进知识是最常用的国际知识获取渠道(Fu 等,2011),中国在这方面也不例外。所有的知识扩散机制都遵循获取、消化和适应的顺序,因此,这些产品的生产和使用过程都与模仿创新紧密相连,而且这些技术虽然对后发经济体国家来说是新的,但对世界而言并不是。近年来,中国致力于从模仿者转变为创新者,各种"非常规"国际知识源机制的运用越来越多,比如吸引高技术移民回国、对发达经济体进行直接投资以及国际创新协作等。随着创新的日益国际化,以及创新模式从封闭到开放的转变,创新越来越多地成为一种相互协作和全球性的事业。那么中国会通过"非常规"获取国际知识成为创新前沿吗? 本章就将围绕这个问题,对国际创新合作在中国从模仿到创新转型中所起到的作用进行一些探讨。

本章其余部分的安排如下：12.2节简要论述了中国公司在创新合作方面的模式和趋势，12.3节简要概述了中国企业创新合作的格局和趋势，12.4节介绍了检验结果，12.5节则给出了结论。

12.2　国际合作和根本性创新：文献综述

从模仿到创新需要更多新颖的和突破性的根本性创新技术，这要比中国在起飞和追赶阶段所使用的模仿创新更新颖。根本性创新意味着要背离现有做法，参与新见解下的破坏性创新（Ettlie，1983），因此根本性创新的产生需要延伸知识的深度和广度（Zhou和Li，2012）。推出根本性创新的高要求迫使公司不仅要从内部研发获取知识，还要进行外部的学习和合作（Birkinshaw等，2007；Bao等，2012）。

合作是利用外部创新资源和能力的一种机制，企业与公众（包括大学）和私人的外部联系都有利于企业的创新（Freeman和Soete，1997）。通过合作，公司可以扩大专门知识的范围、加强R&D能力、获得互补资源、并提高商业化的能力。与其他公司合作不仅可帮助一家公司获得自己范围之外的知识，还能结合不同知识来源，从而有利于探索不确定的世界（Belderbos等，2004）。具体而言，通过参与创新协作，公司可以"打开偏离现有组织记忆通往新知识的大门"（Bao等，2012），并有机会协同整合合作伙伴的能力和资源；此外，合作伙伴之间科技知识的异质性和市场领域的差异性，可以确保公司内知识组合的多样性（Prabhu等，2005），并可以增加新体系结构或功能发展的可能性。合作创新对根本性创新而言至关重要，因为知识获取不仅来自企业内部的R&D，还要依靠外部的学习和合作（Birkinshaw等，2007；Bao等，2012）。因此，公司不应该在创新时孤军奋战，而是要在整个创新过程中积极寻找与外部伙伴的合作（OECD，2008）。

近年来,创新已日趋国际化,公司越来越多的选择跨界利用或探索知识(Archibugi 和 Iammarino,2002)。全球化创新由 3 个不同部分组成,即(1)国内创新的国际化利用;(2)跨国公司的全球化创新;(3)全球性的技术科学合作(Archibugi 和 Iammarino, 2002),它们可以是开发资产研发活动,或增加资产的活动(Dunning 和 Narula,1995)。除了由跨国公司主导的全球化创新时代之外,战略技术合作(STP)也被认为是在内部研发创新基础上的关键性互补战略(Narula 和 Zanfei,2004)。文献研究发现,大型企业具有强大的技术能力和吸收能力,因而倾向于加入 STP,这使他们可以更快地跟上技术前沿(Cantwell,1995)。另外 Narula(2002)发现,小公司也不会仅仅依靠内部资源的创新,因为他们自身的管理、财务和知识资源都很有限。因此,国际性技术合作已经从技术转让逐步向组织学习的方向靠拢(Niosi,1999)。另外值得一提的是,非股权 STPs 在形式上更加灵活,更适合合作双方的知识发展和学习,它是非常有用的工具。

创新国际化浪潮和新兴经济体的崛起,已带来了大量的来自美国、欧盟和中印等新兴经济体的外包研发活动,这也催生了英国等发达国家与新兴经济体之间的创新合作。此外,新兴经济体,尤其是中国和印度,在技术研发上投入巨大,并且两者都有着充足的廉价熟练劳动力储备(Fu 等,2011),这帮助他们成为在国际创新合作中富有吸引力的伙伴。

尽管东南亚地区中等收入国家的企业在研发方面进行了大量投资,并且拥有大量训练有素的科学家和工程师,但它们在从事技术前沿根本性创新上的境遇并不乐观。相关研究显示,发展中国家和新兴经济体公司在创新表现方面的发展过程中,往往会受到自身技术能力和人力资源的限制(Hobday 等,2004;Dantas 和 Bell,2010),而国际合作创新使得它们突破这些限制成为可能。第 8 章的证据就已表明,中国企业与新型工业化经济体的大学进行创新合作时,更容易产生新颖的创新。因此,国际创新协作可能会培育更根本性的创新,并改变中国的技术轨迹。

12.3   中国的创新：概述

通过使用由中国国家统计信息局与清华大学在 2008 年进行的国家创新调查,我们可以对中国企业的创新模式有一个大概的认知。如第 8 章所述,此样本对创新性公司有所偏差,因此结果可能会高估中国企业总样本创新的实际广度和深度。

如表 12-1 所示,样本中约 48% 的中国公司参与过协作创新,其余的 52% 则没有,这与英国 2008—2010 年中从事协作创新的公司比例相当(BIS,2013)。有趣的是,大多数国内相关产业的国有企业和民营企业都参与过协作创新:有 64 家国有企业进行协作创新,58 家国有企业则没有;同时有 443 家民营企业参与协作创新,399 家民营企业则没有参与。与此相反的是,大多数的外资公司并不参与协作创新,这表明他们可能不愿意与当地企业建立联系。

表 12-1   协作创新活动

公司所有权	参与协作创新		不参与协作创新	
	公司数量	比例/%	公司数量	比例/%
国有	64	4.6	58	4.2
民营	443	32.0	399	28.8
外资	161	11.6	260	18.8
合计	668	48.2	717	51.8

数据来源:清华大学和中国国家统计局 2008 年中国国家创新调查。

公司之间的合作伙伴类型多样,包括设备、原料或软件供应商、客户、竞争对手、顾问、私人 R&D 研究所、其所在集团的其他公司,以及大学或公共研发科研机构等(表 12-2)。如表 12-2 所示,中国国内高校和研究机构之间的合作非常广泛,而大学和公立研究机构也是数量最多的企业合作研究部门。供应商和客户之间也有大量的创新合作,特别要提出的是,与国外客户的合作是国际合作中的最流行的模式,在此类别中有 187 例;其次是与外国供应商的合作,有 162 例。而在相同的合作分类下,我们仍能看到英国等创新水平国际领先的国家，在各类合作中都占有较高的比例。

表 12-2　合作者类型和地域分配

合作者类型	国内伙伴合作	国际合作	合作总数	不合作
附属集团内其他公司	315	119	434	223
设备、原料或软件供应商	316	162	478	204
使用者或消费者	291	187	478	217
同行业内竞争者或其他公司	222	106	328	318
顾问或私人研发机构	223	48	271	362
大学或公共研发机构	473	35	508	157

注：企业可以选择多项。

数据来源：清华大学和国家统计局 2008 年中国国家创新调查。

12.4　协同创新与中国从模仿到创新的转型：实证证据

利用与分析大学在中国的产业创新中所起作用的类似方法（在第 8 章中讨论过细节），借助 2008 年中国国家创新调查数据，本节展示了国际创新协作对中国产业创新作用的实证检验结果。如表 12-3 所示，与外国伙伴的合作创新对中国企业的突破性创新有着积极和重要的影响。平均来看，与国际伙伴合作的公司与没有进行国际合作的公司相比，新产品销售比例高 16%，估计系数在 1% 的水平上显著。不足为奇的是，与国内伙伴的合作对中国制造企业的创新没有产生显著影响。额外的研发变量估计系数在 5% 水平下是统计显著的，这表明参与额外的研发有助于中国的根本性创新。外国公司比国内公司更有创造力，与国内企业相比外资企业的突破性创新的销售比例平均要高 15%。

而与国内伙伴的合作，似乎对模仿扩散式的创新有积极影响，虽然估计系数只在 10% 的水平上显著。中国企业的内部研发活动对其模仿创新有重要贡献，估计系数在 1% 的水平下显著为正，内部研发支出每提高 1 个百分点，新销售量的百分比将增加 0.12%。沿海地区公司的模仿创新似乎比内陆公司更少，但估计系数只在 10% 的水平上显著。国外和国内企业之间的差异在这方面则没有显著影响。

表 12-3　合作对于中国企业创新绩效的影响：Tobit 模型测量的结果

变　量	1 突破性创新产品新销售额	2 模仿性创新产品新销售额
Co_international	16.13 ***	1.819
	(5.178)	(3.610)
Co_domestic	−1.277	7.565 *
	(5.728)	(3.921)
Ln(inhouse R&D)	1.326	2.776 ***
	(0.903)	(0.590)
Ln(extramural R&D)	1.515 **	−0.074
	(0.642)	(0.462)
Age	−0.132	−0.066
	(0.157)	(0.062)
Size4	1.019	−5.425
	(5.57)	(3.868)
Constraints in human capital	−2.361	−4.431
	(5.13)	(3.913)
Coastal region	2.644	−6.406 *
	(4.892)	(3.533)
Foreign invested firm	15.24 ***	−5.787
	(5.158)	(3.934)
Industry dummies	Yes	Yes
Constant	Yes	Yes
Observations	819	804
F statistics	4.476	4.358
LogLikelihood	−1291	−3320

注：括号中为稳健标准误。*** $p < 0.01$，** $p < 0.05$，* $p < 0.1$。

表 12-4 显示了不同外部合作伙伴类型在突破性创新中的影响，我们控制了企业与国内伙伴以及与国外伙伴之间的合作，以得到特定合作伙伴类型对合作的影响。除了与公司内的伙伴合作，与所有其他类型的外国伙伴合作都对中国企业的突破性创新有着显著的正向影响。其中，与国外客户的合作对中国企业突破性创新的影响最大，与国外客户合作的公司的新产品平均销售额比那些没有进行合作的要高出 33%。与供应商的合作对突破性创新也有重大贡献，但影响程度和显著性比起与客户的协作来说

表 12-4　中国进行国际合作新颖创新的效果：Tobit 模型测量结果

变　量	1	2	3	4	5	6	7
	因变量：突破性创新新产品销售额						
Co_within company group_int'l	0.0731 (7.715)	6.114 (7.305)					
Co_supplier_international	4.225 (6.483)		11.74* (7.116)				
Co_customer_international	25.28*** (5.618)			33.34*** (7.215)			
Co_competitor_international	4.499 (6.56)				15.47** (7.004)		
Co_private res. institute_int'l	8.297 (8.693)					19.32** (8.372)	
Co_University&Pub res. inst_int'l	14.49 (9.926)						23.54** (9.212)
Co_international		16.02*** (5.614)	11.89* (6.733)	-2.714 (7.326)	12.19** (6.026)	15.60*** (5.479)	15.60*** (5.37)
Co_domestic	-7.037 (5.344)	-4.806 (5.639)	-5.451 (5.595)	-5.332 (5.511)	-4.723 (5.601)	-4.75 (5.631)	-4.525 (5.603)
Ln(inhouse R&D)	1.083 (0.883)	1.129 (0.91)	1.17 (0.908)	1.118 (0.892)	1.06 (0.908)	1.132 (0.917)	1.11 (0.904)
Ln(extramural R&D)	1.509** (0.646)	1.569** (0.649)	1.541** (0.648)	1.640** (0.636)	1.470** (0.653)	1.508** (0.646)	1.504** (0.646)
Age	-0.148 (0.158)	-0.178 (0.166)	-0.176 (0.164)	-0.167 (0.162)	-0.188 (0.168)	-0.176 (0.165)	-0.169 (0.163)
Size4	1.317 (5.586)	2.762 (5.63)	2.726 (5.665)	2.178 (5.569)	2.81 (5.663)	2.558 (5.617)	2.307 (5.627)

续表

变　　量	1	2	3	4	5	6	7
			因变量：突破性创新新产品销售额				
Lack human capital	−2.256	−2.056	−2.100	−2.924	−1.769	−2.253	−1.011
	(5.014)	(5.174)	(5.166)	(5.025)	(5.157)	(5.136)	(5.174)
Sector dummies	Yes	Yes	Yes	Yes	Yes	Yes	Yes
Constant	Yes	Yes	Yes	Yes	Yes	Yes.	Yes
样本量	819	819	819	819	819	819	819
F 检验值	5.362	4.274	4.376	5.836	4.71	4.816	4.936
自然对数似然函数值	−1278	−1291	−1290	−1280	−1289	−1289	−1289

注：括号中为稳健标准误。*** $p < 0.01$，** $p < 0.05$，* $p < 0.1$。

因变量：新产品的销售份额

要小得多。同时,与国外大学的合作对企业新产品销售额影响巨大,数据结果上仅次于与国外客户的合作,与国外大学合作的公司,其新产品的平均销售额比那些没有进行合作的公司要高出 23.5%。与国外的私人研究机构以及同行业外企合作给公司带来了可观的收益,估计系数在 5% 的水平上显著。

12.5 结 论

鉴于当今是一个全球化的时代,创新日益发展为合作之举,越来越多的公司正在采取国际合作以增强其在国际市场的竞争力。本章分析了国际合作对中国转型时期从模仿到(根本性)创新过程中的贡献。结果显示,国内的合作伙伴之间的协作只对中国的扩散性创新有微弱的影响,与外国伙伴的合作则对中国公司的突破性创新创造有显著的积极影响。中国的公司可从广泛的外国伙伴类型中获益,这其中包括国外客户、供应商、大学、私立研究机构以及同行业的公司。与外国客户的协作对创新的产生有最显著的正面影响,同时与国外大学的合作也被证明对产生突破性创新卓有成效。

这项研究的发现有着深刻的政策意义。实现经济发展的第二阶段,即完成经济追赶和迈入高收入群体是中国和其他许多中等收入国家的主要发展目标。进入世界前沿需要高水平的创意和人才,同时对人才和创意在质量和数量上的要求都与模仿创新有着显著不同。它需要开放的思维,以打破原有道路而非跟随已有道路的创新战略,同时还要求可以确定战略方向的远见卓识、进行长期研发的巨大投资、可以分享风险的合作伙伴以及进行根本性创新所需的高超水平和复杂技能。因此,国际合作创新是迎接开创性的根本性创新挑战的有效机制,也是实现和维持企业国际创新领导力的必需要求。而国际性的合作创新其实已经是经合组织中各国的发展趋势,它们早已引入一系列项目来鼓励和支持国际合作。本章的结果也证实国际合作是一条有效的渠道,它的发展将给中国企业带来新型的根本性创新,并将获得明显的收益。

第13章

创新效率与创新的跨国差距

13.1 引 言

欧盟与美国的创新差距是有据可查的,欧洲委员会和英国部门贸易和工业部(DTI)在国际研发支出研究方面的最新出版物显示,欧洲在研发投资方面落后于美国和一些亚洲经济体(DTI,2005;EC,2005);Hall(2004)和一些其他研究也表明欧洲和美国之间的差距越来越大。许多的学术性研究和政府性研究还调查了影响国家创新绩效的因素,并对国家的创新能力做出量化,从而也确认了经合组织和美国在这方面的差距(e.g.EC,2002,2005;Porter 和 Stern,1999;Furman,Porter 和 Stern,2002;DTI,2003a,2003b,2003c,2005;Mairesse 和 Mohnen,2002;Faber 和 Hesen,2004;Furman 和 Hayes,2004;和 Jaumotte 和 Pain,2005)。

这些文献最有影响力的贡献就是对"创新能力"的特定概念做了定义,即"一个国家——既作为政治实体,又作为经济实体——长期生产和商业化世界新技术的流动能力"(Furman,Porter 和 Stern,2002:900)。创新能力这个概念"不是可意识到的创新产出水平本身,而是体现了在创新过程中更为根本的决定性因素"(同上)。学者们在国际专利层面以"生产函数"来运用这个概念,他们认为这个概念很容易由描述一个国家创新能力的几个观测因素来捕获,这些因素包括:(1)通用的创新基础设施,包括整体的科学和技术政策、基础研究的支持机制以及高等教育和累积技术的知识储存量;(2)具体的创新环境,如波特在他关于国家竞争优势来源的研究工作中所识别的产业集群;(3)通用创新基础设施和集群之间的联系,这些集群受到大学制度的性质,以及与特定集群相联系的新企业资金来源性质的影响。

在这种方法的大多数应用中,创新产出都可由美国专利商标局的人均申请专利来表示,回归分析可以得到每个潜在驱动因素的贡献或者"权重",并试图解释国家间的专利类型与代理变量如基础设施、集群以及连接变量之间的关系。因此,只要通过对创新驱动要素的"权重"和价值的估计,我们就可以得到特定国家在国民人均创新能力方面的排名(对于最近使用这种方法的发展过程可以参考 Gans 和 Hayes,2008)。

其他对跨国创新产出的分析则使用了不同的多元回归估计方法,这些方法选择了增加或不使用专利变量作为创新产出的指标,比如 Jaumotte 和 Pain 在 2005 年发表的研究。他们先对商业部门研发的决定因素进行了建模,然后再通过模型分别对专利权的若干决定因素进行分析,之后他们又对研发人员的雇佣情况和实际工资的决定因素进行了建模,并以此评估了日益增长的研发人员需求所隐含的不利影响。结果表明,这种不利影响是切实存在的,可能会增加私营部门的研发成本。Faber 和 Hesen(2004)以及 Mairesse 和 Mohnen(2002)的研究都使用了欧洲共同体的协作创新调查得出了更直接的衡量指标,例如创新产品的最终销售份额等,并采用更换或增加专利作为创新的指标。然而不幸的是,美国、日本或其他非欧盟国家并没有可以衡量创新的更直接证据,因此经合组织之外的比较依然主要基于专利数据完成(Gans 和 Hayes,2008)。

上文提到的方法尽管对跨国专利和创新绩效差异提出了重要的学术假设和见解,但它们都未能明确说明所区分的不同国家之间的创新输出差异到底是由于缺乏创新输入本身所造成的,还是由输入被转换成创新产出的效率所造成的,这两种因素各自的影响程度又是多大。一个经济体的创新绩效并不仅仅取决于其创新投入的多少,同时还取决于如何有效地管理它的创新过程,以及是否能够成功地将创新投入转换为有用的创新产出,如技术专利等。如果单纯采用低效率的创新和增加投资的方法,那么研发成果或科学基地可能不会实现预期的"产出"增加。但这种"低效率"的重要影响在许多政策讨论中往往会被忽略,正如欧盟委员会(1995)在创新绿皮书中指出的那样,"欧洲受一个悖论影响,与其主要竞争对手的科学绩效相比,欧盟的表现非常出色,但其在电子、信息技术等高科技行业的商业绩效却在不断恶化,其中一个主要原因就在于其从科研成果的转化能力不足。"

现有的创新能力研究方法基本包含了预计会影响有关创新投入产出转化的系统变量,但它们往往不能系统地分辨和解释系统影响和投入本身两者对"效率"的相对贡献。本章中,我们试图将每个国家的专利与预估的全球前沿专利之间的进行比较、计算差距,并分解成基于创新投入和相应使用效率的基本专利能力。世界专利的前沿水平将采用随机前沿分析(SFA)的方法进行估算。SFA 是一种在知识生产的新语境下、被广泛使用于产能分析标准效率的估计方法,它的优点在于可以明确地将所观察到的专利分解为两部分:给定的一个国家最佳实践的专利潜力,以及相对于专利前沿水平最佳实践的"效率差距"。传统的全要素生产率(TFP)方法将生产力定义为专利生产函数的剩余,而 SFA 则考虑了测量误差,并将一个国家的偏离总量分解为低效率和随机误差这两个方面。

在评估跨国家专利效率时,另一种与 SFA 不同的方法是数据包络分析法(DEA)。Wang 和 Huang(2007)使用这种方法,将研发资本储存量和人力资本作为投入,将专利和学术刊物作为创新产出,评估了 30 个国家科研活动的相对效率。结果显示,只有不到1/2 国家的研发活动是卓有成效的。同样,Hollanders 和 Esser(2007)也使用了 DEA分析方法,分析了 2007 年的欧洲创新记分牌(EIS)。他们的模型包括了 3 个类别的创新投入,即创新驱动、知识创造和创新型创业,以及两大类创新产出,即应用和知识产权产出。除这些以外,DEA 的应用范围还包括了基于共同体创新调查(CIS)的直接创新指标、基于高科技的间接指标。他们的研究都证明了不同国家的创新效率有所不同,但这两项研究都关注的是对创新效率的评价,对创新能力的描述则相对较少。此外,DEA 方法将全部的前沿偏离归因为效率的低下(Cosh,Fu 和 Hughes,2005;Fritsch 和 Slavtchev,2007);而相对而言,SFA 则具有可以控制创新效率估计中的统计噪声的优点。

本章我们将采用美国专利商标局(USPTO)的专利作为创新产出的代理变量,同时我们将一个国家的"专利能力"定义为其置身预估专利前沿中的预测专利产出;"专利效率"则被定义为可观测到的专利价值与处于前沿的预估专利的比值。专利的使用与前面所引主要研究中的国际专利表现有着直接可比性。在此基础上我们认识到,对美国专利商标局数据的利用将会使任一国家的表现与美国对比都会存在国家层面的系统性误差,但这种整体性偏差对每个国家而言都是相对稳定的。

本章对已有文献的贡献在于,这是第一次尝试应用 SFA 方法分析跨国家的专利所提供的创新活动。此外,我们允许可能影响其专利发生率的经济体之间的结构差异。由于专利跨行业变化显著,因此,我们将产业结构作为影响观测专利差距的解释变量之一。鉴于国内专利数据存在偏差,故相对于其与美国的比较,我们更侧重于非美经济体之间的比较。但美国又是被广泛承认的创新领先经济体,所以我们在构建世界专利前沿时,也包括美国在内。

本章的其余部分安排如下:13.2 节讨论理论框架;13.3 节列举典型事实;13.4 节讨论模型、数据和方法论;13.5 节报告预计结果;13.6 节使用最新的从 2005 年到 2011 年的数据,将中国与世界创新前沿进行基准对比;13.7 节将会给出结论。

13.2　国家创新绩效的决定因素

本章我们将根据创新体系的不同,设法识别由专利所代表的国家创新绩效差异来源。根据此领域的现有工作,我们把一个国家创新体系视作一套组织机构,并定义了该机构运行的制度框架以及它们之间的网络和相互关系,体制框架和关系条件类型与企业所进行的研发和人力投资、新的产品设计、服务的开发和商业化以及制造和服务的生产流程的动机和能力共同进化(Freeman,1987;Lundvall,1992;Nelson,1993)。国家系统方法认为,这些制度要素的作用之和能决定国家的创新绩效,一个国家的创新绩效不仅取决于人力和资本要素所投入的数量,也受到体制和其他系统因素影响,这些因素构成了创新的约束或者刺激(Pavitt,1980;Furman,Porter 和 Stern,2002;Faber 和 Hasen,2004)。同时,这些因素也可以通过影响企业创新决策的方向和性质,来决定国家创新体系的"效率"(Mairesse 和 Mohnen,2002)。

从创新体系的角度出发,我们尝试基于其整体研发的创新投入支出以及科研工作者和教育支出的储存量评估一个国家的创新能力。然后,我们将对经济规模、知识产权制度、企业融资的可获得性、研发在公共和私营部门的分离、以及经济开放等系统变量与前沿之间的距离(或无效率的创新)等变量作出解释。我们的研究方法与 Furman,Porter 和 Stern(2002)以及随后的论文相似,但这里我们将创新能力与基本投入联系了起来,并区分和明确了量化转化创新投入时"系统"效应的影响。

13.2.1 基本创新能力的决定因素

我们认为,研发投入和人力资本资源是影响专利生产的关键投入要素,而研发投入往往是获得显著创新业绩的决定性因素。尽管研发投入对公司的创新是既非必要也非充分条件(Baldwin,1997),但从国家层面来看还是特别重要的,研发投入更多的国家更有可能产生更多的专利或新产品和新工艺。劳动力技能、优秀的科学家和工程师,特别是直接参与研发活动的高素质科研人员的可得性,同样被广泛地认为是企业创新绩效的关键因素(Hoffman,1998;Porter 和 Stern,1999)。

除了输入要素本身,我们还允许部门结构的变化,这种变化可能会影响每个要素在总体水平的作用。部门特殊的科技或者投入要求、供应商类型或客户行为以及创新战略等都可能会导致对投入和产出的特定组合要求的变化,而这会进一步导致跨部门

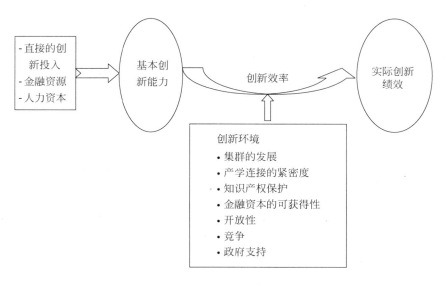

图 13-1　国家创新系统：一个系统的理论框架

专利发生率的波动,以及研发活动的基本速率和其他创新投入产出的衡量指标的改变(Malerba,2006)。因此,国家间活动部门分布的变化可以影响一个国家的创新表现,尤其是它们的专利表现,例如有学者认为,欧盟和美国的创新差距是因为这样的分歧:"相对于美国和亚洲,欧洲作为一个整体在快速增长的研发密集型领域表现较差,如 IT 硬件、软件和电子等领域,但在有盈利但是缺乏创新的领域却表现很好,如食品制造业、石油和公用事业"(Cookson,2005:30-32)。

13.2.2　创新效率的决定因素

各国的实际创新绩效不仅取决于要素投入,还取决于其内在递归过程的效率,包括创新的机会识别、产生商业化新想法的必要能力和投入以及适当付诸实践的市场价值。创新效率反映了一个国家从直接而有形的创新投入,到最终的商业上的成功创新产出的无形转化能力,它解释了基于投入的预期创新成果与实际成果之间的差异。创新效率受到鼓励、培养和促进新思想的产生以及经济体制与网络方面的影响(Furman,

Porter 和 Stern，2002；OECD，2003）。政府的政策和对创新的支持、经济的开放性、商业部门和公共部门的研发相对参与度、科学基础和产业之间的联系、经济的信息基础设施以及对知识产权的保护强度，这些都是影响国家创新效率的重要因素。

私营部门对创新的参与是国家创新体系中最重要的组成部分之一。私营部门不仅是创新理念的创造者和投资者，同时也是商品化的主战场，Porter 和 Stern 在 1999 年的一项研究中指出，由私人公司出资的研发范围是宏观制度环境是否有利于商业化的直接反映。随着创新变得更加开放、更加全球化，作为重要商业合作伙伴的高等院校最近受到了越来越多的重视；当前，随着商业伙伴越来越多地被视为企业的创新知识源，而其中更多的创新则是由拥有广泛的人力资本、并具有公共空间功能的大学所贡献的（HMTreasury，2003；Hughes，2008）。因此，大学作为主要的知识生产商，同样是决定一个国家创新体系的创新效率的重要因素。

除了来自政府和私营部门的资金，风险投资在融资创新活动和影响创新表现的方面发挥的作用日益凸显，特别是在高科技领域（Porter 和 Stern，1999；Lerner 等，2008），其中一个典型案例就是硅谷模式的成功，而民间风险投资在其中发挥了重要作用。然而，政府的国防开支和劳动力市场在这方面的作用也不容小觑（Lecuyer，2006），而且风险投资似乎也并没有系统地改变专利的数量（Lerner 等，2008），而是往往集中在相对较少的几个行业，如 20 世纪 90 年代后期的生物技术、互联网和电信公司等（Gompers，2006）。同时在美国和英国，也很少有官方风险投资会加入早期的高科技企业（Hughes，2008）。我们也许会因此期望风险投资本身的份额可能会在整体创新表现方面发挥微妙的作用，而且这种作用或许更多地是通过大企业和后期的发展，而不是通过早期阶段的高科技发展发挥出来。

国际贸易和投资的开放程度被认为是可能影响国家创新效率的另一个制度性因素。一方面，更大的开放性可能会增加国内企业的竞争压力，迫使它们进行创新（Geroski，1994；Nickell，1996；Blundell 等，1999），并通过出口来扩大市场、还可以增加研发投入的收益，从而提供创新激励。同时，通过对外交流和由外商直接投资所获得的知识扩散,可以通过知识溢出效应来促进国内创新活动。另一方面,开放进口和外商直接投资(FDI)又可能会挤走本地的中小企业,在一定程度上导致优秀科学家和工程师之类的人才外流,并导致对国外技术转让的部分依赖(Jaumotte 和 Pain,2005;Fu和 Gong,2008)。因此,与创新相关的投资能拥有适当的回报能力是非常重要的,强大的知识产权保护力度能够鼓励公司投资创新活动,并释放该国具有适合进行创新活动的吸引力的信号。

13.3　创新活动的跨国差异:典型事实

研发投入、专利数量以及新产品或者有显著改善的产品销售,是最常被用来阐明国家创新活动的指标。图 13-2 和图 13-3 分别展示了各国的研发和专利数据。

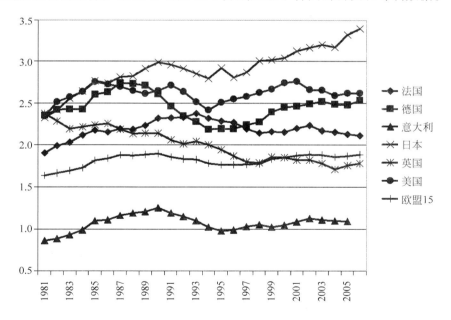

图 13-2　主要工业国家 R&D 总数占 GDP 的比例(%),1981—2006

来源:OECD (2008)

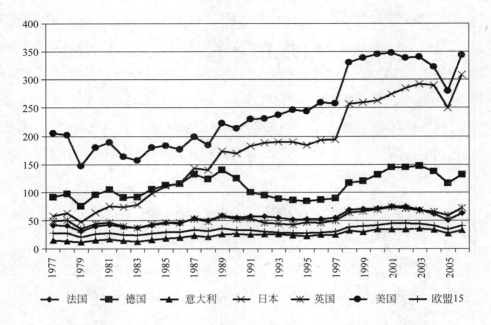

图 13-3　USPTO 授予的专利（每 100 万人的平均专利），1982—2006

来源：EUROSTAT

　　作为一个重要的投入要素，研发投资有统一的定义。图 13-2 表明，在研发经费支出方面，日本和美国早已跻身领先的工业大国之列，从 20 世纪 90 年代中期起，这两个国家的研发投入占 GDP 的比例就一直在增加。而在欧洲，英国和法国在同一时期的研发支出份额却有所下降，英国在 1981 年后经历了研发支出份额的中期下跌，而德国自 1989 年重新统一后经历了 10 年的衰退和停滞，其研发投入比例自 1999 年后才开始增加。

　　来自基于其他公司资源的数据也证实了研发投资在国家层面的差距。根据 2005 年国际研发记分牌（DTI，2005）的记录，欧洲企业在 2004—2005 年度的研发投资相比于此前 4 年的平均值并未增加，2004—2005 年增加研发投入的欧洲企业比例仅为 2%，美国和亚洲则为 7%。而 2002 年和 2003 年英国研发记分牌（DTI，2002，2003）同样显示，欧洲顶尖企业在 2003 年的平均研发力度仅为 3.7%，明显低于美国企业的

5.2%和日本企业的4.3%,英国前700家公司的平均研发力度更是只有2.2%,甚至比其他欧洲国家还要低。与此相反,许多规模较小的欧洲经济体却大幅度增加了研发支出,例如,瑞典、芬兰、丹麦和爱尔兰在过去20年加大了研发支出占产出的比例,分别为72%、172%、88%和104%(DTI,2005)。

将研发投入作为创新绩效指标的基本问题是,它主要衡量的是创新投入,却未涉及投入的利用情况(Jensen,1993),而且与创新产出也没有直接关联。另一种方法则是使用公司创新销售或者新销售份额占总销售额的比值,此变量是基于企业级的调查数据,并可上升到国家层面,是一个直接衡量成功创新的指标。但目前这个指标的有效性只局限于欧洲经济体的比较,因为它被最广泛地使用在一致性基础上的常规共同体创新调查(CIS)结果,并不能用于日本或美国等所有国家的比较。

专利数量是另一种被广泛应用于国际比较的创新指标。它是对有商业前景的重大发明技术的量度(Smith,2004),可以跨越时间和国家,从而使跨国家的绩效比较可以在时间维度上进行。但专利数量的数据也有明显的限制:它们仅代表一部分创新活动,并且它们反映不了不同专利的经济价值(Griliches,1990)。尽管存在这些限制,有人认为与其他可选项相比,专利数量仍然是用于国际创新比较的有效指标(Trajtenberg,1990;Furman 等,2002),同时"专利数据的分析已经被证明是非常有效果的"(Smith,2004)。因此,虽然专利数量指标依然不够完美,本章我们还是将使用专利计数作为创新产出的指标变量。基于此,就美国专利商标局每百万人口所授予的专利数量来说,长期以来欧洲都明显落后于美国和日本。自20世纪90年代中期以来,美国和日本的这项指标在逐年显著增加,与之相反,欧洲专利的增长却相当平缓(除了德国),这就导致了欧洲和美国(图13-2)之间在专利方面的差距越来越大。欧洲的专利申请数据也印证了这一趋势,英国记录在册的专利数量是德国的1/3,低于法国、日本和美国。尽管在此指标的衡量中,美国企业有一定的主场优势,但是美国的专利记录在欧盟市场上也有相对较强的表现。

13.4   估算专利边界和专利效率：模型、数据和方法

13.4.1   模型和方法

我们首先采用随机前沿分析方法（SFA）来建构一个国际专利前沿标准。之后，我们使用与前沿之间的距离以及影响距离的因素，估计国家创新体系的专利效率以及专利效率的决定因素。根据 Jones（1995）的思路，我们强调投入使用效率和投入规模之间的区别，并遵从 Griliches（1979），Jaffe（1989），以及 Eaton 和 Kortum（1999）的研究，将初始的专利（创新）生产函数定为

$$Y_{it} = A_{it}(X_{it})^{\varphi} \tag{13.1}$$

其中 Y_{it} 表示一个民族的创新与专利产出之比，X_{it} 是表示基本的创新投入的向量，$A_{it} = \alpha e^{v_{it} - u_{it}}$ 是一个效率参数，α 是常数，v_{it} 是随机扰动所捕获的统计噪声的影响，呈 $N(0, \sigma_v^2)$ 分布；u_{it} 是单边误差项，体现效率的一系列特征，并被解释为如前所述的专利效率的定义；u 独立于 v，并且 $u \geqslant 0$，呈从零截断的 $N(\mu_{it}, \sigma_u^2)$ 分布。

SFA 根据经验数据构建了一个专利生产前沿，它在给定投入时能得到最大化专利产出。为了用 SFA 来估计国家专利效率，我们重新写出函数公式，如下所示：

$$y_{it} = f(X_{it}) \exp(v_{it} - u_{it}) \tag{13.2}$$

确定的专利生产前沿 $f(X_{it})$ 代表了专利生产的可能性，即在给定创新投入时估计得到的最大创新能力；随机生产前沿是 $f(X_{it}) \exp(v_{it} - \mu_{it})$。专利效率则使用所观察到的专利产出与它在确定性前沿下的最大潜能的比值来计算，如下所示：

$$专利申请的效率(iE_{it}) = \frac{y_{it}}{f(X_{it}) \exp(v_{it})} = \exp(-u_{it}) \tag{13.3}$$

专利效率的决定因素可以用下面的方程进行分析：

$$IE_{it} = \alpha_{it} + \delta' z_{it} \tag{13.4}$$

其中,IE 是专利效率; z_{it} 在我们的研究中是除了基本创新投入外影响国家创新效率的矢量因素,即创新环境和相互联系的质量; δ' 是估计的参数向量; α_i 是国家或特定时间的作用向量。在这项研究中,制度和结构性的影响很容易被特定国家的作用所干扰,因此我们在模型中排除了国家虚拟变量,这样便可以保持制度和结构性因素影响的显著性。在操作过程中,我们尝试了传统的两个阶段的方法,同时用 SFA 估计联立法来做稳健性检验。值得注意的是,虽然创新投入水平会影响创新产出,但它本身可能依赖于创新产出和更宏观的制度环境。因此,SFA 分析对投入与效率的相对作用的确有新的见解,但该方法本身也存在局限性,即它不能考虑到可能的内生性问题。

13.4.2　数据与测量

我们重点研究的是经合组织国家,并利用经合组织的主要科学和技术指标(MSTI)、世界银行发展指标(WBDI)、管理发展学院(IMD)以及世界竞争力年鉴(WCY)构建了数据集。这里应注意,数据集中有些数据并不适用于所有国家,尤其是转型经济体和发展中国家。根据可公开访问的数据,我们的数据集共包括 21 个国家,时间范围是从 1990 年到 2002 年,包括的国家有:奥地利、比利时、丹麦、芬兰、法国、德国、希腊、冰岛、爱尔兰、意大利、荷兰、挪威、葡萄牙、西班牙、瑞典、英国、澳大利亚、加拿大、日本、新西兰以及美国。

- **因变量**

根据 Jaffe(1989)和 Furman 等(2002)的研究,我们使用美国授予专利的数量代表创新产出,若专利有多个作者,则专利的原产地由第一个发明人的居住地来决定。与 Furman 等(2002)一致,我们将 j 国在 $(t+3)$ 年的专利数 PATENTS$(j, t+3)$ 作为因变量,即我们考虑的是某年生产的理念体现在未来 3 年中被授予的专利数量。我们使用美国专利来提供一个样本,使之可在 21 个经合组织国家间横向比较有重大商业价值的创新指标。考虑到在利用美国专利数量方面所潜在的本土偏好的影响,我们将重点分析和讨论非美国家的结果。

■ **知识生产函数的解释变量**

第一个创新投入指标是致力于创意生产部门的人力资本资源,我们用企业全职研发的科学家和工程师的数量来衡量这些投入(FTE S&E)。基本的国际专利效率在不同国家间和不同时间上存在巨大的非均质性(专利/FTE S&E),例如美国从 20 世纪 90 年代起,每 1 000 名研发人员中有超过 70 项专利,而希腊和葡萄牙每 1 000 名研发人员的专利数甚至小于 1。创新支出是创意生产部门投入的另一个重要组成部分,由整合研发经费支出来衡量。值得注意的是,部分研发经费的支出是工资和薪水,因此,把研发经费和人力资源都包含在回归分析里可能会产生重复计算。虽然这应该不会影响基于 SFA 估计所得出的各国相对排名,但是它会影响每个变量的估计系数的解释力度,以及它们的统计显著性。此外,我们还把教育经费支出占国内生产总值的比例作为国家对人力资本投入承诺的一项指标。

正如前面所讨论的,经济的产业结构可能会在国家层面影响其整体创新绩效,而政策辩论则主要集中在高科技活动所占的份额。因此,我们试图通过高技术产业的增加值所占经济总量的份额来识别这些作用。这点在不同国家间差异很大,例如在 1990—1999 年,爱尔兰的高科技产业平均增加值在整体经济中占的比例最高,达到 9%;而同一时期英国、美国、日本、德国、瑞典和芬兰所占的比例仅在 6%~7%。

■ **专利效率方程的解释变量**

为了解释一个国家的专利效率,我们使用"由私有产业出资的研发比例"和"由高等院校主导的研发比例"作为两个解释变量,Porter 和 Stern(1999)建议将前者作为表现创新集群环境的指标,后者则是作为高校在国家创新体系中参与度的指标。如前文所述,开放性也是影响国家创新效率的重要因素,本章通过使用一个经济体的出口和 FDI 的规模及强度衡量经济体的开放程度。根据以往的文献,人均 GDP 水平也被用来表示经济发展水平,并被作为制度和基础设施发展整体水平的代理变量。经济中知识产权的保护力度和风险投资的可得性同样也被包括在解释变量中,它们可以通过在调查中收集到的专家评分来衡量。

因此,由专利所代表的创新能力的实验模型如下所示:

$$\mathrm{LnPat}_{i,t+3} = \theta\mathrm{LnRD}_{it} + \vartheta\mathrm{LnRDP}_{it} + \rho\mathrm{LnEDU}_{it} + \delta\mathrm{LnHITEC} + \nu_{it} - \mu_{it} \quad (13.5)$$

而表示专利效率的实验模型则如下所示:

$$\mathrm{LnIE}_{it} = \alpha_{it} + \phi\mathrm{LnBERD}_{it} + \phi\mathrm{LnRDHE}_{it} + \gamma\mathrm{IP} + \lambda\mathrm{VC} + \chi\mathrm{LnOPEN}_{it} + \beta\mathrm{LnGDPPC}_{it} + \varepsilon_{it}$$
$$(13.6)$$

其中,Pat = 专利数量,RD = 总科研经费支出,RDP = 科研人员,EDU = 教育经费,HITEC = 高科技产业增加值占整体经济的比例,μ = IE = 专利/创新效率,GDPPC = 人均 GDP,OPEN = 开放性,BERD = 企业研发经费支出,RDHE = 高等教育的研发水平,IP = 知识产权的保护力度,VC = 风险资本的可得性。变量定义和数据来源如表 13-1 所示。附录 13-1 展示了 21 个国家的关键变量的平均值。

表 13-1　变量的定义和来源

变　　量	定　　义	来　　源
Pat	未来 3 年美国授予的专利数	MSTI
IE	SFA 分析得出的创新绩效	
RD	R&D 花费占 GDP 的数量	MSTI
RDP	全职研究员的数量	MSTI
BERD	私立部门赞助的研发所占比例	MSTI
RDHE	高等教育机构进行的研发所占比例	MSTI
EDU	在教育上的全部花费	WBDI
GDPPC	1995 年不变价格计算下的人均 GDP	WBDI
EXP	全部出口价值	WBDI
EXPS	出口占 GDP 的比例	WBDI
FDI	接受外商投资总额	UNCTAD
FDIS	FDI 占 GDP 的比例	UNCTAD
IP	知识产权受保护程度(0 最低,10 最高)	WCY
VC	对企业发展有利的风险投资获得难易程度(0 最低,10 最高)	WCY
HITEC	高技术产业的增加值所占经济总量的份额	OECD

13.5　结　果

SFA 的估计结果如表 13-2 所示：研发人力对国家的基本专利能力有显著的积极贡献,并且大小性和统计显著性都是稳健的,研发人员的数量每增加 1% ,专利产出将提高近 1% ；整体的研发经费支出也对基本专利能力有显著的积极影响；而教育变量的估计系数虽然为正,但并不具有统计显著性,这可能是由于教育经费支出和研发人力之间存在高度相关性。

表 13-2　SFA 估计的国家基本专利能力

变　量	因变量：未来 3 年中被授予的专利数量							
	两阶段检验				同步检验			
	（1）		（2）		（3）		（4）	
	Coeff	p-value	Coeff	p-value	Coeff	p-value	Coeff	p-value
Constant	− 12.174 ***	0.000	− 11.197 ***	0.000	− 9.925 ***	0.000	− 9.898 ***	0.000
Log(RD)	0.356 ***	0.002	0.294 ***	0.009	0.254	0.122	0.249	0.129
Log(RDP)	0.821 ***	0.000	0.881 ***	0.000	1.005 ***	0.000	1.005 ***	0.000
Log(EDU)	0.093	0.438	0.069	0.558	− 0.001	0.994	0.001	0.994
Log(HITECH)			0.236 **	0.032	0.279 **	0.040	0.293 **	0.036
N	210		205		205		205	
Year dummies	Yes		Yes		Yes		Yes	
Log Likelihood	− 87.005		− 84.657					

注：*** 在 1% 水平上显著；** 在 5% 水平上显著；* 在 10% 水平上显著。

我们还使用了 Battese 和 Coelli(1995)所提出的同步模型法来估计 SFA,估计结果与两阶段法的估计结果大体一致。在同步模型中,研发变量的估计系数略微失去统计显著性,这可能是由在研发经费支出和研发人力之间的重复计算以及前面所讨论的同步方法操作的困难性造成的。对于产业结构来说,高技术产业增加值占总体经济的份额对基本的专利能力有显著的积极影响。这一结果表明,产业结构对塑造国家专利生产方面的整体创新能力而言确实很重要,高科技产业领域占比更大的经济体更可能会有更多的专利授权。但这是否只是所选行业带来的假象尚有待进一步的研究评估,例如药品行业就有非常高的专利倾向性。

表 13-3 展示了专利效率决定因素的估计结果。我们使用了 Tobit 及 OLS 估计来进行稳健性检验,两个估计得到的结果大体一致。人均 GDP 变量的估计系数显著为正,所有方程的结果都是稳健的。这表明经济体的发展水平,如技术和制度的先进程度以及基础设施的发展水平,对国家的专利效率都有显著影响。

由私营部门出资的研发份额对专利效率也有积极影响,这对于大部分模型都具有统计显著性。如果由私营部门出资的研发所占比例代表了全系统创新环境的影响(Porter,Stern,1999),那么由私营部门出资的研发所占比例越高,则反映了制度环境越有利于创新,并因此提高了国家的专利效率。高等教育机构的研发同样对国家专利效率有着稳健且显著的积极影响。估计系数的大小与企业研发经费支出的变量相当。有证据证实大学在专利方面有显著作用。因此,高校在总的研发支出中占的份额越高,国家的专利效率就越高。

与预期一样,知识产权的保护力度对专利效率有显著的积极影响。知识产权的保护力度越大,就会激励更多的创新和更有效的专利发明商业化。但风险投资的可得性却与专利效率负相关,而这可以通过如下事实来解释:正如经合组织的数据和其他研究所表明,绝大部分、或者说全部的英美官方风险投资大多集中在与大型企业以及管理层收购和重组相关的活动,而非技术密集型行业企业或早期的创新型企业(Hughes,2008)。我们的结论与 Lerner 等人的研究是一致的(2008),风险投资似乎并没有系统地改变专利的数量。显著的负系数值得引起关注,因为它意味着正式的风险投资相对于 GDP 的规模对专利效率有较大的阻碍作用。这可能在某种程度上反映了正式的风险投资一直受收购和成本效益的驱动,更多地投资在已有资产的重组,而非集中在高风险的研发支出和/或增强绩效的专利方面。这个问题还有待于进一步的仔细分析。

表 13-3　专利效率的决定因素

变量	Tobit				OLS			
	(1)	(2)	(3)	(4)	(5)	(6)	(7)	(8)
Log(RDHE)	0.084***	0.085***	0.074**	0.073**	0.083***	0.084***	0.073**	0.073**
	0.006	0.006	0.018	0.019	0.005	0.005	0.011	0.011
Log(BERD)	0.121**	0.123**	0.105**	0.105**	0.092*	0.092*	0.082	0.082
	0.019	0.019	0.041	0.041	0.091	0.096	0.108	0.108
Log(GDPPC)	0.215***	0.280***	0.204***	0.197***	0.198***	0.241***	0.200***	0.194***
	0.000	0.000	0.002	0.001	0.000	0.002	0.002	0.001
IP	0.012**	0.012**	0.008*	0.008	0.010*	0.010*	0.008*	0.007*
	0.021	0.021	0.099	0.102	0.056	0.060	0.096	0.098
VC	−0.012***	−0.012***	−0.010***	−0.010***	−0.011***	−0.011***	−0.010***	−0.010**
	0.002	0.003	0.008	0.008	0.004	0.006	0.011	0.011
Log(EXPS)	−0.070**				−0.054*			
	0.026				0.091			
Log(EXP)		−0.063**				−0.045		
		0.046				0.134		
Log(FDI)			−0.008				−0.007	
			0.25				0.264	
Log(FDIS)				−0.008				−0.007
				0.231				0.248
Constant	−2.140***	−1.150***	−1.920***	−2.051***	−1.904***	−1.158***	−1.811***	−1.934***
	0.000	−0.008	0.000	0.000	0.001	0.004	0.001	0.002
Country dummies	Yes	Yes	Yes	Yes	Yes	Yes	Yes	Yes
N	205	205	205	205	205	205	205	205
Log likelihood	348.107	347.619	346.278	346.332				
R-squared					0.978	0.978	0.977	0.977

注：***在 1% 水平上显著，**在 5% 水平上显著，*在 10% 水平上显著。

　　与 Jaumotte 和 Pain(2005)的结果一致,我们发现,由外国直接投资的开放性对专利的影响并不显著,出口开放性甚至对专利效率有负面影响。产生这种结果的部分原因可能在于,对创新而言,一个经济体的开放程度是一把"双刃剑",尽管竞争压力可能会迫使当地企业进行创新以增强竞争力,而且对外交往可以促进国际知识转移,但竞争的压力也可能会挤压本土企业的产品市场,同时对国外知识和先进设备相对容易地获得,也可能会在某些程度上导致对国外技术的依赖。

　　接下来本章分析标杆国家的专利能力和专利效率。

　　图 13-4 和图 13-5 展示了用 SFA 估计的 6 个主要工业化国家的专利能力和专利效率,并用专利来表示创新的产出。结果显示,日本是拥有最高专利申请量的非美国国家(图 13-4),不仅专利数量多,而且专利效率也很高(图 13-5)。在专利产出所代表的创新能力方面,其余的 G7 国家与美国的差距巨大,而且在 20 世纪 90 年代都没有缩小的迹象。与 G7 国家相比,英国在专利生产方面的创新能力比意大利高,但比法国和德国低,更远低于美国和日本。在专利效率方面,英国一直是 G7 国家中最低的,而且没有

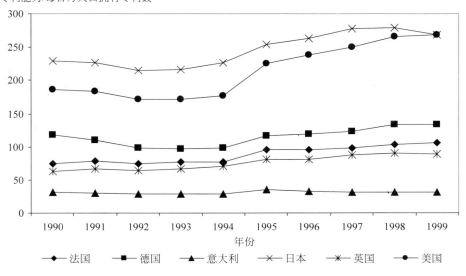

图 13-4　所选国家的专利能力

向前追赶的迹象。但考虑到英国在科学出版物和引用中的强劲表现(King,2004),说明如何成功地将创新和想法商业化的问题仍然是非常重要而亟待解决的。法国的情况与英国类似,虽然在整体表现上要略胜一筹。

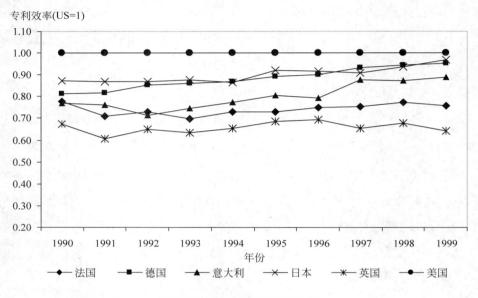

图 13-5   所选国家的专利效率

意大利的国家专利能力在 G7 国家中最弱,它根据基本创新投入所产出的美国专利数量远低于世界领先水平。然而,意大利从创新投入到产出的转化效率却非常高。意大利的估计专利效率自 1992 年以来开始追赶,并逐渐接近世界专利的前沿水平,这意味着意大利已经建立了一个有效的创新体制和创新投入产出的转化机制。而意大利的主要问题似乎是创新投入的匮乏。与英国、法国和意大利不同,德国一直是欧洲专利能力最好的国家,它所追赶的世界前沿专利效率的趋势就是有力证明,1999 年德国的专利效率几乎与美国和日本持平,远超欧洲其他国家。

我们还比较了其他研究中的国家专利排名,这些研究使用的是相同的数据和变量,但采用的方法不同。但它们并没有分解国家创新绩效,而是把创新投入和环境指标结合到一个模型中。具体排名和使用 SFA 估计所得到的效率得分表见附录 13-2。

虽然本研究的能力和效率排名与这些相关研究的创新排名大体一致,但我们的研究却通过分解创新揭示了一些有趣的现象,这也是本研究所用方法的最大贡献:日本虽然在研发中投入了大量的资源,并拥有世界领先的专利申请量,但是其整体创新绩效排名却比其他研究要低一两级。这是因为与世界上最高效的创新型经济体相比,它的创新效率较低。美国的专利申请量和专利效率名列前茅,而且毫无疑问,它在其他大多数的研究中的创新绩效排名也是世界领先的。而瑞典、加拿大、芬兰和丹麦都有着较高的专利效率,但它们在创新能力的排名却没有与之相匹配。意大利拥有的专利申请量最少,但它的专利效率很高,因此它在大多数研究中的整体排名是中等偏下的。

13.6　标杆中国与世界创新前沿

使用来自经合组织、欧盟统计局和世界银行收集的数据,我们继续使用早前讨论过的相同方法,估计 2005 年至 2011 年期间中国和其他新兴经济体的创新能力,并将其与美国专利商标局在此期间授予这些国家专利数量的实际表现相比较。除了主要的工业化国家,如美国、英国、日本、德国、法国、意大利和西班牙,分析的国家还包括了中国、俄罗斯、韩国、新加坡和阿根廷。这项工作的目标是,首先瞄准世界前沿来对比中国和其他新兴经济体的创新(专利)绩效,并了解中国在历经 30 年的追赶之后是否具有全球视野;然后分解中国在投资基础能力和创新效率方面与世界前沿水平的差距,从而了解其中主要的差距所在。

如图 13-6 所示,2005 年—2011 年期间,美国是最大的研发投资者,并在基于创新投资和人力资本估计的创新能力上一直处于世界领先的位置,日本则仅次于美国,排名第二。在样本中的所有国家里,有两个国家预期的创新能力有明确的向上追赶趋势,并在 2011 年的样本中投资排名分别位于第 5 位和第 6 位,这两个国家就是中国和韩国。它们在研发方面投入巨大,中国还拥有世界上最大的优秀科学家和工程师的人才池。然而,就 UPSTO 所授予的专利数量的实际表现看,如果排除专利授权机构的所在国(美国),日本是拥有由美国专利商标局授予专利最多的国家,韩国虽然排名第二,

但授权专利的数量大约只有日本的 1/4；中国在 2011 年拥有的专利授权数量为
3 473 项,仅为日本的 8%(图 13-7)。这个结果并不奇怪,据第 2 章所示,2011 年中国
的研发经费支出占国内生产总值的 1.98%,仅为日本的 59%,研发总支出总量中国也
只有日本的 54%。

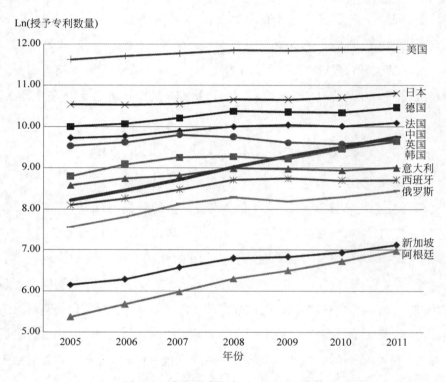

图 13-6　期望的创新能力：新兴经济体

　　基于研发投入和人才所产生的实际创新绩效,与预期估计能力之间的差异表明,不
同国家之间的创新效率是不同的。使用本章前面所讨论的随机前沿分析方法,我们可以
估算出样本国家的创新效率,图 13-8 展示了估计创新效率所得分数的报告。正如图中所
示,在 2005 年—2011 年的样本周期里,日本在大多数年份中都是创新效率最高的国家。
2011 年韩国排名第二,美国排名第三,而中国的创新效率值只有日本的 22%。总的来
说,中国和世界领先国的创新绩效依然存在明显的差距。尽管中国同美国以及日本之
间的研发投入总量差距很大,但主要差距还是在于中国的创新效率低下。

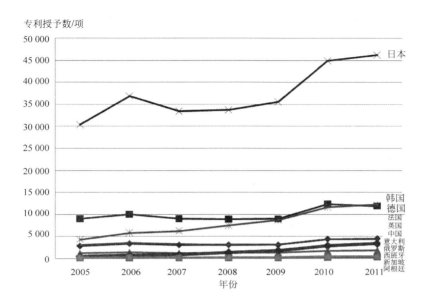

图 13-7 实际表现：USPTO 授予的专利

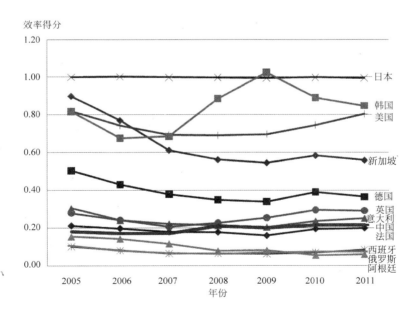

图 13-8 新兴经济体的创新效率（日本 = 1.00）

13.7   结   论

本章比较了经合组织国家专利的决定因素和表现,并将它们与世界专利生产的前沿水平相比较。从中发现,在创新的物质投入所决定的基本专利的能力方面,20 世纪90 年代的日本和美国一直是世界领先的,而欧洲国家与这些领先者之间的差距巨大,并且没有缩小的迹象。国家专利的效率由国家创新体系中的制度和结构因素所决定,日本、德国和意大利在样本周期内正在迎头赶上。在专利生产方面,英国和世界领先者的差距很大,不管是基础专利能力还是国家创新体系的专利效率,英国都应该加大创新投入,并提高效率。我们的研究结果还表明,制度性因素,如大学在国家创新体系中的参与度、由私营部门出资的研发比例等,反映了鼓励工业研发投入的制度体系的有效性,而经济的发展水平则对专利有重要的影响。

大量的政策影响是可能的,为提高国家创新绩效、生产效率和经济竞争力,政府还需要在研发上进行大量的投资。一直以来,增加研发支出占国家 GDP 的比例也是欧盟和各国政府的一个主要目标。本章的研究方法有效地区分了创新投入和专利效率对创新产出的影响,结果表明,除研发经费支出之外,专利绩效也明显受到国家专利效率的影响。在加强投入和提高其产出转化率之间,国家需要认真评估各方面的优劣和平衡。

现行政策的制定方面同样存在一些重要的问题。首先,具有国际可比性的创新产出方面的纵向数据发展具有重要意义,例如美国和日本与欧共体创新研究相类似的数据;其次,我们针对复杂的价值提出了相对简单的模型,如果其他“系统”方面的一致性数据得到发展,那这种方法就可以取得更丰富的成果;最后,我们的数据截至 2002年,而如果对数据再有扩展,可能会带来有趣的证据,并可以以此验证在过去 5 年中,欧盟关于创新政策的众多承诺是否转化成了专利能力或促进了专利效率的提高。

　　本章的研究结果还表明,中国和世界领先国之间的创新绩效依然存在显著的差距。部分原因是中国在研发投入总量上仍然不足,但主要的差距还是在于中国远低于美国和日本的创新效率。尽管使用专利数量衡量国家的创新绩效具有一定的局限性,但较低的创新效率却是中国经济发展中客观存在而亟待解决的瓶颈,需引起中国政府的高度重视。

附录 13-1　样本国家的主要变量平均值

变量名称／国家	Pat	Edu	RD	BERD	RDHE	GDPPC	OPEN	VC	IP	HITEC
澳大利亚	445	5.37	1.57	46.05	26.50	20 990	19	4.98	7.22	3.83
奥地利	283	5.02	1.63	44.86	32.55	29 887	40	4.61	7.82	5.4
比利时	289	4.02	1.80	66.08	25.90	27 840	72	5.42	6.91	4.85
加拿大	2 058	7.16	1.67	44.25	25.84	20 186	37	6.12	7.19	5.03
丹麦	241	7.89	1.90	52.22	21.82	34 835	37	6.34	7.28	4.63
芬兰	423	7.22	2.56	61.21	19.82	26 805	35	5.72	6.93	6.06
法国	2 811	5.47	2.29	49.50	16.69	27 399	24	5.41	7.33	5.45
德国	7 037	4.34	2.37	62.38	17.48	30 414	27	5.17	7.91	6.67
希腊	9	2.77	0.52	22.75	44.90	11 685	19	3.38	5.55	2.08
冰岛	4	4.67	1.76	35.27	24.98	27 361	35	3.91	6.34	2.15
爱尔兰	53	5.63	1.20	65.36	20.95	20 070	76	5.73	6.57	9.12
意大利	1 138	4.46	1.09	43.83	27.12	19 322	24	3.70	5.51	4.88
日本	23 622	3.67	2.88	71.17	17.02	42 767	10	4.30	6.67	6.65
荷兰	689	4.11	1.98	47.31	28.59	27 687	58	7.27	7.33	4.41
新西兰	54	5.09	1.03	32.31	32.18	16 439	31	4.52	7.14	3.33
挪威	141	6.91	1.67	47.87	26.99	34 139	40	5.08	6.92	3.63
葡萄牙	3	6.31	0.64	21.42	39.35	11 277	30	4.21	5.00	4.01
西班牙	138	4.61	0.86	45.62	30.12	15 368	23	4.10	5.40	4.44
瑞典	833	8.04	3.33	65.34	23.16	27 809	38	6.04	6.91	6.15
英国	2 163	5.36	1.97	49.40	18.75	19 777	27	7.08	6.91	6.68
美国	62 371	5.36	2.59	61.85	14.68	28 407	11	7.92	7.54	6.75
全部	4 991	5.403 81	1.775 381	49.335 9	25.494 29	24 784	33.864 14	5.319 507	6.790 071	5.057 143

附录 13-2a　样本国家的专利效率

单位：每百万人口的专利数

国家	1990 年	1991 年	1992 年	1993 年	1994 年	1995 年	1996 年	1997 年	1998 年	1999 年
澳大利亚	45	50	49	51	54	69	69	71	73	71
奥地利	31	30	27	31	34	44	47	51	56	57
比利时	34	36	35	39	40	51	54	61	66	67
加拿大	52	51	51	54	55	75	78	78	80	79
丹麦	40	42	42	45	51	63	69	74	78	80
芬兰	54	53	54	59	64	91	107	130	151	165
法国	74	78	75	77	78	96	95	98	104	106
德国	118	111	99	96	98	117	119	123	134	134
希腊	4	4	5	5	5	11	11	14	17	20
冰岛	14	14	15	16	20	22	37	43	47	52
爱尔兰	18	19	21	24	26	35	34	36	38	41
意大利	32	31	29	29	28	35	33	31	32	32
日本	229	226	215	216	227	254	263	278	280	269
荷兰	39	39	40	43	44	54	61	62	66	64
新西兰	14	16	16	15	15	22	25	26	27	26
挪威	47	47	47	49	52	65	68	70	72	72
葡萄牙	7	8	8	10	11	15	17	20	21	23
西班牙	19	19	18	20	20	26	28	33	33	40
瑞典	64	68	68	75	82	105	112	121	130	136
英国	63	67	64	67	71	81	81	88	91	89
美国	187	184	172	172	177	225	239	251	266	269
平均值	56	57	55	57	60	74	78	84	89	90

附录 13-2b 样本国家的专利效率

国家	1990 年	1991 年	1992 年	1993 年	1994 年	1995 年	1996 年	1997 年	1998 年	1999 年
澳大利亚	0.478	0.540	0.550	0.533	0.502	0.557	0.545	0.533	0.611	0.614
奥地利	0.829	0.826	0.856	0.843	0.832	0.781	0.796	0.763	0.781	0.743
比利时	0.698	0.664	0.730	0.744	0.791	0.769	0.742	0.769	0.773	0.732
加拿大	0.858	0.865	0.870	0.866	0.871	0.859	0.865	0.874	0.879	0.875
丹麦	0.800	0.804	0.788	0.819	0.855	0.837	0.844	0.827	0.834	0.798
芬兰	0.843	0.856	0.872	0.891	0.886	0.875	0.868	0.829	0.839	0.836
法国	0.662	0.611	0.634	0.615	0.639	0.639	0.656	0.653	0.665	0.646
德国	0.694	0.704	0.744	0.761	0.761	0.786	0.786	0.806	0.812	0.811
希腊	0.220	0.298	0.220	0.280	0.229	0.220	0.220	0.220	0.220	0.220
冰岛	0.883	0.844	0.756	0.707	0.554	0.726	0.815	0.737	0.816	0.774
爱尔兰	0.664	0.608	0.669	0.674	0.683	0.572	0.684	0.797	0.723	0.688
意大利	0.658	0.655	0.622	0.658	0.678	0.709	0.694	0.759	0.751	0.756
日本	0.746	0.750	0.757	0.774	0.757	0.809	0.802	0.788	0.803	0.825
荷兰	0.819	0.854	0.831	0.802	0.805	0.828	0.795	0.805	0.783	0.903
新西兰	0.778	0.589	0.697	0.777	0.877	0.857	0.809	0.773	0.812	0.863
挪威	0.631	0.655	0.678	0.675	0.677	0.704	0.718	0.738	0.737	0.718
葡萄牙	0.220	0.220	0.220	0.220	0.220	0.220	0.220	0.220	0.220	0.220
西班牙	0.233	0.220	0.227	0.220	0.231	0.264	0.220	0.220	0.220	0.220
瑞典	0.827	0.848	0.868	0.866	0.851	0.872	0.886	0.893	0.895	0.887
英国	0.575	0.524	0.566	0.561	0.572	0.601	0.607	0.565	0.582	0.547
美国	0.852	0.862	0.871	0.882	0.877	0.878	0.874	0.866	0.859	0.852
平均值	0.665	0.657	0.668	0.675	0.674	0.684	0.688	0.687	0.696	0.692

附录 13-2c　国家之间创新排名的比较

研究	本研究：能力	本研究：效率	Porter & Stern (1999)	Gans & Stern (2003)	OECD (2003)	INSEAD (2007)	EIU (2007)	EC (2008)
年份	1998	1998	1995	2000	1998	2007	2006	2007
因素	每百万人口拥有专利数	效率得分	每百万人口拥有专利数	每百万人口拥有专利数	每百万人口拥有的三方专利数	创新8要素	创新启用	25 项指标平均得分
日本	1	9	3	2	3	4	1	6
美国	2	3	1	1	6	1	3	9
瑞士			2	3	1	6	2	2
芬兰	3	4	6	5	4	13	5	3
德国	4	8	5	7	5	2	6	7
瑞典	5	1	4	4	2	12	4	1
法国	6	16	8	9	12	5	12	14
英国	7	18	14	13	14	3	18	8
加拿大	8	2	9	10	16	8	13	16
丹麦	9	5	7	6	9	11	7	5
澳大利亚	10	17	12	16	17	17	21	17
挪威	11	14	10	8	15	25	16	18
爱尔兰	12	10	11	11	7	9	9	13
荷兰	13	12		12	11	15	14	15
新西兰	14	11	13	15	13	22	11	12
比利时	15	6		14	10	20		11
奥地利	16	11		17	19	21	19	12
冰岛	17	19	17	20	22	27	25	23
西班牙	18	13	16	18	18	24	20	21
意大利	19	5	15	19	20	28	22	
葡萄牙	20	19		22	27	39	33	28
希腊	21	19		23	24	49	32	27

数据来源：1）Gans，Joshua and Scott Stern. 2003. Assessing Australia's Innovative Capacity in the 21st Century. 2）OECD. 2003. OECD Science Technology and Industry Scoreboard. 3）INSEAD. 2007. The World Business/INSEAD Global Innovation Index 2007. 4）Economist Intelligence Unit（EIU）2007. Innovation：Transforming the way Business Creates. 5）European Commission. 2008. European Innovation Scoreboard 2007

第14章

能力、激励、制度以及国家创新绩效

14.1 前 言

经济改革 30 余年来,中国已经实现了从低收入国家到中等收入国家的转变,现在正面临着从模仿到创新改革的重大挑战,这项改革对中国保持经济长期增长、避免掉入中等收入陷阱有着重要意义(Wu,2013)。

过去的 10 年是中国研发投资指数型增长的 10 年,而中国未来 10 年的主要任务便是建立一个创新驱动的经济体制。虽然很多论文和政府报告都涉及中国国家创新能力,但是他们大部分采用的是国家创新体系(National Innovation System,NIS)来分析问题(Chen 和 Liu,2008;OECD,2008;MOST,2010;Wu,2010;Mu 和 Fan,2011)。国家创新体系(NIS)框架在阐述创新体系的主要参与者方面十分有效,并可以为政策制定者明确政策干预的对象,但却不能说明政府应如何提升参与者的能力并加强参与者间的联系。增强国家创新能力和创新绩效还需要更为深入和系统的分析。

本章通过使用国家创新绩效(National Innovation Performance,NIP)框架,对中国发

展创新能力相关的政策进行了考察,这个框架是由 OECD（1987）和 Lall（1992）建立的,并由 Fu（2014）进行了调整和扩展。政策引导与市场调节在提高国家创新绩效方面至关重要,其重要程度由如下若干个因素验证。首先,考虑到知识作为公共物品的自然属性,和其普遍存在的可能利及其他知识使用者的外部特性,政府干预需要保护研发投资者,并鼓励创新活动。其次,创新具有高风险和高投入的特性,因此,活跃的创新活动需要政府的财政支持,尤其是在不确定性较高的基础研究领域,因为在该领域控制技术发展方向是非常困难的,并且实验失败产生的成本巨大。再次,现在市场上存在的由信息不对称、外部性和公共物品等原因产生的失灵,也需要政府在信息和知识的供给上进行支持。最后,中国目前的一般劳动力（低技术劳动力）盈余在逐渐下降,正被推向一条技术、能力更为密集的经济成长道路,这个转变可以认为是市场推动的结果,但是从长远来看,公司和政府的干预十分必要,因为这个过程需要长久的酝酿期。

　　本章节结构如下:14.2 节讨论了国家创新绩效的理论模型;14.3 节基于前面章节,尤其是第 2 章和第 13 章讨论的中国国家创新绩效问题,分析了中国为提升国家创新绩效采取的政策选择;14.4 节考察了在 21 世纪创新政策的空间;14.5 节对本章主要内容进行了总结和讨论。

14.2　国家创新绩效的决定因素:理论框架分析

　　与国家总体的增长绩效类似,国家创新绩效（NIP）是一个复杂的,由激励、能力和制度因素相互作用的整体。在特定的国家设定下,它可以决定国家使用资源和发展创新能力的方法。OECD（1987:153）定义的激励、能力和制度因素的作用如下。

　　能力是指"所能实现的最佳情况",激励指导能力的使用,甚至激发能力提升、更新或消失。在发达经济体中,能力首先指人力资本、储蓄和现存资本存量的供给,以及使用它们所需的技术和组织能力；而**激励**大部分源自产品市场，或多或少地反映在市场的要素供应方面——从而决定如何有效的使用能力。激励和能力都在体系框架内运作：**体系**设定游戏规则，甚至直接干预游戏，改变能力使用方法和激励机制，并随着态度和期望的改变修正行为。

　　本章首先建立一个由 OECD（1987）和 Lall（1992）提出的三管齐下的国家创新绩效模型，并将近期全球化新趋势和从封闭到开放创新的模式转变考虑到模型中去。这个修正模型如图 14-1 所示，其将会建立一个分析中国国家创新绩效驱动因素的框架。

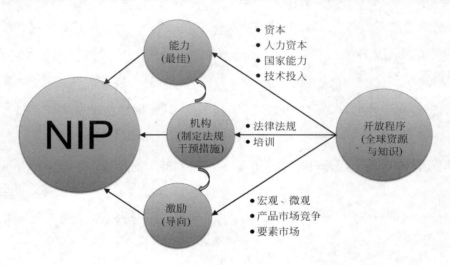

图 14-1　国家创新绩效

　　决定因素 1：能力　创新能力包括：（1）传统的能力元素，如实物投资、人力资本和技术能力（Lall，1992）；（2）国家的能力。

　　人力资本　广义上的人力资本不仅仅指掌握和操作机器的能力、劳动力的教育水平，也包括全体人民的创造力，创造力不仅存在于产业部门，也存在于研发/大学和公共部门之中；不仅包括已编纂的知识，也包括隐性知识（Fu，等，2011）。技能可以通过正规的教育学习获得，也可以通过非正式或在职的培训获得。

　　实物投资　即生产设施的一般投资，指的是从最初投资到生产设备、材料和相关基础设施的投资。广义上的创新包括一个从构思创作、研发、生产到商业化、实物投资的过程,是商业化进程的关键。

技术工作　生产企业在同化和改进相关技术过程中的工作,包括研发方面的金钱投资以及非货币形式,如冒险精神和创业精神的投入。

国家能力　国家具有支持、帮助和资助创新的职能,因此,被视作国家创新体系中天生的参与者。又因为国家具有适时进行正确干预的能力,因此,国家对于国家创新系统充分发挥作用有着重要意义。

除此之外,由于信息不对称性、无竞争市场的存在和知识的公共属性,市场调节也会存在失灵的情况。鉴于政府在国家创新体系中的作用、创新过程的高成本和高风险性以及创新产生的外部性,国家可能会积极地直接对创新进行资助,或间接通过财政、金融、贸易和产业政策支持创新。但是,政府的政策并不一定会产生积极的或预期的结果。因此,政府设计和实施适当政策的能力也会影响结果。

决定因素 2:激励　由于创新具有高投入性和高风险性、知识可能存在外部性以及知识的收益在没有严格的知识产权保护(intellectual property rights,IPR)下不一定满足预期,因此,创新需要强烈激励的推动。激励将会影响经济主体中人力或实物投资等资源的分配,并决定流向创新部门的资源种类和数量。创新的激励体系包括宏观经济的激励体系,产品市场、竞争、要素市场以及经济系统中的激励(或不激励)和相应的货币、财政、贸易和科学技术工作中的激励。

宏观经济激励措施　宏观经济政策的某些元素,如经济增长以及货币、财政、贸易和科学技术政策,都将会影响创新的激励机制,快速增长的经济对新产品和市场具有更大的需求,从而刺激创新投资。但经济的逆增长也可能迫使企业进行创新,尤其是工艺创新以削减成本获得生存。低利率可以降低借贷成本,从而鼓励企业对创新进行更多的投资,而低扩张性的税收政策也可以迫使企业,特别是中小企业创新。当然,易生存的经济环境可能会使一些没有雄心的企业/企业家缺乏创新动力,但是这方面的实证证据却是有限的。最后,我们发现企业层面的输出导向与创新活动呈正相关(Coe

和 Helpmann，1997；Bustos，2011；Kiriyama，2012），因此利于出口的汇率政策有望刺激更多的创新。

竞争和产品市场 对创新来说，竞争是一把"双刃剑"。一方面，垄断租金将极大地刺激企业去创新（Shumpeter，1942）；另一方面，市场的竞争也将迫使企业为生存而进行创新（Geroski，1994）。最近的研究也表明竞争与创新之间遵循倒 U 型关系（Aghion 等，2005）。公司可以通过创新获取利润，并获得新兴或现有市场的战略领导地位；而一个优秀的产品市场可使企业从创新中获得适当的租金，并降低其垄断租金，最终有利于保持公司创新的动力，引导金融资源流向创新部门。

经济体系也可能影响创新的激励。当某些部门对自由竞争开放，而有些竞争却设有限制的时候，受限部门所在的公司就可以从垄断中享受到异常的回报，并且最终资本甚至人才都可能流向存在竞争限制的行业。

竞争虽然是针对国内市场，但也与一国的贸易政策相关。产业政策的作用众说纷纭，一方面，大量的文献表明开放创新、竞争以及知识转移和溢出可以促进收益增长。基于东南亚国家经济的成功以及中国、印度近期因改革而获得的经济快速增长，部分学者主张开放贸易和外国直接投资（Kruger，1974；Lin，2011）。另一方面，韩国和日本的成功也为"婴儿产业"和有选择的"挑选赢家"产业政策提供了支持，这些论点基于日本、韩国和中国台湾地区的经验，主张通过限制外国企业进入本国，保护本土产业（Wade，1990；Chang，2003）。

要素市场 资本和劳动力市场的效率将显著影响企业和行业间资源的分配。高效的要素市场可以引导并帮助资本和劳动力流向高回报的行业；同时，高效的劳动力市场也应该通过工资将技能和回报联系起来，吸引人才流向创新部门。

决定因素 3：体系 激励和能力都需要在体系框架内运作，即它们需要在不同的市场和非市场机构内运作（OECD，1987）。在国家创新能力层面，有以下几个现存的体系框架：科学、技术和创新相关的法律框架、工业机构、教育和培训机构、技术机构和知识产权保护（IPR）机构等。

- 在法律框架中,知识产权保护制度是最重要的部分,这不仅包括有关法律法规的有效性,也包括法律执行的力度。
- 工业机构是指那些促进公司间联系、行业内知识扩散和协调创新生产的公共部门,它们还可以向中小型企业(Small and Medium Enterprises,SMEs)提供援助。
- 培训机构包括正规高等教育部门、职业培训机构及为中小型企业提供培训支持的机构。
- 技术机构包括市场和非市场机构,它们能够推进创新的创造和创新在国家内部和国家之间扩散,例如可以帮助创新扩散的技术交易市场和技术转让机构。近年来,美国、中国和欧洲各国的政府都在积极地支持创新的平台或创新联盟。
- 鼓励承担风险和容忍失败、不过分强调短期业绩的文化也有利于公司/团体和个人的创新活动。

因此,一个国家的技术成就、人力资本和物质资本投资可以定义创新达到的极限,而在宏观和微观层面的激励措施则将指导这些能力和资源的使用,并刺激它们扩充、更新或消失。激励决定使用能力的效率。这两个因素都在一个机构框架内运作,例如法律机构、知识产权保护、经济和教育机构等,这些机构制定游戏的规则,并通过这些规则变更能力使用或改变激励机制。

调节因子 1：相互作用。上述因素之间的相互作用塑造了一个国家的国家创新能力,而这些因素之间积极且适当的相互作用则需要团结和协助。在发达的市场经济中,市场和价格可作为一个调节因素,如果市场不可用(例如,假如没有正规市场去进行技术贸易,诸如通过技术交流或知识产权交易)、地区欠发达或市场失灵,政府将会发挥重要的作用。由于能力、国家和文化的不同,创新政策的结构也应有相应的差异。

调节因素 2：开放性。本章的开放性主要指国家或企业层面上创新体系的国际开放性(Chesbrough,2003)。随着全球化的深入和国际化创新活动的增加,对外国或跨国企业、组织和研究人员而言,开放的创新体系将不可避免地对创新能力的 3 个决定因素产生显著的影响(Fu,2008;Fu 等,2011)。

第一,开放创新体系将通过流入和流出的人才影响能力;第二,跨国企业 (multinational enterprises,MNEs)可以改变竞争格局和经济中其他的激励结构,导致体系发生变化;第三,开放创新系统也可以在国家和公司层面强调跨界创新合作的重要性,使发展中国家从创新的接受者/收购者的角色转型为联合制造者。虽然这种相互作用是动态变化的,且因果关系可能朝两个相反的方向产生影响,但这些活动都将会共同改变一个国家的创新能力(Fu 和 Zhang,2011)。

14.3　提升中国的创新绩效:政策选择

本节基于前文(尤其是第 2 章和第 13 章)讨论的针对中国创新绩效和效率的分析,对今后中国创新绩效政策选择的推进进行一定的讨论。

14.3.1　能力建设

目前,中国是世界上第三大研发投资者,已成为全球主要的研发投资者之一。增加研发投入是促进创新转化的一个必要步骤,中国政府应继续增加在研发方面,特别是在基础研究方面的投资。与经合组织(OECD)中的其他国家相比,中国国内研发支出毛额中,私营部门投资的比例迅速增加,从 2003 年的 60% 提升到了 2011 年的 74%,占据了大量的工业化经济投资,而美国私营部门投资的比例已由 2003 年的 70% 的高水平下降到了 2011 年的 60%。因此在过去的 10 年间,政府积极鼓励私营部门的研发投资,中国的商业环境也已经随之得到了改善。此外,中国是世界上拥有最多的科学和工程专业类大学毕业生的国家,仅 2012 年,就有 670 万名毕业生拿到本科和研究生学位,这是中国创新的优势,特别有利于促进创新的扩散。虽然科学家和工程师在中国总人口中比例仍然相对较低,2008 年的比例只有 0.03%,但这些人仍在特定的重点行业或学科,特别是在制造业部门上,为中国取得了一些突破性的发展。

中国能力的"瓶颈"在于研究人员的创造力和劳动力。创造力是难以衡量的,通常从学习的角度来看,中国的教育体系强调尊重现有的知识和理论,而不是培养批判性思维和突破现有的局限,这种教育可能会阻碍年轻一代创造力的发展(Li,2006;Zi,2013)。因此,从国家创新能力长远发展的角度来看,现行的教育制度改革将是提高创造能力关键的一步。创造力的发展始于幼儿园教育,但是改革进程应该先从大学招生制度改革开始,然后才是中、小学的考试体系改革,这是一个必须从现在开始的长期过程;同时中国也应学习包括美国、欧洲、日本和韩国等先进的国际教育实践经验。由于大量文献都已经对中国教育改革进行了研究(Cheng,2004;Shi,2008;Wu,2013),本章将不会在这方面展开讨论。

能力建设应优先考虑通过在职培训以加强劳动力的技能。现代工业部门的创新使得培训和再培训的增加成为必须尤其是对于中小型企业(SMEs)而言,知识的外部性和私营部门培训资源的缺乏,业务部门无法完全掌握劳动力培训的决定和实施,故应重视培训和再培训的作用。市场政策干预在劳动力的技能提升上也有着重要作用,1960 年以来,韩国一直坚持在教育和培训计划方面加大投入,要求公司在这些方面的花费应不少于其总预算的 5% ~6%,这使私营部门可以用一种有意义的方式参与到教育与创新过程中(McMahon,1987)。

教育和培训对企业的创新有着中期或长期的影响,而国际知识和人才的利用也有其直接的短期和长期影响。自 2008 年以来,中国已经开展了多个吸引国际高水平研究人员的项目。今后中国应该继续开展这方面的工作,并提供必要的后续支持;同时,如何将信息、知识和技能从海归人员传递给本地熟练员工的知识传递机制仍需要更加深入的研究。

中国需要实施更加有效的政策,以刺激跨国公司(MNEs)对本土 R&D 活动作出更多的投资。尽管目前一些新闻,如微软在中国和印度设立了 R&D 实验室等显示,似乎跨国公司对其在国外的 R&D 活动日益重视,但由欧盟委托进行的几个研究发现,欧盟各国内部并没有 R&D 产业空洞化效应的发生(EC,2013),换句话说,大多数跨国公司内部的前沿 R&D 部门仍设立在公司总部或经合组织(OECD)国家,其中在华跨国公司子公司的 R&D 强度仍然不高。

影响 MNEs 在华选址的另一个约束是不平等的创新资源获得渠道,以及对中小企业(中小企业是在经济中最有活力的部门)以及一般私营部门(在经济中最高效的创新者)更多支持的需要(中小企业是在经济中最有活力的部门)。EC (2013)指出,中小型企业一直是欧盟国家创新增长的主要驱动力;而在中国,国有企业是目前政府 R&D 项目的主要受益者,相比私营部门和中小型企业部门,这些公司也有更多、更好的获得银行贷款的机会。中国最近开始的金融部门改革方案中,其中一条是利率自由化改革,但金融体系的改革是一项复杂的任务,需要大量的时间来完成。但同时,中小企业却难以获得金融资源,即使在发达经济体中也是如此。因此,即使中国的金融业在长时间的改革之后更加自由,政府仍需要建立针对中小企业的创新基金和信息支持系统,以促进中小型企业的创新活动。

14.3.2　加强多层面的激励

正如在 14.2 节所讨论,中国和最具创新性的国家之间的最大差距并非有形的基础设施和投资,而是缺少有效的激励、激发新型创新的努力和创造性以及高效资源分配的指导,并且在创新管理和政策协调方面的软实力方面也需要较大程度的改善。

在引导有形资源和人力资源经济流入创新部门和创新公司的过程中,激励起到了至关重要的作用。激励措施可以刺激资源的扩张、更新和消失,在微观层面激励也可极大地激发研究人员、管理人员和雇主的努力,减少 X-非效率(X-inefficiency),并决定创新效率。尽管中国的 R&D 投资很高,但目前,其激励结构在以下几个方面依旧不发达或者不合适。

市场在激励创新投资中的职能

中国政府应调整自己的角色,学习使用多种工具,以更加有效地协调和使用资源。资金分配和管理制度存在的问题(这将在后面讨论)使 R&D 资源使用效率低下。很多时候,各地方政府的过度干预导致了投资行为与市场需求的严重不符,例如,地方政府间协调的缺乏致使中国的光伏(PV)产业的过度投资,进而导致了这个行业严重的产能过剩。这条建议并不意味着政府不应干预市场经济,只是需要减少一些直接干预。此外,政府应扩大公共拨款范围,使之涵盖私营部门和中小型企业,并应在劳动力市场或产品市场使用间接工具,如通过影响熟练劳动力和创新产品的需求和价格,保护技能和创新产品,例如对使用太阳能光伏电池板的客户进行补贴等。最后,中国政府应更积极地使用政策,以创造一个促进和鼓励创新的环境,而不是一个单纯鼓励增加直接 R&D 投资的环境。

加强竞争以促创新

经济制度及竞争政策的改革是必需的。市场进入壁垒和不正常的利润常常会导致垄断权力的产生和市场失灵,因此资本往往流入创新少的经济部门,例如房地产和股票市场。所以,为了创造一个更有效率的资本市场,我们应进行体制改革和市场化改革,引导投资流向更具创新能力和产量的部门;同样,进一步提高经济的开放程度和停止对某些公司——例如运输和电信领域的国有企业——的保护,也会得到相似的效果。比如新加坡和韩国政府都已不再为国有企业提供直接保护,只是大量地卷入及指导投资(Krause,1988)。

更好地利用人力资源管理实践

由于高校和科研院所等与创新相关的领域积存了许多陋习,更好地利用人力资源管理实践便显得至关重要。更好的管理做法可能包括:

第一，设置更高的工资和奖励鼓励人员参与创新，这不仅针对 R&D 人员（科学家和工程师），也包括从事新产品商品化生产和销售的工作人员。人是创造新知识的关键，内部人才从创新部门向非科学创新部门和技术部门的流失已经成为包括中国在内的许多国家面临的共同问题。这一措施不但可以为创新或创新有关的活动吸收更多的人才，也会促使更多青少年在大学期间学习科学和工程专业。

第二，为了促进公司、研究机构、大学和政府部门的创造性和创新性活动，应该引入有效的人力资源管理实践，尤其是适当的评价和奖励/促进系统。当然，不同组织的着重点应该各不相同。

创造力来自研究者和其他创新相关的人员——从最高管理层到 R&D 研究人员和营销人员，对每个人创新能力的培养是创新最重要的推动力之一，而这也是中国需要改善的领域，例如对企业（特别是国有企业）高管的评价，不应只关注销售或利润总额增长的表现，也应关注其在技术和管理创新方面的表现。

针对高校和科研院所的研究员，人力资源管理政策可以发挥以下几个作用：

1. 相对于数量而言，应赋予研究成果质量以更高的权重。例如，在大学里出版物的数量是评估研究者学术成就的主要标准，但是出版物的质量却没有得到足够的重视。事实上，质量应该是主要的评估标准，而不是一名研究人员已发表论文、书籍、专利的数量。虽然近年来一些研究型大学在这方面已经有了改进，但这种改革应更广泛地扩展到国内的其他学术团体。

2. 研究员/机构吸引外部投资的能力也应作为一个评审标准，同时，产出同样是一个重要的评价标准。

3. 为适应研究绩效评估，应设置可达到的、高质量的研究目标。主要研究绩效评估应该每 3 年至 4 年进行一次，而不是每年都进行；评估的重点不应该是数量，而是研究出版物的质量。

4. 知识转移应作为评价的标准之一，在这方面中国可以学习国际上一些好的实践经验。例如，英国大学的卓越框架研究（Research Excellence Framework，REF）每隔 5 年汇报一次,并且只有 4 个高质量的研究产出被要求全员提交以接受审查。此外,REF还要求报告的研究结果必须对经济和社会都有影响。

5. 在评估中应允许失败,应有中期或长期的视野。虽然年度评价仍然有其可取性,但鉴于高质量的研究出版一般需要花费 3~5 年的时间,所以从质量为先的角度而言,应使用更长的评估时间间隔。当然这并不是固定不变的,也应根据主题领域而定。

第三,改革 R&D 资金授予系统和项目评价方法。

1. 加强对研究项目的评价。

2. 评价标准不仅应包括发表的论文数量,还应包括所获专利数;并且转移知识的价值,应从货币角度,或其在行为实践、公司政策、百姓生活和政府反馈上产生的变化来衡量。

当然,对这些新的政策和管理来说,诚信是至关重要的,当诚信守则被打破时,政府应给予严惩。此外,研究人员、教师和学生必须学习和掌握研究道德,而这也正是中国的一个短板(Cao 等,2013)。

提高知识产权保护,加强创新的内在动力

鉴于创新的高风险性和高成本性,加强中国的知识产权保护在提高创新投资者和创新者的动力方面至关重要。在下面的小节中我们将对此进行详细解释,并对体制建设进行考察。

目前,激励制度改革的"瓶颈"是中国面临的主要问题,这方面的突破不仅可以激励中国的创新活动,也将极大地提高创新效率。

14.3.3　体制建设

在体制发展和培养创新能力方面,中国当前最重要的任务是继续加强对知识产权的保护,虽然已经取得了一定的进展,但知识产权保护实践仍未得到广泛认可(Bound等,2013)。中国相对薄弱的知识产权保护已被外国投资者和跨国公司普遍视为阻碍

它们在中国使用最先进技术生产的主要障碍。

知识产权保护可以提高投资者和研究者的创新热情，使他们的投资和努力收到合适的回报，并保护他们的合法权力，所以加强中国的知识产权保护对中国的自主创新有着重要的推动作用。此外，它还可以帮助中国吸引跨国公司 R&D 密集型的投资，推动中国的大学和公司与世界领先机构进行国际创新合作；同时，它也可以促进中国目前已有的跨国公司将其更多的本土公司和机构转移到中国来。另外，知识产权保护也可以给要素市场正确的信号，从而更好地指导金融和人力资源流去创新部门。

R&D 投资、新技术的商业化以及创新的扩散都需要通过科学的知识产权和无形资产定价方法加强。目前的创新金融系统主要基于经验运行，例如技术的价值和一个技术商业化项目的投资决策，主要是由风险投资家的经验决定的。广泛接受的知识产权定价原理的失位，极大限制了银行或其他金融机构给创新活动提供资金，也阻碍了现有技术的交易和扩散。在新的定价系统中（例如，一个更透明客观的价格评定系统），有国际专利的公司应该更易获得商业化资金；投资者，包括银行，对创新技术的价值都将会有一个清晰的概念，以做出更明智的决定；R&D 的投资者以及知识产权的所有者将会用工具发现创新产出的价值，并以市场价格获得报酬……这些都将极大地确保创新的激励和资源，但这也正是中国公司和发达国家公司都将面临的挑战。为填补这一方面的空缺，我们需要风险投资以及有经验的投资者。但建立一个更好的、能为创新和发明商业化提供资金的系统，同样也是全世界政府的一个重要任务。当然，这一领域的发展首先需要研究上的突破和知识产权定价系统的设计，这是政策范畴之外却应该被政府首要支持的。

此外，中国还需要加强技术市场。技术市场是技术转移和交换的中间市场，虽然中国 20 世纪 90 年代就引入了技术市场，但是技术市场并未在国内繁荣起来。技术市场的发展应与知识产权保护的力度并行，只有知识产权和知识可以被合理估值，技术市场才能有效地服务于技术交易。加强创新的扩散十分重要，中国除应建立一个国内技术市场以帮助国内创新扩散外，还应建立一个有良好声誉的国际技术交易市场，为国际技术交易和交换提供一个受尊敬的、高端的平台。当然,这个机构平台的效率由知识产权保护的力度和公司的需求决定。

14.3.4　加强政策制定和执行之间的协作

　　一个国家创新能力的强弱也由上述因素之间的作用决定,在加强新兴工业国家能力的过程中,激励和能力的一致性以及政策之间的协调性扮演着重要的角色。不可否认,中国政府在对待创新流程上,如系统工程方面,做得很好,也十分明智地推行了一系列的补充政策来激励和支持创新(Wu,2010),例如,由国家发展和改革委员会、科技部、商务部和国家知识产权办公室在 2007 年联合发布的"对优先高新技术的商品化的重点领域的指导"、由财政部和税务总局在 2006 年联合发布的"对技术创新收入税的优惠政策"等。此外,中国政府在政策制定和执行上的协作上也做出了相应努力,例如中小企业创新资助的管理,由科技部和财政部在国务院的指导下统一进行。在此基础上,中国还建立了全国的科学、技术和教育工作领导小组,来协调科技部与教育部之间的政策。

　　然而,由于不同的政府部门之间利益不同,并且不同偏好的决策者之前间存在信息不对称的问题,中国目前依然存在较为严重的政策之间的重叠和冲突问题,地方政府之间的协作也有不同程度的缺失(OECD,2008;Wu,2010,2013)。因此中国政府应该考虑,第一,成立中央创新领导小组①(central innovation leading group,CILG),由总理直接领导,其成员应包括所有相关的部门,例如国家发展和改革委员会、科技部、商务部、中国人民银行、财政部、税务总局、中国海关总署、国家知识产权局、教育部、人力资源部和社会保障部等,以统筹管理地区创新、经济和政策的协同;第二,设立领导小组办公室,领导小组每 6 个月就中国的创新政策和战略作出一次战略决策,开展行动需要各部门达成高度一致。领导小组办公室是一个负责政策研究、实施、评价和协调不

---

　　①　译者注:2012 年 7 月 30 日,国家科技体制改革和创新体系建设领导小组正式成立,组长为中共中央政治局委员、国务委员刘延东,领导小组办公室主任为科技部党组书记、副部长王志刚。与作者这里所阐述的 CILG 类似。

同部门的创新政策的常设机构,办公室将向领导小组报告,并负责领导小组各项决定的执行。

14.3.5　开放创新体系

创新模式从封闭到开放的转变、创新体系的全球化和中国贸易环境的日趋严峻,都为中国提供了机遇和挑战。中国政府需要主动地使用非传统的方式,将中国纳入全球创新系统中,特别地:

首先,政府必须加强创新合作并积极参与到国际知识合作生产中。政府应该最好能够提供一些详细的措施,毕竟创新已经成为全球性和协作性的事业(OECD,2008)。

其次,政府应鼓励通过跨界兼并和收购来实现国际技术收购,不仅提供货币意义上的支持,也提供实现技术收购所需的软技能方面的支持。这可能涉及赞助策略和并购过程中管理方面的研究,并且需要跟进中国跨国公司的知识转移。

再次,政府应该逐步开放创新体系,为创新项目吸引更多技术高超的世界领先研究者。中国在 2009 年推出了千人计划,以吸引海外的科研人才来支持学术界和产业界的创新。政府应继续投资于此类项目,并通过仔细评估它们的影响来做出调整和改善。

最后,应积极参与国际创新活动,例如国际组织的全球标准制定活动。当然,积极而成功的参与同样需要高素质人才的帮助,这些人才不仅应在某些科技领域拥有专业知识,而且需要具有国际化视野和优秀的沟通技巧。

14.4　21 世纪的创新政策发展空间

在 21 世纪,选择性产业政策的发展空间虽然越来越有限,但政府在促进国家的科技创新能力方面仍扮演着重要的角色。世界贸易体系正朝着增加自由贸易和反对贸易保护主义的方向前进,国家倾向于使用非关税壁垒,如反倾销和反补贴的工具,阻止进口国因为可从出口国的政府保护和补贴中受益而进口商品；同时，反倾销、反补贴制裁和非关税贸易壁垒，也正越来越多地被用于保护国内的产业与主要竞争对手竞争。而中国已成为贸易争端的主要目标之一。事实上，一些产业政策早已经更名或转化为创新政策，例如支持创新网络或鼓励技术转移的政策取代了基于幼稚的产业论点的贸易保护主义工业政策；大量选择性的"挑选胜者"和保护主义政策也转为促进能力发展的"横向"政策，如改善基础设施、机构和通用能力建设等。因此，我们对政府的政策设计提出了如下建议：

首先，最好使用拉动政策而非推动政策，吸引 R&D 密集型跨国公司和高技能人才前往中国。拉动政策指的是知识产权保护政策的改进和有竞争的市场环境。自 2002 年中国加入 WTO 以来，迫使跨国公司进行技术转让和在当地进行自主创新活动的政策空间便受到了 WTO 规则的限制。在这方面，对知识产权保护持续的加强是解决这一"瓶颈"的关键。另一个方面则包括帮助跨国公司、海归或外国移民的专业人才迅速融入当地的研究和社会，并为他们提供定居后的持续支持。

第二，更多使用"横向"政策（例如支持教育和 R&D、改善基础设施和机构的政策）而非"选择性"政策来促进某些行业的增长。"选择性"政策，特别是那些通过供给方投入（例如补贴）的政策，很容易成为贸易争端的主题。当然，这并不意味着取消"选择性"政策，而是削弱选择性供给方（selective supply-side approaches）所提供的补贴和优先政策。中国政府应该对鼓励需求、发展市场和改善制度环境方面的政策保持持续关注并分配更多的资源。同时，应密切关注并研究其他工业国家推出的创新相关政策（例如，创新平台、专用的技术转移基金项目和实习计划），结合实际引入国内后合理采用。

第三，政策应该关注由市场失灵引发的事件，例如面临高风险和不确定性的基础研究，需要长期的持续投资保证。政府应该避免直接干预市场引导的行为，例如商品化的主要过程，特别是生产的更新换代过程等。

14.5　结　　论

建立一个创新驱动的经济体系是中国政府现阶段的一个重要任务。本章检验了中国由模仿者向创新者转变时的政策选择,并在创新能力理论下,从能力、激励系统和机构制度的角度研究了这个问题。本章的不足之处是在宏观经济、微观经济、政策、社会以及文化因素等一系列问题中,只分析了一部分与国家创新能力相关的因素。

本章的研究揭示了加强中国创新表现所可能的政策选择,具体政策如下:

第一,保持 R&D 投资快速增长的势头,并且采取可以促使私营部门增加投资的改革。增加分配给私营部门和中小企业的资源,进而建立一个更为高效、市场主导的资金分配过程。

第二,通过经济体制改革鼓励公平竞争,这是有利于公司层面激励创新的,同时应引导资源流向创新部门以获得更高的创新租金而非垄断租金。

第三,引入新的、或调整已经存在的人力资源和基金管理实践,以设立适宜的、多层次的激励措施,这也是本阶段政策干预的主要任务。政策选择包括修正评价和奖励体统中的误导性政策、引入包括对学术欺诈的重罚以及更为广泛的研究、项目和制度评价标准的新政策。

第四,鼓励并促进(facilitate)国际采购知识(international knowledge sourcing)和非常规方法的合作生产,这些非常规方法包括直接境外投资、吸引高素质国际人才和国际创新合作等。中国在这方面已经取得了很大的成功,应该继续保持下去,同时整顿管理过程,以保证中国公司可以获得最大的受益。假如所有这些政策设计合理并执行适宜,将会对中国公司和研究机构的创新偏好、创新效率有极大的影响。

第五,建立不同政府部门间政策和行为的协调机构,以保证能力、激励和体系之间的相互作用,并且避免政策间可能出现的冲突和矛盾。中国政府尤其应该考虑建立一个由总理领导,各个政府部门领导参与的 CILG,并设立一个类似 CILG 办公室的常设机构,以实施研究、创新政策评价以及协调不同政府部门的创新政策,最后实施 CILG 的决定。

尽管政府在培养创新能力上有重要作用,但我们必须意识到,中国 21 世纪创新政策的空间相对日韩以及其他新兴工业化国家兴起时已经小了许多。因此,中国政府应该跟随世界潮流,使用更多横向政策(horizontal policies)代替只惠及少量产业的旧选择性政策(old selective policies);而随着国际采购知识推动政策的空间越来越小以及国内公司对创新的推动,政府还应更多地使用拉动性政策。

最后,我们想强调一些对政策的期望。如 Stiglitz(1989:202)所说:"政府面临着不少于私营部门的信息和激励问题……我们需要同时认识到市场的局限和长处,以及政府介入对修正市场失灵的局限。"

第15章

结论：开放式国家创新系统和中国的创新之路

自 20 世纪 80 年代以来,中国的工业能力大幅增加,将国家转变为创新驱动的经济体已经成为中国的首要任务。本书试图通过系统、全面而严格的研究,对于从 20 世纪 80 年代到现在的中国创新之路提供一些案例对比、数据分析和经验总结,并对未来的中国创新之路提出相应的意见和建议。本章总结了这些研究的主要发现,并讨论了政策对中国和其他国家的影响。

■ 开放式国家创新系统和中国的创新之路

本书中的证据表明,自 20 世纪 80 年代的改革以来,中国经济迅速腾飞,目前已经基本走上了开放式国家创新系统之路。开放式国家创新体系(open national innovation system,ONIS)是一个对国际知识、资源和市场开放的国家创新体系(national innovation system,NIS)。这个模型具有以下特点:

1. 拥有双重的知识来源,并存在国外与国内创新随着时间演进的动态结合。该模型的落脚点依然是国家创新系统,旨在培育国内创新能力,提升国际竞争力;但不同点在于,其强调从研究到发展到商业化整个创新链条的各个阶段,系统对外部知识和生产知识的资源是开放的。

2. 拥有包括国家、私营部门和跨国公司等在内的多种驱动力量,并将国家和市场结合起来以引导创新的发展方向和资源分配。

3. 同时包含了开放创新模型的由外而内(Outside-In)和由内而外(Inside-Out)分支,其中由内而外(Inside-Out)分支与技术发展的后期阶段联系更紧密。

4. 强调对多个知识扩散渠道和多渠道、多层次知识获取策略的合理利用,同时在与国际和国内知识扩散相关技术的不同发展阶段中,这些策略是动态演变的。本章将在以下各节详细说明这些特征。

在 20 世纪 80 年代经济体制改革之前,中国的科学和技术系统是一个跟随苏联模式而建立的封闭式创新系统(Xue,1997)。从 20 世纪 80 年代的改革开放开始,中国踏上了开放式国家创新体系发展道路,国家创新系统开始对外部知识有着高度的开放性。到目前为止,中国已在自主创新方面作出了多年的努力,但是在不同的发展阶段,其着力点亦不相同:一开始花费很少,主要用于吸收外国的知识和技术;开放 20 年之后的 20 世纪 90 年代后期,在保持了对外部知识高度开放的同时,开始强调自主创新。该系统通过使用在发展中国家不常见的非常规渠道,例如对外直接投资、国际创新协作和吸引高技能移民等,在知识获取方面表现的更为活跃。

原则上,这是一条适合发展中大国发展轨迹的合理道路。正是因为这样的技术发展战略,中国才成功地踏上了工业化的快速轨道。但值得反省的是,直到约 2000 年,对引进国外核心技术的依赖已经成为某些行业发展的重大制约因素之后,中国才引入了鼓励自主创新的政策,故我们对自主研发和创新的关注是严重滞后的。相比之下,日本和韩国的创新及科技发展模型则是一种由强劲的进口替代战略和产业政策支持战略相结合的自主能力建设导向模型,虽然该模型被很多学者视为是闭关自守的表现,但事实上,虽然它们拒绝对外开放市场,但它们对外国技术和西方国家援助的大量使用,尤其是在"二战"后和"冷战"时期,并没有阻断其对与创新和技术进步相关知识的获取。不仅如此,在日本工业追赶的历史中,跨国公司的技术转让也起到了很大的作用（Cantwell，1992；Cantwell 和 Zhang，2009）。而跨国公司在韩国和中国台湾地区的追赶过程中没有发挥突出的作用，但两个地区通过侨民和回国的高技能移民而形成的国际知识转移，成为建立这两个经济体技术能力的关键（Dahlman，1994；Wong，1999）。

本书的研究还表明，开放式国家创新体系并不是一成不变的，而是一个随着国家创新能力发展而演变的动态模型。领先的中国公司已经开始使用非常规方法来获取国际知识，例如，直接跨境投资、收购以及与包括外国大学在内的外国伙伴进行国际创新合作等。虽然要充分发挥这些非常规知识获取活动的作用可能还需要一些时间，但他们能够显著增加中国激进式创新发生的可能性。国际经营还使得一些中国的跨国企业提高了其整体的技术能力及竞争力，如华为和中兴的案例研究。人员流动和社交网络也是中国成功获取国际知识的重要途径，20 世纪八九十年代，国外散居侨民就已成为重要的外商投资者，优于中国的（当然不是最先进的）技术通过他们被转移到国内（Fu，2004）。自 2000 年以来，尤其是 2006 年开始引入自主创新战略起，掌握先进技能的侨民和很多中国留学生选择回到中国，并在一些高科技产业，如可再生能源、电动汽车和生物技术产业等所谓的战略性新兴产业的发展中，发挥着重要作用（Wang，2012）。在东亚的经济体中同样发现了类似的发展顺序。正如 Lee，Jee 和 Eun（2011）的结论，中国在很大程度上符合的是"东亚序列"（East Asian Sequence），而非华盛顿共识（Washington Consensus）。

因此，对于未来的发展，中国创新之路的理性战略仍将继续利用开放式国家创新系统中的内部和外部资源，以加强自身的创新能力，并以明确的激励结构和充分发展的机构进行引导和支持。

■ 开放式国家创新系统模型中外国创新和自主创新之间的关系

开放式国家创新系统模型表明，对外国技术转移的开放和对自主创新的投资应该同时进行。尽管全球化和自由贸易制度也提供了一些潜在的可能，但国际先进技术扩散带来的红利只能通过与之并行的自主创新、与现代制度和治理结构以及动态创新系统来体现。从这种意义上讲，本地和外国的创新努力是相辅相成的，如果没有积极主动的自主创新,国外技术就永远只是嵌在进口机器中的僵化的技术,不会转化成真正的本土技术能力。而发展中国家对工业化经济所创技术的不当预期将加剧这一情况,因而它们需要更多的努力来发展自主创新技术,这对实现技术变革和技术追赶是十分关键的,尤其是对于中等收入国家来说。

关于技术的扩散和应用,首先,技术扩散和应用不是无代价、无条件的。第 3 章的实证研究和新兴经济体的证据(Fu,Pietrobelli 和 Scoete,2010)都证明了,技术传播与应用的速度和企业技术能力的建设都取决于企业的吸收能力和补充资产。其次,只有在有自主创新能力的条件下,本土的跨国公司才能实施更多的综合创新实践,这样就与当地经济有了更多的联系,从而可以有更多的知识转移机会(Franco 等,2011)。因此,为实现同化并应用国外技术以加速技术学习和能力建设的创新战略、鼓励自主研发和创新活动仍然是不可或缺的核心手段。

诚然,发展中国家资源有限,因而在创新的高投资成本和高风险问题上,面临着进退两难的境地(Erdilek,1984;Hoekman 等,2005)。但来自中国的经验表明,为了实现创新利益的最大化并完成对领先国的技术追赶,对自主创新明确且有针对性的鼓励必须和国外知识的获取同时进行,既不能单独搞自主创新,也不能单独依赖于外国直接投资,仅仅依靠其中之一,对技术能力的发展和赶超加速都不是最理想的。中国的开放式国家创新系统提出了一个可以将发展中国家利益最大化的战略,但如何选择和形成在不同阶段、不同国家及行业的最佳组合,还有待未来进一步研究。

■ 不同阶段发展本土-外国创新结合的变化

开放式国家创新体系模型是一个发展中的动态的模型,随不同阶段本土-外国创新的结合而不断调整。它表明,一个国家技术发展的早期阶段应对外部知识高度开放,并且自主创新能力建设也应并行开始,不能纯粹依靠外国的技术转让。但由于发展中国家国内资源和可用技能的限制,对自主创新的强调可能会随着发展中国家经济和技术发展水平的增加而增加,用于外国技术转让的渠道也应随着不同发展阶段的技术进步而演变。

　　依照中国的创新和技术升级道路,20 世纪 80 年代,机械和设备的进口以及通过授权而获取的技术转让是获得外国技术的主要渠道。而直接采用这些技术和学习如何使用进口的机器则是国内公司和机构所做的主要努力。到 20 世纪 90 年代,通过外国直接投资的技术转让成为新的热点,大量外国直接投资涌入了中国,一方面,由于跨国公司,特别是高科技行业子公司的支持,中国的整体工业和科技能力显著增加;另一方面,虽然也出现了一些本地公司对合资企业的学习行为,还有相同或相关行业中本土公司的溢出效应,但正如本书的观点,从外国直接投资中可以获得的技术和创新能力提升是非常有限的。因此,自 20 世纪 90 年代后期起,加速科学和技术发展已成为政策的优先关注点。自 2006 年以来,自主创新正式成为政府战略的优先事项之一,同时中国的外国知识采购渠道也开始发生改变。第一,中国政府修改了外国直接投资的进入政策,以吸引知识密集型的外国直接投资。第二,1998 年政府正式提出了"走出去"战略,自那时起,中国就开始采用更积极的国际知识获取方式。第三,国际创新协作的强度迅速增加,尤其是近年来成立了许多具体的鼓励国际合作研究的基金方案。

　　本书第 10 章分析了中国和印度在太阳能光伏产业的发展经验,这些经验为发展中国家在不同发展阶段,如何使用不同的技术转让和自主创新混合战略以实现追赶和跨越提供了典型范例。这两个国家领先的太阳能光伏公司大多数都是从授权和与跨国公司合资的国际技术转让开始的;同时,他们为同化和适应转让技术以及发展自身技术能力,都在内部研发上投入了越来越大的精力。但在建立了基本的生产和技术能力后,他们由开始通过自主创新、国际研发协作、跨界合并与收购等手段,更加积极地获取并创造知识。他们的发展道路说明,要完成这种追赶进程,必须把国际技术转移与自主创新结合起来。尽管要伴随着大量的自主吸收和学习,通过技术转让获取知识仍是发展中国家可行且有实证经验的切入点,在这方面,有吸引力的贸易、投资和技术政策的组合是实现有效的技术转让的重要机制。

　　■ 知识获取渠道在不同阶段的有效性

　　国际知识采购渠道多种多样,但处于不同产业结构和发展阶段的国家必须选择最合适的渠道，否则结果将适得其反，中国就在过去 30 年的发展中提供了典型的经验和教训。

第一，通过公司间及公司内部网络和全球价值链（GVC）传播和建立的国际知识以及创新交易及联盟是现今发展中国家公司获取知识、提高学习和增强创新的重要途径。发展中国家普遍以从事加工和装配活动的方式进入全球价值链，以期望能与相关行业的外国公司相互学习，并发展其技术能力。本书的证据表明，加工贸易产业的外商直接投资对本土公司的出口表现产生了显著的正面信息溢出效应。但技术溢出效应对于本土公司国际竞争力发展的效果是有限的，事实上甚至抑制了这些公司出口的倾向。自主创新、规模经济和生产力是本地高科技产业公司出口业绩的主要驱动因素。

从中国光缆行业隐性知识的获取中得到的经验表明，许多行业隐性知识比编码知识对技术学习更为重要，对这些行业中的企业而言，其内部的研发活动和国内同行将是重要的知识来源。此外，无论是隐形知识还是编码知识，大学都是创建学习组织和提供有效知识来源的重要机构。而设备进口和技术许可在获得外国隐性技术方面并非有效的学习渠道。

第二，中国领先的技术密集型企业（华为和中兴通讯）的经验，以及"走出去"政策对广东省企业影响的调查证据表明，处于在更高级别追赶阶段的企业采用更积极的知识获取渠道可以获得更多益处。例如，国际业务可以使这些处于领先地位的中国跨国企业提高其整体能力，而整体能力不仅包括技术能力还包括设计和营销能力，而设计和营销恰好处于价值链两端，因此可能有大量的附加价值产生。此外，对于中国公司而言，与包括外国大学、直接跨境投资及收购的外国伙伴进行国际创新合作可以显著增加突破性创新的可能性。

■ **开放式国家创新系统模型中的领先成员是由国家主导的吗？**

本书的调查结果也表明，虽然国有企业（SOEs）一直是中国经济的主要力量，尤其是在改革之前和改革的早期；但在创新方面，外商投资企业和国内其他民营企业，不仅在研发上比国有企业投入更大，而且在创新和创新效率方面的表现也更为出色。除此之外，尽管国有企业在推动中国技术向前沿发展的过程中发挥着主导作用，但外商投资企业和民营企业却是高等技术和低等及低中等技术行业的主要参与者。我们可以说，国有企业仍然是中高技术行业的领导者，但国有企业、民营企业和外商投资企业在中国的技术升级和创新中都发挥着他们各自的作用。因此，中国的创新之路遵循的是多主体混合的多驱动模型——国家、私营部门和跨国公司分别在不同的经济阶层和创新体系中发挥着主导作用，而不是单纯由市场驱动的创新模型或通常假设的"国家主导创新"。因此，虽然实际做法到目前为止尚不完美，也不成熟，但中国的开放式国家创新系统模型实际是以国家和市场组合为主导的系统模型。

当然，中国开放式国家创新体系模型的多驱动特点并未削弱国家在其中发挥的作用，以及新政策对创新的促进作用。第6章对中国过去的创新政策，以及第14章对未来政策选择的分析，都表明了国家在引导和支持创新的过程中扮演的重要角色。创新的公共物品特征和可长期增长的外部性，以及高风险高成本的特性都在暗示政府的作用，政府在具有更大外部性的领域（如支持基础研究）以及更为资本密集和更大不确定性的领域（如资本密集型产业）中发挥的作用更为重要。但在市场作用良好的领域（如商业化和劳动密集型产业）往往是私营部门更为有效。

■ 应对约束和风险的开放式创新和大学的作用

发展中国家的公司往往面临着创新资源、能力和体制的制约。本书的证据揭示了中国运用开放式创新应对限制和创新风险的方法，并发现了制度、财务以及知识技能相关的风险及限制与公司在创新中的开放深度和广度是显著相关的。但是这些应对机制随公司所有制的不同而变化：外商投资公司的反应最为灵敏，并会采取措施以扩大和加深他们创新的广度和深度；民营企业对市场、制度、财务和风险相关的限制反应显著，但是对知识和技能相关的限制反应并不显著；国有企业对使用开放式创新的反应最不明显。此外，公司对各种约束的反应还因公司规模和行业特点而异。这些发现与Teece和Chesbrough（2005）对中国半导体行业进行深入研究的结果一致。

公司可以与各种各样的潜在合作者进行合作以求创新,其中大学是最受关注的。本书研究发现,虽然中国国内大学在企业开创性创新上的贡献有限,但它们在推动技术前沿扩散和创造国家级或公司级新技术或流程的过程中,发挥着重要作用。中国企业与国外大学,特别是新兴工业经济体和发展中国家的国际创新合作,对其开创性创新富有成效。中国光纤产业的经验表明,大学是建立学习型组织和提供有效知识(包括隐形和编码知识)的重要来源机构之一。

■ 激励、体制和创新的效率

对研发的大量投入并不意味着会产生对等的创新绩效。为使潜力转化成良好的绩效,合适的激励需要被指定以引导资源的使用,并刺激它们的扩张、更新或者消失。但这同时也取决于企业所在的经济体制,因为体制决定了规则,它可以通过改变其态度和期望,以及变更功能和激励机制去调整行为(OECD,1987)。

对发达经济体潜在和实际创新表现的研究表明,体制因素,诸如竞争、开放和保护知识产权等,与国家的专利效率显著相关。比较中国与经合组织成员及其他新兴经济体近几年的情况,我们可以看到,在专利绩效上中国和世界前沿的差距主要在于创新生产效率的低下。因此,发展体系和改革奖励机制对于加强中国创新绩效是十分重要的。事实上,中国地区型的次国家级证据表明,中国内资公司的技术溢出强度取决于被溢出地区的吸收能力和创新支持体系。在被溢出地区,外商直接投资的类型和质量、本土吸收能力的强度以及补充资产,对以知识为基础驱动的外商直接投资而言,都至关重要。这些创新辅助机构不仅包括技术交易市场,也包括初创企业和中小型企业的培训和金融机构,例如孵化器(incubators)、首次公开发行市场、风险投资、高职院校和为中小型企业提供信息服务的中介机构等。

引进、发展和执行对知识产权(IPR)的保护条例对开放式国家创新系统运行十分重要。由于创新的高风险和高成本性,有效的知识产权保护不仅能够鼓励投资者和创新者投入创新,也能确保在转让及在外国使用先进技术或投入研发时,先进技术持有人的权利可以获得保证。尽管中国在这方面已取得了重大进展,但相对薄弱的知识产权保护政策一直被外国投资者和跨国公司视为在中国使用先进技术的主要障碍（Bound 等，2013）。当然，对于发展中国家而言，工业化国家的跨国公司对强力保护知识产权的要求实际上是不公平的，因为他们在完成技术追赶的过程中，同样未遵守知识产权保护（Chang，2003）。因此，知识产权保护制度的设计可能需要考虑到技术的性质和接受国的发展阶段，未来需要在这一方向做深入研究。

■ **发展中国家间技术转移的作用**

本书对自主创新和国外技术作用的研究表明，外国技术在发展中国家很可能是不适用的。早期文献已经从适合的技术和直接技术变革层面从总体上讨论了外国技术的适用性，本书通过对早期文献的补充，考虑到了不同行业的不同特点，将研究细化到了产业层面进行分析。结果发现，在劳动力充裕的国家创建的技术可能是不熟练劳工的增强（unskilled-labour augmenting）；而非熟练劳动力密集的低技术行业，劳动力增强（labour-augmenting）的本土技术将比国外技术效率更高。与此相反的是，来自工业化国家的外国技术是熟练劳动力增强（skilled-labouraugmenting）型的，在大量使用熟练劳动力的技术密集型部门，这些技术则比本土技术更有效率。第 5 章的实例可以表明，集体自主创新是中国本土技术变化的主要驱动力，本土公司是中、低等技术行业的技术前沿领头羊，而跨国公司主导的行业则占据高技术产业的前沿。

因此，像中国这样的中等收入国家，可以从南南技术转让中获得收益，较不发达的国家也可以通过获得更适合国情的技术而受益。事实上，南南技术转让和它可能带来的收益与开放式创新的 Inside-Out 分支高度一致，不论是在国内市场还是在发展中经济体的市场，创新者都可以通过商业化的创新理念从创新中获利。此外，中国及其他中等收入国家产生的新技术可能还会通过反向创新传播到工业化国家（Immelt，Govindarajan 和 Trimble，2009），这种南-北技术转让对于发达国家和发展中国家的生产者和消费者而言都是有利的。

本书的研究结果表明，技术的选择可以是多样而多层次的，并非简单的二维南北分裂。劳动力丰富的新兴经济体开发的技术更适合于人口众多的发展中国家，并且拥有丰富资源和土地的新兴经济体创建的技术将更适合于其他资源和土地丰富的国家，因此也将更容易被其他本地企业传播和吸收。遵循这一法则，南南贸易和外国直接投资将成为这些技术扩散的有效工具，相应的政策也需与此一致。

■ **中国创新增长和发展的影响**

创新是经济长期增长的最重要驱动力之一，它对于发达经济体和发展中国家都至关重要。本书第 3 章基于中国区域数据的证据表明，创新是中国地区经济增长的重要决定性因素。同时，创新在推动发展方面也具有重要作用，中国地区间在创新和技术能力发展方面的不平衡一直是中国地区收入不平等加剧的关键因素；而第 2 章关于研发支出和专利发展的区域分布综述也表明，中国沿海地区和内陆地区创新能力之间的差距日益增大。由于创新在中国经济增长中发挥着越来越重要的作用，我们可以预测，中国区域间的收入差距将持续加大。由此产生的社会压力可想而知，因此，如何加速领先区域到落后区域的创新扩散，以及如何鼓励更具有包容性和可持续发展性的创新，这将是今后研究的一项重要任务。

■ **中国在十字路口的政策选择**

由于中国正处于经济结构和创新驱动转型的十字路口，所以中国政府需要优先考虑几个政策：

首先，中国应该继续增加其在研发和教育方面的投资。政府应维持研发投资快速增长的势头，确保改革可以促使更多私营部门投资的增长，给私营部门和中小型企业部门分配更多的资源，并寻求更有效率的、市场导向的资金分配过程。

其次，应该加强宏观、中观和微观层面的激励制度。这种加强可能包括：进行释放竞争压力的改革以及对资源流向创新部门的有效引导；采用适当的人力资源管理机制，例如绩效评估和薪酬系统等；为研究基金的管理制定有效的政策；评价研究的效率以鼓励研究人员、管理人员和员工的创造力。

更具体地说，中国政府应通过改革经济体制来鼓励公平竞争，这将对企业层面的激励创新产生良好作用，并可以引导资源流向创新部门以寻求创新租金（即发生在创新的引进到其成功模仿期间,并由创新者赚取的熊彼特租金)而非垄断租金。中国也需要通过引进新的或修改现有的人力资源和经费管理办法,在多个级别设置适当的激励机制,这似乎应该是现阶段需要政策干预的关键领域。可以选择的政策将包括纠正在评估和奖励制度以及科研经费管理上的误导性政策并实行有效的新政策,以及对学术和专业不诚实行为进行从重处罚,并对研究人员、项目及机构的影响评价制度更为广泛的标准。

再次,中国应通过政策支持和资金引导,鼓励并促进采用非常规的方式进行国际知识的采购与合作生产,这些非常规方法包括直接投资国外、吸引高技能的国际人才以及国际创新合作。中国已在这方面作出了努力,目前应该通过不断改良进一步完善,将这些管理过程延续下去,以确保中国企业能真正受益。精心设计的政策将对中国公司和研究机构的创新倾向和效率产生重大影响。

最后,中国应考虑设立相关机构协调不同部门的政策及相关工作,同时关注能力、激励措施和机构之间的交互,避免潜在的工作矛盾和政策冲突。因此,本书建议中国和其他发展中国家应设立一个高级别的政策协调小组,由国家高层领导人领导,其他相关部门的领导参加。该领导小组在战略决策和政策协调上将比政府的科学技术咨询顾问更为有效。

总体而言,中国目前正处于向创新型国家转变的正轨上,但在某些领域还需要进一步完善和加强。而市场关键参与者的决心和耐心是至关重要的,因为创新和能力构建不会在短时间内完成。

■ 内容局限与未来研究的方向

尽管本书对过去30年中国的创新之路进行了全面而系统的分析,但仍有一些领域未得到系统地讨论,这正说明了创新是一个复杂的系统工程。这些领域包括在国际知识转移中,人员流动性的作用以及保护知识产权和创新融资渠道的作用等。以下重要问题还有待进一步研究:

首先,宏观、中观和微观三个层面的激励结构对创新的倾向、强度和质量的影响。

在宏观层面,对于中国这样一个处于转型期的经济体,创新对竞争和市场化的影响是什么? 在创新体系中国家的作用是什么? 还有政策应该在哪些领域、使用何种模型、到何种程度以及按什么顺序来纠正市场失灵；在中观层面,影响项目和产业层面创新效率的因素是什么? 在非私营部门应该引入什么样的激励结构；在微观层面上,中国创新的限制或阻碍在哪里? 直接引入和实施奖励措施,例如在西方国家使用的股票期权,能否有效地促进创新企业和非商业部门创新的倾向和强度吗? 同时文化在促进创新中的作用又是什么等。

其次,中国的下一阶段转变是从模仿吸收到自主创新的转变,这需要有效利用内部和外部资源以产生更多和更好的创新,同时中国在加强创新商业化能力建设方面也面临着挑战。所有这些都要求更强的能力,以整合不同来源和不同学科的知识。要充分了解这一过程,公司需要深入考察它们可采取的策略和途径,例如"收购"或"联合生产",但如何选择最好的合作伙伴,如何发展能力来管理这种复杂的组合,如何在合作伙伴间分享增长的价值以及如何在开放的合作创新活动中保护知识产权等,这些都是未来研究的重要领域。有效研究这些问题对促进中国创新驱动型经济体的建设有重要意义,并且可以指引中国沿着高效率和可持续的道路前进。

最后,近几年来,创新的融资和新型金融机构的重要性日益提升,特别是对于科技型初创企业,这些中介机构不可或缺。它们包括风险资本、IPO 市场和体系、中小型企业创新支持机构如科学园区在内的私营企业和孵化器(incubators)等。因此,十分需要研究当前国家主导的银行体系改革和国家驱动的创投资金系统。最后,理解包容性创新的性质、并制定促进更具有包容性和可持续性的创新鼓励政策也是今后研究的一项重要任务。

参 考 文 献

Acemoglu, D. (2002). 'Directed technical change', *Review of Economic Studies*, 69(4), 781–810.

and Zilibotti, F. (2001). 'Productivity differences', *Quarterly Journal of Economics*, 116(2), 563–606.

Luc, A. and Varga, A. (2002). 'Patents and innovation counts as measures of regional production of new knowledge', *Research Policy*, 31(7), 1069–86.

Acs, Z. J. and Audretsch, D. B. (1990). *Innovation and Small Firms*. Cambridge, MA: MIT Press.

Adler, N. and Golany, B. (2001). 'Evaluation of deregulated airline networks using data envelopment analysis combined with principal component analysis with an application to Western Europe', *European Journal of Operational Research*, 132(2), 260–73.

Aghion, P., Bloom, N., Blundell, R., Griffith, R. and Howitt, P. (2005). 'Competition and innovation: an inverted U relationship', *Quarterly Journal of Economics*, May, pp. 701–28.

and Howitt, P. (1992). 'A model of growth through creative destruction', *Econometrica*, 60(2), 323–351.

(1998). *Endogenous Growth Theory*. Cambridge, MA: MIT Press.

and Tirole, J. (1994). 'The management of innovation', *The Quarterly Journal of Economics*, 109(4), 1185–209.

Ahrens, N. (2013). *China's Competitiveness: Myth, Reality, and Lessons for the United States and Japan (Case study: Huawei)*, CSIS report, Washington, DC.

Aitken, B., Hanson, H. G. and Harrison, A. E. (1997). 'Spillovers, foreign investment, and export behavior', *Journal of International Economics*, 43(1), 103–32.

and Harrison, A. E. (1999). 'Do domestic firms benefit from direct foreign investment? Evidence from Venezuela', *American Economic Review*, 89(3), 605–18.

Almeida, P. and Kogut, B. (1997). 'The exploration of technological diversity and the geographic localization of innovation', *Small Business Economics*, 9(1), 21–31.

Amsden, A. (1989). *Asia's Next Giant. South Korea and Late Industrialization*. Oxford, UK: Oxford University Press.

   (1992). *Asia's Next Giant: South Korea and Late Industrialization*. New York: Oxford University Press.

   (2001). *The Rise of 'the Rest'. Challenge to the West from Late-industrializing Economies*. Oxford, UK: Oxford University Press, chapters 1 and 6–10.

Andersson, T., Formica, P. and Curley, M. (2010). *Knowledge-Driven Entrepreneurship*. New York: Springer.

Anselin, L., Varga, A. and Acs, Z. (1997). 'Local geographic spillovers between university research and high technology innovations', *Journal of Urban Economics*, 42, 422–48.

Arcelus, F. J. and Arocena, P. (2000) 'Convergence and productive efficiency in fourteen OECD countries: a non-parametric frontier approach', *International Journal of Production Economics*, 66(2), 105–17.

Archibugi, D. and Iammarino, S. (2002). 'The globalization of technological innovation: definition and evidence', *Review of International Political Economy*, 9(1), 98–122.

Arellano, M. and Bond, S. (1991). 'Some tests of specification for panel data: Monte Carlo evidence and application to employment equations', *Review of Economic Studies*, 58(2), 277–97.

Arrow, K. J. (1962). 'Economic welfare and the allocation of resources for invention', in Nelson, R. R. (Ed.), *The Rate and Direction of Inventive Activity: Economic and Social Factors*. Princeton, NJ: Princeton University Press for N.B.E.R., 609–25.

Athreye, S. and Cantwell, J. (2007). 'Globalisation and the emergence of new technology producers', *Research Policy*, 36(2), 209–26.

Atkinson, A. B. and Stiglitz, J. E. (1969). 'A new view of technological change', *Economic Journal*, 79(315), 573–8.

Audretsch, D. and Feldman, M. (1996). 'R&D spillovers and the geography of innovation and production', *American Economics Review*, 86(3), 630–40.

Bai, J. (2009). 'Technology acquisition, open independent innovation and overseas investment strategy of Chinese enterprises', *REFORMATION & STRATEGY (Chinese)*, 25(6), 40–45.

Balasubramanayam, V. N., Salisu, M. and Sapsford, D. (1996). 'Foreign direct investment and economic growth in EP and IS countries', *Economic Journal*, 106(434), 92–105.

Baldwin, J. R. (1997). *The Importance of Research and Development for Innovation in Small and Large Canadian Manufacturing Firms*, Research Paper Series No. 107. Ottawa: Statistics Canada.

Baldwin, J. R. and Lin, Z. 2002. 'Impediments to advanced technology adoption for Canadian manufacturers'. *Research Policy*, 31(1): 1–18.

Balzat, M. and Hanusch, H. (2004). 'Recent trends in the research on national innovation systems', *Journal of Evolutionary Economics*, 14(2), 197–210.

Banker, R. D., Datar, S. M. and Rajan, M. V. (1987). 'Measurement of productivity improvements: an empirical analysis', *Journal of Accounting, Auditing & Finance*, 2(4), 319–47.

Bao, Y., Chen, X. and Zhou, K. Z. (2012). 'External learning, market dynamics, and radical innovation: evidence from China's high-tech firms', *Journal of Business Research*, 65(8), 1226–33.

Barlow, T. (2013) *Between the Eagle and the Dragon: Who is Winning the Innovation Race?* California: Hansen House Publishing.

Barney, J. B. and Hansen, M. H. (1994). 'Trustworthiness as a source of competitive advantage', *Strategic Management Journal*, 15, 175–90.

Barrios, S., Görg, H. and Strobl, E. (2003). 'Explaining firms' export behaviour: R&D, spillovers and the destination market', *Oxford Bulletin of Economics and Statistics*, 65(4), 475–96.

Basu, S. and Weil, D. N. (1998). 'Appropriate technology and growth', *Quarterly Journal of Economics*, 113(4), 1025–54.

Battese, G. E. and Coelli, T. J. (1995). 'A model for technical inefficiency effects in a stochastic frontier production function for panel data', *Empirical Economics*, 20(2), 325–32.

Bayona, C., García-Marco, T. and Huerta, E. (2001). 'Firms' motivations for cooperative R&D: an empirical analysis of Spanish firms', *Research Policy*, 30(8), 1289–1307.

van Beers, C., Berghällb, E., and Poot, T. (2008). 'R&D internationalization, R&D collaboration and public knowledge institutions in small economies: evidence from Finland and the Netherlands', *Research Policy*, 37(2): 294–308.

Belderbos, R., Carree, M. and Lokshin, B. (2004). 'Co-operative R&D and firm performance', *Research Policy*, 33(10), 1477–92.

Bell, M. (1990). *Continuing Industrialisation, Climate Change and International Technology Transfer*. Brighton: Science Policy Research Unit, Sussex University.

and Pavitt, K. (1993). 'Technological accumulation and industrial growth: contrasts between developed and developing countries', *Industrial and Corporate Change*, 2(2), 157–209.

Bernard, A. and Jensen, B. J. (1999). 'Exceptional exporter performance: cause, effect, or both?', *Journal of International Economics*, 47(1),1–25.

Bernard, A. and Jensen, B. (2004). 'Why some firms export', *Review of Economics and Statistics*, 86(2), 628–39.

Bernard, A., Eaton, J., Jensen, B. and Kortum, S. (2003), 'Plants and productivity in international trade', *American Economic Review*, 93(4), 1268–90.

Bessant, J., Caffyn, S. and Gilbert, J. (1996). 'Learning to manage innovation', *Technology Analysis & Strategic Management*, 8(1), 59–70.

Bhagwati, J. (1982). 'Directly unproductive profit seeking (DUP) activities', *Journal of Political Economy*, 90(5).

Birkinshaw, J., Bessant, J. and Delbridge, R. (2007). 'Finding, forming, and performing: creating networks for discontinuous innovation'. *California Management Review*, 49(3), 67–85.

BIS. (2013) First findings from the UK innovation survey 2011. UK Department of Business, Innovation and Skills. Available at www.gov.uk/government/uploads/system/uploads/attachment_data/file/200078/12-P106A-UKIS_2011First_findings_Apr13.pdf.

Blomqvis, K., Hurmelinna-Laukkanen, P., Nummela, N. and Saarenketo, S. et al. (2008). 'The role of trust and contracts in the internationalisation of technology-intensive Born Globals', *Journal of Engineering and Technology Management*, 25(1–2), 123–35.

Blomström, M. and Kokko, A. (1998), 'Multinational Corporations and Spillovers', *Journal of Economic Surveys*, 12, 3, 247–77.

Blundell, R., Griffith, R. and Van Reenen, J. (1999). 'Market Share, Market Value and Innovation in a Panel of British Manufacturing Firms.' *The Review of Economic Studies*, 66(3), 529–554.

Bördin, V. and Längnér, M. (2012). 'A Study on Actual Internal Changes due to Major External Internationalization in SMEs'. *Bachelor Thesis*, Göteborgs Universitet, Handelshögskolan.

Bound, K., Saunders, T., Wildson, J. and Adams, J. (2013). *China's Absorptive State*. London: NESTA.

Boutellier, R., Gassmann, O. and von Zedtwitz, M. (2002). *Future Competitiveness: Research and Analysis of Cases on Global R&D Management (in Chinese)*. Guangzhou: Guangdong Economics Publisher.

Braczyk, H. J., Cooke, P. and Heidenreich, M. (1998). *Regional Innovation Systems: The Role of Governance in a Globalized World*. London; New York: Routledge.

Breschi, S. and Lissoni, F. (2001). 'Knowledge spillovers and local innovation systems: a critical survey', *Industrial and Corporate Change*, 10(4), 975–1004.

Buck, T., Liu, X., Wei, Y. and Liu, X. (2007). 'The trade development path and export spillovers in China: a missing link?', *Management International Review*, 47(5), 683–706.

Buckley, P. J., Clegg, J. and Wang, C. (2002). 'The impact of inward FDI on the performance of Chinese manufacturing firms', *Journal of International Business Studies*, 33(4), 637–55.

Bustos, P. (2011). 'Trade Liberalization, Exports, and Technology Upgrading: Evidence on the Impact of MERCOSUR on Argentinian Firms', *American Economic Review*, 101(1), 304–40.

Cantwell, J. (1992). 'Japan's industrial competitiveness and the technological capabilities of the leading Japanese firms', in Arrison, T. S., Bergsten, C. F., Graham, E. M. and Harris, M. C. (Eds.), *Japan's Growing Technological Capability: Implications for the US Economy*. Washington DC: National Academy Press, 165–88.

(1995). 'The globalisation of technology: what remains for the product cycle model', *Cambridge Journal of Economics*, 19, 155–74.

and Piscitello, L. (2002). 'The location of technological activities of MNCs in European regions', *Journal of International Management*, 8(1), 69–96.

and Santangelo, G. (1999). 'The frontier of international technology networks: sourcing abroad the most highly tacit capabilities', *Information Economics and Policy*, 11(1), 101–23.

and Zhang, Y. (2009). 'The co-evolution of international business connections and domestic technological capabilities: lessons from the Japanese catch-up experience', *Transnational Corporations*, 18(2), 37–68.

Cao, C., Li, N., Li, X. and Liu, L. (2013) 'Reforming China's S&T system', *Science*, 342(6145), 460–62.

Carlsson, B. (2006). 'Internationalisation of innovation systems: A survey of the literature', *Research Policy*, 35(1): 56–67.

Cassiman, B. and Veugelers, R. (2006). 'In search of complementarity in innovation strategy: internal R&D and external knowledge acquisition', *Management Science*, 52(1), 68–82.

Caves, R. E. (1974). 'Multinational firms, competition and productivity in host-country markets', *Economica*, 41(162), 176–93.

(1996). *Multinational Enterprise and Economic Analysis*. 2nd ed. Cambridge: Cambridge University Press.

Chang, H.-J. (2003). *Kicking Away the Ladder: Development Strategy in Historical Perspective*. London: Anthem Press.

Chang, J., Fang, X. and Yen, D. C. (2005). 'China's telecommunication market for international investors: opportunities, challenges, and strategies', *Technology in Society* 27, 105–21.

Chang, Y., Shih, C., Luh, Y. and Wu, S. (2006). 'MNE's global R&D strategy in developing countries: a study of foreign-affiliated R&D centres in Taiwan', paper presented at IAMOT 2006, Tsinghua University, Beijing, 22–26 May.

Charnes, A., Cooper, W. W. and Rhodes, E. (1978). 'Measuring the efficiency of decision making units', *European Journal of Operational Research*, 2(6), 429–44.

Chen, J. (1994), 'Learning model: from technology introduction to indigenous innovation', *Science Research Management* (Chinese), Vol. 2, pp. 16–20.

Chen, J. and Qu, W. G. (2003). 'A new technological learning in China', *Technovation*, 23, 861–867.

and Liu, X. (eds.) (2008). *Indigenous Innovation and Prosperity of Country*, Beijing: China Science Press (zhong guo ke xue chu pan she).

Chen, K. and Kenney, M. (2007). 'Universities/research institutes and regional innovation systems: the cases of Beijing and Shenzhen', *World Development*, 35(6), 1056–74.

Chen, Y. F. (2009). 'Improving the indigenous innovation capabilities in Chinese enterprises through open innovation'. *SCIENCE OF SCIENCE AND MANAGEMENT OF S&T (Chinese)*, 4, 81–86.

and Chen, J. (2008). 'The influence of openness to innovation performance', *STUDIES IN SCIENCE OF SCIENCE (Chinese)*, 26(2), 419–26.

Chen, Y. T., He, L. and Si, C. (2007). 'A study on relationship between open innovative culture, market driven and innovative performance of high-technology enterprises: empirical study on Jiang/Zhe/Hu/Min regions', *STUDIES IN SCIENCE OF SCIENCE (Chinese)* 25(3): 567–72.

Chen, Y. T., Ning, Z. and Si, C. L. (2006). 'Indigenous innovation modes of integrating external innovation sources: an empirical study on 241 firms in China'. *Economic Management (Chinese)*, 17, 11–15.

Cheng, V. M. Y. (2004). 'Progress from traditional to creativity education in Chinese societies', in Lau, S., Anna, N., Hui, N. and Ng, G. Y. C. (Eds.), *Creativity: When East Meets West*. Singapore: World Scientific Publishing Company, 137–68.

Chesbrough, H. (2003). *Open Innovation: The New Imperative for Creating and Profiting from Technology*. Cambridge, MA: Harvard Business School Press.

(2006). *Open Business Models: How to Thrive in the New Innovation Landscape*. Cambridge, MA: Harvard Business School Press.

and Crowther, A. K. (2006). 'Beyond high tech: early adopters of open innovation in other industries', *R&D Management*, 36(3), 229–36.

Vanhaverbeke, W. and West, J. (2006). *Open Innovation: Researching a New Paradigm*. London: Oxford University Press.

Cheung, K. and Lin, P. (2004). 'Spillover effects of FDI on innovation in China: evidence from the provincial data', *China Economic Review*, 15, 25–44.

Child, J. and Rodrigues, S. B. (2005). 'The internationalisation of Chinese firms: A case for theoretical extension'. *Management and Organization Review*, 1(3): 381–410.

Christensen, J. F., Olesen, M. H. and Kjar, S. (2005). 'The industrial dynamics of open innovation: evidence from the transformation of consumer electronics'. *Research Policy*, 34(10), 1533–49.

Climate Group. (2009). *China's clean revolution II: opportunities for a low carbon future*. The Climate Group. Available at http://www.theclimate group.org/_assets/files/Chinas-Clean-Revolution-II.pdf.

Coe, D. and Helpman, E. (1995). 'International R&D spillovers', *European Economic Review*, 39(5), 859–87.

Coelli, T. (1996). *A Guide to DEAP* Version 2.1, *CEPA working paper*, 96/08.

Cohen, W. and Levinthal, D. (1989). 'Innovation and learning: two faces of R&D', *Economic Journal*, 99, 569–96.

(1990). 'Absorptive capacity: A new perspective on learning and innovation', *Administrative Science Quarterly*, 35, 128–52.

Nelson, R. R. and Walsh, J. P. (2002). 'Links and impacts: The influence of public research on industrial R&D'. *Management Science*, 48, 1–23.

Conti, J. P. (2007). 'Profile Huawei: from China with love'. *Communications Engineer*, (8), 26–31.

Cookson, C. (2005). 'R&D spending falls further behind target'. *Financial Times*, 24 May 2005.

Cooper, W. W., Seiford, L. M. and Tone, K. (2000). *Data Envelopment Analysis: A Comprehensive Text with Models, Applications, References and DEA-Solver Software*. Boston/Dordrecht/ London: Kluwer Academic Publishers.

Correa, C. M. (2005). 'Can the TRIPS agreement foster technology transfer to developing countries?', in Maskus, K. E. and Reichman, J. H. (Eds.), *International Public Goods and Transfer of Technology under a Globalised Intellectual Property Regime*. Cambridge: Cambridge University Press, 227–56.

Cosh, A., Fu, X., and Hughes, A. (2012) 'Organisation, Structure and Innovation Performance in Different Environments', *Small Business Economics*, 39(2), 301–317.

Cosh, A., Fu, X., and Hughes, A. (2004). 'How much does informality in management matter for SME innovation', 35th Entrepreneurship, Innovation and Small Business (EISB) Conference, Barcelona, Spain, September 2005, 'European Best Paper Award'.

and Hughes, A. (2001). *Innovation. The Contribution of European SMEs, in Enterprises in Europe: Sixth Report*. Luxembourg: Eurostat.

and Lester, R. K. (2006). *UK PLC: Just How Innovative Are We?* Cambridge MA; Cambridge UK: MIT Institute, Centre for Business Research and Industrial Performance Centre.

Cragg, John G. (1971). 'Some Statistical Models for Limited Dependent Variables with Application to the Demand for Durable Goods.' *Econometrica* 39(5): 829–844.

Criscuolo, C., Haskel, J. and Slaughter, M. (2005). *Why Are Some Firms More Innovative? Knowledge Inputs, Knowledge Stocks and the Role of Global Engagement, NBER Working Paper No. 11479* (June).

Dahlman, C. J. (1994). 'Technology strategy in East Asian Developing Economies', *Journal of Asian Economics*, 5(Winter), 541–72.

Darby, M. R., Zucker, L. G. and Wang, A. (2003). *Universities, Joint Ventures, and Success in the Advanced Technology Program'. NBER working paper no. 9463.*

Darcy, J., Krämer-Eis, H., Guellec, D. and Debande, O. (2009). 'Financing technology transfer', *EIB Papers*, 142: 54–73.

Dasgupta, P. and David, P. A. (1994). 'Toward a new economics of science', *Research Policy*, 23, 487–521.

De Bondt, R. (1997). 'Spillovers and innovative activities', *International Journal of Industrial Organisation*, 15(1): 1–28.

Deng, P. (2007). 'Investing for strategic resources and its rationale: The case of outward FDI from Chinese companies', *Business Horizons*, 50(1): 71–81.

Department of Trade and Industry (DTI). (2002). *The 2002 R&D Scoreboard: Commentary and Analysis*. London: Department of Trade and Industry.

Department of Trade and Industry (DTI). (2003a). *Competing in the Global Economy – The Innovation Challenge*, DTI Economics Paper No. 7.

Department of Trade and Industry (DTI). (2003b). *Competing in the Global Economy – The Innovation Challenge*, DTI Innovation Report-Overview.

Department of Trade and Industry (DTI). (2003c). *The 2003 R&D Scoreboard: Analysis.*

Department of Trade and Industry (DTI). (2005). *The 2005 R&D Scoreboard: Analysis.*

Department of Trade and Industry (DTI). (2008). *Persistence and Change in UK Innovation, 2002–2006.* London, UK: Department for Business, Innovation & Skills.

Driffield, N. and Love, L. H. (2007). 'Linking FDI motivation and host economy productivity effects: conceptual and empirical analysis'. *Journal of International Business Studies*, 38(3), 460–73.

and Love, J. (2003). 'Foreign direct investment, technology sourcing and reverse spillovers', *The Manchester School*, 71(6), 659–72.

Drucker, P. F. (1985). *Innovation and Entrepreneurship*. New York: Harper & Row.

Du, P. and Cao, Y. (2010). 'Ethical reflection on new energy: the case of PV industry', in Chinese Academy of Science (Ed.), *High Technology Developement Report of China*. Beijing: Science Publisher.

Dunning, J. (1993). *Multinational Enterprises and the Global Economy*. Reading, MA: Addison Wesley.

(1994). 'Multinational enterprises and the globalization of innovatory capacity', *Research Policy*, 23, 67–88.

Kim, C. and Park, D. (2007). *Old Wine in New Bottles: A Comparison of Emerging Market TNCs Today and Developed Country TNCs Thirty Years Ago*. Oxford University TMCD (Technology and Management Centre for Development) Working Paper, No 011.

and Lundan, S. (2009). 'The internationalisation of corporate R&D: a review of the evidence and some policy implications for home countries'. *Review of Policy Research*, 26(1–2): 13–33.

and Narula, R. (1995). 'The R&D Activities of Foreign Firms in the United States'. *International Studies of Management & Organization*, 25: 39–73.

and Narula, R. (1996), 'The Investment Development Path Revisited: Some emerging issues,' in Dunning, J. H. and Narula, R., eds., *Foreign Direct Investment and Governments: Catalysts for Economic Restructuring*. London and New York: Routledge.

Lim, C. and Kim, J. (2001). 'Incorporating trade into the investment development path: a case study of Korea and Taiwan', *Oxford Development Studies*, Vol. 29, pp. 145–154.

Eaton, J. and Kortum, S. (1995). *Engines of Growth: Domestic and Foreign Sources of Innovation*, NBER Working Papers 5207, National Bureau of Economic Research, Inc.

(1996). 'Trade in ideas: patenting and productivity in the OECD', *Journal of International Economics*, 40(3–4), 251–78.

(1999). 'International technology diffusion: theory and measurement', *International Economic Review*, 40(3), 537–70.

Economist Intelligence Unit (EIU) (2007). *Innovation: Transforming the way Business Creates*. Available at http://graphics.eiu.com/upload/portal/Cisco InnoSmallFile.pdf.

EC (European Commission). (1995) *Green Paper on Innovation*, December, EC, DG XIII.

(2002). *European Innovation Scoreboard*. Available at http://trendchart. cordis.lu/Reports/index.cfm?fuseaction=ReportInnovationHome.

(2005). *European Innovation Scoreboard*. Available at http://trendchart. cordis.lu/Reports/index.cfm?fuseaction=ReportInnovationHome.

(2008). *European Innovation Scoreboard 2007*. Luxembourg: Office for Official Publications of the European Communities, 2008.

(2013). *Innovation Scoreboard, 2013*. Brussels: European Commission.

Elango, B. and Pattnaik, C. (2007). 'Building capabilities for international operations through networks: a study of India', *Journal of International Business Studies*, 38(4), 541–55.

Enkel, E., Gassmann, O. and Chesbrough, H. (2009). 'Open R&D and open innovation: exploring the phenomenon', *R&D Management*, 39(4), 311–16.

Eom, B.-Y. and Lee, K. (2010). 'Determinants of industry-academy linkages and their impact on firm performance: the case of Korea as a latecomer in knowledge industrialization', *Research Policy*, 39, 625–39.

Erdilek, A. (1984). International Technology Transfer in the Middle East and North Africa, *Management Decision*, 22(2), 45–49.

Ernst, D. (2006). 'Innovation off-shoring: Asia's emerging role in global innovation networks'. *East-West Center Special Reports* 10, 1–50.

et al. (2004). *Searching for a New Role in East Asian Regionalization: Japanese Production Networks in the Electronics Industry, Economics Study Area* Working Papers 68. Geneva: East-West Center.

Ettlie, J. E. (1983). 'Organizational policy and innovation among suppliers to the food processing sector'. *Academy of Management Journal*, 26, 27–44.

Etzkowitz, H. and Leydesdorff, L. (1997). *Universities and the Global Knowledge Economy: A Triple Helix of University-Industry-Government Relations*. London: Continuum.

2000, 'The dynamics of innovation: from national systems and "Mode 2" to a triple helix of university–industry–government relations', *Research Policy*, 29(2), 109–23.

Eun, J.-H., Lee, K. and Wu, G. S. (2006). 'Explaining the "University-run enterprises" in China: a theoretical framework for university–industry relationship in developing countries and its application to China', *Research Policy*, 35, 1329–46.

Eurostat. (2004). Available at www.europa.eu.int/comm/eurostat.

Evangelista, F. (2005). 'Qualitative insights into the international new venture creation process', *Journal of International Entrepreneurship*, 3(3), 179–98.

Faber, A., Kemp, R. and Van der Veen, G. (2008). 'Innovation policy for the environment in the Netherlands and the EU', in Nauwelaers, C. and Wintjes, R. (Eds.), *Innovation Policy in Europe: Measurement and Strategy*. Northampton, MA: Edward Elger, chapter 6.

Faber, J. and Hesen, A. B. (2004). 'Innovation capabilities of European nations: cross-national analyses of patents and sales of product innovations', *Research Policy*, 33(2), 193–207.

Fagerberg, J. (1994). 'Technology and international differences in growth rate', *Journal of Economic Literature*, 32(3), 1147–75.

Mowery, D. C. and Nelson, R. R. (2005). *The Oxford Handbook of Innovation*. New York: Oxford University Press.

Fan, P. L. (2006). 'Catching up through developing innovation capability: evidence from China's telecom-equipment industry'. *Technovation*, 26, 359–68.

Fang, X. (2007). 'Formation, evolution and reform of the Chinese S&T system', in Fang, X. (Ed.), *Chinese Technological Innovation and Sustainable Development (in Chinese)*. Beijing: Science Press.

Färe, R., Grosskopf, S., Norris, M. and Zhang, Z. (1994). 'Productivity growth, technical progress, and efficiency change in industrialized countries', *The American Economic Review*, 84(1), 66–83.

Farhoomand, A. F. and Ho, P. (2006). *Huawei: Cisco's Chinese Challenger*. University of Hong Kong Case HKU599 (Available through Harvard Business School, pp. 9–10).

Feldman, M. P. (1999). 'The new economics of innovation, spillovers and agglomeration: a review of empirical studies', *Economics of Innovation and New Technology*, 8, 5–25.

Feng, M. T. (2009) *Technology Transfer from University to Industry: Insight Into University Technology Transfer in the Chinese National Innovation System*. London: Adonis & Abbey Publishers Ltd.

Figueiredo, P. N.. (2003). 'Learning processes features: how do they influence inter-firm differences in technological capability-accumulation paths and operational performance improvement?' *Industrial and Corporate Change*, 12(3), 607–43.

Filatotchev, I. and Piesse, J. (2009). 'R&D, internationalisation and growth of newly listed firms: European evidence', *Journal of International Business Studies*, 40(8), 1260–76.

Findlay, R. (1978). 'Relative backwardness, direct foreign investment and the transfer of technology: a simple dynamic model', *Quarterly of Journal of Economics*, 92(1), 1–16.

Fosfuri, A. (2006). 'The licensing dilemma: understanding the determinants of the rate of technology licensing', *Strategic Management Journal*, 27(12), 1141–58.

and Motta, M. (1999). 'Multinationals without advantages', *The Scandinavian Journal of Economics*, 101(4), 617–30.

and Ronde, T. (2001). 'Foreign direct investment and spillovers through workers' mobility', *Journal of International Economics*, 53(1), 205–22.

Franco, E., Ray, S. and Ray, P. K. (2011). 'Patterns of innovation practices of multinational-affiliates in emerging economies: Evidences from Brazil and India', *World Development*, 39(7), 1249–60.

Freeman, C. (1987). *Technology and Policy and Economic Performance: Lessons from Japan*. London: Pinter.

(1994). 'The economics of technical change', *Cambridge Journal of Economics*, 18(5), 463–514.

(1995). 'The national system of innovation in historical perspective', *Cambridge Journal of Economics*, 19, 5–24.

and Soete, L. (1997). *The Economics of Industrial Innovation*. London: Pinter.

Fritsch, M. and Slavtchev, V. (2007). 'What Determines the Efficiency of Regional Innovation Systems?' Jena Economic Research Paper No. 2007–006. Available at SSRN: heep://ssrn.com/abstract=1018593.

Fu, X. (2004a). 'Limited linkages from growth engines and regional disparities in China', *Journal of Comparative Economics*, 32(1), 148–64.

(2004b). *Exports, Foreign Direct Investment and Economic Development in China*. London and New York: Palgrave McMillan.

(2005). 'Exports, technical progress and productivity growth in Chinese manufacturing industries', *Applied Economics*, 37(7), 725–39.

(2007). 'Trade-cum-FDI, human capital inequality and the dual economy in China: the Signer perspective', *Journal of Economic Change and Restructuring*, 40(1), 137–55.

(2008). 'Foreign direct investment, absorptive capacity and regional innovation capabilities: Evidence from China', *Oxford Development Studies*, 36(1), 89–110.

(2012a). 'How does openness affect the importance of incentives for innovation?' *Research Policy*, 41(3), 512–23.

(2012b). 'Managerial knowledge spillovers from FDI through the diffusion of management practices', *Journal of Management Studies*, 49(5), 970–99.

(2014). 'What potential does open innovation hold for Asia', *The Economist*, Oct 10, 12–16.

and Balasubramanayam, V. N. (2003). 'Township and village enterprises in China', *Journal of Development Studies*, 39(4), 27–46.

Cosh, A., Yang, Q. and Hughes, A. (2006). 'World innovation frontier and the EU-US innovation gap', paper presented at the 9th North America Workshop of Efficiency and Productivity Analysis, Stern Business School, New York University, New York.

Cosh, A., Hughes, A., De Hoyos, R. and Eisingerich, A. (2006). 'The experiences of UK mid-corporate companies in emerging Asian economies', *UK Trade & Investment*, London. 2006 (URN 06/1137).

and Gong, Y. (2008). *Indigenous and Foreign Innovations Efforts and Drivers of Technological Upgrading: Evidence from China*, SLPTMD Working Paper No 018, University of Oxford.

and Gong, Y. (2010). *Absorptive Capacity and the Benefits from Global Reservoirs or Knowledge: Evidence from a Linked China-OECD Dataset*, SLPTMD Working Paper 31, University of Oxford.

(2011). 'Indigenous and foreign innovation efforts and technological upgrading in emerging economies: firm-level evidence from China', *World Development*, 39(7), 1213–25.

Liu, S. and Li, T. (2013). *Determinants and Impact of Outward Direct Investment from China: Evidence from a Firm-level Survey in*

Guangdong Province. TMD *Working Paper No: TMD-WP-49,* University of Oxford.

Pietrobelli, C. and Soete, L. (2011). 'The role of foreign technology and indigenous innovation in the emerging economies: technological change and catching-up'. *World Development* 39(7), 1203–12.

and Soete, L. (2010). *The Rise of Technological Power in the South.* London and New York: Palgrave Macmillan.

and Xiong, H. (2011). 'Open innovation in China: policies and practices', *Journal of Science & Technology Policy in China,* 2(3), 196–218.

and Yang, Q. (2009). 'World innovation frontier: exploring the innovation gap between the EU and the US', *Research Policy,* 38(7), 1203–13.

and Zhang, J. (2011). 'Technology transfer, indigenous innovation and leapfrogging in green technology: the solar-PV industry in China and India,' *Journal of Chinese Economic and Business Studies,* 9(4), 329–47.

Funke, M. and Niebuhr, A. (2000). *Spatial R&D Spillovers and Economic Growth – Evidence from West Germany,* HWWA Discussion Paper No 98.

Furman, J. and Hayes, R. (2004). 'Catching up or standing still? National innovative productivity among "follower" countries, 1978–1999', *Research Policy,* 33, 1329–54.

Porter, M. and Stern, S. (2002). 'The determinants of national innovative capacity', *Research Policy,* 31, 899–933.

Galia, F., and Legros, D. (2004). 'Complementarities between obstacles to innovation: evidence from France', *Research Policy,* 33(8), 1185–99.

Gans, J. S., Stern, S., (2003). 'Assessing Australia's Innovative Capacity in the 21st Century'. *Intellectual Property Research Institute of Australia Working Paper.*

Gans, J. and Hayes, R. (2008). 'Measuring innovative performance'. *Melbourne Review,* Vol 2, No 1. 2006. 70–77.

Gao, X., Liu, J., Chai, K.H. and Li, J. (2007). 'Overcoming "latecomer disadvantages" in small and medium-sized firms: evidence from China', *International Journal of Technology and Globalization,* 3(4), 364–83.

Gassmann, O. (2006). 'Editorial: opening up the innovation process towards an agenda', *R&D Management,* 36(3), 223–28.

Gassmann, O., Enkel, E. and Chesbrough, H. 2010. *Editorial: The future of open innovation, R&D Management,* 40(3), 213–221.

and von Zedtwitz, M. (1998). 'Organization of industrial R&D on a global scale', *R&D Management,* 28(3), 147–61.

Geroski, P. A. (1990). 'Innovation, technological opportunity, and market structure', *Oxford Economic Papers,* 42(3), 586–602.

(1994). *Market Structure, Corporate Performance, and Innovative Activity.* Oxford: Oxford University Press.

and Mazzucato, M. (2002). 'Learning and the sources of corporate growth,' *Industrial and Corporate Change*, 11(4), 623–44.

Gilman, D. (2010). *The New Geography of Global Innovation*, Global Market Institute, Goldman Sachs, report.

Girma, S. (2005). 'Absorptive capacity and productivity spillovers from FDI: a threshold regression analysis', *Oxford Bulletin of Economics and Statistics*, 67, 281–306.

Gong, Y. and Görg, H. (2009). 'What determines innovation activity in Chinese state-owned enterprises? The role of foreign direct investment', *World Development*, 37(4), 866–73.

Greenaway, D. and Wakelin, K. (2001). 'Who benefits from foreign direct investment in the UK?' *Scottish Journal of Political Economy*, 48, 19–33.

Goes, J. B. and Park, S. H. (1997). 'Interorganizational links and innovation: the case of hospital services', *Academy of Management Journal*, 40(3), 673–96.

Gompers, P. (2006). 'Venture capital', in Eckbo, B. E. (Ed.), *Handbook of Corporate Finance: Empirical Corporate Finance*. Amsterdam; Boston: Elsevier/North-Holland, chapter 9.

Görg, H. and Greenaway, D. (2004). 'Much ado about nothing? Do domestic firms really benefit from foreign direct investment?' *World Bank Research Observer*, 19, 171–97.

and Strobl, E. (2001). 'Multinational companies and productivity spillovers: a meta-analysis', *Economic Journal*, 111(475), F723–39.

Granstrand, O. (1999). 'Internationalisation of corporate R&D: A study of Japanese and Swedish corporations. *Research Policy*, 28(Special issue), 275–302.

Bohlin, E., Oskarsson, C. and Sjoberg, N. (1992). 'External technology acquisition in large multi-technology corporations', *R&D Management* 22, 111–33.

Håkanson, L. and Sjölander, S. (1993). 'Internationalisation of R&D – a survey of some recent research', *Research Policy*, 22(5–6), 413–30.

Greenaway, D. and Kneller, R. (2004). 'Exporting and productivity in the UK', *Oxford Review of Economic Policy*, 20(3), 358–71.

Sousa, N. and Wakelin, K. (2004). 'Do domestic firms learn to export from multinationals?' *European Journal of Political Economy*, 20(4), 1027–43.

Upward, R. and Wright, P. (2002). *Sectoral and Geographic Mobility of Labour Markets and Structural Adjustment, mimeo*, University of Nottingham.

Greene, W. (1997). 'Frontier production functions', in Pesaran, M. H. and Schimidt, P. (Eds.), *Handbook of Applied Econometrics, vol. II: Microeconomics*. Oxford: Blackwell Publishers.

Greene, W. (2003). *Econometric analysis, 5th Edition*. London: Prentice-Hall.

Griffith, R., Harrison, R. and Reenen, J. V. (2006). 'How special is the special relationship? Using the impact of U.S. R&D spillovers on U.K. firms as a test of technology sourcing', *The American Economic Review*, 96(5), 1859–75.

Redding, S. and Van Reenen, J. (2003). 'R&D and absorptive capacity: theory and empirical evidence', *Scandinavian Journal of Economics*, 105(1), 99–118.

Griliches, Z. (1979). 'Issues in assessing the contribution of R&D to productivity growth', *Bell Journal of Economics*, 10(1), 92–116.

(1990). 'Patent statistics as economic indicators'. *Journal of Economic Literature*. 28 (4), 1661–1707.

Grossman, G, M. and Helpman, E. (1991). *Innovation and Growth in the Global Economy*. Cambridge, MA: MIT Press.

(1994). *Technology and trade*. NBER Working Papers 4926, National Bureau of Economic Research, Inc.

Guan, J. and Ma, N. (2003). 'Innovative capability and export performance of Chinese firms', *Technovation*, 23, 737–47.

(2007). 'China's emerging presence in nanoscience and nanotechnology: A comparative bibliometric study of several nanoscience "giants"', *Research Policy*, 36(6), 880–86.

Gulati, R. (1999). 'Network location and learning: the influence of network resources and firm capabilities on alliance formation', *Strategic Management Journal*, 20, 397–420.

Hagedoorn, J. (2002). 'Inter-firm R&D partnerships: an overview of major trends and patterns since 1960', *Research Policy*, 31(4), 477–92.

Hall, B. (2004). *Exploring the Patent Explosion*, Centre for Business Research, University of Cambridge, Working Paper no WP291.

Hansen, L. (1982). 'Large sample properties of generalized method of moments estimators', *Econometrica*, 50(4), 1029–54.

Harzing, A. and Noorderhaven, N. (2006). 'Knowledge flows in MNCs: an empirical test and extension of Gupta and Govindarajan's typology of subsidiary roles', *International Business Review*, 15(3), 195–214.

Hayhoe, R. (1996). *China's Universities, 1895–1995: A Century of Cultural Conflict*. New York: Garland Publishing.

He, X. and Mu, Q. (2012). 'How Chinese firms learn technology from transnational corporations: A comparison of the telecommunication and automobile industries', *Journal of Asian Economics*, 23, 270–87.

He, Y. (2008). 'Shenyang shukong: open innovation'. *People's Daily* (Chinese), 4 May.

Hershberg, E., Nabeshima, K. and Yusuf, S. (2007). 'Opening the ivory tower to business: university-industry linkages and the development of knowledge-intensive clusters in Asian cities', *World Development*, 35(6), 931–40.

Hiebert, D., 2002. The determinants of the cost efficiency of electric generating plants: a stochastic frontier approach. *Southern Economic Journal* 68 (4), 935–946.

Hippel, E. von and Krogh, G. von. (2003). 'Open source software and the private-collective model: issues for *organization science*', *Organization Science*, 14(2), 209–23.

HM Treasury. (2003). *Lambert review of business-university collaboration*, available at www.lambertreview.org.uk.

Hobday, M. G. (1995). *Innovation in East Asia: The Challenge to Japan*. Cheltenham, UK: Edward Elgar.

Rush, H. and Bessant, J. (2004). 'Approaching the innovation frontier in Korea: the transition phase to leadership', *Research Policy*, 33, 1433–57.

Hoekman, B. M., Maskus, K. E. and Saggi, K. (2005). 'Transfer of technology to developing countries: unilateral and multinational policy options', *World Development*, 33(10), 1587–1602.

Hoffman, K., Parejo, M., Bessant, J. and Perren, L. (1998). 'Small firms, R&D, technology and innovation in the UK: a literature review', *Technovation*, 18(1), 39–73.

Hoffmann, W. and Schlosser, R. (2001). 'Success factors of strategic alliances in small and medium-sized enterprises: an empirical survey', *Long Range Planning*, 34(3), 357–81.

Hofler, R. and Payne, J. E. (1993). 'Efficiency in social versus private agricultural production: The case of Yugoslavia', *The Review of Economics and Statistics*, 75(1), 153–57.

Hollanders, H. and Esser, F. C. (2007). *Measuring Innovation Efficiency*, INNO-Metrics Thematic paper, available at http://www.pedz.uni-man nheim.de/daten/edz-h/gdb/07/eis_2007_Innovation_efficiency.pdf

Hong, W. (2006). 'Technology transfer in Chinese universities: is "mode 2" sufficient for a developing country?' in Law, P., Fortunati, L. and Yang, S. (Eds.), *New Technologies in Global Societies*. Singapore: World Scientific Publishers, 21–50.

(2008). 'Decline of the center: The decentralizing process of knowledge transfer of Chinese universities from 1985 to 2004', *Research Policy*, 37(4), 580–95.

Hoskisson, R. E., Hitt, M. A., Johnson, R. A. and Grossman, W. (2002). 'Conflicting voices: the effects of institutional ownership heterogeneity and internal governance on corporate strategies'. *Academy Management Journal*, 45, 607–716.

Hou, C. (2009). 'Weichai: open innovation', *CHINESE MANUFACTURING INFORMATION (Chinese)*, 8, 52–53.

Hsiao, C. (2003). *Analysis of Panel Data*, Cambridge University Press, Cambridge.

Hu, A. and Jefferson, G. (2002). 'FDI impact and spillover: evidence from China's electronic and textile industries', *World Economy*, 38(4), 1063–76.

and Qian, J. (2005). 'R&D and technology transfer: firm-level evidence from Chinese industry,' *The Review of Economics and Statistics*, 87(4), 780–86.

Hu, A. (2011). *China in 2020: A New Type of Superpower*. Washington, DC: Brookings Institution Press.

Huang, Y. (2003). *Selling China*. New York: Cambridge University Press.

Huawei Press. (2011). *Huawei is the leading contributor to LTE standards*, Huawei press release, 29 November. Available at www.huawei.com/en/about-huawei/newsroom/press-release/hw-104732-huaweilte standards.htm.

Hughes, A. (2003). *Knowledge Transfer, Entrepreneurship and Economic Growth: Some Reflections and Implications for Policy in the Netherlands*. University of Cambridge Centre for Business Research Working Paper no 273.

(2008). 'Innovation policy as cargo cult: myth and reality in knowledge-led productivity growth', in Bessant, J. and Venables, T. (Eds.), Creating Wealth from Knowledge. Meeting the Innovation Challenge. Cheltenham, UK: Edward Elgar.

(2010). 'The multifaceted role of universities', ESRC Society Now IN FOCUS, no. 8.

and Scott Morton, M. S. (2006). 'The transforming power of complementary assets', *MIT Sloan Management Review, Summer*, 47, 50–58.

Hwang, Y., Kim, S., Byun, B., Lee, G. and Lee, H. (2003). *Strategies of Promoting Industry-Academia-Research Institute R&D Partnerships to Cooperation with New Technologies: Focusing on Industry-Research Institute Inter-firm R&D Partnerships*. Science & Technology Policy Institute.

Immelt, J. R., Govindarajan, V. and Trimble, C. (2009). 'How GE is disrupting itself', *Harvard Business Review*, October.

India Semiconductor Association. (2010). *Solar PV industry 2010: contemporary scenario and emerging trends*. India Semiconductor Association. Available at http://www.isaonline.org/documents /ISA_SolarPV Report_ May2010.pdf.

INSEAD. (2007). *The World Business/INSEAD Global Innovation Index 2007*.

International Labour Organization. (2003). *Report of the Committee on Employment and Social Policy*, GB.286/15, ILO, Geneva.

Iwasaki, I., Csizmadia, P., Illessy, M., Mako, C. and Szany, M. (2010), *Foreign Direct Investment, Information Spillover, and Export Decision: The Concentric-circle Model with Application to Hungarian Firm-level Data*, Institute for Economic Research, Hitotsubashi University, working paper, no 527.

Iyer, K. N. S. (2002). 'Learning in strategic alliances: an evolutionary perspective', *Academy of Marketing Science Review*, 10, 1–16.

Jaffe, A. (1989). 'Real effects of academic research', *American Economic Review*, 79, 957–70.

Trajtenberg, M. and Henderson, R. (1993). 'Geographic localization of knowledge spillovers as evidenced by patent citations', *The Quarterly Journal of Economics*, 108, 577–98.

Jakobson, L., (Ed), 2007. *Innovation with Chinese Characteristics, High-Tech Research in China*, Palgrave Macmillan/Finish Institute of International Affairs, Hampshire UK/New York, USA.

Jaumotte, F. and Pain, N. (2005). *From Ideas to Development: The Determinants of R&D and Patenting*, OECD Working Paper, ECO/WKP, 44.

Javorcik, B. S. (2004). 'Does foreign direct investment increase the productivity of domestic firms? In search of spillovers through backward linkages', *American Economic Review*, 94(3), 605–27.

(2008). 'Can survey evidence shed light on spillovers from foreign direct investment?' *World Bank Research Observer*, 23(2), 139–59.

Jensen, M. C. (1993). 'The Modern Industrial Revolution, Exit, and the Failure of Internal Control Systems'. *Journal of Finance*. 48: 831–80.

Jiang, J. H. (2009). 'Research on the cost determinants of knowledge transfer and influencing mechanisms for the latecomer firms', *Science Research Management*, 306, 1–8.

Jiang, X. J. (2004). 'Comprehension of technical globalization', *MANAGEMENT WORLD (Chinese)*, 6, 4–13.

Jin, J. and von Zedtwitz, M. (2008). 'Technological capability development in China's mobile phone industry', *Technovation*, 28(6), 327–34.

Johanson, J. and Mattsson, L. (1988). 'Internationalization in industry system: a network approach', in Hood, N. and Vahlne, J.-E. (Eds.), *Strategies in Global Competition*. London, UK: Routledge, 287–314.

and Vahlne, J.-E. (1977). 'The internationalization process of the firm – a model of knowledge development and increasing foreign market commitments'. *Journal of International Business Studies*, 8(1), 23–32.

Johnson, J. E. (2004). 'Factors influencing the early internationalisation of high technology start-ups: US and UK evidence', *Journal of International Entrepreneurship*, 2(1–2), 139–54.

Jones, C. I. (1995). 'R&D-based models of economic growth', *Journal of Political Economy*, 103(4), 759–81.

Kafouros, M., Buckley, P., Sharp, J. and Wang, C. (2008). 'The role of internationalisation in explaining innovation performance', *Technovation*, 28(1–2), 63–74.

Kamiyama, S., Sheehan, J. and Martinez, C. (2006). *Valuation and Exploitation of Intellectual Property*, OECS Science, Technology and Industry Working Paper No 2006/5.

Katila, R. and GautAm, A. (2002). 'Something old, something new: a longitudinal study of search behavior and new product introduction', *Academy of Management Journal*, 45(6), 1183–94.

Kaufmann, A. and Todtling, F. 2001. 'Science-industry interaction in the process of innovation: the importance of boundary-crossing between systems', *Research Policy*, 30, 791–804.

Keesing, D. B. and Lall, S. (1992). 'Marketing, manufactured exports from developing countries: learning sequences and public support', in Helleiner, G. K. (Ed.), *Trade Policy, Industrialization, and Development: New Perspectives*. Oxford: Clarendon Press.

Kessler, E. H., Bierly, P. E. and Gopalakrishnan, S. (2000). 'Internal vs. external learning in new product development: effects on speed, costs and competitive advantage', *R&D Management*, 30(3), 213–23

Keupp, M. M. and Gassmann, O. (2009). 'Determinants and archetype users of open innovation', *R&D Management*, 39(4), 331–41.

Kim, L. (1997a). *Imitation to Innovation: The Dynamics of Korea's Technological Learning*. Boston: Harvard Business School Press.

(1997b). 'The dynamics of Samsung's technological learning in semiconductors', *California Management Review*, 39(3), 86–100.

and Nelson, R. R. (Eds.). (2000). *Technology, Learning and Innovation: Experiences of Newly Industrializing Economies*. Cambridge: Cambridge University Press.

Kim, Y. and Lee, K. (2003). 'Technological collaboration in the Korean electronic parts industry: patterns and key success factors', *R&D Management*, 33(1), 59–77.

King, D. A. (2004). 'The scientific impact of nations', *Nature*, 430, 311–16.

Kiriyama, N. (2012). 'Trade and Innovation: Synthesis Report', OECD Trade Policy Papers 135, OECD Publishing.

Kitson, M., Howells, J., Braham, R. and Westlake, S. (2009). *The Connected University: Driving Recovery and Growth in the UK Economy*. London: NESTA.

Kleinknecht, A. (1996). 'New indicators and determinants of innovation: an introduction', in Kleinknecht, A. (Ed.), *Determinants of Innovation. The*

Message from New Indicators. Hampshire and London: Macmillan, 1–12.

Kneller, R. and Pisu, M. (2007). 'Industrial linkages and export spillovers from FDI', *World Economy*, 30, 105–34.

and Stevens, P. A. (2006). 'Frontier technology and absorptive capacity: evidence from OECD manufacturing industries', *Oxford Bulletin of Economics and Statistics*, 68, 1–21.

Koellinge, P. (2007). 'Why are some entrepreneurs more innovative than others', *Small Business, Economics*, 31, 21–37.

Kogut, B. and Zander, U. (1993). 'Knowledge of the firm and the evolutionary theory of the multinational corporation', *Journal of International Business Studies*, 24(4), 625–46.

Kokko, A., Tansini, R. and Zejan, M. C. (1996). 'Local technological capability and productivity spillovers from FDI in the Uruguayan manufacturing sector', *Journal of Development Studies*, 32(4), 602–11.

(2001). 'Trade regimes and spillover effects of FDI: evidence from Uruguay', *Weltwirtschaftliches Archiv*, 37(1), 124–49.

Koopman, R., Wang, Z. and Wei, S. J. (2008). *How Much of Chinese Exports Is Really Made in China? Assessing Domestic Value-Added When Processing Trade Is Pervasive*, NBER Working Paper 14109.

Koruna, S. (2004). 'External technology commercialization policy guidelines', *International Journal of Technology Management*, 27(2/3), 241–54.

Koschatzky, K. (2001). 'Networks in innovation research and innovation policy – an introduction', in Koschatzky, K., Kulicke, M. and Zenker, A. (Eds.), *Innovation Networks: Concepts and Challenges in the European Perspective*. Heidelberg: Physica Verlag, 3–23.

Krause, L. (1988). 'Hong Kong and Singapore: twins or kissing cousins?' *Economic Development and Cultural Change*, 36(3), 45–66.

Kroll, H. and Liefner, I. (2008). 'Spin-off enterprises as a means of technology commercialization in a transforming economy: Evidence from three universities in China', *Technovation*, 28, 298–313.

Krueger, A. (1974). 'The political economy of rent-seeking society', *American Economic Review*, 64(3), 291–303.

Krugman, P. (1991). 'Increasing returns and economic geography', *Journal of Political Economy*, 99(3), 483–99.

Kuemmerle, W. (1997) 'Building effective R&D capabilities abroad', *Harvard Business Review*, 3/4, 61–70.

Kuo, K. (2006). *China pursues Africa deals, red herring*, 11 December. Available at www.siemens.be/cmc/newsletters/index.aspx?id=13–621-17892.

Lall, S. (1982). *Developing Countries as Exporters of Technology*. London: Macmillan Press.

(1987). *Learning to Industrialise: The Acquisition of Technological Capability by India*. London: Macmillan.

(1992). 'Technological capabilities and industrialization', *World Development*, 20(2), 165–86.

(1996). *Learning from the Asian Tigers – Studies in Technology and Industrial Policy*. London: Macmillan.

(2001). *Competitiveness, Technology and Skills*. Cheltenham, UK: Edward Elgar.

(2003). 'Foreign direct investment, technology development and competitiveness: issues and evidence', in Lall, S. and Urata, S. (Eds.), *Competitiveness, FDI and Technological Activity in East Asia*, published in association with the World Bank, Cheltenham, UK: Edward Elgar.

Lall, S., and Urata, S. (Eds.) (2003). *Competitiveness, FDI and technological activity in East Asia*. Cheltenham, UK: Edward Elgar.

Laursen, K. and Salter, A. (2006). 'Open for innovation: the role of openness in explaining innovation performance among UK manufacturing firms', *Strategic Management Journal*, 27(2), 131–50.

Lécuyer, C. (2006). *Making Silicon Valley: Innovation and the Growth of High Tech, 1930–70*, MIT Press, Cambridge, MA.

Lee, J., Bae, Z. and Choi, D. (1988). 'Technology development processes: a model for a developing country with a global perspective', *R&D Management*, 18(3), 235–50.

Jee, M. and Eun, J. H. (2011). 'Assessing China's economic catch up at the firm level and beyond: Washington consensus, East Asian consensus and the Beijing model', *Industry and Innovation*, 18(5), 487–507.

and Lim, C. (2001). 'Technological regimes, catching-up and leapfrogging: findings from the Korean industries', *Research Policy*, 30(1), 459–83.

Lee, S., Park, G., Yoon, B. and Park, J. (2010). 'Open innovation in SMEs – an intermediated network model', *Research Policy*, 39(2), 290–300.

Lema, R. and Lema, A. (2012). 'Whither technology transfer? The rise of China and India in green techonology sectors', *Innovation and Development*, 1(2), 23–44.

Leonard, D. and Sensiper, S. (1998). 'The role of tacit knowledge in group innovation', *California Management Review Berkeley*, Spring (electronic). Available at http://connection.ebscohost.com/c/articles/738860/role-tacit-knowledge-group-innovation.

Leornard-Barton, D. (1995). *Wellsprings of Knowledge: Building and Sustaining the Sources of Innovation*. Cambridge, MA: Harvard Business School Press.

Lerner, J., Sorensen, M. and Stromberg, P. (2008). *Private Equity and Long-Run Investment: The Case of Innovation*, in Globalization of Alternative Investments Working Papers Volume 1: The Global Economic Impact of Private Equity Reports: World Economic Forum, 27–42.

Levinthal, D. A. and James, G. M. (1993). 'The myopia of learning', *Strategic Management Journal*, 14(S2), 95–112.

Lewis, J. I. (2007). 'Technology acquisition and innovation in the developing world: wind turbine development in China and India', *Studies in Comparative International Development*, 42(3–4), 208–32.

Li, H. and Atuahene-Gima, K. (2001). 'The impact of interaction between R&D and marketing on new product performance: an empirical analysis of Chinese high technology firms', *International Journal of Technology Management*, 21(1/2), 61–75.

Li, J. and E. Martinot. 2007. Powering China's development: the role of renewable energy. Worldwatch Institute. http://www.worldwatch.org/node/5491.

Li, J. and Kozhikode, R. K. (2009). 'Developing new innovation models: shifts in the innovation landscapes in emerging economies and implications for global R&D management', *Journal of International Management*, 15, 328–39.

Li J. L. (2007). 'Little Swan: building open innovation systems', *Economic Times* (Chinese), 17 November.

Li J. T. (2010). 'Global R&D alliances in China: collaborations with universities and research institutes', *IEEE Transactions on Engineering Management*, 57(1), 78–87.

Li, K. (2006). *Please train talents that are needed in the 21st century*, Zhongguo Jiaoyu Xinwen (China Education News), 9 November. Available at www.jyb.cn/high/gdjyxw/200611/t20061109_47908.html.

Li, X. B. (2009). China's regional innovation capacity in transition: an empirical approach. *Research Policy* 38, pp. 338–357.

(2011). Sources of external technology, absorptive capacity, and innovation capability in Chinese state-owned high-tech enterprises. *World Development* 39(7), 1240–48.

Lichtenthaler, U. (2008). 'Open innovation in practice: an analysis of strategic approaches to technology transactions', *IEEE Transaction on Engineering Management*, 55(1), 148–57.

(2009). 'Outbound open innovation and its effect on firm performance: examining environmental influences', *R&D Management*, 39(4), 317–30.

and Holger, E. (2007). 'External technology commercialization in large firms: results of a quantitative benchmarking study', *R&D Management*, 37(5), 383–97.

and O. de Barros. (2009). 'The growth of Brazil's direct investment abroad and the challenges it faces.' *Columbia FDI Perspectives* 13(17 August).

Lin, J. Y. (2011). 'New structural economics: a framework for rethinking development', *World Bank Research Observer, World Bank Group*, 26(2), 193–221.

Liu, C. Z. (2007). 'Lenovo: an example of globalization of Chinese enterprises', *Journal of International Business Studies*, 38, 573–77.

Liu, L. (2008). 'The Evolution of China's Science and Technology Policy (1975–2007)', *OECD Review of Innovation Policy: China*, 381–93.

Liu, X., Strangway, D. W. and Feng, Z. (2012) *Environmental Innovation in China*. Southampton: WIT Press.

Liu, X. H. and Buck, T. (2007). 'Innovation performance and channels for international technology spillovers: Evidence from Chinese high-tech industries', *Research Policy*, 36(3), 355–66.

Liu, X. L (2010). 'China's development model: an alternative strategy for technological catch-up', in Fu, X. and Soete, L. (Eds.), *The Rise of Technological Power in the South*. London: Palgrave MacMillan, 89–106.

———— (2001). 'Comparing innovation systems: a framework and application to China's transitional context', *Research Policy*, 30, 1091–114.

Lokshin, B., Belderbos, R. and Carree, M. (2007). *The Productivity Effects of Internal and External R&D: Evidence from a Dynamic Panel Data Model*', UNU-Merit Working Paper Series 2007–026, United Nations University: Maastricht Economic and Social Research and Training Centre in Innovation and Technology.

Lovell, C. A. K. (1996). 'Applying efficiency measurement techniques to the measurement of productivity change', *Journal of Productivity Analysis*, 7(2/3), 329–40.

Lowe, M., George, G. and Alexy, O. (2012). 'Organizational identity and capability development in internationalisation: transference, splicing and enhanced imitation in Tesco's US market entry', *Journal of Economic Geography*, 12, 1021–54.

Lu, J. W. and Beamish, P. W. (2001). 'The internationalization and performance of SMEs', *Strategic Management Journal*, 22, 565–84.

Lu, Qiwen. (2000). *China's Leap into the Information Age: Innovation and Organization in the Computer Industry*. Oxford: Oxford University Press.

Lundvall, B. (1992). *National Systems of Innovation: Towards a Theory of Innovation and Interactive Learning*. London: Pinter.

Ma, A. and Van Assche, A. (2010). 'The role of trade costs in global production networks: Evidence from China's processing trade regime', paper presented at 22nd CEA annual conference, Oxford.

Ma, W. (2004). *From Berkeley to Beida and Tsinghua: The Development and Governance of Public Research Universities in the US and China*. Beijing: Educational Science Press.

MacDonald, G., Yit-Seng, Y. and Xing, L. (2008) *Innovation in China: The Dawning of the Asian Century*. London: Adonis & Abbey Publishers Ltd.

Mairesse, J. and Mohnen, P. (2002). 'Accounting for innovation and measuring innovativeness: an illustrative framework and an application', *American Economic Review* Papers and Proceedings, 92(2), 226–30.

Malerba, F. (2002). 'Sectoral systems of innovation and production', *Research Policy*, 31(2), 247–64.

　(2006). 'Innovation and the evolution of industries', *Journal of Evolutionary Economics*, 16(1), 3–23.

Mallett, A., Ockwell, D. G., Pal, P., Kumar, A., Abbi, Y. P., Haum, R., MacKerron, G., Watson, J. and Sethi, G. (2009). *UK-India collaborative study on the transfer of low carbon technology: phase II final report*. Sussex University and Institute of Development Studies. Available at https://www.sussex.ac.uk/webteam/gateway/file.php?name=decc-uk-india-carbon-technology-web.pdf&site=264.

Mansfield, E. and Lee, J. Y. (1996). 'The modern university: contributor to industrial innovation and recipient of industrial R&D support', *Research Policy*, 25, 1047–58.

Marin, A. and Giuliani, E. (2011). 'MNC subsidiaries' position in global knowledge networks and local spillovers: evidence from Argentina', *Innovation and Development*, 1(1), 91–114.

Markusen, J. R. (2002). *Multinational Firms and the Theory of International Trade*. Cambridge, MA: MIT Press.

Martinot, E. and Li, J. (2007). *Powering China's Development: the Role of Renewable Energy*. Washington, D.C.: Worldwatch Institute.

Maskus, K. E. (2000). *Intellectual Property Rights in the Global Economy*. Washington, DC: Institute for International Economics.

McDougall, P. and Oviatt, B. (2005). 'Defining international entrepreneurship and modeling the speed of internationalization', *Entrepreneurship Theory and Practice*, 29(5), 537 S.

McMahon, W. W. (1987). 'Education and industrialization', *Background Paper for the 1987 World Development Report*. Washington, DC: World Bank.

Melitz, M. J. (2003). 'The impact of trade on intra-industry reallocations and aggregate industry productivity', *Econometrica*, 71(6), 1695–725.

Metcalfe, S. (1997). 'Technology systems and technology policy in an evolutionary framework', in Archibugi, D. and Michie, J. (Eds.), *Technology,*

Globalisation and Economic Performance, Cambridge: Cambridge University Press.

Meyer, K. E. (2004). 'Perspectives on multinational enterprises in emerging economies', *Journal of International Business Studies*, 35(4), 259–76.

Milberg, W. (2007). *Export Processing Zones, Industrial Upgrading and Economic Development: A Survey*, Background paper for ILO Governing Board.

Miles, M. and Huberman, A. (1984). *Qualitative Data Analysis*. Beverly Hills, CA: Sage Publications.

Ministry of Education. (1999). The Regulation Regarding the Protection and Management of Intellectual Properties in Higher Education Institutions. Act 3, No. 8120.

MNRE (Ministry of New and Renewable Energy, government of India). (2006). *XIth plan proposals for new and renewable energy*. Available at www.mnre.gov.in/pdf/11th-plan-proposal.pdf.

MOF (Ministry of Finance of China). (2001). *Accounting System for Business Enterprises*. Available at www.mof.gov.cn.

MOFCOM (Ministry of Commerce of China). (2010). *Statistics of foreign investment*. Available at www.mofcom.gov.cn.

MOFTEC (2000). *Almanac of China's Foreign Economic Relations and Trade*, China Foreign Trade Press, Beijing.

Mohr, J. and Spekman, R. (1994). 'Characteristics of partnership success: partnership attribute, communication behavior and conflict resolution techniques', *Strategic Management Journal*, 15(2), 135–52.

MOST (Ministry of Science and Technology of China). (2010a). *Statistics of science and technology*. Available at www.most.org.cn.

MOST (Ministry of Science and Technology). (2010b). *Survey of Major Specific Areas of S&T work and Studies on the 12th Five-year Plan S&T Development Strategy*, Ministry of Science and Technology, Beijing, China (in Chinese).

MOST (Ministry of Science and Technology, China). (2010c). '2009 Innovation in environmental protection and energy conservation industries', in *Ministry of Science & Technology 2010 Annual Report*, 10.

Moulton, B. (1990). 'An illustration of a pitfall in estimating the effects of aggregate variables on micro units', *Review of Economics and Statistics*, 72(2), 334–38.

Mowery, D. C., Oxley, J. E. and Silverman, B. S. (1996). 'Strategic alliances and interfirm knowledge transfer', *Strategic Management Journal*, 17, 77–91.

and Sampat, B. N. (2005). 'Universities in national innovations systems', in Fagerberg, F., Mowery, D. C. and Nelson, R. R. (Eds.), *The Oxford Handbook of Innovation*. New York: Oxford University Press, 209–39.

Mu, Q. and Lee, K. (2005). 'Knowledge diffusion, market segmentation and technological catch-up: the case of the telecommunication industry in China', *Research Policy*, 34(6), 759–83.

Mu, R. and Fan, Y. (2011). 'Framework for building national innovation capacity in China,' *Journal of Chinese Economic and Business Studies*, 9(4), 317–27.

Nakai Y. and Tanaka, Y. (2010). 'Chinese company's IPR Strategy: How Huawei Technologies succeeded in dominating overseas market by sideward-crawl crab strategy', *Technology Management for Global Economic Growth (PICMET) 2010 Proceedings*, 18–22 July, Phuket, Thailand.

Narula, R. (2002). 'Innovation systems and "inertia" in R&D location: Norwegian firms and the role of systemic lock-in', *Research Policy*, 31, 795–816.

Narula, R. (2003) Globalisation and Technology: Interdependence, Innovation Systems and Industrial Policy. Cambridge: Polity Press.

Narula, R. and Zanfei, A. (2004). 'Globalisation of innovation: the role of multinational enterprises', in Fagerberg, J., Mowery, D.C. and Nelson, R.R. (Eds.), *Handbook of Innovation*. New York: Oxford University Press, 318–45.

National Bureau of Statistics (NBS) (2013). *China Statistical Yearbook*, Beijing: China Statistics Press.

Needham, J. (2004). *Science and Civilisation in China*. Cambridge: Cambridge University Press.

Nelson, R.R. (1959). 'The simple economics of basic scientific research', *Journal of Political Economy*, 67, 297–306.

(1986). 'Institutions supporting technical advance in industry', *American Economic Review*, 76, 186–89.

(Ed.). (1993). *National Innovations Systems: A Comparative Analysis*. Oxford: Oxford University Press.

and Winter, S. (1982). *An Evolutionary Theory of Economic Change*. Cambridge, MA: Harvard University Press.

Nickell, S.J. (1996). 'Competition and corporate performance', *The Journal of Political Economy*, 104(4), 724–46.

Niosi, J. (1999). 'The internationalization of industrial R&D: from technology transfer to the learning organization', *Research Policy*, 28, 107–17.

Nolan, P. (2001). China and the Global Business Revolution. Basingstoke, UK: Palgrave.

Norman, M. and Stoker, B. (1991). *Data Envelopment Analysis: The Assessment of Performance*. Chichester, UK: John Wiley.

OECD. (1987). *Structural Adjustment and Economic Performance*. Paris: OECD.

OECD. (1997). Proposed Guidelines for Collecting and Interpreting Technological Innovation Data: The 'Oslo Manual', Organization for Economic Development and Co-operation, Paris.

OECD. (2002). *Frascati Manual 2002: Proposed Standard Practice for Surveys on Research and Experimental Development*, The Measurement of Scientific and Technological Activities, OECD Publishing.

OECD. (2003a). *The Sources of Economic Growth in OECD Countries*. Paris: OECD.

OECD. (2003b). OECD Science Technology and Industry Scoreboard. OECD. Paris.

OECD. (2004). *OECD Information Technology Outlook 2004*. Available at http://www.oecd.org/internet/ieconomy/oecdinformationtechnologyoutlook2004.htm.

OECD. (2005). *OSLO Manual: Guidelines for Collecting and Interpreting Innovation Data*, Paris: OECD.

Pack, H. and Saggi, K. (2006). 'Is there a case for industrial policy? a critical survey', *The World Bank Research Observer*, 21(2), 267–97.

Pack, H. and Westphal. L. E. (1986). 'Industrial strategy and technological change: theory versus reality', *Journal of Development Economics*, 22(1), 87–128.

Pacter, P. and Yuen, J. (2001). 'New comprehensive accounting system adopted in China', *China Financial Reporting Update*, 2.

Padilla, R. and von Tunzelmann, N. (2008). 'Technological capabilities and global-local interactions. The electronics industry in two Mexican regions', *World Development*, 36(10), 1980–2003.

Parsaye, K. (1989). *Intelligent Databases*. New York: Wiley.

Pavitt, K. (1980). 'Industrial R&D and the British Economic Problem', *R&D Management*, 10, 149–158.

Pearce, R. D. (1999). 'Decentralised R&D and strategic competitiveness: globalised approaches to generation and use of technology in multinational enterprises', *Research Policy*, 28(2–3), 157–78.

(2005). 'The globalisation of R&D: key features and the role of TNCs', in *Globalisation of R&D and Developing Countries: Proceedings of an Expert Meeting*. New York and Geneva: UNCTAD, United Nations.

Polanyi, M. (1967). *The Tacit Dimension*. London: Routledge & Kegan Paul.

Pomfret, J. (2010). 'History of Telecom Company illustrates lack of strategic trust between U.S., China', *Washington Post*, 8 October. Available at www.washingtonpost.com/wp-dyn/content/article/2010/10/07/AR2010100707210.html?wprss=rss_business.

Porter, M. E. (1985) *Competitive Advantage*, Free Press, New York, 1985.

(1990). *The Competitive Advantage of Nations*. New York: Free Press.

and Stern, S. (1999). *The New Challenge to America's Prosperity: Findings from the Innovation Index*. Washington, DC: Council on Competitiveness.

Powell, W. W. and Grodal, S. (2005). 'Networks of innovators', in Fagenberg, J., Mowery, D. C. and Nelson, R. R. (Eds.), *The Oxford Handbook of Innovation*. New York: Oxford University Press, 56–85.

Koput, K. W. and Smith-Doerr, L. (1996). 'Inter-organizational collaboration and the locus of innovation: networks of learning in biotechnology', *Administrative Science Quarterly*, 41(1), 116–45.

Prabhu, J. C., Chandy, R. K. and Ellis, M. (2005). 'The impact of acquisitions on innovation: poison pill, placebo, or tonic?' *Journal of Marketing*, 69(1), 114–30.

Prange, C. (2012). 'Ambidextrous internationalization strategies: the case of Chinese firms entering the world market', *Organizational Dynamics*, 41, 245–53.

Prasso, S. (2011). 'What Makes China Telecom Huawei So Scary?' *Fortune*, July 28.

Pylyshyn, Z. (1981). 'The imagery debate: Analogue media versus tacit knowledge'. *Psychological Review*, 88, 16–45.

Rigby, D. and Zook, C. (2002). 'Open-market innovation', *Harvard Business Review*, 80(10), 80–89.

Roberts, M. and Tybout, J. (1997). 'The decision to export in Colombia: an empirical model of entry with sunk costs', *American Economic Review*, 87, 545–564.

Rodrik, D. (2004). *Industrial policy for the twenty-first century*. Available at www.hks.harvard.edu/fs/drodrik/Research%20papers/UNIDOSep.pdf

Romer, P. (1994). 'The origins of endogenous growth', *Journal of Economic Perspectives, American Economic Association*, 8(1), 3–22.

Romer, P. M. (1990). Endogenous Technological Change, *Journal of Political Economy*, 98 (5), part II, S71–S102.

Royal Society. (2011). *Knowledge, Networks and Nations: Global Scientific Collaboration in the 21st Century*. London: Royal Society.

Ruane, F. and Sutherland, J. (2005). 'Foreign direct investment and export spillovers: how do export platforms fare?', IIIS Discussion Paper No 58.

Sainsbury, Lord of Turville. (2007). *Race to Top: Sainsbury Review of Science and Innovation.*, London: HM Treasury.

Sasidharan, S. and Kathuria, V. (2008). *Foreign Direct Investment and R&D: Substitutes or Complements – a Case of Indian Manufacturing after 1991 Reforms*. Oxford University SLPTMD Working Paper, no 021.

Schumpeter, J. (1942). *Capitalism, Socialism, and Democracy*. New York: Harper & Bros.

Schumpeter, J. A. (1994). *Capitalism, Socialism and Democracy*. London: Routledge.

Schwaag, S. (2006). 'China, from shop floor to knowledge factory', in Karlsson, M. (Ed.), *The Internationalization of Corporate R&D*. Stursund: Swedish Institute for Growth Policy Studies, 227–66.

Shi, Z. (2008). 'Does Chinese traditional culture handicap the cultivation of creative talents?' *Zhongguo Jiaoyu Xuekan (Journal of the Chinese Society of Education)*, 8, 1–6.

Simon, D. F. and Cao, C. (2009). *China's Emerging Technological Edge*. Cambridge: Cambridge University Press.

Siotis, G. (1999). 'Foreign direct investment strategies and firms' capabilities', *Journal of Economics & Management Strategy*, 8(2), 251–70.

Sjoholm, F. (1999), 'Technology gap, competition and spillovers from direct foreign investment: evidence from establishment data', *Journal of Development Studies*, 36(1), 53–73.

Skrondal, A. and Rabe-Hesketh, S. (2004). *Generalised Latent Variable Modeling: Multilevel, Longitudinal and Structural Equation Models*. Boca Raton, FL: Chapman & Hall/CRC.

Smith, K. (2004). 'Measuring innovation', in Fagerberg, J., Mowery, D. C. and Nelson, R. R. (Eds.), *The Oxford Handbook of Innovation*. New York: Oxford University Press, 148–77.

Soete, L. (1985). International diffusion of technology, industrial development and technological leapfrogging. *World Development*, 13(3), 409–422.

Someren, T. C. R, and Someren-Wang, S. (2013). *Innovative China: Innovation Race between East and West*. Berlin: Springer.

State Statistical Bureau of China (SSB). (2000–2006). China Statistical Yearbook. Beijing: China Statistics Press.

Steensma, H. K., Barden, J. Q., Dhanaraj, C. and Lyles, M. (2004). 'The influence of power, learning, and conflict on the internationalzation of international joint ventures', *Academy of Management Proceedings*, 1, L1–L6.

Stewart, F. (1983). 'Macro-policies for appropriate technology: an introductory classification', *International Labour Review*, 122(3), 279.

Stiglitz, J. (1989). *The Economic Role of the State*. London and New York: Wiley-Blackwell.

Stockdale, B. (2002), UK Innovation Survey, Department of Trade and Industry, London, available at: www.dti.gov.uk/iese/ecotrends.pdf October 2004.

Strangway, D., Liu, X. and Feng, Z. (2009). 'Policy report of China Council for International Cooperation on Environment and Development', in Chinese Academy of Science (Ed.), *Building an Environmentally-friendly Society through Innovation: Challenges and Choices*. Mimeo.

Sun, H. and Xu, Z. Q. (2009). 'On paths from open to indigenous innovation: a case study of coal liquefaction technological innovation', *S&T AND ECONOMY (Chinese)*, 127(22), 7–9.

Sun, Z., Xie, W., Tian, K. and Wang, Y. (2014). 'Capability accumulation and the growth path of Lenovo', in Yu, F.-L. T. and Yan, H.-D. (Eds.), *Handbook in East Asia Entrepreneurship*. London: Routledge. Available at www.tmd-oxford.org/content/publications.

Symeonidis, G. (2001). *Price Competition, Innovation and Profitability: Theory and UK Evidence*. CEPR Discussion Paper No. 2816. London: Centre for Economic Policy Research.

Takahashi, K. I., Tatemichi, H., Tanaka, T., Nishi, S. and Kunioka, T. (2004). 'Environmental impact of information and communication technologies including rebound effects', *International Symposium on Electronics and the Environment (ISEE'04)*, 13–16.

Tan, Y. (2011) *Chinnovation: How Chinese Innovators are Changing the World*. Singapore: John Wiley & Sons.

Teece, D. J. (1986), 'Profiting from technological innovations,' *Research Policy*, 15(6), 285–306.

and Chesbrough, H. W. (2005). *Globalisation of R&D in the Chinese Semiconductor Industry*. Report to the Alfred P. Sloan Foundation.

and Shuen, A. (1997). 'Dynamic capabilities and strategic management'. *Strategic Management Journal*, 18(7), 509–33.

Tether, B. (2002). 'Who co-operates for innovation, and why: an empirical analysis', *Research Policy*, 31(6), 947–67.

Tobin, J. (1958). 'Estimation of relationship for limited dependent variables', *Econometrica*, 26(1), 24–36.

Trajtenberg, M. (1990). *"Patents as Indicators of Innovation,"* *Economic Analysis of Product Innovation*. Cambridge (MA): Harvard University Press.

Tsai, W. (2001). 'Knowledge transfer in intraorganizational networks: effects of network position and absorptive capacity on business unit innovation and performance', *Academy of Management Journal*, 44(5), 996–1004.

Tsang, E. W. (1999). 'A preliminary typology of learning in international strategic alliances', *Journal of World Business*, 34(3), 211–29.

Tushman, M. L. and Anderson, P. (1986). 'Technological discontinuities and organization environments', *Administrative Science Quarterly*, 31(3), 439–65.

UNCTAD. (1997). *World Investment Report: Transitional Corporations, Market Structure and Competition Policy*. New York and Geneva: United Nations.

UNCTAD. (2005a). *World Investment Report: Transnational corporations and the internationalization of R&D*. New York and Geneva: United Nations.

UNCTAD. (2005b). *Globalisation of R&D and Developing Countries: Proceedings of an Expert Meeting*. New York and Geneva: United Nations.

UNCTAD. (2014). Trade Statistics Database, available at www.unctad.org.

Varum, C. A. and Huang, C. (2007) *China: Building An Innovative Economy*. UK: Chandos.

Von Hippel, E. (1988). *Sources of Innovation*. New York: Oxford University Press.

Von Tunzelmann, N. and Acha, V. (2005). 'Innovation in low-tech industries', in Fagerberg, J., Mowery, D. C. and Nelson, R. R. (Eds.), *The Oxford Handbook of Innovation*. New York: Oxford University Press, 407–32.

Vrande, V. van de, de Jong, J. P. J., Vanhaverbeke, W. and de Rochemont, M. (2009). 'Open innovation in SMEs: trends, motives and management challenges', *Technovation*, 29(6/7), 423–37.

Wade, R. (1990). *Governing the Market: Economic Theory and the Role of Government in East Asian Industrialization*. Princeton, NJ: Princeton University Press.

Walz, R. (2008). 'Technological competencies in sustainability technologies in BRICS countries 12', paper presented at SLPTMD conference for Confronting the Challenge of Technology for Development: Experiences from the BRICS, 29–30 May. Oxford, UK.

Wang, E. C. and Huang, W. (2007). 'Relative efficiency of R&D activities: A cross-country study accounting for environmental factors in the DEA approach', *Research Policy*, 36, 260–73.

Wang, H. (2012). *Globalizing China: The Influence, Strategies and Successes of Chinese Returnees*. Bradford, UK: Emerald Publishing.

Wang, H. Y. and Liu, X. (2007). Changes, decision-making and trends of Chinese S&T policy', in Fang, X. (Ed.), *Chinese Technological Innovation and Sustainable Development* (Chinese). Beijing: Science Press.

Wang, L. 2006. 'CHUN-LAN: building open innovation platform', *Economic Times* (Chinese), 12 April.

Wang, X. (2008). 'Huawei, Global Marine Systems in telecom JV', *China Daily*, 18 December.

Willoughby, K. W. (1990). 'Technology choice: a critique of the appropriate technology movement' (Book), *Futurist*, 24(4), 45.

Wong, P. K. (1999). 'National innovation systems for rapid technological catch-up: an analytical framework and a comparative analysis of Korea, Taiwan and Singapore', paper presented at the DRUID Summer Conference on National Innovation Systems, Industrial Dynamics and Innovation Policy. Rebild, Denmark.

World Bank. (1996). *Industrial Restructuring: Experience, Future Challenges*. A World Bank Operations Evaluation Study. Washington, DC: World Bank.

(2005). *Economic Growth in the 1990s: Learning from a Decade of Reform*. Washington, DC: World Bank.

World Bank and Development Research Center of the State Council. (2013). *China 2030: Building a Modern, Harmonious and Creative Society*. Washington DC: World Bank.

Wu, G. (2010). 'Research on the content and development trend of science and technology policy, economic policy and innovation policy', Centre for Innovation Research, Tsinghua University, unpublished project report.

Wu, G. S., Wang, Y., Xiong, H. R. and Wang, Z. F. (2009). 'Study on the contents and trends of Chinese S&T policy, economy policy and inno-vation policy', Internal Research Report (Chinese), Beijing Municipal Science & Technology Commission.

Wu, J. (2013). *Choices of China's Growth Model*. Shanghai: Shanghai Far East Publisher (in Chinese).

Wu, W. P. (2007). 'Cultivating research universities and industrial linkages in China: the case of Shanghai', *World Development*, 35(6). 1075–93.

Xie, W. (2004). 'Technological learning in China's color TV (CTV) industry', *Technovation*, 24, 499–512.

Xie, W. and White, S. (2004). 'Sequential learning in a Chinese spin-off: the case of Lenovo Group Limited', *R&D Management*, 34(4), 407–22.

Xie, W. and Wu, G. (2003). 'Differences between learning processes in small tigers and large dragons learning processes of two color TV (CTV) firms within China', *Research Policy*, 32(8), 1463–79.

Xiong, H. R. and Li, J. Z. (2008). 'Innovative strategy of resource distribution for latecomers: perspective from opening', *China Economic Herald* (Chinese), 3 June.

Xu, B. (2000). 'Multinational enterprises, technology diffusion, and host country productivity growth', *Journal of Development Economics*, 62(2), 477–93.

Xu, Z., Chen, Y. T. and Ke, W. (2009), 'The mechanism of corporate venture capital for open innovation strategy', *Science of Science and Management of S&T* (Chinese), 4, 130–4.

Xue, L., (1997). 'A historical perspective of China's innovation system reform: a case study', *Journal of Engineering and Technology Management*, 14, 67–81.

Yli-Renko, H., Autio, E. and Tontti, V. (2002). 'Social capital, knowledge, and the international growth of technology-based new firms', *International Business Review*, 11(3), 279–304.

Yu, K. L. and Wang, Y. M. (2008). 'The influence of open innovation on indigenous innovation: a M&A perspective', *MANAGEMENT WORLD (Chinese)*, 4, 150–59.

Yu, M. (2010). *'Processing Trade, Firm's Productivity, and Tariff Reductions: Evidence from Chinese Products*, Peking University, China Center for Economic Research, Working Paper No. E2010007.

Yuan, J. (2002). *The Institutional Logic of University Start-Ups*. Xuzhou, China: The Chinese Mining University Press.

Zahra, S. A. (1996). 'Governance, ownership, and corporate entrepreneurship: the moderating impact of industry technological opportunities', *Academy of Management Journal*, 39(6), 1713–35.

Ireland, R. and Hitt, M. A. (2000). 'International expansion by new venture firms: international diversity, mode of market entry, technological learning and performance', *Academy of Management Journal*, 43(5), 925–50.

Zain, M. and Ng, S. I. (2006). 'The impacts of networks relationships on SMEs internationalization process', *Thunderbird International Business Review*, 48(2), 183–205.

Zeng, M. and Williamson, P. (2007). *Dragons at Your Door: How Chinese Cost Innovation Is Disrupting Global Competition*. Cambridge, MA: Harvard Business School Press.

Zhang, J. (2003). *The Development of High-tech Enterprises in China's Universities*. Wuhan: Huazhong Science and Technology University Press.

Zhang, K. H. (2009). 'Rise of Chinese Multinational Firms.' The Chinese Economy, 42(6): 81–96.

Zhang, Y. (2009). *Alliance-based Network View on Chinese Firm's Catching-up: Case Study for Huawei Technologies Co. Ltd*. UNU-MERIT Working Papers, ISSN 1871–9872.

Zheng C. (2014). 'The inner circle of technology innovation: a case study of two Chinese firms', *Technological Forecasting & Social Change*, 82, 140–48.

Zheng, G., He, Y. B., Chen, J. et al. (2008). 'How Chinese manufacturing enterprises improve the international competitiveness by indigenous innovation: A case study from CIMC', *SCIENCE RESEARCH MANAGEMENT (Chinese)*, 29(4), 7, 95–102.

Zhou, C. and Li, J. (2008). 'Product innovation in emerging market-based international joint ventures: an organizational ecology perspective', *Journal of International Business Studies*, 39, 1114–32.

Zhou, K. Z. and Li, C. B. (2012). 'How knowledge affects radical innovation: knowledge base, market knowledge acquisition, and internal knowledge sharing', *Strategic Management Journal*, 33, 1090–102.

Zhou, X., Zhao, W., Li, Q. and Cai, H. (2003). 'Embeddedness and contractual relationships in China's transitional economy', *American Sociological Review*, 68, 75–102.

Zhou, Y. (2006). 'Features and impacts of the internationalisation of R&D by transnational corporations: China's case', in *Globalisation of R&D and Developing Countries*. New York and Geneva: UNCTAD, United Nations.

Zhu, Y. (2010). 'An Analysis on Technology Spillover Effect of Foreign Direct Investment and Its Countermeasures,' *International Journal of Business and Management*, 5(4), 178–192

Zhu, Z. H. and Chen, J. (2008), 'Explorative learning and exploitative learning: antinomy or synergy?', *Studies in Science of Science* (Chinese), Vol. 26 No. 5, pp. 1052–60.

Zi, Z., (2013). '*The purpose of education*,' Zhongguo Jiaoyu Bao (China Education Paper), 9 December. Available at www.xxyedu.net/Article Detail.aspx?articleid=4743.